U0355766

京华收藏世家

郑重 著

生活·讀書·新知 三联书店

图书在版编目（CIP）数据

京华收藏世家 / 郑重著．—北京 : 生活 · 读书 · 新知三联书店 , 2024.1
ISBN 978-7-108-07657-1

Ⅰ. ①京…　Ⅱ. ①郑…　Ⅲ. ①收藏家－访问记－中国
Ⅳ. ① K825.41

中国国家版本馆 CIP 数据核字 (2023) 第 079829 号

责任编辑　唐明星
装帧设计　康　健
责任印制　宋　家
出版发行　生活·讀書·新知 三联书店
（北京市东城区美术馆东街 22 号　100010）
网　　址　www.sdxjpc.com
经　　销　新华书店
印　　刷　北京隆昌伟业印刷有限公司
版　　次　2024 年 1 月北京第 1 版
2024 年 1 月北京第 1 次印刷
开　　本　635 毫米 × 965 毫米　1/16　印张 27.75
字　　数　352 千字　图 105 幅
印　　数　0,001－6,000 册
定　　价　79.00 元
（印装查询：01064002715；邮购查询：01084010542）

隋·展子虔《游春图》（故宫博物院藏，张伯驹曾藏）

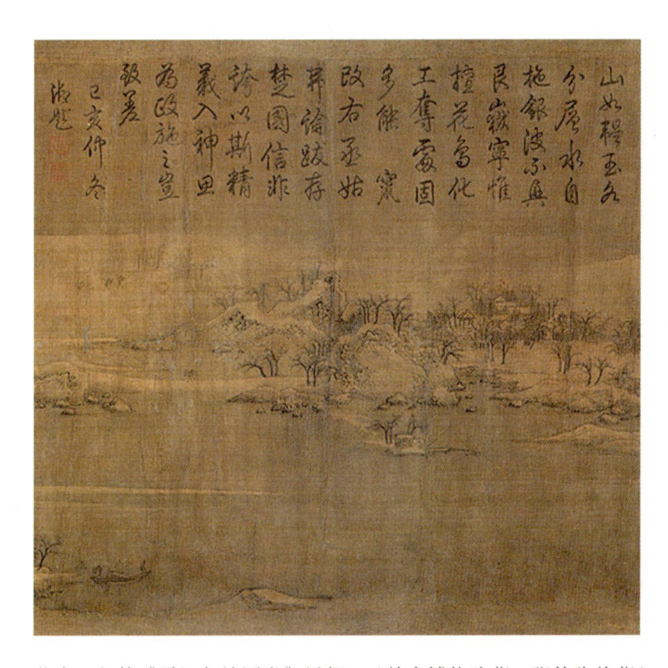

北宋·赵佶《雪江归棹图卷》局部一（故宫博物院藏，张伯驹曾藏）

北宋・赵佶《雪江归棹图卷》局部二

北宋・赵佶《雪江归棹图卷》局部三

北宋·刻丝《紫鸾鹊谱》

南宋·刻丝《群仙拱寿图》

（本页刻丝辽宁省博物馆藏，朱启钤曾藏）

南宋·朱克柔刻丝《山茶图》

（本页刻丝及刺绣辽宁省博物馆藏，
朱启钤曾藏）

明·刻丝《仇英水阁鸣琴图》

明 · 鬲炉（王世襄曾藏）

清·冲天耳三足炉（王世襄曾藏）

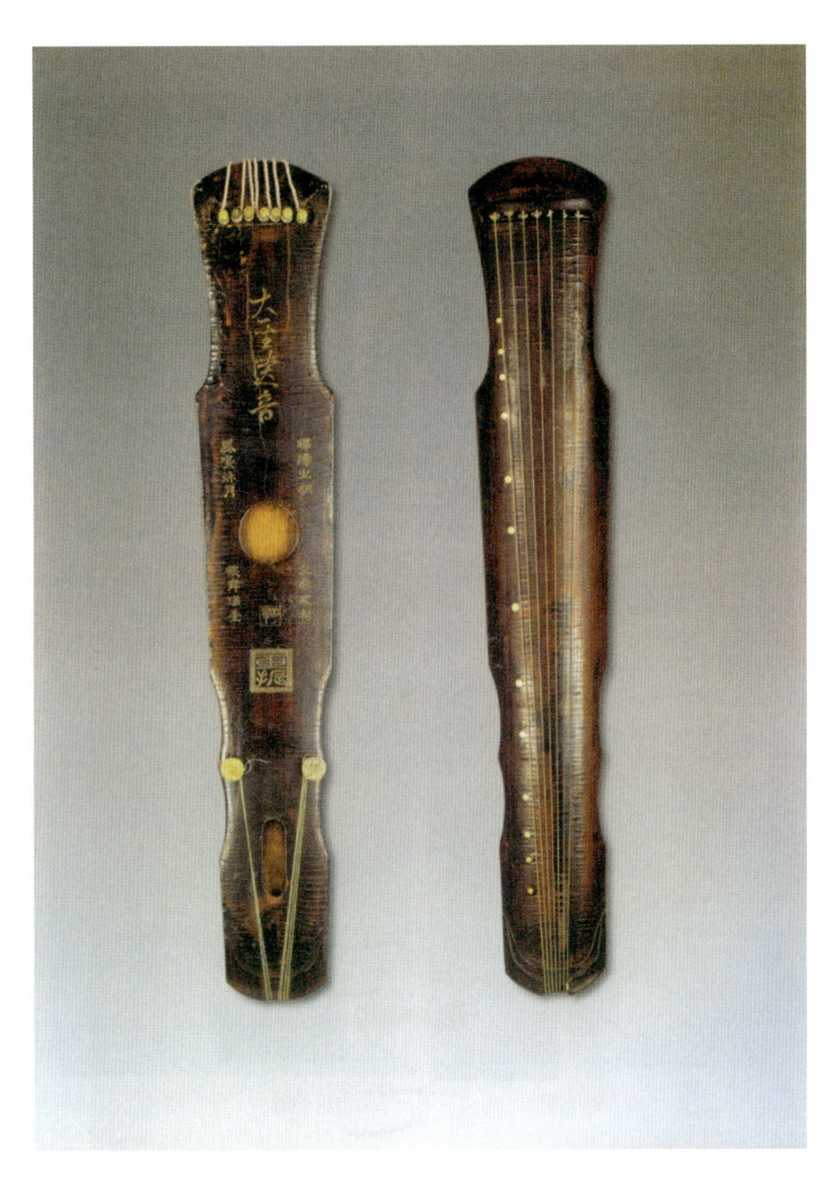

唐“大圣遗音”伏羲式琴（王世襄曾藏）

明 金髹木雕雪山大士像（王世襄曾藏）

目　录

张伯驹：中国文人的模样

1980年的冬天，北京的雪下得特别大，天气也特别的冷，什刹海已成了溜冰场。我携带着谢稚柳为我画的《西湖小景》长卷，在冰上穿湖而过，由什刹海的北沿到了南沿，推开20号的小门，走进一个不大的院落，拾阶进了北房，拜访春游主人张伯驹先生。

无须他人介绍，谢稚柳的画卷就是一封极有权威的介绍信。我把画卷递给老人，他郑重地缓缓打开，口中念念有词："像是稚柳的笔意……"《西湖小景》是谢稚柳的新腔，我请启功先生题跋时，他连说："这个卷子有意思。"春游主人看到卷尾谢稚柳的签名，长出一口气："呵，是稚柳的。"

"稚柳给你画的？"老人打量着我。

"是的。"

"他怎么会给你画这样长的卷子？"老人正说着，潘素先生走了过来，老人说："慧素，你来看看稚柳的画。"

"你和谢先生很熟？"潘素问。

"是的，我们交往多年。"我说。

"你是不是稚柳的学生？你画画吗？"老人又问。

"亦师亦友吧。我不画画。"我说。

"放在这里，过几天来取吧。"老人又说。

此时，老人已经80多岁，还是那样敏感，我什么话都没说，他就知道我是请他题画的。我把画卷好，放在案上。这时才注意到老人身着黑色棉袍，腰里束了一根带子，脚上穿的不是棉鞋，也不是时装保暖鞋，而是用东北乌拉草编的草窝。地上铺着方砖的屋子，没有暖气，只是在中间生着一个大火炉。老人在距离炉子很近的地方坐着。我沉默地坐在他的身边。只是潘素先生有时从里屋到外屋，或从外屋走到里屋，她仍然是那样白皙俏丽，就像谢稚柳给我介绍的那样。

虽然是第一次见张伯驹先生，但对他一生的经历我是知道个大概的，都是从谢稚柳那里听来的，如张伯驹的几处房子，张大千和他来住过的。我来的时候，谢稚柳就告诉我，老人不善言辞，和他在一起，要有耐心听他说，他会告诉你许多事情。但我有时还是忍不住要向老人提些问题，他很愿意回答，谈的都是他收藏方面的事。

他借给我一些资料，有的是油印稿，有的是手稿，是他的词和谈文物掌故的文字。我带到虎坊桥住地，白天出去采访，晚上就伏案抄那些资料。我抄得最多的还是他的词，初读温婉可亲，再读荡气回肠，三读即可品味他的人生之甘辛，兴亡感叹，尽在其中矣。

几天后，我又走进那个小院。《西湖小景》平展在案上。看到他在卷尾用他的“鸟羽体”题了一首诗：

> 薄游曾记好春天，湖水拍窗夜不眠。
>
> 一别沧桑真似梦，皇恩未许住三年。
>
> 昔游西湖，宿于湖滨旅舍，夜不能熟寐，今犹记之。白乐天刺杭州，皇恩只许住三年，余游西湖未能尽半月者。今见稚柳兄此图，不禁感慨系之。
>
> 庚申冬　张伯驹记

春游主人和我对着画卷，默默地久久地看着，谁也不忍动手把它

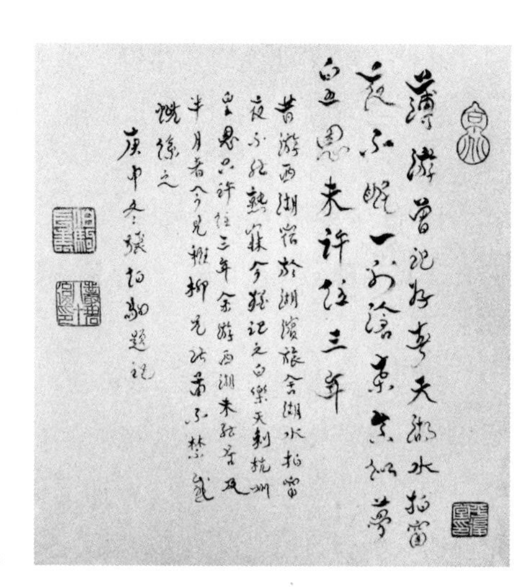

张伯驹题《西湖小景》手迹

收卷起来。

贵公子，名票友

张伯驹（1898—1982），名家骐，别署丛碧、春游主人，河南项城人，出生于旧官僚世家，其父张镇芳与袁世凯为姑表兄弟，袁氏诸子对张氏以“五舅”称之，因为他排行老五。

张镇芳系清末进士，由直隶天津道、长芦盐运使、直隶按察使升至署理直隶总督，民国初年曾任河南都督兼民政使。史书记载，他曾积极支持袁世凯复辟帝制，被列为“七凶”之一。

1915 年，张镇芳创办盐业银行、任总经理、后任董事长。张伯驹子继父业，任盐业银行董事。有了这样的经济后盾，生计无忧，他才能成为当代大收藏家。

张伯驹 18 岁那一年，入袁世凯兼团长的中央陆军混成模范团骑兵科，从此开始了他的军旅生涯。洪宪前岁元旦，父亲叫他给袁世凯拜年。那时袁世凯住在居仁堂，立在案前，张伯驹行跪拜礼。袁世凯把他扶起，问："你几岁了？"答："18岁。"问："你到府里当差好吧？"答："正在模范团上学。"袁世凯说："好好上学，毕业了就到府上来。回去代我问你父亲过年好。"张伯驹拜年刚回到家，袁世凯送的礼物已到了。

陆军混成模范团分步、骑、炮、工、辎及机关枪六科，目的为培育将才、训练亲信，实为培养"袁家军"服务。张伯驹为骑兵科学员。第一期学员考取前十名的，皆加卫侍武官衔，叨此隆遇，无不感激图报。第一期模范团由陈光任团副，学员举行毕业典礼，团副照例训话。陈光不学无术，又好斯文，训话中有"你们要好好地干，将来你们都不堪设想啊"。不可限量说成"不堪设想"，全团为之哗然。后来模范团编成一师，由陈光率领。陈光极贪，值其寿日，广收贺礼，商会以赤金铸八仙一堂为祝贺，陈光连称好、好，又说："只可惜小一点。"张伯驹不堪忍受，遂离开陆军混成模范团。后又在曹锟、吴佩孚、张作霖属下任职，厕身官场，做到旅长。但他不满军阀那种腐败生活，看不惯尔虞我诈的虚伪行径，不愿同旧军人混在一起，决心离开军队，遂辞去一切实质的及挂名的差事，解甲从商，到盐业银行当了一名董事。

张伯驹30岁前后，是他一生中的一个转折点。按照他自己的说法，30岁开始学书法，30岁开始学诗词，30岁开始收藏法书名画。他从少年时代就喜欢京剧艺术，此时也成了票友。从此，他走上了探索艺术真谛的征途。

张伯驹的前半生正处于京剧鼎盛时期，京剧演员人才辈出，张伯驹求师访友，移樽就教，得到许多名伶真传，文武昆乱不挡，能戏甚多。甲寅年（1974），张伯驹写了一卷《红毹纪梦诗注》，自序中有云："甲寅，余年七十有七，患白内障目疾，不出门，闲坐无聊，因回忆自七岁以来，所观乱弹昆曲、其他地方戏，以及余所演之昆乱戏，并戏曲

张伯驹 20 世纪 30 年代摄于上海

潘素 1937 年摄于上海

之逸闻故事，拉杂写七绝句一百七十七首，更补注，名《红毹纪梦诗注》。其内容不属历史，无关政治，只为自以遣时。但后人视之，则如入五里雾中；同时同好者视之，则似重览日记，如在目前。于茶余酒后，聊破岑寂，以代面谈可也。"

张伯驹 31 岁从余叔岩学戏，每日晚饭后去其家。余叔岩饭后吸烟过瘾，宾客满座，12 时后始说戏，张伯驹常至凌晨 3 时始回家。如此者 10 年，"叔岩戏文武昆乱传余者独多"。注中记有学余叔岩的剧目 46 出，唯《太平桥》一剧未传，那是因为谭鑫培未传给余叔岩。

张伯驹的京剧表演最负盛名的是《空城计》。那时是 1937 年，他 40 岁生日，为河南赈灾举行演出，广邀名角登台献艺。寿星张伯驹主演孔明，杨小楼配演马谡，王凤卿演赵云，程继仙演马岱，余叔岩演王平。其他配角，名票陈香雪演司马懿，钱宝森演张郃，慈瑞泉、王福山演二老军带报子。演出地点是隆福寺街福全馆。这么多的大角儿给张伯驹这位票友当配角，可谓是空前绝后。张伯驹演过这出大场面的《空城计》，顿时驰名全国，成为剧坛绝响。

余叔岩为一代泰斗，成一时之法，有其成就的种种条件，自不用说，但与张伯驹的多年交往恐亦不无关系。老一代京剧艺人文化不高，其演出剧目的文采多需要文人帮助提炼加工。张伯驹素精诗词音律，余氏的唱段新词多出自张伯驹之手。《沙桥饯别·提龙笔》一段二簧慢三眼，余氏承其师谭鑫培积习，常以此吊嗓，甚为得意，后经张伯驹将此改制，增词“四童儿，鞍前马后，涉水登山”，更谱新腔，遂成一字难易的经典。

上海的余派传人，多受张伯驹指点。著名余派女老生孟小冬，是余叔岩入室弟子中的佼佼者。其时余叔岩已病，教其文戏有《搜孤救孤》《御碑亭》《捉放曹》《武家坡》《奇冤报》。张伯驹感到她的唱“只差神韵，稍过火耳”，孟小冬经张伯驹指点，大有改进。《红毹纪梦诗注》中有一首咏孟小冬的诗：“梨园应是女中贤，余派声腔亦可传。地狱天堂都一梦，烟霞窟里送芳年。”末句指孟小冬吸鸦片成瘾。余氏弟子李少春只学了一出《战太平》，后又拜张伯驹为师，学了一出《战樊城》。杨宝森的《战樊城》也是张伯驹传授的。

余派老生张文涓没有赶上拜余叔岩为师，她的余派戏是借助余叔岩灌音的18张半唱片，唱得滚瓜烂熟。革命样板戏兴，张文涓沉寂10年。粉碎“四人帮”后，张文涓重上舞台，在北京、上海演出，观众如潮。张伯驹到场观看，大为激赏，认为她是当今余派最佳传人，不但写信指点，还表示愿把自己所会的余派戏传给她。张文涓得信后大受鼓舞，立即从上海赶到北京拜其为师。从此以后，她风尘仆仆地往返于京沪间，前后学了20余出余派戏并灌了唱片。经过名师指点，张文涓成为继孟小冬之后独领风骚的余派女老生。

张伯驹的朋友中，除了张学良、袁克文、余叔岩外，还有樊增祥、宋哲元、蒋鼎文。张镇芳与张作霖在政坛上互相支持，可谓深交，由父及子，张学良和张伯驹也成了莫逆之交。张学良和他不同，他们除了在一起玩票唱戏外，张学良的政治抱负很大，但张伯驹和他不谈政治。宋哲元、蒋鼎文都是政界人物，张伯驹也不和他们谈政治。

樊增祥、方地山和袁克文都以诗词享有盛名。樊增祥是光绪年间进士，曾出任陕西、江宁布政使，署理两江总督，曾师从张之洞、李慈铭，辛亥革命后以诗词、骈文自娱，曾撰有《彩云曲》叙赛金花事而负盛名。方地山以联名于世，诗词均在张伯驹之上，出口皆是上品。和张伯驹有世交之谊的袁克文晚年在上海卖字为生，名气大，有些军阀仰慕他的才气，也会遣人送钱来。袁是有钱就花，没钱就借，再不行就卖卖当当，有时当了东西还要去接济别人，生活再窘迫，诗酒茶饭、风花雪月是不会耽误的。他们整天生活在其所追求的至高无上的精神幻境中。

他们在一起诗酒流连，当然是阔公子张伯驹开销得多。

向溥心畬三购《平复帖》

某日，张伯驹参观湖北赈灾书画展览，有一件展品打动了他，那就是西晋陆机的《平复帖》。他站在帖前，看着九行草书，古朴之貌，实为传世书法所未有，前有白绢签，墨笔书：“□原内史吴郡陆机士衡书”。前面那个已剥落的字，他想应该是个“晋”字了。笔法风格与《万岁通天帖》中每家帖前小字标题相似，由此可知此签是唐人所题，显然是唐时的原装了。再看，又有月白色绢签，泥金笔书“□陆机平复帖”，是宋徽宗的瘦金书，题签上的“晋”字剥落了，下押“双龙”小玺，其他三个角上各有“政和”“宣和”小玺。拖尾骑缝处有“政和”连珠玺。这一切都表明此品为宣和内府所藏。

这不是末代王孙溥心畬的收藏吗？

张伯驹忽然回想起，1936年他在上海盐业银行时，听到溥心畬所藏唐韩幹《照夜白图》为上海画商叶叔重所得。

有了前车之鉴，张伯驹认为不能再让《平复帖》落入古董商人之手，流落国外。于是，他请阅古斋老板韩某相商于溥心畬：请将此宝相让，伯驹愿收；如果不想转让，需用钱可抵押。

韩老板奔走一番，给张伯驹回复说："心畬现在不需要钱，要转让，价钱要 20 万元。"

张伯驹此时无钱，只不过是早备一案，不致使画商又一次捷足先登。

次年，叶恭绰举办上海文献展览会，张大千、张伯驹都出席，张伯驹请张大千向溥心畬说合，愿以 6 万元求购。但溥心畬仍然要价 20 万元，张伯驹求购《平复帖》又未成。

《平复帖》何以使张伯驹耿耿于心，两次求溥心畬转让？

唐宋以来，讲草、真、行书书法的，都上到晋人。晋代名家真迹，至唐代所存已逐渐稀少，真迹为唐太宗、武则天随葬，他们生前用摹本赏赐大臣，所以流传下来的多为摹本了。宋代书画鉴赏大家米芾曾说："阅书白首，无魏遗墨，故断自西晋。"他所见的晋人真迹，也只有李玮家收藏十四帖中的张华、王濬、王戎、陆机和臣詹奏章、晋武帝批答等几帖。其中陆机一帖，就是这件《平复帖》。

以中国的书法墨迹而论，除了发掘出土的战国竹简、缯书和汉代的木简外，世上流传的，而且出于名家之手的，以陆机《平复帖》为最早。今天距陆机逝世已有 1700 多年。董其昌曾说过："右军（王羲之）以前，元常（钟繇）以后，唯存此数行（平复帖）为希代宝。"实际上清代乾隆所刻《三希堂法帖》中居首位的钟繇《荐季直表》并不是真迹。明代鉴赏家詹景凤已有"后人赝写"的论断。何况此卷自从在裴景福处被人盗去后，已经毁坏，无从得见。在传世的法帖中，再也找不出比《平复帖》更早的了。明张丑《清河书画舫》也说："陆机《平复帖》作于晋武帝初年，前王右军《兰亭宴集序》大约百岁。今世张、钟书法，都非两贤真迹，则此帖当属最古也。”

这一帖称得起流传有绪的，最早可以上溯到唐代末年。据宋米芾《书史》和明张丑《真晋斋记》，它原来与谢安的《慰问帖》同轴，上面有唐末鉴赏家殷浩的印记。2002年，上海博物馆举办晋唐宋元书画国宝展时，《平复帖》参加展出，我曾看到此帖真迹，殷浩的印记盖在帖本身字迹的后面，靠近边缘，朱文，颜色虽暗淡，但“殷”字的上半边、“浩”字的右半边尚隐约可见。据史书记载，此卷中还有王溥等人的印，现在未能找到。

米芾在他的《宝章待访录》中，将《晋贤十四帖》列入目睹部分，而在他著书的时候，帖藏驸马都尉李玮家。《书史》记载，李玮得自王贻永家。王贻永的祖父就是王溥。王溥祖孙及李玮在历史上都是相当有名的人物。王溥字齐物，是五代末、宋初的一位大收藏家，也是《唐会要》及《五代会要》的作者。王贻永字季长，是王贻正之子，因娶宋太宗女郑国长公主而改名贻永，与父叔辈同排行。李玮字公炤，娶仁宗兖国公主，在辈分上要比王贻永小两辈。他是一位画家，善水墨竹石，又能章草飞白，因此对古人的书法特别爱好。

《平复帖》进宋御府，可能是李玮逝世之后。《平复帖》何时从宋御府中流出，无考。明代万历年间，《平复帖》到了长洲韩世能手中。该帖在韩世能手中经过许多名家的鉴定。以文才敏捷著名的李维桢，在《答范先生》诗中有“昨朝同尔过韩郎，陆机墨迹锦装璜。草草八行半漶灭，尚道千金非所屑”，说出了韩世能对此帖的珍视。詹景凤《玄览编》、陈继儒《妮古录》都提到它，董其昌在万历十三年（1585年）及万历三十二年（1604）两次题跋。

韩世能死后，《平复帖》传给他的儿子韩逢禧（号朝延）。韩逢禧与张丑是非常熟的朋友，崇祯元年（1628），张丑将帖从韩逢禧手中买来，并为之取了一个室名“真晋斋”。崇祯癸未（1643），明代亡国前一年，张丑在同一年逝世。又过了17年，吴其贞于顺治庚子（1660）在葛君常那里看到《平复帖》。这时，元代张斯立等四人观款已被割去卖给了归希之，配在赝本《勘马图》后面。《平复帖》之所以遭受这样的不幸，从吴其贞的语气中可以看出当时一定有不少人认为《平复帖》是伪迹。他在《书画记》中有这样一段话："此帖人皆为弃物，予独爱赏，闻者莫不哂焉。后归王际之，售于冯涿州，得值三百缗，方为子吐气也。"三百缗买了《平复帖》，真是太便宜了。

冯涿州就是刻《快雪堂帖》的冯铨。大约《平复帖》到了冯铨手里不久，便归了真定梁清标。安岐在梁清标家看到《平复帖》。现在我们从卷上可看到"安仪周家珍藏""安氏仪周书画之章"，可以证明此卷曾为安岐所有。

《平复帖》从安岐家散出后，入清内府。《石渠宝笈初编》著录的黄公望《富春山居图》，后面有弘历的题跋："丙寅冬，安氏家中落，将出所藏古人旧迹，求售于人，持富春山居卷并羲之袁生帖，苏轼二赋、韩幹画马、米友仁潇湘图共若干种以示傅恒……"可能在1746年时，安岐已逝世，《平复帖》就在这一批书画中经傅恒的手卖给了弘历。

据永瑆《诒晋斋记》，《平复帖》原来陈设于寿康宫。乾隆四十二年（1777年）孝圣宪皇后（钮祜禄氏，雍正帝胤禛之妻，弘历生母，永瑆的祖母）逝世，《平复帖》作为"遗赐"赏给乾隆帝的十一子永瑆作为纪念。从这时起，《平复帖》到了成亲王府，永瑆取了一个室名"诒晋斋"，并作七律、七绝一首，均载《诒晋斋记》中。

《平复帖》在永瑆之后，传给其曾孙载治。载治曾在帖子上盖了"载治之印"及"秘晋斋印"两方收藏图章。

载治卒于光绪六年（1880年），那时他的两个儿子只有几岁。光绪帝载湉派奕䜣代管成亲王府的事务。奕䜣知道《平复帖》是一件重宝，托言溥伦等年幼，为慎重起见，携至恭亲王府代为保管。从此他据为己有，卷中"皇六子和硕恭亲王图章"就是他的印记。

宣统二年（1910年），奕䜣之孙溥伟在帖上自题一跋，称"谨以锡晋名斋”，他并将永瑆的《诒晋斋记》及七律、七绝各一首抄录在后面。

辛亥革命推翻清室，溥伟逃往青岛，图谋复辟，《平复帖》留给了他在北京的两个弟弟——溥儒（即溥心畬）、溥僡。1937年，溥儒等因为治丧，亟需款项，将《平复帖》以三万余元售与张伯驹。

张伯驹购陆机《平复帖》的大致经过是这样：1937年，张伯驹因躲避上海炎热的夏天，由上海回到北京。这时发生了卢沟桥事变，交通受阻，他无法再回上海，就在北京住了下来。当时盐业银行总部设在天津，他就往返于北京与天津之间。这年的腊月二十七日，张伯驹由天津回北京度岁，在火车上与傅增湘相遇，从傅增湘那里得知溥心畬的母亲项夫人去世了，溥心畬需款正急，要卖《平复帖》了。张伯驹以四万元购进《平复帖》。

傅增湘将《平复帖》携归，数日后送还张伯驹。张伯驹打开一看，傅氏在帖后作了题，对此帖的来龙去脉做了一番考证。弘历酷爱书画，凡是大内所藏名迹，无不经过他一再题跋，为什么独有《平复帖》既未经弘历题写，也无内府诸墨，更没有刻入《三希堂法帖》？傅增湘推测，因为此帖陈设在皇太后所居的寿康宫，弘历不便再去要回来欣赏题写。傅氏的推测是符合当时的情况的。

傅增湘为张伯驹购得《平复帖》，张伯驹终生拳拳于心。谢蔚明和我同行，请张伯驹为《文汇报》撰文介绍他收藏《平复帖》的经过，他在文中写道：“卢沟桥事变起，余以休夏来京，路断未回沪，年终去天津，除夕前二日，回京度岁，车上遇傅沅叔先生，谈及心畬遭母丧，需款甚急。乃由沅叔居间，以四万元于除夕前收归余有。”除夕日取来，张伯驹与傅沅叔同观。每岁清明，他们同去旸台山大觉寺看杏花，于花间筑二亭，一名倚云，一名北梅。抗战爆发后张伯驹去西安，日本投降后回京，傅沅叔半身不遂，不久即逝世。张伯驹挽以联，云：“万家爆竹夜，坐十二重屏华堂，犹记同观平复帖；卅里杏花天，逢两三点雨寒食，不堪再上倚云亭。”

张伯驹在《陆士衡平复帖》一文中写道："帖书法奇古，文不尽识，是由隶变草之体，与西陲汉简相类。"的确如此，张丑《真晋斋记》中只释了"羸难平复病虑观自躯体闵荣寇乱"14字。安岐《墨缘汇观》也说："其文苦不尽识。"

1961年，启功撰《〈平复帖〉说并释文》，写道："这一帖是用颓笔写的草字。《宣和书谱》标为章草，它与二王以来一般所谓的今草固然不同，但与旧题皇象写的《急就篇》和旧题索靖写的《月仪帖》一类的所谓章草也不同；而与出土的一部分汉晋简牍非常相近。"文中又说："我在前二十年也曾识过十四字（张丑所识十四字）以外的一些字，但仍不尽准确（近年有的国外出版物也用了那旧释文，随之沿误了一些字）。后得见真迹，细看剥落所剩的处处残笔，大致可以读懂全文。"

启功的《平复帖》释文：

> 彦先羸瘵，恐难平复。往属初病，虑不止此，此已为庆。承使□（唯）男，幸为复失前忧耳。□（吴）子杨往初来主，吾不能尽。临西复来，威仪详跱，举动成观，自躯体之美也。思识□量之迈前，执（势）所恒有，宜□称之。夏□（伯）荣寇乱之际，闻问不悉。

这样一段文字写的是什么？据启功考证，帖文谈论了三个人，首先谈到的是多病的彦先。陆机兄弟两人的朋友有三个人同字彦先：一是顾荣，一是贺循，一是全彦先（见《文选》卷二十四陆机诗李善注）。其中只有贺循多病，《晋书》卷六十八《贺循传》记述他羸病的情况极详，可知这指的是贺循。帖文说他能活到这时，已经可庆；又有儿子侍奉，可以无忧了。其次谈到吴子杨，他曾到陆家做客，但没受到重视，这时临将西行，又来相见，威仪举动，较前大不同了，陆机也觉得应该对他有所称誉。其所给的评论，仍仅是"躯体之美"，可见当时讲究“容止”的风气，也可见所谓“藻鉴”的分寸。最后谈到夏伯荣，因寇乱阻隔，没有消息。如果这帖确是写于晋武帝初年，那时陆机尚未入洛，在南方作书，则子杨的西行，当是往荆襄一带去了。

启功的释文，张伯驹对其中的几句提出不同的见解。他说：启元白释文“彦先羸瘵，恐难平复”，余则释“彦先羸废，久难平复”。“已为承庆”，余则释“已为暮年”；“幸乃复失”，余则释“幸为复知”；“自体躯之美也”，余则释为“自体躯之善也”。然亦皆不能尽是。

卖旧院一座，买进《游春图》

清王朝自入关第一个皇帝爱新觉罗·福临到末代皇帝爱新觉罗·溥仪，260多年中，经历了10个皇帝，其中讲求书画艺术的首推乾隆。在他统治的60年里，全国传世的名迹基本上都进入清宫，其后虽有积累，已成强弩之末。

聚之愈急，散之愈烈。中国藏于内府的书画损失最严重的，也是在清朝。这种损失不是来自天灾，而是祸起萧墙，皇帝以赏赐的名义散出宫外。清朝自嘉庆以来，国事多故，道光、咸丰、同治、光绪诸朝皇帝对书画已无任何兴趣，他们对宫中历代名迹大概也从未展阅过，因为藏品中看不到他们的鉴赏印记。倒是末代皇帝溥仪要罗振玉篆了“宣统御览”“无逸斋精鉴玺”印文，交由王禔（福厂）刻成，再命近臣工匠将其钤在画上。其实，他并无鉴赏的才能，只不过是摆摆样子而已。

嘉庆时已开始用宫中书画名迹赏赐亲王和大臣，如颁赐成亲王那一部分中的陆机《平复帖》、韩幹《照夜白图》。道光以后赏赐有增无减，仅赏赐恭亲王奕䜣一笔，就甚为可观，如赵佶的《五色鹦鹉图》、陈容的《九龙图》、王岩叟的《梅花图》等。

溥仪在逊位后的11年中，由于北洋政府给了“清室优待条件”，

“关上宫门做皇帝”，在紫禁城里称孤道寡，宫妃、太监们干出了“监守自盗”的把戏。为了避免“内城守备队”兵士发觉，溥仪盗宝首先选择册页和卷子，因为这些东西不显眼。溥杰带着太监挟着黄绫包袱进进出出，值勤人员司空见惯，通行无阻。

1924年冬，溥仪出宫，在此之前，从9月28日起，到溥仪出宫时，中间除了少有的间歇外，基本上是按天赏赐，逐日携走的，前后两个半月的时间，共盗出书画手卷1285件、册页68件。原藏的书画卷子已基本被洗劫一空，至于册页，所留者亦极有限，仅有画轴尚未搬动。

1924年11月5日，冯玉祥的部下鹿钟麟和警察总监张璧率领20名短枪手闯入紫禁城，撵走了溥仪，“清室优待条件”宣告取消。当晚，溥仪回到他父亲的醇亲王府，11月29日逃往日本兵营“避难”去了。然后他又逃到天津，在日本军国主义的保护下，依然过着小朝廷的尊荣豪奢生活。溥仪在天津的生活即靠变卖从宫中盗出的书画维持。溥仪在天津究竟卖出多少法书名画，无案可稽。张伯驹在《春游琐谈》中说到王献之《中秋帖》与王珣《伯远帖》都是溥仪在天津卖出的。

1931年，日本军国主义在沈阳发动“九一八事变”，在东北建立“满洲国”伪政权，要溥仪当皇帝。这年10月初，溥仪从天津出走，藏在静园的书画手卷1300件、册页40件、卷轴21件、宋元版本200部不能同时运走，其父载沣、弟弟溥杰以及若干亲信在天津看守。当伪“满洲国”皇帝的宝座坐稳了之后，他以“文治”为幌子，把这批珍宝运往长春。

1945年，日本宣布无条件投降，伪宫也是一片混乱。溥仪把从北京宫中盗出的书画珍宝捆载而去，为了减轻负担，不惜把原有的木盒和所有的花绫包袱皮一概扔掉，塞入木箱中。溥仪逃出长春伪宫，一行人数还是不少，有旧时臣僚、伪宫侍卫，还有皇亲国戚，当然日用浩繁，只能以最低廉的价格出售书画以换取这些人的生活费用。再就是从长春小白楼散出的书画，也甚为可观。

1946年，散失在东北的书画文物逐渐出现在市场，国民党接收大员、文物鉴藏家、外国古董商及北京、长春、沈阳、天津等地古玩店商人纷纷登场，为猎取文物而进行角逐。

张伯驹找到刚从重庆东归的故宫博物院院长马衡，提出两项建议：一、所有赏溥杰的文物，不论真赝，统由故宫博物院购回；二、精品经过审查购回。经张伯驹考定佚目1198件中，除赝品、不甚重要者外，有历史、艺术价值者四五百件。按当时的价格，不需要过巨经费即可大部分收回。

“你这一建议的结果如何？”我问。

“南京政府对此漠不关心，故宫博物院院长马叔平亦只是委蛇进退，犹豫不决，遂使许多名迹落入商贾之手。”张伯驹似乎不太愿意再回忆往事，只是简单地说了这两句就又沉默了。

“往事不堪回首，有些事都写在《春游琐谈》那部稿子里了。”他拿了印泥盒，到另一个房间去了。

最早打开伪宫逸失书画买卖大门的是北京玉池山房主人马霁川，他是最早去东北收购的人，其次是论文斋主人靳伯声。提到这两个人，张伯驹说：“两人皆精干有魄力，而马尤狡猾。”其后就是由琉璃厂发展起来的“八公司”。北京的古玩行业如同发现新大陆，兴奋不已，于是东北货成了热门，大走红运。凡是国外公私收藏的佚目书画，除了当时接收大员郑洞国等国民党要员在长春收购有限的一部分外，余则多数由玉池山房、论文斋及琉璃厂八公司经办的。

马霁川第一次从东北就带回20余件，送故宫博物院。故宫博物院邀请张伯驹、张大千、邓述存、于思泊、徐悲鸿、启功等审定。对这20多件书画，张伯驹都有具体的审定意见，对其真伪、精与不精都有批注。

范仲淹《道服赞》卷为宋人著名墨迹，靳伯声从东北收得。张伯驹打开此卷，只见风骨峭拔，如范仲淹其人，诚得《乐毅论》法，三希堂虽有刻本，视原迹神貌甚远。卷中宋印鲜艳夺目，后有文与可题跋，极为罕见。张伯驹认为："观此书体，可知传世与可画竹多伪。"张大千是蜀人，与文同是同乡，想得到此卷。马叔平得到这一消息，也极力追索，靳伯声则避而不见。一天，张大千、马叔平在张伯驹家相聚，当面商定由张伯驹出面找靳伯声，把此卷卖给故宫博物院。后来以黄金一百一十两讲妥，马叔平将此卷携归故宫。张伯驹很高兴，对马叔平说："买东西就要这样，宁收一件精品，不收若干普通品。"马叔平唯唯。

后来，故宫博物院开理事会，讨论收购事宜，会上决定共收五件，为宋高宗书马和之画《闵予小子之什》卷、宋人《斫琴图》卷、盛懋昭《老子授经图》卷、李东阳自书各体诗卷、文徵明书《卢鸿草堂十志》册。其他虽有几件精品，却无法再收了。马叔平认为买马霁川的那批东西，时间已过去一个多月，款子还未付清，日占本息，有点对不起马霁川。对此，张伯驹感慨地说："诚所谓君子可以欺其方矣。"讨论到范仲淹《道服赞》卷，理事胡适、陈垣等以价钱昂贵而拒收，决定退回。此时正是急景残年，张伯驹鬻物举债把《道服赞》卷收了下来。张伯驹说："胡适、陈垣等，对于此道实无知耳。"

最使张伯驹振奋的是收得展子虔《游春图》。

展子虔是北齐至隋之间（约550—618）的一位大画家，擅长山水人物，《宣和画谱》称他"写江山远近之势尤工，故咫尺有千里趣"。在上海博物馆晋唐宋元书画国宝展上，我始见该图真迹。《游春图》绢本，青绿着色，用妥善的经营、丰富的色调，画出了春光明媚的湖山景色。画卷初展，近处露出依山傍水的一条斜径，两人骑马，一前一后地跑来。路随山转，却被石坡遮住，直到有妇人倚立竹篱门首，才又宽展。这里一人骑马，手勒丝缰，正要转弯，画家捕捉住刹那间他回头的神态。更远一些，有一个骑马人，臂挟弹弓，缓缓而行，朝前面一座朱栏木桥走去，后面跟随着两童子。这画起首一段，欣欣向荣的树木和络绎不绝的人物生动的气氛，被这条山路贯穿到一起。飞泻的流泉从桥后山涧中流出，涧左是整齐的山村，涧右环抱着寺庙。抬头仰望，则是青山叠叠，白云冉冉。

卷的中部是广阔的平波。一条木船，船中坐着三个女子，一人举手遥指，她们仿佛在谈论湖光山色之美。船尾的男子荡着木橹，不是摆渡，而是游览。潋滟的水波，斜着向左上角拓展，愈远愈淡，直至与遥天冥然相接。

宋徽宗赵佶题为展子虔的《游春图》，遂成定论，自宣和以迄元明清，流传有绪。证以敦煌石室，六朝壁画山水，与此卷画法相同。只不过是卷绢与墙壁，用笔傅色有粗细之分。张丑谓此画有“十美”：“足称十美具焉：隋贤，一也；画山水，二也；小人物，三也；大刷色，四也；内府法绢，五也；名士题咏，六也；宋装褙如新，七也；宣和秘府收，八也；胜国‘皇姊图书’，九也；我太祖命文臣题记，十也。”因此他说“天下画卷第一”。张丑的“十美”虽有古董家习气，但亦可见其对此画的珍视。

展子虔《游春图》原不见佚目记载，属目外之物，竟为马霁川所收。马氏于何地收得此卷，不得而知。张伯驹得知马霁川收有此图，立即前往探询。马霁川要价八百两黄金。对这样珍贵的书画，张伯驹以为不宜私人收藏，应归故宫博物院。他找到于思泊去故宫博物院，说：“故宫博物院应该将此卷买下。还要院方致函古玩商会，告知此卷不准出境，然后才好谈价钱。”

马叔平说：“故宫博物院经费困难，难以周转。”

张伯驹说：“院方经费困难，伯驹愿代为周转。”

但马叔平仍然不答应将此卷买下，也不愿致函古玩商会。

没有办法，张伯驹自己去找马霁川，向他讲了此卷流传历史及重要价值，并警告：“此卷不能出境，以免流传国外。”马霁川不听张伯驹的，但八公司还有人心存顾虑，不敢让此卷出口，就委派墨宝斋马宝山出面洽商，以黄金二百两谈定。

此时张伯驹屡收宋元巨迹，手头拮据，只好忍痛将弓弦胡同原购李莲英的一处占地13亩的房院出售，凑足二百二十两黄金——原议二百两黄金，马借口金子成色不足，又加了二十两。过了一个月，南京政府张群到了北京，亦对《游春图》有兴趣，认为故宫博物院应该收购，即使四五百两黄金也在所不计。张伯驹有些赌气，最初建议故宫收购不成，自己才买下的，现在他不愿再相让了。

据马宝山《书画碑帖见闻录》载：《游春图》乃穆磻忱自长春购得，初与玉池山房马霁川、文珍斋冯湛如合伙买下，购价甚廉。由于穆曾在长春买过范仲淹手书《道服赞》卷，经李卓卿介绍卖给靳伯声，李未要介绍费，穆为报答李卓卿介绍出售《道服赞》之情，遂对李说："我买得《游春图》卷，这件国宝能得厚利，算你入伙吧！"李为人忠厚，不愿自得厚利，他与郝葆初、魏丽生、冯湛如有约，要合伙买"东北货"，于是将郝、魏拉入伙。

张伯驹和马宝山是至交，他得知《游春图》的下落后，很想买到手，苦于与马霁川不能直接谈，乃同邱振生托马宝山成全此事，并说《游春图》是国家至宝，无论如何不能让它流出国外。马宝山非常钦佩张伯驹的爱国热情，便慨允全力助其成功。马宝山与玉池山房马霁川虽是同行，又同是古玩商会理事，但从未有买卖及经济来往，要马宝山亲自去找马霁川交涉，多半会碰钉子。想来想去，只好找挚友李卓卿商议。经李卓卿与马霁川等反复商谈，最后以二百两黄金之价议妥，言定现金交易，款画互换。张伯驹手上一时无此巨资，尚需各处筹集。就在这时，老友苏凤山同张大千到马宝山家。张大千说："张群要买《游春图》，托马宝山来谈。他愿出港条二百两。"那时香港的黄金最受欢迎，条件确比张伯驹优越。但马宝山答复说："已与张伯驹先生说定，不能失信。"又等了些日子，张伯驹说款已备齐，商定在马宝山家办理互换手续。由李卓卿邀来鉴定黄金成色的专家黄某，以石试之，张伯驹所付黄金只六成多，计合足金一百三十两，不足之数，张伯驹允续补足，由李卓卿亲手将殿卷交给了张伯驹。后催索欠款多次，陆续补至一百七十两，仍欠三十两，由于种种原因，无限期地拖延了下去。

几年后，张伯驹自吉林返京，马宝山到他家去看望，他问马宝山："展子虔卷欠款怎么办？"

马宝山说："这几年变化很大，马霁川等都完了，你也完了，我也完了，咱们都完了，还谈什么欠款的事！"两人大笑一场。

张伯驹是个讲面子的人，说："你替我办这事，费了不少心血，我给你写幅字，潘素画山水一张，略表谢意吧。"

《平复帖》与《游春图》俱为张伯驹拥有，堪称"二稀合璧"，在收藏人生中不可不谓辉煌，张伯驹遂自号"春游主人"，集词友结社为"展春词社"。晚岁役于长春，更作《春游琐谈》《春游词》，叹"自己一生都在春游中"，人生境界及词的境界风格也随之扩大，自云"人生如梦，大地皆春，人人皆在梦中，皆在游中，无分尔我，何问主客"。万物逆旅，张伯驹皆作如是观了。1952年，张伯驹将展子虔《游春图》以购时之原价让与故宫博物院。

旧时燕重逢紫禁城

1950年，张伯驹被聘为燕京大学中国艺术史名誉导师，讲授中国绘画史、中国书法史。没有经济收入，为还欠款和维持家用开支，张伯驹把西城护国寺附近的承泽园卖了，全家迁到后海南沿的一个小院落，这是他最后一点不动产了。院子不大，也不够规则，一排四间北房，西边是一角偏厦，街门则冲着后海南沿。

张伯驹在这里静养，平时很少和外界接触。他自认是民国遗老，遗老就有着遗老的处世心情，说是孤傲可以，说是清高也可以，或者还兼有郑所南的那种前朝遗民的心情，画着无根无土的兰花。虽然如此，但老朋友还是不能忘却，互相往还。1952年春节前，张伯驹到辟才胡同给齐白石老人拜年。和他同去的还有老友王森然。因为应陶铸之邀，王森然去了武汉，在军管会文教部当了个副主任，所以此时他身着戎装。

小叙片刻，齐白石忽然对张伯驹说："前次去中南海，见到了周恩来先生。他告诉我，《伯远帖》已从香港买回来了。周先生说，有时间可以去故宫看看。"

张伯驹心头一震，仿佛是听到久别的亲人回来的消息。

白石老人又说："听森然说，这《伯远帖》曾在丛碧手上过过？"

张伯驹说："是的。过了年，我们一起去看看。"

《伯远帖》从香港购回，张伯驹有些激情难抑，想立刻前往探望。一打听，需要写报告，还要等文化部批准才能去看。

带着一股子扫兴，张伯驹在家中闷坐，心中仍然放不下《伯远帖》的事。

清乾隆"三希堂"所藏王羲之《快雪时晴帖》、王献之《中秋帖》、王珣《伯远帖》名重一时，乾隆一题再题，并将此三帖藏于养心殿温室中，颜其额曰"三希堂"。乾隆又下诏董邦达以《伯远帖》余纸，按札中"志在优游"及"远隔岭峤"语作图，表现山岭下萧散之致。沈德潜于卷后作《三希堂歌》，有云：

江左风流数王氏，司徒以后多闻人。
羲献父子树清节，法护文学超常伦。
勋名一家著史册，翰墨千载流精神。
快雪时晴洵书圣，中秋姿媚中藏筋。
伯远一帖推后劲，遒逸自足追前尘。
……

这三帖虽不是张伯驹的收藏，但他和此三帖有着非同寻常的关系。他对三帖有着自己的见解，认为《快雪时晴帖》为唐摹本，并非唐摹本之最佳本子，只是以赵松雪之跋而得名。乾隆最重赵字，视为真迹，毕一生之力临仿此帖。《中秋帖》见《宣和书谱》，即十二月帖。《书画舫》云："献之《中秋帖》卷藏檇李项氏子京，自有跋，细看乃唐人临本，非真迹也。"《大观录》云："共三行二十二字，前后有收藏宋印，此迹书法古厚，墨彩气韵鲜润，但大似肥婢。虽非钩填，恐是宋人临仿。"则《中秋帖》系米临。明清鉴藏家认为晋迹无疑者，则为王珣《伯远帖》。

《快雪时晴帖》之前似乎未出宫门，一直藏故宫博物院，现藏台北故宫博物院。1937 年春天，张伯驹在郭世五家看到《中秋帖》《伯远帖》二帖，还有李白《上阳台帖》。这几件帖都是溥仪在天津张园时卖出，不知怎么被郭世五得到了。郭还藏有伊秉绶《三圣草堂额》，颇以为自豪。张伯驹说："其旨在图利，非为收藏。"张伯驹见到此二帖，担心流落海外，不复有延津剑合之望，即请惠古斋主人柳春农从中说合，请郭转让。郭世五以《中秋》《伯远》二帖并李白《上阳台帖》另附唐寅《孟蜀宫妓图》轴、王时敏《山水》轴、蒋廷锡《瑞蔬图》轴，转让给张伯驹，议价为 25 万元，先给 6 万元，余款一年为期付清。到了夏天，发生卢沟桥事变，金融冻结，款至次年到期不能付，乃以《中秋》《伯远》二帖退还，其他几件留作抵已付之款。

日本投降后，张伯驹自西安返京，托柳春农再向郭世五儿子郭昭俊询问《中秋》《伯远》二帖事，则仍在郭家。问其让价，一帖为 3000 万联币，合当时黄金一千两，虽然是老交情了，但亦不能减价。经反复商量，终没能达成协议。

去看《伯远帖》的报告最终批复下来，已经到 1952 年年底了。

手续是由文化部报到国务院批的，张伯驹从中意识到中央对这件文物的重视。虽然拖了这样长的时间，但张伯驹还是感到一种安慰。他回想起当初《伯远帖》流落街头，被人一次次贩卖，无价的文物成了有价的商品，最后落在他的手里。八个月中，他几乎每天都要把《伯远帖》看上一阵，帖上的一笔一画都留下深刻印象，但由于筹款无着，只好退了回去。当时的心情此时已不堪回味。

如今，他又站在了《伯远帖》前。

他控制着自己的激动，凝视着《伯远帖》。《伯远帖》被放在一个玻璃罩内，平时蒙着不透光的布套，以免紫外线照射而损毁。张伯驹他们进去时，布套才取下来。一起去的，还有《人民日报》一位记者，背着一架照相机，本想拍照，但是那里不许拍照，以防闪光灯对帖有破坏。

看到这里，张伯驹更是百感交集。

国民政府时代，他曾几次上书，大声疾呼，要政府出面把流散于民间的珍贵文物尽数收购，免使国宝流散。后来，他也曾自行成立保存国故委员会，可是最后得不到当局的批准与委任，就连已经到手的《伯远帖》也飘泊无定。1949 年后，正是百业待举、到处用钱之时，国家却不惜重金，将此帖从香港购回。一件文物的遭遇，竟有如此天壤之别，此一比较，怎能不令他感慨万千呢！

同去参观的有画家赵望云，他走到张伯驹跟前，说："张伯老，都说你收藏甚富，这一件东西又在你手中留过，为什么没把它买下来？"

张伯驹一时不知从何说起。

赵望云是王森然的学生，为长安画派创始人。他长期生活在西北，对东边的事不大知道。王森然告诉他："那时候，他手中无钱，买不起。"

回到家，张伯驹特别兴奋，把参观的情况告诉了正卧病在床的潘素。潘素也有万千感触。

当晚，张伯驹展纸挥毫，写了一首词：

钟敲夜半窥长钩，平生愿，几曾休。琴棋书画，难系天下忧。便是杜鹃尽啼血，心不老，鬓先秋。　一帖《伯远》千虑收，看中流，放兰舟。风发意气，百舸竞上游。抖擞精神狂歌去，新中华，万民讴。

捐献：八大国宝重返皇宫

中共高层领导人中和张伯驹有往来并成为知交的是陈毅。

新中国成立之初张伯驹与潘素前往苏州扫墓，回来时，应朋友之邀，在上海小住数日。一天，旧友丰子恺、靳以、魏金枝一同邀他出席上海文化界的一个聚会，席间见到了南社创始人之一、老词人柳亚子。趣味相投，两人不免谈起诗词来。听说柳亚子和仲弘相识，张伯驹很想一见，便找柳亚子将自己的一本诗词集转呈仲弘先生。以文会友，古来便是一件雅事。张伯驹之所以对仲弘有兴趣，是因为他看了仲弘的诗作，有几首写得不错，他几乎可以背诵，可谓是心仪已久了。

“后死诸君多努力，捷报飞来当纸钱”“此去泉台招旧部，旌旗十万斩阎罗”，写得淋漓酣畅，恣肆痛快，这种气势正是自己诗词中所缺少的，对自己的那种遁世迟暮之感形成冲击。

后来张伯驹才知道仲弘就是陈毅，是中共的高级干部，曾是新四军军长，此时正任上海市市长。

张伯驹有些愕然，后悔当初不该那么轻率：“人家一个共产党的高官，会理睬你一个不足挂齿的民国遗老吗？”

想不到的是，聚餐后不久，陈毅便给他来了信，信中对他的诗词大加赞赏，并指出哪几首他尤为喜欢。显然，陈毅已把那本诗集看过了。信中还给张伯驹寄来他的近作，并约定时间邀请到家中一坐。张伯驹犹豫再三，终于去了，在陈毅家吃了一顿饭，谈诗论词，谈到很晚。

渐渐地，张伯驹有了一种“新中国主人翁”的感觉，融入了新社会的生活，在文化部干些力所能及的工作，提建议，即便是一些不大成熟的想法，也拿到桌面上来，供具体办事的人参考。他的见解独特，没有人云亦云的习气，屡进屡退的事是常有的。特别是对文物的整理与收集、鉴定工作，张伯驹付出了大量心血。他和末代皇叔载涛等组织了北京京剧基本艺术研究社，分设京剧和昆曲两组，社里有众多的名票友，组织多次演出，印制有关资料。

1956 年，张伯驹向文化部做了一次捐献，文化部向他颁发了褒奖状，内写：“张伯驹、潘素先生将所藏晋陆机《平复帖》卷、唐杜牧《张好好诗》卷、宋范仲淹《道服赞》卷、蔡襄自书诗册、黄庭坚《草书》卷等珍贵法书八件捐献国家，化私为公，足资楷式，特予褒扬。部长沈雁冰。1956 年 7 月。”

张伯驹夫妇把珍藏的八件国宝级书画捐给国家的消息，在文化界引起震动。文化部为此举行捐献仪式，并奖励三万元，国内各大报都发了消息。

奖金三万元，张伯驹坚辞不受，说是无偿捐献，哪能拿钱呢？怕

褒獎狀

張伯駒
潘素
先生將所藏晉陸機平復帖卷唐杜牧之張好好詩卷宋范仲淹道服贊卷蔡襄自書詩冊黃庭堅草書卷等珍貴法書等共八件捐獻國家化私為公足資楷式特予褒揚

部長 沈雁冰

一九五六年七月日

1956 年，张伯驹潘素夫妇捐献《平复帖》等八件文物的褒奖状

沾上“卖画”之嫌。后经郑振铎一再劝说，告诉他这不是卖画款，只是对他这种行为的一种鼓励，他才把钱收下，拿去买了公债。

实际上，张伯驹的这次捐献就是由公债引起的。

在此之前，文化部开了一个会，动员大家购买公债，支援社会主义建设。饭后，在文化部机关大会议室继续开小会。与会者除了几位部领导外，还有一批文化界知名人士。会议由副部长郑振铎主持，不再谈买公债的意义，而是抓落实。

1949年后，中央各部都吸收了一些民主人士担任各种职务，确实有民主风气。那时实行供给制，大部分东西都是统一发的，现金津贴很少，干部还很穷。直到1955年，才改为工资制，大家手中多少有点钱，仍然不多。所以，这次买公债的工作不那么简单。“穷文富武”，文化部的任务很艰巨。

小会是座谈式的，没有什么程序，大家随便议论。先是部长沈雁冰带头。他的稿费多一些，在文化部算是“大财主”，一上来，他先自报买5000元公债，接下来是副部长夏衍，自报买4000元。郑振铎的经济情况好一些，又是党外人士，一定要带头的，报了8000元。接着，会场便沉默了。

沈雁冰说：“没关系，大家量力而行，条件好的多报一些，条件差的，少报一些，多少都是表示支援国家建设的一点心意吧。”

会场仍然是一片沉默。

郑振铎的目光在全场扫了一遍，最后落在张伯驹身上。参加会议的几十个人中，他是公认最有钱的了。当年的“四公子”哪一个不是家资巨富，挥金如土？可是关于他倾家荡产买古画，还很少有人知道。

“丛碧先生，你来讲几句吧。”郑振铎笑着说。

张伯驹本来就是如坐针毡，让郑振铎这么一叫，更有点儿不知所措了。

憋了一会儿，他才吃力地说：“我……一定带头，一定。回去和我内人商量一下，争取多买一点儿。”

会开了半小时，散了。张伯驹真是有口难言，谁会相信他没有钱呢！若是以往，十万八万绝不在话下。可如今，即使拿 1000 块钱也是太难了。而且又找谁去借呢？从前，凭他一个名字，随便到哪个银行、钱庄，都可以借几万块钱，可如今谁会借给他呢？再说，总不能只报 1000 元吧。

他这个人把面子看得比命都重要，此番才平生第一次尝到“阮囊羞涩”的滋味。

回到家里，他把这件事和潘素说了。潘素还不知道他的心事？就说：“买就买吧，大家都买，我们也不能落在后面。”

张伯驹说：“钱呢？我们总不能买 1000 块钱吧。这 1000 块现钱，你拿得出吗？”

潘素一想也是，钱呢？想着想着，也犯起愁来了。

“实在不行，只好卖点儿字画。”张伯驹说。这是他最不愿意说的话。

“卖《平复帖》？”潘素故意逗逗他。

张伯驹摇摇头。

“卖《游春图》？”潘素仍是故意地说着。

张伯驹又摇摇头。

“你打算卖什么？又卖给谁？”潘素又问。

“这些都不能卖，已经留给你……”张伯驹说。

“给我？”潘素莞尔一笑道，“你的这些宝贝，我可操不了这份心。如今就算天下太平了，不怕有人抢了，可万一虫蛀了、霉坏了，我可担当不起。”

1948 年，国民党特务寄给张伯驹一颗子弹，警告他不要再向傅作义劝降。张伯驹劝傅作义向解放军起义投诚，不是为了别的，而是怕北京城的文物在炮弹中被损坏。由此，他想到家事的复杂，头绪太多，万一他有个三长两短，他的那几位太太还不闹得天翻地覆。为了潘素和女儿，他请社会名流陶心如为证人，立下遗嘱："决意将我与慧素多年来共同收藏的珍贵书画20件，赠予慧素，外人不得干涉。"这20件书画中有：西晋陆机《平复帖》、隋展子虔《游春图》、唐李白《上阳台帖》、唐杜牧《张好好诗》、宋蔡襄《自书诗》、宋范仲淹书《道服赞》、宋黄庭坚《诸上座帖》、宋吴琚《诗帖》、宋赵佶《雪江归棹图》、宋马和之《诗经·节南山之什图》、宋杨婕妤《百花图》、宋赵伯骕《仙峤白雪图》、元赵孟頫《篆书千字文》、元钱选《山居图》。

这些珍宝的确都属于潘素所有了。

但是潘素并不是这样想的。可能她在上海那段生活的经历，使她对人世间的许多事情都看得很透彻，除了张伯驹对她的真情，她不再有其他的占有欲望，别的都是身外之物了。夫妻辗转多日，彼此都知心中的想法，但是谁也不愿意点破。最后还是潘素把那层薄纸点穿了。

"《平复帖》《游春图》都传了一千多年了，其他的东西也有几百年了，不知被多少人珍玩过、占有过，大概有几千几万只手拿过它们吧。那些珍藏过它们的人呢？都不在了。只有它们作为历史的见证传承到今天，它们就是历史。你说留给我，万一有了什么不测，前人的心尽失，后人将又如何评论？你当年倾囊举债把它们买下来，不就是怕流落到国外，如今，目的不是达到了吗？"潘素一口气说了很多，也说得很动情。

张伯驹感到周身震撼！

他从来没有听到过潘素如此讲，而且又讲得那样平淡，一切的意思都包含在里面了。

夫妻二人到底也没有说出一个"捐"字。最珍稀的八件国宝进了故宫博物院，他们完成了历史使命，卸下了神圣的历史包袱。然而，历史并没有给他们好报，1957年反右派期间，张伯驹因抢救传统京剧《马思远》而被戴上"右派"的帽子。

报知遇之恩：再捐《百花图》

1961年，几年噩梦一般的生活熬过去了，张伯驹变成了“摘帽右派”。

这一天，张伯驹接到一封信，是从吉林寄来的。信的内容是：

伯驹先生并慧素女士：

吉林地处东北腹地，物阜民丰，百业待举。现省博物馆急需要有经验的人才。若伯驹先生身体允许，可否考虑来吉林工作。

翘盼赐复。

又：慧素女士可一同调来吉林，在省艺术专科学校任职。

信的落款是“中共吉林省委宣传部　宋振庭”。

宋振庭是谁？他们的朋友中没有这个人。他又是怎样知道张伯驹的？

宋振庭是陈毅的部下，当年新四军的“红小鬼”，聪明好学，黾勉求知，颇通文墨，所以当上了宣传部长。陈毅看到张伯驹已经被开除公职，生活无着，更重要的是他感到张伯驹是有用之材，但他在北京无法为张伯驹安排，于是写信给宋振庭，请他在吉林做些安排。

张伯驹不知道这是陈毅的安排，来信虽然诚恳热情，但张伯驹顾虑重重，人家虽然把自己当作有用之材，但自己毕竟是“右派分子”，即使摘了帽，也还是在另类之中。如果不向宋先生言明这件事，到了那里势必会出现一种难堪的局面。

张伯驹给宋振庭回了一封信：

宋先生振庭足下台鉴：

捧读来书，不胜惶恐。我因齿落唇钝，多有舛错，名列右派，实非所志。若能为国家工作，赎过万一，自荣幸万分，若有不便，亦盼函告。

张伯驹

信寄出去几天，又接到宋振庭的来信：

伯驹先生并慧素女士：

关于聘请二位来吉林任职事，已经有关部门批复。若无不妥，希能尽速来吉。一应调转手续，以后再办。

中共吉林省委宣传部　宋振庭

来信并没有提他是“右派”的事，担心的事也就放下了。他想，吉林省委宣传部既然做出这样的决定，显然对他的一切是了解的，自己不需要有过多的顾虑了，于是就回信决定去吉林任职。

东西很快收拾妥。这时，吉林省委派来的两个同志也到了，协助他们托运行李，并为他们办好了调动手续，连户口也迁走了。

临行前，张伯驹觉得应该向陈毅辞行。自从被打成“右派”，几年也没有和陈毅联系过。陈毅虽然善待自己，但毕竟他是共产党的高级干部，自己是“右派”，如果贸然去辞行，会不会被人嫌弃，而自己也落下一块心病来。他叫潘素打个电话给张茜，看陈毅有没有时间，也算是做一番试探。

陈毅在家设了便宴为张伯驹送行。

饭前，他把自己被打成“右派”的事向陈毅说了。即使像张伯驹这样的人，戴了几年“右派帽子”，心态也变了，真的感到自己做了对不起人民、对不起共产党的事，在这位共产党人朋友面前，是真心实意地说出了自己的感受。对此，陈毅什么话也没说。其实，他什么话也不好说，既不愿意接受张伯驹的检讨，又不能说他被打成“右派”错了。

谈到去吉林的事，还是潘素直截了当地问了："陈毅同志，这位宋振庭先生，你知道是怎样的人吗？他怎么会请我们去那里工作？"

陈毅莞尔一笑："他请你们，你们就去嘛。普天之下，好人终是多数。你们到了那里，就会对他有所了解。"

张伯驹问："这位宋先生是不是仲弘先生的老关系？"

陈毅哈哈一笑说："东北我没待过。不过，我很佩服宋振庭这家伙，他也真会趁火打劫、浑水摸鱼啊，这叫慧眼寻人。"陈毅又反问一句："你们在东北有什么朋友吗？"

张伯驹说："想了几天，没有这样的朋友啊。"

"可能是你没有想起来。"陈毅哈哈一笑，又说，"张作霖、张学良不都是东北人吗，你在东北是会有些故交的。"

饭后谈了一阵，张伯驹起身告辞。

陈毅从柜子中取出一卷用牛皮纸包好的卷轴，双手送到张伯驹手上，说："这点小礼物，算个纪念吧。你们到吉林后，安顿好了，再打开。另外，见了宋振庭同志，代我和张茜向他们夫妇问好，就说我很感谢他们。"

张伯驹接过纸包，嗓子发堵，说不出一句感谢的话来。

"到了那里，别把老朋友忘了，有什么新作寄来，让我也享受一番。可不要把你的那支笔丢了。"陈毅也带着惜别之情，和张伯驹握手。

握别陈毅之后第三天，张伯驹夫妇便乘火车到长春去了。

到了长春，刚放下行李，就有一个大个子来看他了。

"我是宋振庭。"他也是哈哈地笑着伸出了手，轻松地说："我们好像认识很久了，对不对？"然后把身边身材娇小的妇女介绍给张伯驹："她叫宫敏章，我爱人，叫她小宫就行了。"

寒暄了一阵之后，宋振庭把张伯驹接到家里吃饭，以家宴接风，使张伯驹备感亲切。

酒过数巡，宋振庭说："省里决定，就由你来担任省博物馆副馆长。省里没有这方面的人才，就不准备设立正馆长了。明天，让小华带你去看看，在西安大路，不算远，是过去的老底子，三层楼。”

张伯驹只是点点头。他几次想问宋振庭是怎样知道他们的，可是话到嘴边，又咽了回去。

宋振庭说：“长春是‘满洲国’伪宫所在地，博物馆原来就是溥仪的宫殿。这十多年来，好东西虽然被人买走不少，但散在民间的东西还不少，过去缺少鉴定人才，收购工作也没有开展，张先生来了，我们首先把征购工作开展起来。”

一谈起书画收购，张伯驹就来了精神，说：“收不到大名头的，就收些小名头的，近年间的作品也可以收些。”

宋振庭说：“对，人弃我取。人家不重视的，我们收。吴昌硕、陈衡恪、高剑父、齐白石、张大千、溥心畬，我们都可以收些。”

张伯驹连连点头，感到宋振庭在这方面确实有些修养。

张伯驹住的地方离宋振庭的家不远，是个小院子，三间北房，一间做卧室，一间待客，一间是书房，另外还有厨房和堆杂物的地方，同北京自家的房子相比似乎是小了一些，可宋振庭是宣传部长，和他住的是同样的房子。他们回到房中，一切都布置得井井有条，不必他们再操心什么。小华和宫敏章帮助他们打开行李，安放好东西，已经是半夜时分了。

在长春一切都安定了，他们才从箱子中拿出陈毅送的那卷东西。陈毅要他们到长春后，安顿好了再打开，潘素好奇，早已忍不住了。

潘素小心地拆开粘得很紧的封套，里面是一幅裱得很好的立轴。她搬了凳子，把立轴挂了起来。

是一首《冬夜杂咏》：

> 大雪压青松，青松挺且直。
> 要知松高洁，待到雪化时。

书赠伯驹夫妇

仲弘　一九六一年冬又题

两人肃立着，相对无言。他们一下子全明白了：陈毅早就知道他们要到吉林来，这一切都是他安排的。一股暖流在他们周身游动着。

经过数月的整理，博物馆总算有了头绪。

一天，宋振庭来了，把一个卷轴递给张伯驹，说："我带了一件古画来，请你看一看，是不是好东西。"

张伯驹打开一看，有些惊讶，说："《归庄图》，是何澄的精品。"

宋振庭："何澄？"

"是何澄的画。他是金末元初的大画家。他由金入元，出任画院的领袖，当时很有影响。我搞这么多年的收藏，也很少看到他的东西。"

"和董其昌相比如何？"

"应该更珍贵一些。董氏传世作品较多，年代也比何氏晚些。此外，从少数民族这点上，这件东西参考的意义更大些。"

"一万块，怎么样？"

"行。"

"两万呢？"

"也值得一拼。"

"三万呢？"

张伯驹长长地出了口气，说："按理说，这种东西是无价的。一下子拿不出这么多的钱来。这画是谁的？我和他商量商量。"

宋振庭说："不用商量，这画是我收藏的。"

张伯驹愕然，道："哦，那就是另一回事了。"

宋振庭会心地一笑，说："如果把这幅捐给你们博物馆，你给我什么报酬？"

张伯驹是悟性极高的人，马上说："那我也捐一件，保证不比你这一件差。"

宋振庭狡黠地一笑，说："真的？"

"我捐杨婕好。一言为定。"

宋振庭知道沈周、唐寅、八大、石涛，对杨婕妤他是陌生的，说："杨婕妤？你可别糊弄我这个大老粗。"

张伯驹说："杨婕妤是南宋画家，我捐的就是她画的《百花图》。"

"那就这么说定了，一对一。"

"君子一言。"

按张伯驹《宋杨婕妤百花图卷》一文所记："戊戌岁，宝古斋于东北收到此卷，故宫博物院未购留，余遂收之。余所藏晋唐宋元名迹尽归公家，此卷欲自怡，以娱老景。余《瑞鹧鸪》词结句'白头赢得对杨花'即指此卷也。复欲丐善治印者为治一印，文曰'杨花馆'。会吉林省博物馆编印藏画集，而内无宋画，因让与之，此印亦不复更治矣。"

晋唐宋元诸多名迹都捐献了，张伯驹何以独珍此卷没有捐献，而是留着"以娱老景"？

1962 年，由张葱玉、谢稚柳、刘九庵三人组成的三人鉴定小组北行鉴定中国古代书画，先至哈尔滨鉴定黑龙江省博物馆书画。第二站就是长春，鉴定吉林博物馆书画，张葱玉、谢稚柳都是张伯驹的老朋友，临行之前，谢稚柳给张伯驹去了一封信，说明不久即有秉烛相谈之欢。

张伯驹得知谢稚柳即将到长春，遂写了一首诗寄谢稚柳，作为应答，诗云："边荒万里看名山，暂得忙中数日闲。忽有飞笺天外至，故人新自到长安。"

张葱玉一行到了长春，大家相见，感叹唏嘘。朋友相聚总是快乐的，谈诗论画，煮酒聊天，别有一番快乐。张伯驹爱画如命，自己虽然是大收藏家，一生不知见过多少名作佳绘，但他不薄古人爱今人，特别是老朋友的画，更是百看不厌。谢稚柳为他画了一帖荷花，题写"荷静纳凉时"。张伯驹看了，高兴地说："稚柳啊，长春是避暑胜地，有了这幅画，那就真的变成避暑胜地了。"

鉴定小组鉴定吉林省博物馆的收藏已经初具规模。张葱玉说："张伯公，你来以后卓有成就啊！"谢稚柳看到，除了杨婕妤的《百花图》，还有几件元明清的精品。对张伯驹的收藏，谢稚柳大部分是看过的，有些精品记忆犹新，悄悄地问张伯驹：“伯驹，你的收藏捐得差不多了吧？”张伯驹说：“以报知遇之恩吧。”

张伯驹任吉林省博物馆副馆长后，清理该馆所藏书画多为当代书画家的作品而古画较少。1961 年，张伯驹和郑国同去北京收购古代书画，但北京国营文物商店所藏古代书画不卖给外地博物馆，他们只得向私人收购。在一个月的时间内，共收购古书 106 件，其他还有扇面及杂件，共用去人民币 25189 元。

北京人说：“他是国宝！”

1971 年春天，在地下室被关了两年的张伯驹给放了出来。

作为“牛鬼蛇神”，放出来也要去报到啊。他去找原来关他的那个造反派组织。人们告诉他，关他的那个造反派组织早已被取缔了。他又要找那个造反派组织的“司令”，人们又告诉他，那个“司令”也被抓起来了，现在是革命委员会当家，到那里去报到吧。他到革命委员会，里面是几个年轻人，似乎不大知道他，或者说把他给忘了。革命委员会的人叫他回家歇着，改天再来报到。

他回到家，潘素已经在等着他了。曾经沧海，死而复生，也谈不上什么激动。

“我知道你关在七号，可是我不敢叫你，怕你担心。”潘素说。

“你也给关起来了？”张伯驹感到吃惊。

“我关在三号，和你只隔三个房间。”潘素说。

傍黑的时候，宋振庭夫妇来了。潘素已经收拾好房间，生了炉子。时间尚在早春，天还有点阴寒。屋里有了火，马上便是另一番劲头了。这时宋振庭已经“解放”，等待分配工作，目前先帮助做些杂务。

屋子里虽然充满春意，他们的心里却没有温暖的感觉。

“你回来了，过几天还是要下去。”宋振庭说。

“到哪里去？”张伯驹如同被雷击了一样，刚刚得到的一点暖气全跑光了。

“去农村插队落户。”宋振庭说。

这时正是林彪的“一号动员令”下达，说是要备战，人口要疏散，好多人要疏散到乡下去。就这样，张伯驹夫妇又被“下放”到农村去了。

他们这批共30多人。各大队的党支部书记、贫下中农代表在公社争论了一天，才确定每个村该分的人数。张伯驹两口子岁数是最大的，谁也不愿意要，推来推去，最后是一个叫高思庆的党支部书记把他们收了下来，在一个五保户的偏院给他们安排了一间小土房。

到村里第三天，张伯驹夫妇便和其他老人及小孩去“踩格子”。东北谷子种得多，土地又是深翻的，谷苗长到两三寸高的时候，一定要踩上一两遍，否则就会顶不出来。4个人一组，沿着垄台往前走就是了，看上去倒是轻活，没有什么技术。可是走了两垄，张伯驹便感到吃力了。他咬着牙，一步一步往前挨，好容易踩了一个上午。

下午还要去，张伯驹找了一根棍子拄着，有了棍子的帮助，他感到不像上午那样吃力了。回忆这段生活，他还有些自豪地对我说：“那天下午，我踩了六垄。”

渐渐地适应了“踩格子”后，吃水又成了大问题。村子里的井离家远，一担水七八十斤，他们怎么担得了！夜深人静，潘素就一盆一盆往回端，而此时她已是60多岁的人了。

高思庆了解到这个情况，就对他们说：“以后地里的活你们量力而行，能干就干一点儿，累了就别干，没人会找你们的。”

从此，他们的日子好过多了。每天早上，天还没亮，一定有人送水来，小水缸满满的。

白露那天，宋振庭来了一封信，还寄来100元钱，要他们保重，别的没说什么。

就这样过完了春天，又过完了夏天，过完了秋天，冬天到了。

一天，高思庆到他们的小屋里来，脸上还是冷冰冰的，没有什么表情，要他们收拾东西回北京，还派车送他们到火车站，赶晚班火车。

“能问一下吗，我们为什么去北京？”潘素大着胆子问。

“在这里，冬天会把你们冻死！”高思庆走了几步，又折回来说了一句：“有人问，就说回北京看病的。”

两天后，张伯驹夫妇回到了北京，还是那个小院，只是房子被别人占去了几间。

在这地方，张伯驹是出了名的“右派分子”。他们到北京没几天，居委会的人就来了，问了一大串问题：“谁批准你们回北京的？”“有户口吗？”“有没有证明？”“看病的，什么病？”“组织上批准，有证明吗？”后来，民警也来找麻烦，比居委会的老大妈还凶。张伯驹纵然历经几个时代，但对这些市井小人却无可奈何。他找到旧交章士钊，请求在文史馆谋一个馆员职位，以解燃眉之急，章士钊虽为馆长，但几经努力，均告失败。

张伯驹给陈毅写了信，信中说：“遇市井小人，恶言相加，立眉横目，不可一世，威风凛凛，詈言咄咄，教人实难苟活。”

张茜回了信，说陈毅因癌症入院，且已到了晚期。

张伯驹黯然神伤。

1972年1月10日，京西八宝山革命公墓，陈毅的追悼会即将举行。

休息室里，人们纷纷来看望张茜，安慰她，要她节哀。这时，忽然有人叫了起来：“毛主席来了！”

毛泽东来了，来参加陈毅的追悼会。

天很冷，毛泽东穿着一件呢料大衣，下身穿了一件薄毛裤，从领口可见里面还套着睡衣，显然是匆匆而来。

毛泽东是在1月8日签发中央送审的关于陈毅追悼会规格、悼词的文件时，才知道陈毅去世的消息。毛泽东看完报告，将悼词中“有功有过”四个字划掉，便签发了。

“主席，你怎么来了！”一见主席，张茜便哽咽地问。

毛泽东不无感伤，说：“我也来悼念陈毅同志啊，陈毅同志是一个好同志，是个好人！”

陈毅的几个孩子肃立在张茜身旁，主席一一问了他们的名字，感慨地说：“陈毅对中国革命和世界革命做过贡献，立过大功劳的，这已经做了结论。”

追悼会开过之后，毛泽东在灵堂里缓缓地走了一圈，看那些送花圈的人的名字，看那些挽联。

在一副挽联前，他立定了，慢慢念道：

仗剑从云作干城，忠心不易。军声在淮海，遗爱在江南。万庶尽衔哀。回望大好河山永离赤县。

挥戈挽日接樽俎，豪气犹存。无愧于平生，有功于天下。九泉应含笑。伫看重新世界遍树红旗。

好出色的文笔啊，一片真情流露，对仗工稳，对死者功绩的评价丝丝入扣，诚一时之绝唱。只有陈老总能承当此殊荣，也唯有张氏的才华，方能在那种境遇中，借此情景迸发出灿烂的火花，双美与俱，堪称艺坛佳话。

“这个张伯驹是什么人？”毛泽东问身边的周恩来。

“一位民主人士，是陈毅同志生前的好友。”周恩来答道。

“他（指陈毅）向我讲过。”毛泽东点点头，又问，“他现在在什么地方？”

“在北京。”周恩来说着，把张茜叫了过去，说：“主席问张伯驹先生呢。”

张茜对主席说：“张先生从东北回到北京，一无户口，二无工作，陈毅活着的时候很牵挂。”

“像张伯驹这样的人，可以安排到中央文史馆去。”毛泽东又对周恩来连说，“快办，快办。”

追悼会后，周恩来马上责成童小鹏对张伯驹的事进行了具体安排。

张伯驹进了中央文史馆，每月生活津贴88元。

后来，周恩来到中央文史馆视察工作，还特意问起张伯驹的生活及健康状况。

张伯驹挽陈毅的挽联，在当时不胫而走，以手抄本传遍京沪间。我看到的是谢稚柳的手抄本。后来，我到北京，在于光远处遇到中央音乐学院的李春光，他向我述及张氏写挽联的情况：这副挽联是张氏的急就之作。当时张伯驹家徒四壁，挽联拟就之后，没有纸，没有墨，李春光跑到一个单位，拿来写大字报的纸和墨汁，请他在一张小桌子上书写，墨迹还未干，就送往追悼会悬挂了起来。

比国宝更珍贵的文人精神

说张伯驹是当代大收藏家，他是当之无愧的。他著有《丛碧书画录》一卷，序中略记其收藏过程，可以从中窥见其所藏大概，录之于后：

> 东坡为王驸马晋卿作宝绘堂序，以眼过烟云喻之。然虽烟云过眼，而烟云故长郁于胸中也。予生逢离乱，恨少读书。三十以后，嗜书画成癖。见名迹巨制，虽节用举债，犹事收蓄。人或有訾，笑焉不悔。多年所聚，蔚然可观。每于明窗净几，展卷自怡。

退藏天地之大于咫尺之间，应接人物之盛于晷刻之内。陶镕气质，洗涤心胸，是烟云已与我合矣。高士奇有云：世人嗜好法书名画，至竭资力以事收蓄，与决性命以饕富贵，纵嗜欲以戕生者何异。鄙哉斯言，直市侩耳。不同于予之烟云过眼，观矧今与昔异。自鼎革以还，内府散失，辗转多入外邦。自宝其宝，犹不及麝脐翟尾，良可慨已。予之烟云过眼，所获已多。故予所收蓄，不必终予身为予有，但使永存吾土，世传有绪，是则予为是录之所愿也。

此册所记载书画以卷轴为主，其他册页、扇面曾立另册，我未得见，仅以此册观之，即可谓浩然大家也。

册中所记首件为敦煌石室藏经《魏仓慈五经》卷，以后以年代顺序排列，为西晋陆机《平复帖》卷，隋展子虔《游春图》卷，唐李白《上阳台帖》卷，唐杜牧《张好好诗》卷，宋范仲淹《道服赞》卷，宋蔡襄《自书诗》册，宋黄庭坚《诸上座帖》卷，宋王诜《烟江叠嶂图》卷，宋徽宗《雪江归棹图》卷，宋米友仁《姚山秋霁图》卷，宋高宗书马和之画《诗经·节南山之什图》卷，宋高宗书马和之画《小雅·南有嘉鱼之什图》卷，宋朱胜非《书札》册，宋人《楼阁图》册，宋杨婕妤《百花图》卷，宋赵伯骕《仙峤白雪图》卷，宋赵孟坚《水仙自书诗》卷，元赵孟頫《饮马图》卷，元钱选《山居图》卷，元赵孟頫《章草千字文》卷，元赵孟頫《篆书千字文》卷，元赵孟頫《小楷妙法莲华经》卷，元仇远《自书诗》卷，元赵雍、王冕、朱德润、张观、方从义合卷，元方从义《云林钟秀图》卷，元颜辉《煮茶图》卷。以下从明四家、清六家到吴昌硕等 86 件。

在诸多国宝的后面，都隐藏着张伯驹收藏的趣事。陆机《平复帖》、展子虔《游春图》、杨婕妤《百花图》已做介绍，此处再择几件略述之。

宋徽宗《雪江归棹图》，绢本，墨笔，着微浅绛，布置精密，笔意超绝。董其昌谓迥出天机，疑为摩诘之迹。后有蔡京题跋，徽宗、蔡京虽为误国君臣，而艺苑风流，自足千古。

宋徽宗传世真迹，以花鸟为多，人物次之，山水最少。正因为他的山水之作稀少，流传者多为摹本，这一真迹一直秘藏在清宫内府。后来溥仪盗取出宫，由天津张园而长春伪宫小白楼，世间一直不见原貌，故不少鉴赏家竟将摹本当作真迹，法国古玩商杜伯思（卢芹斋婿）自诩为中国通，具有独到眼力，还是将摹本购去，信以为真。张伯驹对《雪江归棹图》有如此兴趣，固然是物以稀为贵，更重要的是他有着好眼力。明人王世贞胞弟王世懋在北京“鬻装购得”此卷时，宰相张居正追索甚急，有人为之担惊受怕，而王世懋本人却以为“顾业已有之，持赠贵人，士节所系，有死不能，遂持归”，说明王氏昆仲有骨气。他们冒着生命危险，不畏权贵，不惜以身家性命保住所爱之物。王世懋题跋中还云：“不数载，江陵相（张居正）败，法书名画，闻多付祝融，而此卷幸保存余所，乃知物之成毁，故自有数也。”

由《雪江归棹图》还引出《清明上河图》的故事。据传，严嵩父子向王世贞、王世懋兄弟索取宋人张择端《清明上河图》。《缀白裘》有昆曲《一捧雪》剧目，在《红楼梦》第十八回剧目中第一出即《一捧雪》。黄皮戏亦有《一捧雪》，皆系根据《清明上河图》传说，讽劝嗜好古墓者莫怀古，如怀古即一捧雪矣。对此，张伯驹做了考证。他认为《清明上河图》虽见明人笔记，然图无世贞兄弟跋及收藏印，且世贞《弇州山人四部稿续稿》云：“张择端《清明上河图》真赝本，余俱获寓目。真本……初落墨相家，寻籍入天府……赝本乃吴人黄彪之造。”据此，王世贞只看过真赝两本，图并未入世贞家。由此，张伯驹认为《一捧雪》事写的是《雪江归棹图》。张伯驹虽做如此考证，但也不无感叹地说：“《雪江归棹图》卷昔藏余手，惜未题之。”这种感叹恰表现了收藏家的心态。

宋蔡襄《自书诗》册，淡黄纸本，洁净如新，乌丝格，字径寸，行楷俱备，姿态翩翩。此册在溥仪未出宫时，由太监偷出。萧山朱翼盦于地安门市肆得之，进价5000元。1932年失去，穷追猛找，复得于海王村肆中，以巨金赎回。朱氏逝世后，其后代甚为宝贵，不肯让人。1940年翼盦的母亲去世，朱家溍兄弟们以营葬费无着，始让出，由惠古斋老板柳春农送到张伯驹手中。当时梁鸿志主持南京伪政府，声势煊赫，也想购得，扬言出价四万元。张伯驹不让，朱家索价四万五千元，张伯驹连价也不还即收进。张伯驹在册后题跋："宋四家以蔡君谟书看似乎易而最难学。苏黄米书皆有迹象可寻，而米尤多面手，极备姿态，故率伪作晋唐之书。然其善作人之伪，而人亦作其伪耳。"

张伯驹得此书，书艺大进。他自剖云："余习书，40岁前学右军十七帖，40岁后，学钟太傅楷书，殊呆滞乏韵。观此册始知忠惠为师右军而化之，余乃师右军不化者也。遂日摩挲玩味，盖取貌必先取其神，不求其似而便有似处；取其貌不取其神，求其似而终不能似。余近日书法稍有进益，乃得力于忠惠此册。假使200年后有鉴定家视余50岁以前之书，必谓伪迹矣。"

《张好好诗》卷表现了杜牧诗之风华蕴藉，与白乐天《琵琶行》并为伤感迟暮之作，而尤婉丽含蓄。此卷行书如核桃大，无名款，宋徽宗赵佶题为杜牧所书，用瘦金书题于前隔水鹅黄细绢上。南宋时为贾秋壑收藏，入元归大收藏家张晏所有，明时为董其昌庋藏，并刻入《戏鸿堂法帖》中，清初则为真定相国梁清标珍秘，卷后有年羹尧观款，当时或曾经年氏所藏，之后入清内府。

此卷经溥仪携带到长春，藏小白楼。伪满洲国覆灭之时，"国兵"哄抢小白楼珍藏，此卷为"国兵"王学安所劫。由于当时形势严峻，王学安劫后即埋入土中，风声转缓之后，再从地下挖出，由于地下潮湿，侵蚀极为严重，已经是满纸霉点，有的地方业已破碎不全。明末清初之际大收藏家顾复在所著《平生壮观》中记下了此帖的面貌："牧之此诗，纸墨颇佳，书成欲舞。”《大观录》作者吴升则云此帖“笔墨厚重，有唐明皇《鹡鸰颂》姿态”。虽然该卷为唐制白麻纸本，抵侵蚀的性能还可以，没有全部霉坏，但和顾、吴两位前人观时相比，已经面目全非了。

1950年，北京古玩商靳云卿从东北购得此卷，携至北京。靳云卿即论文斋主靳伯声的二弟。秦仲文得到消息，立刻告诉张伯驹，并说这件东西在惠孝同手里，其不想让张伯驹知道，因为张要知道，是必定要买的。

惠孝同是清宗室之后，出自民国初年金拱北门下，乃湖社成员之一。惠氏对国画创作有浓厚兴趣，但在抗战胜利前未曾染指琉璃厂旧书画买卖，家中原有满族先辈画家作品不少，多是祖先留下来的。抗战胜利后不久，受南北鉴赏家竞收长春伪宫散佚书画之影响，他毅然加入这个行列，一显身手，所购法书名画虽不能与张伯驹相比，但也购进过王诜的《烟江叠嶂图》和《渔村小雪图》，足以令收藏家刮目相看。

张伯驹找到惠孝同，惠说没有买成，已被靳伯声携到上海去了。

张伯驹怎肯罢休，托马宝山立即赴上海，无论多大的代价，也要把此卷追回。不到一个月，马宝山果然将此卷追回，张伯驹以5000多元收进。他在回忆收购杜牧《张好好诗》卷的经历时说：“当时为之狂喜，每晚睡时都置诸枕边，半夜还要起来看，如此数日，始藏贮箧中。”

对此事，马宝山晚年有一段回忆，说：张伯驹想买此卷，托我助成其事。靳云卿是靳伯声的二弟，我和他没有来往。此时靳伯声没在北京，我便去找靳伯声之妻金玉梅商谈，金说：“此卷在我手，你拿去给办吧。价至少四十两黄金。”张伯驹看后说：“解放后不准黄金买卖，已有公告颁布，买卖用人民币计算。”就这样，我往返多次，未能成交。这天我又去靳伯声家和金玉梅解释，黄金买卖是严重违法的行为，我们不能做违法之事。这时靳云卿突然从里屋蹿出，双手掐住我的喉咙，大声吼道：“你今天不给黄金我就要你的命！”金玉梅见状，吓得忙去解救，连声说：“给你黄金。”靳云卿这才放手。我猛然受此欺侮，精神有些恍惚，乃将经过告诉张伯驹，张立即同我去找靳云卿论理。靳云卿藏起来未敢见面，只有金玉梅出面，应允按照人民币办理成交。张伯驹让我去法院告发靳云卿的野蛮行为，经金玉梅再三请求，让靳云卿在恩成居饭店向我赔礼道歉了事。

癸未（2002）之冬，上海博物馆五十华诞，举行晋唐宋元书画国宝展，杜牧《张好好诗》卷由京来展出，我始得一睹真迹，卷末有张伯驹题写的《扬州慢》一词，云：

> 秋碧传真，戏鸿留影，黛螺写出温柔。喜珊瑚网得，算筑屋难酬。早惊见，人间尤物，洛阳重遇，遮面还羞。等天涯迟暮，琵琶溢浦江头。　　盛元法曲，记当时，诗酒狂游。想落魄江湖，三生薄幸，一段风流。我亦五陵年少，如今是梦醒青楼。奈腰缠输尽，空思骑鹤扬州。
>
> 庚寅中州张伯驹绮声

我撰此稿时，已是望七之人，不应该再有什么激动了，但是当读到词的结尾“我亦五陵年少，如今是梦醒青楼。奈腰缠输尽，空思骑鹤扬州”，我不能不为词人的真情所打动。突然感到，二十多年前，余客京华，造访张伯驹、潘素夫妇时，我所面对的不就是杜牧之和张好好吗？如果当时知道他有这样一首词，又该引出多少风情话题。诗词是一时兴会，没有与潘素的风情，张伯驹也就无此词了。

张伯驹藏《紫云出浴图》，甚为宝珍，他在《春游纪梦》中写道：“余所藏书画尽烟云散，惟此图尚与身许，未忍以让。”他何以对此图如此钟情？

紫云姓徐，是明末四公子之一冒辟疆的歌僮，四公子之一的陈其年与其有着同性之恋，为时人酒余饭后的谈资。清人笔记有记载，冒氏后人鹤亭辑有《云郎小史》。陈鹄以此为题画《紫云出浴图》，纸本，横一尺五寸，纵七寸。紫云像三寸许，着水碧衫，支颐坐石上，右置铜箫一，发鬖鬖然，脸际轻红，星眸慵睇，神情骀荡，若有所思。

此图自明末问世以来，参与题咏者近百人，均为文人学士、社会名流。我猜想并不是因此图画得如何，而是有兴于同性恋的故事，题者才感到趣味多多。为便于了解题者心态，兹选录数首于此。明清之际的宋琬在《为陈其年所欢紫云题像》一诗写道："擎箱涤砚镇相随，婉转君前舞柘枝。催促陈思填乐府，曾将红豆谱乌丝。""蛾眉参意写难工，试比崔徽约略同。我代画师添数笔，玉箫吹罢依梧桐。"前一首是写人，后一首是写画。宋琬与冒辟疆、陈其年是相识的朋友，我想他是见过紫云的，所以写得很真实。清代学者王士禛题诗两首，其一云："斗帐新寒歇旧薰，人间何路识香云。江南红豆相思苦，岁岁花前一忆君。"下注：前一首同床各梦，此首乃能道其年意中事耳，如何？如何？清代诗人崔华题云："开缣无处不销魂，知是桃花洒面盆。画里恼人争欲绝，况君曾与共黄昏。""娇郎艳女斗香尘，总在含颦色态新。手抵粉腮如有意，知君真是意中人。"

此图流传有绪，原藏湖海楼，雍正辛亥归吴青原，后归曹忍庵，复归陆氏穰梨馆，见李宗莲题诗，后又归端方。规庵（即袁世凯第五子袁克权）为端方婿，除获赠《紫云出浴图》，端方还以百衲本《史记》及仇十洲《腊梅水仙》轴为奁赠。袁世凯诸子有文采者，除寒云外，则为规庵，诗学李义山。袁寒云曾言及五弟之诗，可入玉溪之室。张伯驹于规庵处初见之，极羡爱，请其相让，未许。张伯驹谋于方地山，提出愿出三千金购之，两千金归规庵，另一千金算是规庵与张伯驹共赠地山。

商定后，此图遂归张伯驹。图在穰梨馆时，光绪三十年甲辰李葆恂曾题于武昌，光绪戊申有郑孝胥、梁鼎芬及沈瑜庆题诗。后不知何时始归端方。

此图归张伯驹后，有如下一段记载：

《出浴图》归余后，曾携至上海，乞陈夔龙庸庵太老师题七绝句二首，并书引首“离魂倩影图”五字。夏敬观词人题《玉楼春》一阕。冒鹤亭太史题诗三首。回京又倩傅增湘沅叔、林葆恒讱盦、夏仁虎蔚如、傅岳棻治芗、高毓浵潜子、夏孙桐闰庵、林赓麟颖人诸老题诗词。诸老皆以庸庵叟太老师题引首“离魂倩影”四字与图不切合，是以沅叔年伯题诗第四首云：“韵事流传感叹新，娇娆误认女儿身。嗤他海上庸庵叟，雾里看花恐未真。”余复携卷去上海，庸庵太老师见诗甚怒，更题卷上云：“辛巳正月重阅云郎出浴图，见傅增湘题句牵涉老夫，一笑付之，诗云：‘病起重披出浴图，知君亦赋小三吾。无端牵涉庸庵叟，一笑狂奴胆气粗。’”盖庸庵太老师任直隶总督，沅叔年伯任直隶提学使，固属吏也，“嗤”字似嫌不敬矣。余回京以告沅叔年伯，并示以诗。沅叔年伯亟具书谢罪，托余转陈，始了此一事。沅叔年伯曰：“罗瘿公曾函其书为程砚秋征诗，诗引用紫云事被退回，今又以紫云事开罪老上司，何紫云之不利于余也。”此亦关于紫云之一段趣事，余亦题诗二首与书，皆稚弱，颇使西子蒙不洁，有两句云：“何缘粉本归三影，只有莲花似六郎。”余前岁得明牙印，刻莲花，篆“六郎　私记”四字。俟图重装裱，原题诗去之，留此二句，改成《鹧鸪天》词，下钤此小印。

《洪宪记事诗补注》中亦提及此事，其诗为：“倩影离魂误着辞，看花雾里眼迷离。如何多为云郎事，开罪北门旧上司。”可见，同性恋为当时一忌。

张伯驹收藏《紫云出浴图》真是动了心房，断了柔肠。

张伯驹潘素夫妇在寓所赏画，摄于 1978 年

1982 年 1 月，张伯驹因患感冒住进一家医院。他走进病房，见是八个人住在一起的大病房，就闹着要回家。和他相伴的几位病人，病情都比他严重。潘素好说歹说，把他安顿下来，跟着向院方请求能不能换个单人或双人病房。医院的人说：张伯驹不够级别，不能换。两天以后，同病房的一个病人死了，张伯驹病情也更严重了，从感冒转成肺炎，不思茶饭，只靠输液维持生命，一直处于昏迷状态。农历正月二十二日（公历 2 月 25 日）早晨，张伯驹突然神志清醒，提出要吃东西。这一天正是他 85 岁生日。上午 10 时许，《文物天地》主编王禹时取来纸笔，录下他吟成的《鹧鸪天・病居医院至诞辰感赋》词一首。

2 月 26 日上午 10 日 43 分，张伯驹心脏停止了跳动。追悼会上，悬挂着宋振庭的挽联：

爱国家，爱民族，费尽心血，一生为文化，不惜身家性命；
重道义，重友情，冰雪肝胆，赍志念统一，豪气万古凌霄。

用品评文人的传统标准来看，张伯驹是集牡丹之高贵、菊花之隐逸、莲花之纯洁于一身啊！

中国的文人是知识阶层中的另一类人，他们可以有钱有闲，也可以有闲无钱，或者无钱无闲，但他们对社会有一颗可贵的责任心，而对社会无所求；他们可以做一番事业，不求流芳百世，但求内心的愉悦。由于有这样的人生宗旨，所以也就形成了他们的优游态度、闲逸情调、仗义作风、散淡心情，而这一切又形成了他们的饱满个性和独立精神。所以在吞食与消化“人”的各种政治风浪中，他们既有着适应的弹性，又有着自我完善的刚性。这就是中国文人的模样，我们从张伯驹的精神世界中看到了这种文人的模样。

文人是知识分子，但并不是知识分子都可以成为文人。当今及以后，知识分子中可以有哲学家，可以有史学家，可以有社会学家，可以以职业为依托的这个家或那个家，但不会有超脱于社会的纯粹文人了。历史不会再赋予生长张伯驹式的文人的土壤。时间越久，历史烟尘堆积得越厚，文人精神越能显现出它的光彩。

傅增湘：藏园书魂

从书店购回唐宋史料笔记《墨庄漫录》，伏案读完，书后有傅增湘题跋四则，第一跋中有言："唐、陆校本为明正德以前写本，余昔年见之带经堂书坊，每卷后均有伯虎题记，索直至六百金，力绌不能举，后为陶兰泉（湘）收去，今又转归秋浦周叔弢（暹）矣。此本即据唐校本传录者。"

第二跋中有言："此本旧为袁寒云所得，闻出于厂市论古斋，嗣与他书同归余斋。棉纸，蓝格，九行十八字，即自唐六如本传录者。余取稗海本校之，卷尾脱张邦基自跋一首，其文字补正极多，兹举其著者分录于后……"

第四跋中有言："辛亥十月，以事辞官居海上，书友李葆全自杭来，携此书及《野趣有声画》《北窗炙輠录》，皆劳氏校本也。余以心烦意乱，不及收买，旋为涵芬楼所得，耿耿不释者久之。癸丑冬，再至海上，乃假以归，录于此册。其二种，固当续以为请也。甲寅三月，沅叔。"

类此有藏书家题的本子，我已购得多种，心中甚为庆幸，虽无法和看朱批墨跋的古版本相比，但还能从中体会到购书之苦、得书之乐、失书之痛、藏书耗神，更感到庆幸的是今天读到有许多是经过老一代藏书家校勘过的，不会再入以讹传讹的歧路。至于像傅增湘这样老一代藏书家有多深厚的研究成果，我辈是没有资格去评论的。伦明在《辛亥以来藏书纪事诗》中为傅氏写了两首诗：

其一　海内外书胥涉目，双鉴已成刍狗陈。
取之博者用以约，不滞于物斯至人。
其二　篇篇题跋妙钩玄，过目都留副本存。
手校宋元八千卷，书魂永不散藏园。

接着又评论道："江安傅沅叔先生增湘，尝得宋、元《通鉴》二部，因自题双鉴楼。比年，南游江浙，东泛日本，海内外公私图书馆，靡不涉目。海内外之言目录者，靡不以先生为宗。"诚如斯言，傅增湘是国内著名的藏书家，他藏书之富、校书之精，在版本学、目录学、校勘学方面所取得的卓越成就，使其堪称一代宗师。

傅增湘，字沅叔，号姜庵，别号书潜、双鉴楼主人、清泉逸叟、长春室主人、藏园老人、藏园居士等。四川江安县人。生于清同治十一

傅增湘像

年（1872），卒于1949年11月3日。幼年随父定居北方，光绪十四年（1888）应顺天乡试为举人，光绪二十四年（1898）进士，授翰林院编修。后任直隶提学使，创天津北洋女子师范学堂、京师女子师范学堂。1917年，出任教育总长。1919年五四运动，北京大、专学校学生游行示威的消息传到教育部，傅增湘认为此风不可长，派参事陆懋德前往劝阻，学生高呼打倒，陆逃回教育部报告。他再派佥事徐森玉去劝阻。徐森玉对学生说："你们的爱国行动我非常赞成，我也追随过。"学生表示欢迎。五四运动是破天荒的学生运动，傅氏怕政府归罪于他，提出辞呈，从教育部出走，在琉璃厂文友堂书铺借了旅费，连家也没回，即去火车站，连夜乘火车去了汉口。他又因抵制北京政府罢免蔡元培的命令，受牵连而被免职。自此之后，他专心从事收藏古籍和校刊工作。1927年，任故宫博物院图书馆馆长。

傅增湘是一位失败的政治家，却是一位成功的藏书家。

购书·识书

傅增湘虽然出身于书香世家，但他真正有志于藏书，以此为终身职志，乃是他中年以后的事。辛亥革命后，他奉派参加南北议和，在上海滞留期间，结识了著名藏书家沈曾植、杨守敬、缪荃孙等，眼界大开，说："饫闻绪论，始知版本雠校之相资，而旧刻名钞之足贵，遂乃刻意搜罗。"他购藏的第一部宋版书《新刊诸儒批点古文集成》，就是在这个时期以百金的代价购自苏州的。傅增湘与苏州有着不解之缘，他的藏书有多种得于苏州，他与顾鹤逸也特别友善。

据统计，双鉴楼藏书达20万卷，其中宋本多达150种，元刊本数十种，明清精刻本、名抄、名校本更是不计其数。其价值之高难以数计。由此，傅增湘的双鉴楼成为继清末四大藏书楼——陆心源皕宋楼、丁丙八千卷楼、杨氏海源阁、瞿氏铁琴铜剑楼之后的民国最大藏书楼。

余嘉锡在为傅增湘《藏园群书题记》所作的序中写道："闻人有异书，必从之假读。求之未得，得之未读，皇皇然如饥渴之于饮食，盖其好学天性然也。"又说："藏园先生之于书，如贪夫之陇百货，奇珍异宝，竹头木屑，细大不捐，手权轻重，目辨真赝，人不能为毫发欺。盖其见之者博，故察之也详。吾常侍坐于先生，闻其谈板本异同，如数家珍。有以书来者，望而知为何时、何地所刻，几于暗中摸索能别媸妍者。"

给人家写序，总是要说几句好话的。余嘉锡的这段话看来是为傅增湘捧场，总感到其中有许多"骨头"。在学有专深的余嘉锡看来，傅增湘的收书藏书，只不过是如"贪夫之陇百货"耳，是谈不上有什么研究的。余氏在序中把黄荛圃批评了一番，说："其后如黄荛圃者，尤以佞宋沾沾自喜，群推为藏书大家。而其所作题跋，第侈陈所得宋、元本楮墨之精，装潢之美，索价几何，酬值几许，费银几两，钱几缗，言之津津，若有余味，颇类卖绢牙郎；至于此书何为而作？板本之资考证者安在？文字之可供雠校者谓何？则不能知已。"把他对黄荛圃的批评和对傅增湘的赞美相比较，很可耐人寻味，似乎黄荛圃就是傅增湘，傅增湘就是黄荛圃。但余嘉锡赞扬傅增湘对版本之熟悉，应该是所言不虚。

傅增湘得宋本《乐府诗集》，从识书到鉴定年代，都显现出他的功底。1917 年，傅增湘居太平湖醇亲王旧宅。这时他刚担任教育总长，一天清晨，膏车待发，门房来报有客人挟书求见。来人正是古董商人白坚甫，挟书掀帘而入。傅增湘迎面就说："你所挟的是宋版书！"白坚甫甚为惊诧。傅增湘接书披卷审视，目眩神摇，原来是一部宋本《乐府诗集》。孤本秘籍，使他惊叹无已。白坚甫告诉他，此为阎文介藏书。其子成叔要以高价出售，数与磋商，都没谈妥。第二年春天，又由孙伯恒从中议价，以一千四百金再加上李卓吾《焚书》，方达成协议，此书遂成为双鉴楼总集之冕。事成之后，白坚甫问："对此我久存怀疑，你用何神术，还未展卷而能决定为宋版？”傅增湘说：“这很容易，你挟书入门，外无纸裹，我瞥见书衣为藏经纸，光彩烛目，岂有元明本书忍心护以金粟笺吗？”白坚甫说：“哦，原来如此，我还以为你有特异功能，目力透墙呢！”

宋本《乐府诗集》无序跋，目后无牌记，未知何时何地所刻，经傅增湘鉴定为南北宋之际杭州官刊本。他以避讳为根据，发现始刻时未避，以后开始铲去，使一些字形成缺笔，可知此书刻于北宋而成于南宋之初。以刊本而言，字体方严，气息朴厚，犹是浙杭风范。且刻工中王珍、徐杲、徐升、徐颜、陈询、姚臻、余永、余竑八人皆见于傅氏所藏宋本《广韵》中。《广韵》监本刻于杭州，由此可以断言，此书为同时同地所刻。

傅增湘摸书之多，见书之广，是一般藏书家无法比拟的。这也就为他识书的眼界之高造就了得天独厚的条件。以苏东坡诗注释的本子而论，他不但自藏多种，见到的就更多了。他曾有过这样的自述：“余生平酷嗜苏诗，尤喜收访旧刻。二十年前得元刊本于厂肆，有须溪评点者。嗣得宋刊本，为杨幼云旧物，惜只存十四卷。旋配得宋刊别板数卷，更以元本足之，乃为全书。私意求一完本，以资勘诵，苦不可获。春初南游，偶于沪肆觏此帙（《元建安熊氏本百家注苏诗》），询知由松江韩氏散出，历藏毛氏及汉阳叶氏，三氏咸以藏书著名海内者，检阅一过，序目、《年谱》咸具，叹为希世珍籍，因浼书友谐价定议。适行囊空乏，从乡人孙君仲山告贷千余金，纳币取书，载以北还。近日笔墨少简，乃检点库藏各本，遍取诸家藏书目、留真谱，考其先后同异，详著于编，俾后之得吾书者可以览观焉。”

举债购书，对傅增湘来说是常常发生的事。如《周易正义》十四卷本，就是举债购进，后又不得不售出，有着得而复失之憾。他在按语中记述了此事的经过，说：“此书近归临清徐氏，悬价高奇，殊骇物听，余以其孤本秘籍，决意为之传播，遂举债收之，邮致东瀛，妙选良工，影印百帙，使之流布无穷。然债台高筑，展转无策，遂以不得终有。”

傅增湘购书的情景，鲁迅在《病后杂谈之余》里曾说：“这书（明抄本《立斋闲录》）我一直保存着，直到十多年前，因为肚子饿得慌了，才和别的两本明抄和一部明刻《宫闺秘典》去卖给藏书家和学者出名的傅某，他使我跑了三四趟之后，才说一总给我八块钱，我赌气不卖，抱回来了。”这里说的傅某就是傅增湘。虽寥寥数笔，足见傅增湘为官的派头了。当时傅增湘是北洋政府的教育总长，鲁迅只是教育科的佥事，主管图书及文物。

鲁迅要卖几本书讨生活，又是卖给顶头上司，还要“跑了三四趟”，我们晚出的人都是不大理解的。还是黄裳在《傅增湘》一文中对此事作了注，说：“当年琉璃厂书铺的伙计就是每天用蓝布包袱包了一叠‘头本’跑宅门送书的。住在宅门里的‘藏书家’大抵都是老爷，总要近午才会起床，小伙计们就在门房里排排坐，等候老爷的传唤，选书、论价……起码要跑好几趟才能做成一笔生意，还要看老爷的脸色。这种细节，今天的年轻人大抵不大了然了。”鲁迅到傅增湘的藏园卖书，虽然也“跑了三四趟”，我想大概还不至于像琉璃厂的小伙计那样在“门房里排排坐”，但傅增湘的脸色还是要看的，否则的话，在生活维艰之计，也就不会“赌气不卖，抱回来了”。

书缘·人缘

傅增湘不但自己藏苏诗多种，在朋友处也看各种经前人注释过的苏诗。1913年，他住在天津，在翁之廉处看宋刊《施顾注苏诗》，首行标题《注东坡先生诗》，次、三行并列“吴兴施氏”“吴郡顾氏”。吴兴施氏即施元之，吴郡顾氏即顾景蕃，两人共注苏诗。翁同龢藏书多归翁之廉守护。此卷后有翁同龢跋语，云：“曩常于叶润臣家得见嘉泰本

《施顾注苏诗》，叹为瑰宝。一日坐殿庐中，桂侍郎以怡邸残书见视，忽睹此本，以二十金购之。前后缺八卷，此虽景定补本，然字画清劲，粲如明珠，恐人间无复数本矣。同治十年伏日早退，题于东华门酒家。常熟翁同龢。”

由此引发傅增湘对宋刊《施顾注苏诗》存世情况做了考证：“一为钱牧斋所藏，毁于庚寅之灾。一为毛子晋所藏，递传于徐健庵、翁覃溪、吴荷屋、叶润臣诸家，光宣之交，湘潭袁伯葵以三千金得之。伯葵方官京曹，文酒流连，名辈翕集，摩挲展玩，形诸咏歌，然校录传刻之说则未闻焉。俄而所居西安门寓舍，不戒于火，一夕化为煨烬。”“此外余所见者尚有残本两帙：一为缪艺风所藏……一为海源阁所藏，”“今归秋浦周君叔弢。”“坡诗之有注，施、顾之外，独永嘉王氏耳。王氏本坊贾托名，且纰漏百出。”

由此可知，傅增湘对所遇之书，都了如指掌。所以他敢下断语：“施、顾遗著，号为精审者，流传迄今，竟无完帙，且沈晦不张，有若存若亡之叹。”所以他发出感叹：“岂文字传否固有幸与不幸欤？抑浅陋者易谐俗目，而湛深者难得真赏欤？”向来如此，流行的、时尚的容易广为流传。傅氏对翁同龢所藏、翁之廉所守护的施顾注本特别重视，他说：“施、顾注本传世本稀，自袁氏藏本被毁，唯松禅师此帙存卷独多，断为海内孤本秘笈。”

说起书缘，傅增湘所观翁同龢藏《施顾注苏诗》颇有意思。翁同龢一生无子嗣，相隔数代的翁万戈过继给他这一支，也就成了翁同龢遗物的当然继承人。1948 年，翁万戈赴美，将这批藏书先是移藏上海，后又运往美国，其中包括这部《施顾注苏诗》。1987 年，傅增湘之孙、古建筑专家傅熹年受美国亚洲文化协会资助访美，专程去翁万戈莱溪居看了这批藏书，归来后曾撰文介绍说：“其在版本学术上的价值，实在包括美国国会图书馆及哈佛燕京图书馆在内的美国各馆所藏中国宋元刊本之上。”在《注东坡先生诗》一条中，傅熹年写道：“《注东坡先生诗》

四十二卷，宋人施元之、顾禧注。宋宁宗嘉泰间淮东仓司刊，理宗景定壬戌（1262）修补本。此刻本用善书者傅穉手书上版，以书写秀美、雕版精工著称，至今仍墨光如漆，为宋刊本中的名品，有翁同龢、汪鸣銮、潘祖荫诸跋。”

傅熹年所题“宋宁宗嘉泰间淮东仓司刊，理宗景定壬戌（1262）修订本”，在他祖父傅增湘的《藏园群书题记》中已有详细著录。

翁、傅两氏和此册《施顾注苏诗》之缘，由祖及孙，真是难得的奇事了。

刊　书

发古籍之潜光，变一为百千，许多有眼光的藏书家都有这样的理想。在这方面，傅增湘做得特别突出。他亲自影印、覆刻了大量古籍善本，使其广为传播，如《周易正义》、《方言》、《刘宾客集》、元本《困学纪闻》以及明本《永乐大典》两卷等。

《周易正义》为宋刻孤本，初刻于北宋，覆刻于南宋，流传绝罕。自清以来，只传闻有钱孙保校本，但其书藏于谁手，不得而知。傅增湘经多年探寻，得知藏于徐梧生家。徐氏虽然藏书极富，但秘不示人。即使像嗜古的缪荃孙，穷经如柯凤荪，与徐梧生号为石交，亦未得寓目。徐梧生逝世后，遗书渐出，傅增湘访其子圣与，幸得一观，惊叹为旷世奇宝，时时牵挂于怀。后来听说此书易主，傅氏请廉南湖从中作缘，因价钱未能谈妥而作罢。再后又听说有人急于求购，也因价钱未能谈成中辍，其要价之高，骇人听闻。傅增湘得此消息，怦然心动，“乃锐意举债收之”，以一万余元的高价买到手。傅增湘以此颇为自豪，即使如明代王世贞卖一田庄而得一部《汉书》的故事，也难与他的此次豪举相比。“双鉴楼中藏书三万卷，宋刊秘籍亦逾百种，一旦异宝来归，遂巍然为群经之弁冕，私衷宠幸，如膺九锡。”得意之情，跃然纸上。傅氏迅即影印百部，公开流传。他在该书题跋中写道：“顾窃自维念，此书自端拱奏进，绍兴覆雕，传世本稀，沿及今兹，更成孤帙。若复私诸帐秘，使昔贤留贻之经训，前代守护之遗编，将自我而沉霾，何以告古人，更可以慰来者？爰邮至东瀛，选集良工，精摹影印，板式若一，点画无讹，纸幅标题，咸存旧迹，庶与东邦覆印《书疏》联为双璧，且俾数百年孤行之秘籍，化为百本，流播无穷。此区区传布之苦心，当为海内外人士所同鉴乎！”

元刻《困学纪闻》，为泰定二年（1325）庆元路刻本，亦是从徐梧生家散出。字体仿赵孟頫体，缮写工妙，模印精良。傅增湘得此书后，请海内藏书家鉴赏，皆诧为未见。清代乾、嘉学人，多以读《困学纪闻》为课，谓此书简而愈精，其功约而愈博，不出数寸，不逾百日，而得学问之总龟，古今之元鉴。可惜陋刻充肆，古椠难求，六百年来，庆元路元本已稀如星凤，一书难求。傅增湘说：“余幸获此帙，不敢深自秘惜，特用石板印行，视原式不差累黍，文字异同，足资考订。世有研深宁之学者，或有取于斯乎！”

为了使书能一化百千，傅增湘在《宋代蜀文辑存》影印刊行上花的心血最多。傅增湘祖籍四川，虽自幼离川，久居京津，但他那股子蜀人乡情，老而弥笃。他写道：“吾蜀僻在西陲，自王、孟而后，安宴百有余年，世家大族，存者为多，如华阳之王、范，阆中之陈，眉山之苏，丹棱之李，绵竹之张，尽人而知，无庸深考。”“后阅《宋史》，见吾蜀人名登列传者一百五十余人，其人类以政治、学术有名于当代。”对故乡他是何等的自豪。所以他要“纂其遗文，扬吾蜀之光华，即以彰一朝之文治，岂非不朽盛业乎”？文字典籍，实为千秋之大业，天地之精神，事以人传，人以文传，蜀地令人仰慕，非羡其地而羡其人。这个道理，傅增湘是很清楚的。所以他感到责任重大，假如没有人“力肩此任，将何以光故国而慰前贤耶”？他思前虑后，认为自己最适宜肩负此任。他说："余自晚岁以来，天放优闲，久居燕京，为文物汇归之所，性复耽书嗜古，于文事颇识条流，是肩斯任者，宜莫适于余矣。"

1928年8月，《宋代蜀文辑存》编纂开始启动，但一开始，家事的不幸给他带来沉重打击："会连岁之中，儿女殇亡，荆妻继逝，情绪摧伤，意气颓靡，乃试纂斯编，借以遣日。"但那毕竟不是一件容易的事，由广入专，道路渐狭，汲深绠短，钩致愈难，他颇有感叹地说："伫中道以徘徊，叹他山之寡助。"此时赵万里正在为北京图书馆补辑宋史，征文考古，偶见新篇，辄相提供，给傅增湘很大帮助。到1936年10月，编纂初见规模，准备分成卷次，缮录付印，旋因发生全面抗日战争，工作中断。蹉跎数年，到了老年，他才又重理前稿，编次定本，先后历时16年，成书100卷，入录之文2600余篇，作者450余人。

初稿方定，缮写亦成，本来打算雕版印刷，但这样就会出书无日，遂易雕版为铅字。又因战祸久延，物力耗尽，工昂纸贵，即使破产也难还，老先生只好抱书长叹了。与傅氏交游四十年的孙仲山，慷慨好义，名振都市，知道傅增湘有出版宋代蜀文的想法，投巨资相助。印刷事宜，又由陶心如为之擘画，饥寒交迫的工人奋斗于战乱的岁月，经过半年的时间，工程告竣。对朋友的帮助，傅增湘铭记在心，感叹地说："惭何功能，得此良友！"在那"八表尘昏之日，尚有七旬白头之翁，焠掌腐心，掇拾丛残，创撰兹编，为昔贤延其寿命"。鉴其苦心，良堪敬佩，不只是傅氏后人要以此为范，当今学人、藏书家更应以此为范。

傅氏对古籍的刊刻之本，用工精审，用纸用墨极为讲究，堪称民国精刻本的代表。这里不妨再介绍几种。傅氏在《覆刻元至正本道园遗稿跋》中记录了覆刻的经过："余昔年得影元本于缪艺风家，盖从士礼居藏本摹出者，喜其精湛明丽，因取原本上版，浼同年董授经大理为之督刊。刊成，以蓝印本邮示，其镌工精良，笔致疏秀，视原书纤微毕肖，阅之爽心悦目，洵可喜也。"傅氏在《覆雕元本翰林珠玉跋》中更详细记录了覆刻古籍的艰辛及其一丝不苟的治学态度。跋说："余既刻

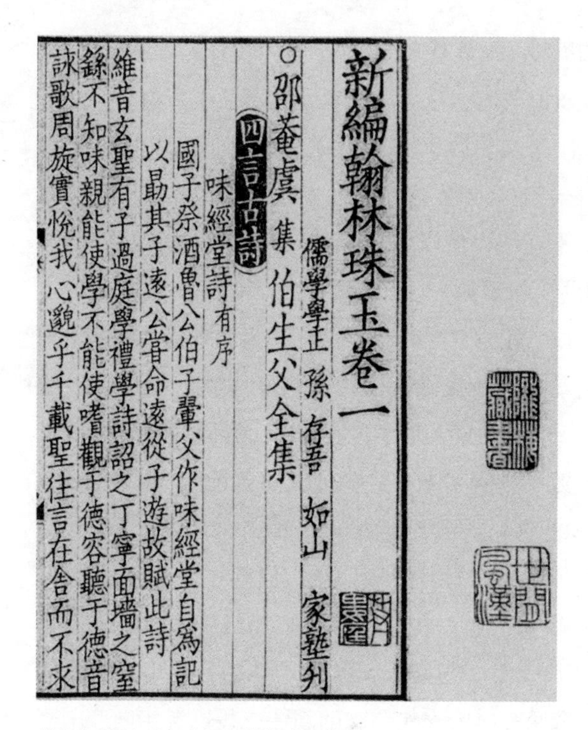
新編翰林珠玉卷一
儒學學正 孫 存吾 如山 家塾刊
○邵菴虞 集 伯生父全集
四言古詩
味經堂詩有序
國子祭酒魯公伯子翬父作味經堂自爲記
以勗其子遠公嘗命遠從子遊故賦此詩
維昔玄聖有子過庭學禮學詩詔之丁寧面墻之窒
繇不知味親能使學不能使嗜覿于德容聽于德音
詠歌周旋實悅我心邈乎千載聖往言在含而不求

傅增湘翻元刊本《新编翰林珠玉》

《道园遗稿》成，因思《翰林珠玉》亦为虞诗之别本，且其书罕秘，世少流传，爰假得元刊善本，影写以授诸梓。自乙亥开雕，凡摹缮校刻及补佚订讹之事皆陶君心如任之，经历三载，至今四月而始讫功。噫，可谓艰矣！”为什么此书覆刊如此之难呢？原来，此书先假沈曾植藏本请良工精摹上版，迨刊成校对时，才发现卷四七言律诗缺佚 60 首，卷六七言绝句缺佚 50 首。细审实由元本脱页所致。查缪艺风本及北京图书馆藏本亦皆缺此，知其书流传散佚由来已久。无奈，乃驰书商借铁琴铜剑楼瞿氏所藏旧抄本。及抄本邮至，仿元版字体补写增入，而行格又不能适合，因徘徊莫决者累月。后更托请友人自日本静嘉堂文库影写元本缺页以归，方得合成全璧。“于是积年之疑滞为之疏解，传本之讹夺咸得补完，中心愉畅者累日。”对古籍善本，傅增湘不只是自行刊布，尤不吝通假，张元济主持涵芬楼影印《四部丛刊》，其底本有不少由他提供。

以书易书

傅增湘收藏古籍善本，不仅迈开双脚，亲临书肆访求，而且另有门径，就是与其他藏书家以书易书。传世可见的傅氏书信及题跋，就真实地反映了这一点。傅增湘与当时许多藏书家有着广泛的交往，其中有曹元忠、王雪澄、缪荃孙、吴昌绶、徐乃昌、刘承干、叶德辉、袁克文、陶兰泉、张钧衡、章式之、周叔弢等。他们之间互通有无，互相馈赠，或郑重嘱托，代为搜求。他和缪荃孙调换《顾千里校嘉祐集》就不只是一段有趣的故事，亦可见书缘与人缘似乎是前生注定。

《嘉祐集》是苏洵的集子，出于四川乡谊，傅增湘对这部集子有着特别兴趣。这部集子是明嘉靖壬辰（1532）太原太守张镗重刻本，遵循着宋时旧编，还是极为珍贵的。溯源虽古，而传刻不免差讹，顾千里根据蒋篁亭校宋本，手为订正，使“数百载榛芜，一旦廓清，有功于兹集殊钜”。

蒋篁亭据校本为宋代婺州小字本。李木斋告诉傅增湘，婺州本在光绪年间曾归潘祖荫。辛亥革命南北议和时，傅增湘以北方代表的身份到了南方，后有苏州之游，亲访潘祖荫的弟弟潘祖年，探询此书，想借出影印一本，刊入《蜀贤丛书》中。潘祖年坚持说没有此书。傅增湘拿出李木斋致潘祖荫有关购此书的信笺，潘祖年仍说没有这本书。后来潘祖荫《滂喜斋藏书记》出，目录中真的没有这本书。真是踪迹茫茫，无从根寻。

此时已近岁尾，扬州书商陈韫山自南京来到上海，告诉傅增湘为

傅增湘楷书七言联

他收到顾千里手校《嘉祐集》。恰在这时，傅增湘游杭未归，此书为缪荃孙索去。傅增湘到艺风堂交涉，缪氏不肯相让，说：“把你新收进的清平山堂本《夷坚志》拿来交换。”《夷坚志》也是极为难得的，刚刚购进，傅氏怎么舍得割弃呢？傅增湘对缪氏说：“等我得到复本再来和你交换。”缪氏笑笑，说：“我收书四十年，今天才第一次看到，你既得陇，又要望蜀，你的愿望恐怕到河清之日也难以实现了。”

几天之后，苏州书商忽然送来一部清平山堂本《夷坚志》，傅增湘喜出望外，以重金购得，抱书走访艺风堂。缪荃孙欣然答应，两相交易，并对傅说：“你也知道清平本《夷坚志》珍贵啊？此书《四库》未收，阮氏未进，荛翁亦只见影钞本，我早就想见到它了。叶梦得为宋末人，亲见洪氏四百二十卷之旧，此书虽为节录，但所甄取的有很多出于宋本八十卷之外，虽名明刻，要与宋元同珍。我校订洪氏志有年，垂老亲见此书，自以为得宝。你能珍重乡贤遗著，嗜此名校，竟然如愿以偿，可见我们二人于文字皆有夙缘啊！”这真是书林的一段佳话，亦可见傅氏访书之勇、得书之难。

涵芬楼在影印孙毓修所藏影宋本《嘉祐集》时，傅增湘取顾氏手校对勘影宋本，高兴地说：“乃如合符契，不见中郎，得见虎贲，亦慰情于聊胜矣！”

周叔弢以《宋虞平斋刊本集注分类东坡先生诗》索易傅增湘双鉴楼秘藏数种，亦从另一方面显现出傅之藏书风格。此集为杨氏海源阁旧藏，即《楹书隅录》所载虞平斋刊本，书上有题：“增刊校正王状元集注分类东坡先生诗”。字体隽丽，锋棱峭露，为建本中至精之本。海源阁杨以增在苏州购得此书时，其子绍和矜持自诩，有“珍若璠玙”之说。后来，此书流落天津书肆，为周叔弢所得。一天，周叔弢驰书傅增湘，说：“欲得藏园秘笈数种，愿以此书作酬。”傅增湘接信后，欣然允诺。遂拣出明抄本《席上辅谈》，有金俊明、黄荛圃跋；明抄本《宾退录》，有孙岷自跋；旧抄《邵氏闻见录》，为陈西昀所校，皆前辈名迹，为周叔弢藏书中所无，傅增湘亲自携书至天津，郑重相付，于是务本堂之精椠遂入藏双鉴楼，与“泉州市舶”、建安熊氏二本鼎峙成三。傅增湘得此书后，写了一段长跋，其中有句云：“自卢沟发难以来，困守危城，插架万签，环视已为身累，访奇搜秘更复何心？今者丹铅重理，荷良友之佳惠，忽明珠之见投，自顾衰颓，长逢丧乱，唯此区区之书福差足自娱，爰志一段因缘，庶异时传为书林之掌故云尔。”

1912年，傅增湘在苏州，于鸣琴堂杨馥堂收得洪武本《苏州府志》，“喜其版刻古朴，雅近元刊”。次日，顾鹤逸来访，披观再四，爱不释手，欲以他书交换，傅增湘婉言谢绝，说他日若再见此书，当为你收之。顾鹤逸笑笑说：“哪有那样容易的事情。此书各家著录多为传抄，明初刊本，只有海虞瞿氏、吴兴陆氏，并以鼎峙成三。此书为石琢堂殿撰修《府志》时所阅，于苏州尤有雅故。你以此话来安慰，不正像画饼充饥吗？”两人相视一笑而罢。次年春天，傅增湘回到北京，果然在翰文斋看到洪武《苏州府志》，欣喜过望，遂急驰函告顾鹤逸，以百金议成。秋天，傅增湘将书载交顾鹤逸。顾氏写信给傅，欲以新购之书与傅交换。傅因其藏本为宋宾王校补，颇难割爱。但顾鹤逸还是将全书二十巨册交朋友带到北京，请傅增湘按宋氏校补文字。人事纷冗，还未开卷，顾鹤逸遽然逝世。傅增湘说：“翁诺未偿，愧负良友。顷以汪君孟舒还吴之便，仍检原书归之其家，并志其始末于简末，后之览者可见吾两人嗜友之情与夫频年交往之故，具此一段因缘，为书林异时之佳话。”

以书养书，这是藏书家通常采用的一种方法。所谓以书养书，就是把自己所藏参与书市流通，以售书所得，再购入更好的书。傅增湘也是如此。他曾以一万元将一部《通鉴》售与日本人。周叔弢得此消息，携款赴日，准备购回。但日本官方以此书为他们的“国宝”，不准出日本国门，只得作罢。但周叔弢还是花了一千元买一部不相干的书带回，以示不虚此行。

校书如扫尘

以藏书满架来附庸风雅、装点门面的，不只是现代不读书之商人和官员新贵的风气，在古代也是如此。如诸藩王府、达官、富室，都以千卷《文苑英华》之类大书插架炫耀。但是，他们插满书架的多不是原刻本，原刻本在当时就极为珍贵，一般人是无法看到的。他们所用的传写本多出胥吏之手，缮写之后又不加校勘，谬误亦不加改正，有些像现在的盗版书。所以傅增湘在《校本文苑英华跋》中说：“余少年酷嗜唐文，时披此集，往往览未终篇，榛芜触目，辄复掩卷咨嗟。”所以他就下定决心校勘这部千卷的皇皇巨著。

《文苑英华》是宋代编辑的唐人诗文总集。据《宋会要》记载，太平兴国七年（982）九月，宋朝第二位皇帝太宗赵炅以为唐诸家文集数量太繁，各擅所长，榛芜相间，乃命李昉、扈蒙、徐铉、宋白、贾黄中、吕蒙正等十七人编辑前代文章，分类而成千卷。其中诗180卷为杨徽之所编，以其尤精风雅，特以命之。此书历时四年，到雍熙三年（986）十二月书成，号曰《文苑英华》。宋白等很得意，上表云此书可“席翻经史，堂列缣缃，咀嚼英腴，总览翘秀，撮其类别，分以部居，使沿溯者得其余波，慕味者接其妍唱”。赵炅也很高兴，说：“擿鸾凤之羽毛，截犀象之牙角。”这也就是毛泽东所提倡的“去其糟粕，取其精华”。虽然“书成来上，实有可观”，但并未刻版印刷，只是“宜付史馆”就完事了。二十年之后，宋真宗赵桓对宰相说：“《文苑英华》先帝缵次，当择馆阁文学之士校正，与李善《文选》并镂板颁布，庶有益于学者。”此书虽一再复校，但并未付雕摹印，仍然是藏诸秘阁。

及于南渡，孝宗赵昚以秘阁本多舛错，命周必大校雠。周必大校后写了一篇序，其中有言：“时御前置校正书籍一二十员，皆书生稍习文墨者。既得此为课程，往往妄加涂注，缮写装饰，付之秘阁。”又言：“晚幸退休，遍求别本，与士友详议，疑则缺之。原修书时历年颇多，非出一手，丛脞重复，首尾横决，先后颠倒，不可胜计。今皆正之，详注逐篇之下。”周必大此序作于嘉泰四年（1204），但未曾付梓，至景定元年（1260）才由彭叔夏付梓刊布，距嘉泰已五十六年，距太平兴国敕修之日已278年，可见成书之难。

傅增湘要校这样一部书，可知难度之大。但他以此为幸，说：“盖自景定进御以后，凡四朝，六百八十年，历星霜水火之劫，逭虫伤鼠窃之余，幸留贻此一百四十卷之古刊，以供吾徒之点勘，不可谓非奇幸矣。”

辛亥革命成功，民国成立，又经袁世凯洪宪王朝的失败，作为袁氏要人的傅增湘抛弃簪缨的岁月，开始摆弄起丹铅。在20余年的时间里，可谓“雪案萤窗，无时或间”，经他手校之书，以部而论，数以千计，以卷为计，数以万计。但是对校勘《文苑英华》这样的大书，却是“徘徊审顾，频频展卷，未遑著笔”。他担心这样的浩大工程为时较久，怕半途而废，再就是旧帙残卷，还需做诸多的准备。当一切准备就绪，1936年9月，开始校书。他本来打算一天校三卷，一年即可校完。但事情并不像他想象的那样，春秋胜日，他要出游，南船北马，一出辄经旬月，到1937年岁末，一年多的时间才校五六十卷，所以他说“玩时愒日，私用自惭”。从1938年元宵节之后，“锐意奋起，严定课程，每天以两卷的进度校书。但有冗事参差，白天校不完的，则继以深宵”。为了避免朋友之间的应酬，他找了一个安静的地方。当他目营心注之际，“客至或忘其酬对，食息常致于愆期，逾春涉夏，月琯十更”，到1939年7月19日，历时450余日，940余卷全部校完。在此之前，1913年，傅增湘曾由天津赴京师图书馆校书，住馆106天，校出342卷，因该馆停闭才告一段落。校书之痴，由此可见。这样快速校书法，固然令人敬佩，但其质量如何，总是令人有些怀疑。

订正之事非常复杂，约略归纳，有这样一些工作：异字、疑字、脱讹、脱句、脱行、补注、错简、脱全篇、脱全页、补校记、补撰人，误字必改，夺文必增，疑义必存，次第移易必举，题目姓氏之差必互更。其他如附注校文之漏落失次的，亦在校勘之内。

傅增湘校完《文苑英华》，写了一篇长跋，其中有一段文字颇能反映出他此时的心情。他写道：“自维年垂七十，人世荣利久等诸幻梦空花，加之身丁寻乱，视息人间，苟全性命，宁复更怀余望？即区区微名，亦深自韬晦，以免为人指目。”他的孤独、冷寂及对往事的忏悔之情交织在一起。人生到了这个时候，还有何求呢？唯有校书，才能使自己获新的生命，所以他接着写道：“独于古籍之缘，校雠之业，深嗜笃好，似挟有生以俱来，如寒之索衣，饥之思食，无一日之可离。倘能乘我余生，完此大业，庶差免虚生之诮，昔人所谓‘不为无益之事，何以遣有涯之生’者也。尤幸近岁以来，意兴虽减而精力尚强，灯右雠书，研朱细读，每日率竟千行，细楷动逾数百，连宵彻旦，习以为常，严寒则十指如椎，烨暑则双目为瞀，强自支厉，不敢告疲。家人讽以自休，曾不之恤，即默念何以自苦如此，而亦无以自解。誉我者谓为不朽之盛事，笑我者斥为冷淡之生涯，吾惟力行，以践吾言，独乐而忘其苦耳，遑议其他哉！”

手校宋元八千卷的傅增湘，对古籍版本考证精微，当推第一。傅氏以“通鉴”名其斋为双鉴楼，所以每遇不同版本的《通鉴》则必收之。1931年，傅增湘游苏州，市肆传闻有宋淳熙刊小字本《通鉴纪事本末》，他多方探求，踪迹渺然。不几天，刘世好从扬州来，挟巨簏来见傅氏，乃梦寐以求之书，“蚨蝶旧装，黄绫为衣，碧笺题首，宛然宋宫遗制”。此书为宗子戴所藏，经张元济从中疏通，宗要求以傅氏家藏明抄《孔文仲集》佚文五卷、《张月霄文稿》一卷录副本相换。傅增湘得书后，对现存于世的四本逐一考证。其中一本字体方严，摹刻清朗，绝无挖补之痕，逐叶记刊工人名，而字数记于下鱼尾下刊工之上，宋讳构字注“太上御名”，慎字缺末笔，决为孝宗刊版无疑。第二本版式与第一种相同，而有剜刻数行，改刻全叶者，为端平甲午修补本，“余旧藏残卷，松江韩氏旧藏残卷是也”。第三本版心字数自下鱼尾下移至上鱼尾上，刻工亦与前本无一合者，为淳祐重修。实应刘启瑞藏内阁大库旧藏甲本。第四本版式或行格虽同，然刊工姓名只记一字，字数在上，宋讳不避，字体疏瘦拙滞，卷第分合与前本亦有改易，盖宋末元初重修本。唯他与宗子戴交换的小字本《通鉴纪事本末》为淳熙本，他颇为感叹地说：“世人只知小字本为淳熙本，不知其后一再翻刻，其迁变正多。余既得此本，乃取家藏残本及刘氏两本摊卷详观，乃恍余所新收者确为淳熙初刻，其余三本皆翻刻也。”张元济为之祝贺，说：“双鉴楼广收宋元名椠，为瞿、杨后劲，更得此书，则双鉴可易为三鉴，为书林增一佳话。”傅增湘也就“慨然允之”了。

在校刊中，傅增湘恰如《隋志》称刘向校书，“论其指归，辨其讹谬”，追求真本，还其本来面目。他读《红雨楼题跋》，发现诗中“纵步”误“踟步”，“几能”误“几时”，“古洞”误“万洞”，“永宁令”夺“令”字，遂感叹说：“甚矣，扫尘之不易也。”他把校勘称为“扫尘”，可谓妙语，通俗而形象，非有切肤之感者，说不出这样的话来。

黄裳对傅增湘的校书水平是不以为然的。他在《傅增湘》一文中写道：“傅增湘著录了他多年来经眼的许多古本，在题跋中详细著录了版本、行格、纸墨、流传、优缺点……”这样，较前人的书目更加详细，着实跨进了一步。他继承了乾嘉以来学人校书的成法，也就是所谓“死校”。在这一点上，并没有什么大突破，也远远赶不上孙（星衍）、顾（千里）、钱（大昕）等取得的成就。他几乎不能运用理校的方法。主要的原因是他只是把古书当作玩赏的对象，并无一定研究的专题。所以就远远称不上是“读书”，难怪不能深刻理解、发现古本的好处与缺点。对书的内容，有时也浮泛地讲点意见，但大都来自《四库提要》之类，绝少新意。在有些题跋中，也附有一些“校记”，但多数并不完整，因而参考价值不大。在这一点上，远不及章式之。后者下死功夫把《资治通鉴》细校了好几遍，留下了一大部校记，新印《通鉴》时就起过不小的作用。最有趣的是，一次傅增湘买到了宋眉山本《南齐书》，在题跋中津津有味地记下了他如何与书贾讨价还价，“持书疾归，展览竟夕”的经过。但到底不能知此书的好处何在。直等到一年以后书被章式之借去细读，才发现了中间的“奇秘”。原来自明以来《南齐书》传本一直缺失四页，在这一本中却保存了其中两页。这说明，把古书当作古董，只是摩挲展览，却不细读内容，被讥为“古董家数”并不冤枉。

黄裳是藏书家，又是读书人，深知藏书与读书之道，是有资格对傅增湘做这样批评的，也许将来还有既藏书又读书的新秀，对黄裳的批评再做批评。那是后人的事了，今天看黄裳的批评还是有道理的。

黄裳对傅增湘的校刊、眼光及藏书所走的传统路子的批评，行文锐利，但他对傅氏藏书的长处还是多有肯定的。黄裳在文中写道："题记也有一些纠正或超过前人的地方，如他驳正了袁克文（这更是视宋版书为玩物的大少爷）关于宋本《水经注》刊刻时的谬说；纠正陆心源吹嘘所藏本《白氏六帖事类集》的不实之词；纠正吴兔床将许自昌刻《太平广记》说成谈刻的错误；跋宋本《谢宣城集》时，广搜异本，辨析源流，理出了谢集历代传刻的流变。方法有细密、有科学性。此外，对传世何义门校本和临校本的纷繁复杂的情况做过探索，对校书的方法也不同于黄荛圃的见解。""傅增湘在这里表现出来的发展观点与反对本本主义的思想，也是难得的。"

一段逸闻

傅增湘与张元济、徐森玉、陶湘、周叔弢相友善。张元济是出版家，他的涵芬楼藏书，以今天的眼光来看是企业办藏书楼，楼中的藏书是为出版影印服务的，楼中藏书当然是以经营手段得之。徐森玉曾是傅增湘的下属，与鲁迅是同僚，在教育部做过佥事，主持图书文物管理，但他一生不收藏，没有让手中的那点权和爱好发生关系。陶湘和周叔弢都是实业家，是富有人家，家中所藏，当然是一部一部买来的。从傅增湘的属下鲁迅的文字记述中，隐约可以看出傅增湘在这方面和其他几位好友还是有所不同的。

清朝"大内档案"一直被学者视为秘籍，无缘看到，被故宫博物院研究员朱家溍整理之后，才陆续公之于世。清朝灭亡之后，没人去注意，只是历史博物馆当作废纸卖给纸铺子之后，罗振玉猫叫了几声，才引起人们的注意。鲁迅在教育部任佥事时，还用探秘的目光盯着呢。他在《谈所谓"大内档案"》一文中写道："这回是F先生做教育总长了，他是藏书和‘考古’的名人。我想，他一定听到了什么谣言，以为麻袋里定有好的宋版书——‘海内孤本’。这类谣言是常有的，……有一天，他就发下一个命令，要我和G主事试看麻袋。即日搬了二十个到西花厅……”

鲁迅所说的F先生，就是傅增湘。《藏园群书题记》提到的一些书，正是从这些麻袋中散出来的，如《校宋绍兴刊唐六典残本跋》有这样一段记述：“余于戊午（1918）掌教部时，发蔽一亭所庋内阁红本麻袋，检出宋残本数册，命储之历史博物馆中。其散落于厂市者，李椒微（盛铎）师收得数册，余亦收得二册。”

李椒微就是当年私分敦煌经卷的李盛铎。至于这些“麻纸广幅、蝴蝶装、纸背钤有国子监崇文阁朱文大印”的《唐六典》怎么会散落到厂肆，他和李椒微又怎样各有所得，语焉不详，别人也就无从知道了。

从傅增湘《藏园群书题记》中可以看出，清代翰林院的人有化公为私的毛病，他们常利用工作之便，顺手牵羊把宫中的一些藏书带出来。他在《宋本新刊诸儒批点故文集成》的跋语中说：“至此书流传之绪，可考见者，初藏汪启淑家，继进入四库馆。书成，移归翰林院。同治时，湘潭袁漱六在清秘堂窃之以出。”

傅增湘又转录了莫棠跋：“此宋椠实馆阁旧书。当时《四库》据以入录。卷首典簿厅关防宛然也。（周）季贶又言其兄星誉与路小洲、袁漱六辈同官翰林，往往私携馆书以出。故此本入袁氏，同朝皆知之。”可见，翰林们盗书是公开的秘密了。

此书是《四库全书》的底本，傅增湘得此书后，与“四库本”做了校刊，“乃知馆臣执笔窜易删落之处，殆更仆难终”。“凡篇中酋、虏、夷、狄、犬、羊等字眼显然刺目者，固在所屏除，即稍指斥之文，宋贤奏章，煌煌巨篇，亦逐段刊落，自十数言及至数百言。”他又说：“《四库全书》为吾国典籍之渊海，而编辑之疏失与窜改之谬戾，为有识所同讥。倘异时重事缮录，要当博采旧刊，访求原帙，缺者补之，删者复之，妄改者纠正之，庶足垂为定本。”傅增湘的发现和愿望都是弥足珍贵的。

鲁迅和周作人似乎与傅增湘有些过不去，在他们的著作中屡有贬低傅增湘的话，鲁迅说过：“大约是几叶宋版书作怪吧，F总长要大举整理了。”“整理”了以后怎样善后呢？“F总长是深通‘高等做官学’的，他知道万不可烧，一烧必至于变成宝贝，……所以他便不管了，接着，也就‘下野’了。”

周作人则干脆写了一则《窃书的故事》，这个故事是从尊兄那里听来的，且把核心段落录之于后：

这是鲁迅在民国初年在北京教育部时候的事情。他在教育部的官是佥事科长，在社会教育司第一科，管的是文化设施，即图书馆、博物馆的事。其时北京图书馆还未成立，只有一个京师图书馆，略备一点旧书，设在国子监，由教育部聘胡玉缙做馆长，至于部内负责的则为科长，即是鲁迅。其时有一位做过总长的名流，大大有名的藏书家，听到馆中有一部宋板书，渴欲一见，无奈馆中定例善本不外借，所以不能做到。馆中为优待名流起见，特辟净室一间，请他住在里边，可以仔细校阅。那名流惠然肯来，科长亲自接待，捧出宋板来亲手交给他，然后告退。过了几日，名流送信来，说要回去几天再来看书，只等科长一到，将书交还，便挑起网篮铺盖，出馆而去。科长双手接过内装宋板书的楠木盒子，将转手交付工友，这时忽然“福至心灵”，当面打开盒子来一看，不看时万事全休，只见楠木盒子里“空空如也”，不见有一本书。第一个看出破绽的是那位名流，随即回过头去，骂站在后面的用人：“混账东西，怎么书都没有放好！”用人连忙从网篮里将宋板书取出，放入楠木盒子里。科长这才接过去，安心收下。

后来鲁迅讲起这件故事，总说回想过去所遇的危险，以这一次最险，也最运气，因为只要一不小心，收下之后，这失书的责任再也摆脱不清了。因此之故，他也最恨那名流，不但认为藏书家即是偷书家，在这里得一实证，也因为个人几乎上他的大当的缘故。语曰，不见可欲，则心不乱。藏书家眼见好书，用尽心思图谋，也是人情，但总不可以违反道德，做出见不得人的事，与那位名流相比，孔乙己穷饿之余，混进书房，乘主人不在，挟几册破书出来换钱，的确还有几分情有可原了。

傅增湘骨子里还是有民族气节的。在“一·二八”上海抗战炮火声中，他购得洪武本《蜕庵诗集》，作跋时写道：“时国难方亟，连日海上交锋，飞机翔于云霄，短兵接于衢巷，烽火仓皇，人情汹激，余中情激越，宁有好怀耽玩卷帙！”

共和国成立之初，《文汇报》记者黄裳到北京采访，原想去看傅增湘的藏书，不料，他到北京时，傅氏已经故去半月了，人是没有看到，在北京图书馆看了双鉴楼的藏书。黄裳评论说傅增湘“是一个标准‘藏书家’——并不是说他在收藏鉴赏上……够标准，而是说他的作风和乾嘉以来的藏书家很像。那就是说，他的藏书，是一种玩赏的性质，有时也是高价卖出的。其实他也是书贾一流人物，不过没有店面，而又有名，所以卖起来就往往更是高价。有时候在残本，或不怎么好的本子上加一篇跋，说得天花乱坠，于是就更能使‘书迷’上当。他和日本人做的交易也很不少。日本人文求堂书店曾经出过本书影，是照下来一张张的旧书样子，是最精致的广告，这里面一大半都是他的书”。黄裳对傅增湘藏书意识及校刊的水平虽多有批评，但也不得不承认傅氏“在这些地方，流露了一个中国人必然会有的感情”。又说：“北平沦陷以后，有人请他写过文章，如1943年他为《国立北京图书馆由沪运回中文书籍金石拓本舆图分类清册》写过一篇序，这正是‘周公启明（作人）以教育当局，兼摄馆事’的当口。但傅增湘不曾落水，《题记》初集的刊成也正在这时候。他虽与王叔鲁（克敏）是老朋友，但始终保持了名节。”

由于我不通古籍版本，写傅增湘颇感困难，故致信宋史专家方健（他亦精版本鉴别），向他请教傅氏版本之学及藏书情况，方教授不吝赐教，我把他的信摘录于后。信云：

先将傅氏《藏园群书题记》（上海古籍出版社，1989）关于宋集的几则“考异”录下，略作考订，聊以塞责。傅先生之学，吾侪实难望其项背，但智者千虑，容或有疏失。傅氏之高宗余嘉锡先生乃我最钦佩之目录、版本、校勘学名家，其《四库提要辨证》实为千古之名著也。

（1）《题记》页六五四云：其目验之《苑集》，“洵为北宋佳刊”；方按：此本即刻入《古逸丛书》（五六三）的《范文正公文集》二十卷本（通行本为中华书局1984年影印线装本）。诚如傅氏所说，此本避真宗（恒）、英宗（署、曙、树）、神宗（勖、顼）、哲宗（煦）讳，皆作缺笔，但我通校全书后发现，此本还避钦宗（桓）、高宗（构）之讳各二处，均作缺笔。又按：傅氏《经眼录》册十页一一二九云：“桓字不避，是钦宗以前刻本。”《苑集》凡有五“桓”字，其中二字避，三字不避，傅氏或未留意。此外，是本不避仁宗嫌讳“贞”字，又不避英宗生父“允让”讳，皆避讳不严之证。正为南宋本特点之一。据此，似为南宋初刻本，至少是南宋初的递修本。从避讳字的角度论，判定为北宋本似尚颇可稽疑。

（2）傅氏又云：此本“东坡序作于元祐四年新知杭州时，意即当日初刻之本；后此坡文遭禁，未能锓传也”。方按：此为揣测之词，显然无据。宋刻文集的繁荣兴旺，远出千年后今人的想象。保守估计，两宋所刻宋人文别集当数以万计，今存者仅五百余种，知其名者亦不足千种，堪称百不存一。可以判定为北宋本的，今存者已屈指可数。今考有确切史料依据的范仲淹文集始刻本名《丹阳集》，至迟在宋神宗熙宁二年（1069）前已行世无疑，见范仲淹交游葛闳（1003—1072）《题思范轩》二首之二尾联诗注："某尝继《接花歌》，文正得之于从事韦君，固而和作，见《丹阳集》。"诗云："接花酬唱将三纪"（董棻：《严陵集》卷四，四库本），核《范集》卷三有《和葛闳寺丞接花歌》，时范知睦州，诗作于景祐元年（1034），故据"将三纪"可断葛诗作于1069年前。此《丹阳集》，曾巩《隆平集·范传》著录为二十卷，南宋淳熙十三年（1186）饶州重刊《范集》时，还以此"旧京本《丹阳集》参校"。可证此本乃刻于开封，至少早于苏序所成二十余年，甚至有可能在范仲淹（989—1052）故后不久即已刊行。更重要的是：苏轼元祐四年（1089）序称："诗赋二百六十八，为文一百六十五"，但傅氏判为北宋本的《范集》却实存诗赋二百六十三首、文凡一百三十九篇，两者显然不是同一版本。故出自范氏义庄主管的宋本《范集》不是冠以苏轼序的"当日初刻之本"可以论定。傅氏之论两失之矣。

（3）《藏园群书经眼录》（中华书局，1983）册三页六四八称：《茶经》三卷，明嘉靖竟陵刊本，"书为青阳侍御柯公双华所刊，四库入存目"；方按：此误。柯双华仅在至景陵寺时问起过《茶经》的存佚情况，不是刻书者，或误读鲁序、汪跋欤？是本今存台北"中央"图书馆，乃竟陵茶僧真清所编，新安吴旦刊本。另一覆刻本今在日本。"四库入存目"者，乃假托汤显祖刊之坊刻本，今有齐鲁书社影印四库存目本行世（原本亦藏台北）。是本质量远不如竟陵刊本，且附有《茶具图》等，而竟陵本不附。

（4）《经眼录》卷三页六四八《酒经》三卷二条，傅氏著录书名有误，作者失考。是书晁志作"朱肱《酒经》三卷，作者、卷数是，书名用省称；陈氏《解题》作大隐翁《北山酒经》三卷，作者乃称其号，书名用全称，卷数是；元修《宋志》著录为大隐翁《酒经》一卷，皆误”。《四库提要》著录为“朱翼中《北山酒经》三卷”。今考朱肱，字翼中，一作亦中，自号无求子，亦号大隐翁（先生）。湖州人。善医，徽宗时授予医学博士，撰有《北山酒经》《证类活人书》等。故应著录为（宋）朱肱《北山酒经三卷》。

双鉴楼

傅增湘藏书处名“双鉴楼”，他的友人杭人邵章曾赋《江安傅氏双鉴楼图诗》。说起双鉴楼，还是颇有来历的。最初是因为他藏有两部珍贵的《资治通鉴》，一部是他祖父传下来的元刊本《资治通鉴音注》，另一部是他购自端方（陶斋）的宋刊本《资治通鉴》。他把这两部宋元刊本合称为“双鉴”，以此作为藏书楼的名字。这两部书在他的《藏园群书题记》及《藏园群书经眼录》中都有题跋。

元刊本《资治通鉴音注》系傅增湘祖父收藏，《藏园群书经眼录》按语云：“此书余家世藏，有莫友芝、柯劭忞、罗振玉、蒋斧、缪荃孙、曹元忠、董康、邓邦述、翁斌孙跋，又莫棠、宝熙题诗。”后来，他在日本看到静嘉堂文库藏书中亦有此书，他按语说：“此书藏书家多有之，然往往失去王磐行书序，此本王序尚存，自足珍秘。第印工尚不及余家藏本之圆湛精劲，则为时略晚。”除此之外，他还见到宝应刘翰臣（启瑞）家藏大库本，“墨气浓郁，锋棱毕露，更胜余家所藏，实为最初印本”。一般收藏家都是“儿子总是自家的好”，而傅氏则不同，他能称赞别家藏本比自家的好，是真正藏书家的风范。后来，他收到淳熙小字本《通鉴纪事本末》，看法有了改变。

《资治通鉴》294 卷，用宋刊本七种合成，称为百衲本。傅氏藏有以宋元刊本萃集而成的《百衲本史记》。《铁围山丛谈》载，唐李研公号善琴，乃自聚灵材为之，曰“百衲琴”。王隐《晋书》载董威辇于市得残缯，辄结以衣，号曰“百衲衣”。《广川书跋》载蔡君谟书《昼锦堂记》，每字一纸，择其不失法度者连成碑形，当时谓之“百衲碑”。钱遵王《读书敏求记·史记》下云：“余此本乃集诸宋板，共成一书，大小长短，各种咸备。李研公取桐丝之精者杂缀为一琴，谓之‘百衲’，余亦戏名此为百衲本《史记》，以发同人一笑焉。”“百衲本”见于藏书家，此为发端。

傅增湘所藏《资治通鉴》系绍兴二年（1132）浙东茶盐司公使库本，版式字体尤存北宋古茂遗矩。且时属南宋之初，老的刻工犹存，傅增湘跋语云：“泛观簿录，《通鉴》元祐刻久绝天壤，广都元刊亦渺不可存，唯此绍兴官刊，为元祐嫡子，岿然为传世诸本之冠，至可宝也。”

在这里，傅增湘透露他的双鉴楼的来历，说：“昔同治乙丑岁，先大父励生公官金陵，得元刊《资治通鉴》胡注，即世所谓‘兴文署本’者。独山莫郘亭先生题耑，谓‘略去外碍，增值以售，亦可谓能鉴其真者矣’，是为吾家藏书之鼻祖。余频年蒐采，宋元椠本略有所储，差幸仰成先绪，今复得巨编，正与梅磵注本后先映辉。敬题藏书之所曰双鉴楼，并援荛翁之例，别写得书图，征求通人题咏，上以表先人之清德，下以策小子之孟晋焉。”

1912年夏天，盛伯羲遗书散出，傅氏按目而稽，看到南宋内府写本《洪范政鉴》。此书后为景朴孙所得，傅氏想借来录以副本，没有办到。于是就在景氏半亩园中展阅数片，略记梗概。仅此一瞥，傅氏已感到“古香异采，梦寐不忘”，兹兹以求，十余年未能得到。景氏病逝后，所藏法书名画散落如烟，而此书与赵松雪手书《两汉策要》最为晚出。《两汉策要》归济宁潘家，《洪范政鉴》则为秘藏，不肯出手，傅氏以重金为质，借来数月，圆了录副本之愿，但未能购得。1928年，一位书商上门相商，虽要价太高，但傅氏还是卖掉日本、朝鲜古刻书三箱，以巨金购进。傅氏说：“舍鱼而取熊掌，余心固所甘焉。”此书自北宋康定年间（1040—1041）始写，中经南宋的乾道、淳熙（1165—1189），140年才成。自乾道、淳熙至傅氏得此书又是700余年，宫中文物“蹂籍于铁骑之尘，摧烧于咸阳之火者，殆不可量计”，可是独有此书深藏宋、元、明、清四朝宫禁之中，巍然而长存，虽然流落民间，而玉楮朱阑，新若未触，历劫获持，真是一件神物了。所以傅增湘在该书题跋中非常得意地写道：“藏园什袭，虹月宵腾，涑水钜编，俪成双鉴。”宋写本《洪范政鉴》代替了元刊本《资治通鉴音注》，藏园的双鉴楼又获新意了。

傅增湘不但以自己所藏善本名其斋，别的藏书家得到名本佳刻，他也乐以送斋号的方式相贺。在他面前可谓是“小字辈”的陈澄中，受海南宝礼堂潘宗周的影响，热衷于收宋元旧椠、明清精抄及名人校跋之本。所藏毛抄、黄跋品种颇丰。陈澄中以万金购得宋台州本《荀子》二十卷，书品舒朗，字大如钱，曾经孙朝肃、黄丕烈、汪士钟、韩应陛诸家经藏。陈氏得此书后，游历北平，在沈兆奎的陪同下，拜访了傅增湘。傅增湘披览笑曰：“君非以万金得熙宁《荀子》者乎？贵斋可以‘荀’名矣。”傅氏虽戏言，陈澄中果名其斋为“郇斋”，并请沪上篆刻名家王福厂刻“郇斋”田黄小印，溥心畬作《郇斋读书图》，于右任、叶恭绰、沈尹默等名家先后题咏，为书林一大盛事。

藏　园

1918年，傅增湘在北京西四石老娘胡同（今西四北五条）构筑新宅，因为景仰四川乡贤苏东坡，特取东坡诗句“万人如海一身藏”之意，命名为“藏园”。园内书斋有长春室、食字斋、池北书堂、龙龛精舍、莱娱室、抱素书屋等。他的孙子傅熹年写过一篇《记北京的一个花园》的文章，所记述的那个花园就是“藏园”。傅熹年是古建筑学家，也能鉴定书画，我读过他的书画鉴定文章，是从古建筑风格及服饰等处着眼来鉴定书画的。如《关于展子虔〈游春图〉年代》，即从画中人物的幞头和建筑的斗拱、鸱尾、兽头等方面进行考证，并画了详细的建筑结构图。再如《宋赵佶〈瑞鹤图〉和它所表现的北宋汴梁宫城正门宣德门》《论几幅传为李思训画派金碧山水的绘制时代》《王希孟〈千里江山图〉中的北宋建筑》等亦是从古建筑着眼论画的，也可当作论古建筑的文章来读。这方面，他有独到的功夫。

傅熹年在《记北京的一个花园》中写道：这个园子坐落在北京西城，占地约五亩，位于住宅的左方。它的历史不很清楚，仅知道在一百多年前就形成现在这个样子，有一个时期曾经为一个独立的园子。目前园子的入口处是由住宅进入的，由住宅正门进入第一重院，转过照壁向东，穿过一条幽篁夹道的小径，转而向北，就是一个大藤萝架，在尽端，粉墙漏窗，湖石挺秀，主要入口处就在右端。这种布置利用了道路和藤萝架的透视焦点和湖石漏窗形成一个图中心，把人的视线吸引到主要入口处……

这段文字，完全是以古建筑学家的眼光来看这座园子的。《记北京的一个花园》对园子的介绍还有许多精彩之笔，如果不是古建筑学家，一般人是写不出的。诸如园子中建筑有八座，游廊相通，把园子分成四个院落。从主要入口进门，北面为石斋，南面为龙龛精舍，都是三间带前廊卷棚硬山的标准清式建筑，左右都有游廊相连，形成一个长方形的院落。对池北书堂，《记北京的一个花园》中写道，池北书堂是一个五间前后廊卷棚硬山建筑，是消夏之所，四面高窗洞敞，可以纵观南北之景。堂前西侧有大枫一株，荫蔽半院。池西南有大榆，亭北有高柳，亭南种竹，全院都在浓阴荫蔽之下。对莱娱室，《记北京的一个花园》中写道：一座五间勾连搭卷棚硬山建筑，左右有游廊和池北书堂及石斋相通，檐下植海棠牡丹，南面庭中种松缀石，与石斋前布置法略同，而树古石佳，面壁疏朗，显得更自然些。厅东廊以东是一个狭长院落，杂植丁香、鸾枝等，背后一带粉墙，藤蔓纠缠，是一片很好的背景。

这样一座园子，自然是藏书的好地方，也是令我向往的地方。2005

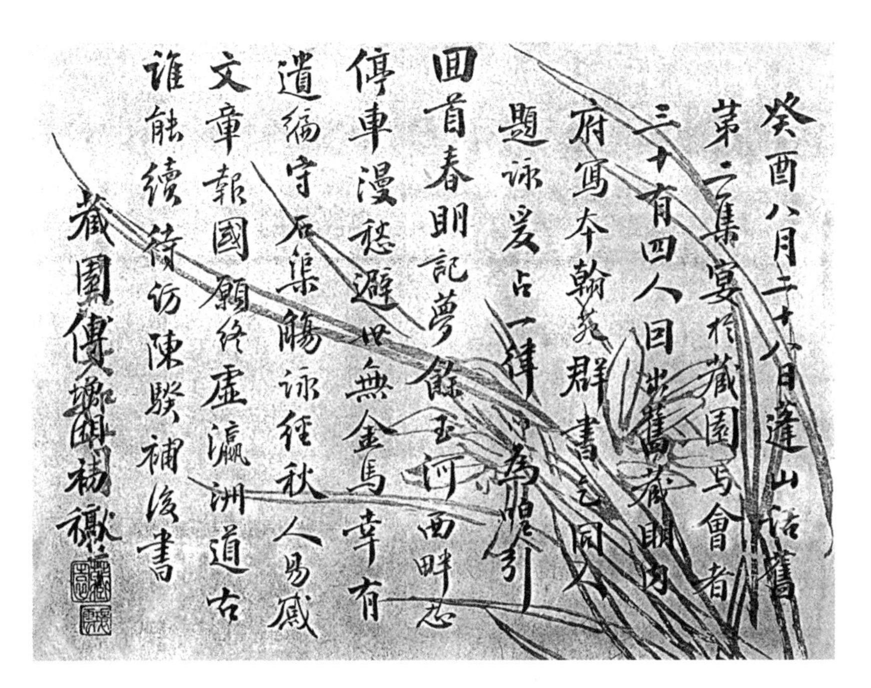
癸酉八月二十八日蓬山話舊
第二集宴於藏園與會者
三十有四人因出舊藏明內
府寫本翰苑群書乞同人
題詠爰占一律以爲喤引
回首春明記夢餘玉河西畔忆
傳車漫誇避世無金馬幸有
遺編守石渠觴詠經秋人易感
文章報國願終虛瀛洲道古
誰能續待訪陳騤補後書
藏園傅增湘識

傅增湘“蓬山话旧”诗稿

年深秋，我北游京华，搜集写作傅增湘的资料，曾到这个宅子前流连很久，很想看看这座园子，但没有进去。我藏有一张藏园雅集的照片，照片上有傅增湘亲笔题写的“蓬山话旧图　辛未七月既望写于藏园　沅叔记”。照片上以工整小楷题写了参加雅集者的名字，共 40 人，其中有吴震春、章梫、俞陛云、宝熙、张濂、文海、商衍瀛、杨钟义、瑞洵、陈宝琛、陈嘉言、吴熙、吴敬修、傅增湘、柯绍忞、龚心钊、马吉樟等学人、闻人、要人。

我还看过一张傅增湘的手迹，写在淡绿色的兰花笺上，是“蓬山话旧”第二集的题语，云：

癸酉八月二十八日，蓬山话旧第二集宴于藏园，与会者三十有四人，因此旧藏明内府写本《翰苑群书》，乞同人题咏，爰占一律为喤引：

回首春明记梦余，玉河西畔忍停车。

漫愁避世无金马，幸有遗编守石渠。

觞咏经秋人易感，文章报国愿终虚。

瀛洲道古谁能续，待访陈骙补后书。

藏园傅增湘初稿

癸酉是1933年，从傅氏题记中知道这是第二次雅集，那么辛未年（1931）拍照留念的雅集应该是第一次了。第二次虽有34人参加，但未留下姓名。每人也应该有题诗的，但不知哪些人参加，也就无从查考了。

与《平复帖》的一段缘分

1937年腊月二十七日，张伯驹由天津回北京度岁，在火车上与傅增湘相遇。

“沅叔年伯，好久不见啊。”张伯驹先打了招呼。

蓬山话旧留影

“啊，是丛碧啊，你也回京过年？”傅增湘说。

“我也出来有些日子了，北京方面的情况怎样？”张伯驹问。

“项夫人去世了，心畬需款正急，《平复帖》可以……”傅增湘说。

“《平复帖》我两次相求，心畬都不肯割爱，现在正遇母丧，如果重提此事，是否有……”张伯驹说。

“我知道你的意思，怕人说你乘人之危，我看不需要有这样的顾虑，我去和心畬说。”傅增湘表示要促成这件事。

“心畬急需用钱，我就先借给他 1 万元吧，至于《平复帖》……”

“那就以《平复帖》作抵押吧。”傅增湘说。

回到北京的第二天，傅增湘把《平复帖》抱来了。

“心畬要价 4 万，他的意思是不用抵押了，还是一次买断较为简便。”傅增湘就这样为张伯驹做主了。

张伯驹立即先付 2 万元，请傅增湘送去，余下 2 万元分两个月付清。傅增湘走的时候把《平复帖》带回去欣赏。

把溥心畬所藏韩幹《照夜白图》转卖给日本人的白坚甫，得到心畬因为母治丧急需用钱的消息，也想得帖转卖给日本人，并一口答应付款 20 万元。但此帖已经被傅增湘取来为张伯驹买断。

《溥心畬传》中很少提到他卖文物的事，但对卖《平复帖》的事是写到的，传中说：“为办理项夫人丧事，溥心畬将珍藏半生的无价之宝陆机《平复帖》质押于人，此后永远与它绝缘。”

对溥心畬为母亲办丧，传中写得较详细：“项夫人丧事，在锦萃园中办理。喜庆宴客、娱乐用的大戏楼，用素布遮成庄严肃穆的灵堂，做过七七后，移灵什刹海边的广化寺开吊，丧礼之隆重，虽在日军占据的北平城兵荒马乱中，依然轰动一时。丧期，僧、道、番尼群集念经，超度亡灵。”溥心畬是个很有孝心的人，为母亲“所用满洲式椁木，特别高大，经过几次朱漆之后，心畬以金箔在棺盖及四周楷书小字《金刚经》，光彩夺目，十分庄严。他又刺臂出血，和上紫色颜料，写《心经》，画佛像为母亲祈福，捐赠给名山古刹”。

以溥心畬之身世及孝心，母亲的丧事不能不大办，不能不讲排场，不能不花大钱，也就不能不卖《平复帖》了。对《平复帖》翘首以待的张伯驹，捷足先登也就不意外了。

傅增湘将《平复帖》携归数日后送还张伯驹，张伯驹打开一看，傅氏在帖后作长题，对此帖的来龙去脉做了一番考证，对我们了解《平复帖》的流传大有帮助，故录之于后：

昔王僧虔论书云：陆机吴士也，无以较其多少。庾肩吾《书品》列机于中之下，而惜其以弘才掩迹，唐李嗣真《书品》后则置之下上之首，谓其犹带古风。观彼诸家之论意，士衡遗迹自六朝以来，传世绝罕，故无以评定其甲乙耶。唯《宣和书谱》载，御府所藏二轴，一为行书《望想帖》，一为章草即《平复帖》也。今《望想帖》久已无传，唯此帖如鲁灵光殿，岿然独存，二千年来孤行天壤间，此洵旷代之奇珍，非仅墨林之瑰宝也。董玄宰谓右军以前，元常以后，唯存此数行为希代宝，至哉言乎。《宣和书谱》言，《平复帖》作于晋武帝初年，前右军《兰亭宴集序》大约百有余岁，此帖当属最古云。今人得右军书数行，已动色相告，矜为星凤，矧此为晋初开山第一祖墨乎（此亦董玄宰语）。第此帖自宣和御府著录后，只存徽宗泥金签题六字，相传有元代济南张斯立、东郓杨青堂、云间郭天锡、滏阳马昫诸人题名，亦早为肆估折去。其宋元以来，流传踪迹殆不可考。至明万历时，始见于吴门韩宗伯世能家，由是张氏《清河书画舫》、陈氏《妮古录》咸著录之。李本宁及董玄宰摩观之余，亦各有撰述，载之集中。清初归真定梁蕉林侍郎家，曾摹刻于《秋碧堂帖》，安麓村初得观于梁氏，记入《墨缘汇观》，然考卷中有安仪周珍藏印，则此帖旋归安氏，可知至由安氏以入内府，其年乃不可悉。乾隆丁酉，成亲王以孝圣宪皇后遗赐得之，遂以诒晋名斋，集中有一跋二诗纪之。嗣传于贝勒载治，改题为秘晋斋。同光年间转入恭亲王邸。嗣王溥伟为文详志始末，并补录成邸诗文于卷尾，此近世授受源流之大略也。或疑纯庙留情翰墨，凡秘府所储名贤墨妙，靡不遍加品题，并萃成宝刻，冠以三希，何乃快雪之前，独遗平原此帖？顾愚意揣之，不难索解，观成邸手记，明言为寿康宫陈列之品，宫在乾隆时，为圣母宪皇后所居，缘此地属东朝，未敢指名宣索，洎成邸以皇孙拜赐，又为遗念所颁，决无复进之理，故藏内禁者数十年而不获上邀宸赏，物之显晦，其亦有数存耶。余与心畬王孙昆季缔交垂二十年，花晨月夕，觞咏盘桓，邸中所藏名书古画，如韩幹《蕃马图》、怀素书《苦笋帖》、鲁公书《告身》、温日观《蒲桃》，号为名品，咸得寓目，独此帖秘惜未以相示。丁丑岁暮，乡人白坚甫来言心畬新遘亲丧，资用浩穰，此帖将待价而沽。余深惧绝代奇迹，仓卒之间所托非人，或远投海外流落不归，尤堪嗟惜。乃走告张君伯驹，慨掷钜金易此宝翰，视冯涿州当年之值殆腾昂百倍矣。嗟乎，黄金易得，绝品难求。余不仅为伯驹赓得宝之歌，且喜此秘帖幸归雅流，为尤足贺也。翊日赍来，留案头者竟日，晴窗展玩，古香馣蔼，神采焕发，帖凡九行八十四字，字奇古不可尽识，纸以蚕茧造，年深颇渝敝，墨色有绿意，笔力坚劲倔强，如万岁枯藤，与阁帖晋人书不类。昔人谓士衡善章草，与索幼安《出师颂》齐名，陈眉公谓其书乃得索靖笔，或有论其笔法圆浑如太羹玄酒者。今细衡之，乃不尽然，惟安麓村所记，谓此帖大非章草，运笔犹存篆法，似为得之矣。余素不工书，而嗜古成癖，间有前贤名翰，恒思目玩手摩，以窥寻其旨趣。不意垂老之年，忽覯此神明之品，欢喜赞叹，心怿神怡，半载以来，闭置危城，沈忧烦郁之怀，为之涣释。伯驹家世儒素，雅擅清裁，大隐王城，古欢独契，宋元剧迹，精鉴靡遗，卜居城西，与余衡宇相望，频岁过从，赏奇析异，为乐无极。今者鸿宝来投，蔚然为法书之弁冕，墨缘清福，殆非偶然。从此牙签锦袠，什袭珍藏，且祝在在处处有神物护持，永离水火虫鱼之厄，使昔贤精魄长存于尺幅之中，与日月山河而并寿，宁非幸与！

岁在戊寅正月下浣江安傅增湘识

傅增湘为张伯驹购得《平复帖》，伯驹终生拳拳于心，晚年在编著《素月楼联语》时仍记述此事，说："卢沟桥事变年，除夕前一日，余自天津回北京度岁，车上遇傅沅叔年伯云：心畬遭母丧，需费正急。因商定由其作合，后以三万元收得。除夕日取来于沅叔家同观。又每岁清明，皆去旸台山大觉寺同看杏，于花间共筑二亭，一名倚云，一名北梅。后余去西安，日本投降后回京，沅老患半身不遂，旋逝世。余挽以联，云：万家爆竹夜，坐十二重屏华堂，犹记同观平复帖；卅里杏花天，逢两三点雨寒食，不堪再上倚云亭。"

朱启钤：存素堂主

朱启钤（1872—1964），贵州紫江人，谱名启纶，字桂辛，又字老辣，晚年别署蠖公。

他的字取桂辛、老辣，是有出典的，据《宋史·晏敦复传》，敦复为谏官，耿直敢言。宋与金人抗争中，秦桧主议和，敦复廷争之甚力，桧使人劝其屈从。敦复曰："吾不为身计误国家，况吾姜桂之性，到老愈辣，请勿言。"朱氏用印中就有一方印文为"老辣三十后作"。我的朋友中有和朱启钤相识的，都说他平日就是"正襟危坐，不苟言笑"。后来我从多年任他秘书的刘宗汉先生那里得到进一步证实，这位旧时官僚、清朝遗老，一生清明自约，不纳妾，不嫖娼，不赌钱，不吸鸦片。

从朱启钤的一生经历看，他能做到这样耿直是不容易的。贵州紫江朱氏为清朝仕宦之家。朱启钤3岁丧父，是在外祖父傅寿彤家长大的。傅氏兄弟为长沙仕宦之家，清代军机大臣瞿鸿禨是傅家的女婿、朱启钤的姨父。朱启钤18岁结婚，娶的是清驻英法比参赞陈远谟的女儿陈光玑，陈比他年长3岁。从家世及亲眷关系来看，他完全是个阔公子。自20岁起，他随姨父瞿鸿禨入川，开始仕宦生涯。瞿当时任四川学政，朱在瞿幕中代瞿阅卷。他的书法本来学柳公权，入瞿幕后，因瞿写米字，乃改学米芾书体，并模仿瞿的字体，以便给瞿代笔阅卷。以后朱启钤又出任京师内外城巡警厅厅丞、京师大学堂译学馆监督、东三省

任内务总长时的朱启钤

蒙务局督办、津浦铁路局北段督办。北洋政府时代任交通总长、代理国务总理、内务总长。1919 年南北议和时任北方总代表。像他这样显赫一时的旧时官僚，能如此操守自持，足见其做人的一贯品性了。

从现存的《存素堂账目》和《存素堂文物账册》，我们可以找到他的收藏轨迹。

记下了人间沧桑的《存素堂账目》

现存的《存素堂账目》有三册，为北京松鹤斋制的直行红格旧式账本。封面用蓝纻麻布制成，上面贴了红纸标签，为朱启钤手书。这是他亲自掌管家庭收支的账本。这些账本由朱氏指定的韩振魁记录，后来改由乔家铎记录，韩和乔都是中国营造学社职员。后来又改由孙辈文极、文楷等记录。每年朱氏阅后亲自签署“蠖批”两字。有时到年底看完账本，他还在账本上写上一段带有总结性的跋语。1948 年后，孙辈都已长大就业，朱启钤虽然已是 77 岁高龄，还亲自握笔记账。一直到 1964 年 2 月他临终前几天，还在别人记的“2 月 7 日付王护士五天二十五元三角三分”条下，用颤抖的手签署“蠖阅。二月七日”。这是他最后一次为账目签字。

《存素堂账目》经叶祖孚整理，分为：众多子女的开支，三节（春节、端午、中秋）的开支，本人的花销，购买房地产、购藏文物的开支，朋友交往开支，等等。

朱启钤一生经历了晚清、北洋政府、国民政府、日伪统治时期，直至共和国成立，账目基本上概括了他一生的几个时期，从政治、经济、文化及币制的变化来研究，都具有重要的史料价值。在我所写的收藏家中，只有朱启钤一人是这样做的。

《存素堂账目》使用的币制单位不断变化，反映了这一漫长时期的沧桑变幻。民国元年起账目收支都以银元为单位；1940 年以后为日伪统治时期，账目中的货币单位出现了“联钞”“申钞”“储备票”等字样。1941 年 12 月，太平洋战争爆发，朱启钤记账时意味深长地写上一笔：“是年 12 月 8 日英美对日宣战，金融剧变。”后来因为通货膨胀，物价变动太大，朱启钤在账目中也如实地记上了他买进美钞、黄金，用以顶替那不值钱的纸币。到 1947 年，物价狂涨，通货膨胀到出现了天文数字，朱启钤在《存素堂账目》中写道：

> 卅六年底，物价增高较上年指数超过十数倍，本期结存下有旧存蛤赤两笔，均系按原进价折合法币登记，与现时市价相差尤钜。兹为来年度收支平衡起见，重新估值如下：
>
> 旧存蛤赤二笔共六十两，估值法币六亿元正（养老基金蛤赤三十两，贮金户蛤赤三十两）。
>
> 新增美钞伍万元，估值法币柒千万元正。

到了1948年，国民党政府发行金圆券，他在《存素堂账目》中写道：

> 本期九月一日起奉上海市政府通令紧急措施改革币制发行金圆券，所有公私簿记均按新法令以金圆券折合登记，旧法币限制流通，与法币三百元对金圆券比一折兑使用。黄金一两（纯金）按官令牌价折兑金圆券二百元。美钞一元按金圆券四元兑收。是以行庄往来存入均于八月卅一日遵令结换。法币行将成为废纸，实为我国金融一大变革。在此时期人民生活财产之受损失更无论矣。

1949年5月上海解放时，他正寓居上海。人民政府禁止金圆券流通，兑换了人民币。他在《存素堂账目》中写道：

> 自本年五月廿五日上海解放起，奉人民政府华东军事管制委员会公布发行人民银行券为法定国币，金圆券禁止流通，限期持向指定银行兑换，每金圆券十万元折合人民银行券一元。所有本市公私账目簿记均限令一九四九年五月结束，自应遵令办理。本期自六月一日起均按人民券本位记账，合行声明。

即使是他个人的家庭账目，他也遵照人民政府的规定，改用人民币作为货币单位来记账，而且郑重其事地记上一笔。

朱家儿女婚事，花费了大量钱财，社会上传说纷纭。《存素堂账目》提供了具体的数字：

> 民国二年　　淇筠喜事用洋一千九百二十六圆（大洋）。
> 民国三年　　湘筠喜事用洋三千六百圆（大洋）。

民国四年　　淞筠喜事用洋三千七百六十一圆（大洋）。

民国十四年　　津筠喜事用洋七千圆（大洋）。

民国十五年　　老铁（即朱海北）喜事用洋八千二百圆（大洋）。

民国二十四年　　补还淇筠喜事嫁资洋一万二千七百八十圆（法币）。

民国三十五年　　贴补浣筠嫁奁一百万元（法币）。

此外还有子女游美的旅费和学费，后来则有孙子文极等的学费、旅费和结婚费用，朱启钤甚至还替子女还债。

朱家三个节日（春节、端午、中秋）都要比较隆重地过。因为朱家儿孙众多，平时分居，过节时大家团聚一起，朋友故旧也来祝贺，仆人们（甚至包括中山公园的园丁、清道夫、送信的投递员等）也来领赏，所以过节就成了朱家每年的大事。此外，朱家过生日、纪念死者忌日，都是全家团聚的好机会，尤其是逢十生日，更是隆重。朱启钤过生日招待酒席，有时加个堂会，就花4000元大洋。朱家的烹调是有名的。1961年周恩来总理曾亲自对朱启钤提出要朱家请他吃顿饭，因为“朱家的菜很好吃”。《存素堂账目》中夹了好几张他们举办家宴时的菜单，兹选录一张抄在下面（未记年月）。

鸭子六元	油鸡二元四角
大鲫鱼三条一元	海参八角五分
海蜇六角四分	猪肉二元
鸡子二个二角六分	冬笋四角
薏仁米三角	莲子二角六分
江米三角六分	木耳一角五分
发菜三角	白果一角

腐竹三角	干贝三角五分
栗子二角	南荠一角五分
鸭肝四角	油酒一元四角

江米酒、江米面、橘子四个一元九角四分

黄酒一斤六角

1949年后，朱启钤90岁生日时，他已无力像以前那样庆寿，周恩来为他举行了祝寿活动。

朱启钤作为政界知名人士及实业家，个人的花费是很大的。例如，他在北京、天津两地都有房产，每年往来两地都要花车旅费。他还专有一笔保健用的医药费，名医朱砚农及孔伯华、孔嗣伯父子专为他治病。中药、西药他都服用，有时还请医生按摩。1947年他在院中散步跌了一跤，引发高血压，《存素堂账目》中记下了此次治病的医药费：法币一千一百一十万四千元。

中西药品针剂	二百八十五万二千元
张克恭诊费	七十五万元
黄医生诊费	十七万五千元
陈女士注射费	三十二万七千元
周继孙镶牙酬金	五百万元
天津张院长诊费	五十万元
北京郑河先出诊费	一百五十万元

他还有不少应酬要花钱。他的姨父瞿鸿禨曾经培养提拔过他，1918年瞿鸿禨病逝，他送奠仪2000元。后来瞿鸿禨的儿子瞿兑之印文集，瞿家娶新妇、生小孩，他都送礼。一直到朱启钤去世后，瞿家后裔生活状况不好，朱海北还经常资助瞿家在京老亲的生活。

诸如此类，可见开销很大。

《存素堂账目》还反映了朱启钤由官员到实业家的变化过程。

朱启钤是清朝政府、北洋政府的官员，他的收入是官俸，这在《存素堂账目》中也有反映，如：内务部总长官俸每年大洋 1 万元，政府津贴大洋 1.05 万元。他退出政界以后，收入减少了，他的同寅旧属逢年过节常有馈赠。如直系的段芝贵用段培德堂的名义几次送给他钱，曾任警察总监的吴炳湘送过钱。因为朱启钤曾任北洋政府交通总长，交通系的人如梁士诒、曾任交通银行总裁的任振采、后来继任交通总长的叶恭绰等都几次送给他钱。叶恭绰送钱时还用了“炭敬”等名义，即现在所说的取暖费，表示尊敬。原来当过津浦铁路监工的杨金，曾受过朱启钤的提拔，他也经常给朱启钤送钱。朱启钤当过京师大学堂的译学馆监督，译学馆的毕业生、大律师林行规也送过钱。朱启钤后来的生活来源主要是靠投资、办企业所得的股息、花红以及薪金。

翻阅《存素堂账目》，他投资过的单位有交通银行、新华银行、永利盐号、汇业银行、裕元纱厂、盐业银行、金城银行、北票煤矿、世昌洋行、北票公司、上海水电公司、中兴公司、大达公司、戊通公司、开源垦殖公司、合兴造林公司、光华公司、大成盐业公司、五一公司、开滦煤矿、怡和纱厂、华成盐垦公司、中兴煤矿公司、中兴轮船公司、启新洋灰公司、华光织染公司、永安纱厂、鼎中公司、裕华林垦公司、华宁矿业公司、震华制造电气机械厂、北京电车公司等。这些企业有的是他的部下、学生办的，借用了他的名义，就送他若干股份，分给红利。民国时期，军阀官僚投资搞实业成为一种风气，有的是为了沽名钓誉，赶时髦；有的是为了韬光养晦，表示自己无野心；有的则为寻找一条生财之道。朱启钤不同于这些人，他是实干家，亲自动手办实业。他所涉足的企业，工业、农业、商业都有。山东枣庄的中兴煤矿公司是他苦心经营的企业。一直到 1949 年后，他每月还领着枣庄煤矿发给他的董事公费。他称得起实业家。

像朱启钤这一类的收藏家，收藏不像现在的人是为了投资赚钱，春拍买进，秋拍就抛出，而是通过办实业经商之类的活动，赚了钱再来搞收藏，是用“闲钱”来玩古董书画，有时虽然经济拮据，但仍然乐此不疲，所以两者的底蕴不同。

从《存素堂文物账册》看文化流传

朱启钤留下一册文物账册，可以看出他收藏文物范围之广、内容之丰富。别人收集文物常常只收藏书画，或瓷器，或铜器，只限一两个方面，他则收藏铜器、瓷器、漆器、木器、竹器、银器、锦绣、书画碑帖、古墨、端砚、石章、旧纸以及贵重药材、名贵陈酒，无所不包。这当然与他的特殊经历有关，后人不可能做到这一点。我们从他的文物账册上记载的近 1500 件文物中，既可以看出祖国的灿烂文化，也可以领略以前那种被称作大收藏家的人物的风貌。

这册文物账册是 1939 年由朱启钤的孙子朱文极根据实物清点笔录下来的。朱启钤对这本账册很重视，经常翻阅，纠正抄录时的差错，指出哪项抄重复了。有的文物下面他注上“有囊”两字，说明他很熟悉这些文物，倾注了他对文物的感情。如书画项内有“明人绘洛神”一轴，他补注上“麻姑”，说明抄录有误。文物的去向，他都记上，如赠予儿女、孙子、亲友等。朱启钤在平、津、沪都有房产，他在三地轮流居住，文物随时携带转移，他都有记录。

1944 年朱文极已不给他记账，其中“生熟皮张”一项是朱启钤自己记的。后来他的二儿媳徐恭如替他记了“于夫人皮衣箱”一项、“十小姐（朱浣筠）嫁奁详单”一项。这些也是重要的资料，因为朱家儿女在 20 世纪 20 年代是北京的风云人物，流传着很多关于他们的故事。这些文物清单既可以看出朱启钤爱女情深，也可以观察其真实的生活状况。

这个目录叶祖孚做过整理，并写了介绍文字，其对我们了解朱启钤的收藏很有帮助。现把存素堂文物账目抄录于下，可见朱氏收藏之概况：

甲、神堂供器；

乙、纪念；

丙、荣典纪要；

丁、玉器类；

戊、古玩类；

己、锦绣裁料；

庚、铜器类；

辛、书画碑帖　先世手泽　外亲手泽　蠖公自藏书画　书画补遗　徐总统书画　家藏碑帖　影印石印　缂丝绣画　名人书画扇；

壬、文房文具　墨类　纸类　笔类；

癸、陈设类　美术家具　挂屏　照像挂镜　普通家具　杂样什物；

子、礼品类　银器类　绣品类　漆器类　磁器类；

丑、家藏药材；

寅、酒类茶类。

从文物账册目录来看，朱启钤与其他收藏家不同。开头单辟有“纪念”一栏，记下的文物有他任清朝官吏时的珊瑚顶子、蓝晶顶子，任北洋政府官员时获得的中外勋章，袁世凯、徐世昌任总统时赠给他的礼物，出使外国时收受的纪念品，其作用类似今天的陈列馆，专陈列一些纪念礼品。据朱家的后辈讲，他们在儿童时代玩游戏，演到假扮官员，身上挂的绶带、佩戴的勋章都是用这些文物，不用仿制的。还有“荣典纪要”一栏，罗列了各种委任状、证书之类的文献资料。

文物账册内单有一项“锦绣裁料”，记下了明朝和清朝康熙、乾隆、光绪年间的各种织锦缎，这可能与他曾任清朝官员有关，能得到宫廷内部的缎料。这些锦缎他用于裱画，叶祖孚说他从朱海北家墙上挂的字画中还看到过。

文物账册中“书画字帖”一栏可以看出朱启钤的父亲梓皋、母亲傅氏、外祖父傅青馀、姨母（瞿鸿禨的夫人）都善书，这当然是朱启钤具有很高的文化素养的源泉，也是他后来成为大收藏家的起因。文物账册中单有“徐总统书画”一项。北洋政府总统徐世昌书画俱佳，他为朱启钤作了很多书画，这可以看出两家的密切关系。朱启钤是北戴河旅游基地的开发者，他收藏的书画作品中就有颜韵伯画的北戴河雨景、许世英写的北戴河纪游诗等作品。

朱启钤是有名的紫檀木器收藏者，在他的“美术家具”一栏内可以看到各种各样的紫檀木、红木家具。他的“家藏药材”中颇有麝香、牛黄、冬虫夏草、藏红花甚至云南猴结等珍贵药材，内容很不一般。

《纂组英华》说缂丝

在朱启钤的收藏中特别为人称道的是缂丝。他也是因收藏缂丝才以收藏家闻名于世的。但这些缂丝已经不在账册中了。民国以后，他的收入渐少，有时不得不靠变卖古玩度日。日本人大仓喜八郎愿出100万元买下他的全部缂丝，他不肯，最后宁愿以20万元卖给张学良。他在1930年的账目总结中写道：“故民国十八年度为吾家最窘之境，……在此罗掘无聊之际，忽有一意外援助，即张汉卿以二十万元收买我家所收藏之缂丝书画，归诸奉天博物院是也。”

这批缂丝，伪满当局定为国宝，长期储藏于沈阳正金银行金库中，同时印成巨册《纂组英华》行世。

1945年8月日本投降后，苏联红军占领东北。是年年底，正当苏军准备自东北撤退之际，国民政府行政院院长宋子文到北平公干，便中来看望朱启钤。朱氏深恐这批缂丝落入苏军之手，流出国境，请宋查明下落，设法保护，后得知这批缂丝仍在沈阳。次年夏，东北战事起，沈阳为兵家必争之地。朱氏担心战火波及沈阳，这批缂丝难免化为灰烬。在宋美龄去东北路过北平时，他嘱王世襄以"清理战时文物损失委员会平津办公处"的名义拟一呈文，由朱氏面交宋美龄，请其将这批缂丝空运至安全地方妥加保护。宋美龄持朱氏的亲笔信在沈阳观赏了这批缂丝。经宋美龄的干预，这批缂丝不久空运至北平，先存放于中央银行，后移存故宫博物院。1949年后，又拨交辽宁省博物馆，珍藏至今。

朱启钤用出售缂丝收入的一半兴办了中国营造学社。他对收藏缂丝艺术的贡献还表现在他用于学术研究方面。他曾辑有《丝绣笔记》《存素堂丝绣录》《清内府藏缂丝书画录》《女红传征略》等书籍。这些书后来由杨家骆编成《绣谱》。可见他不是个玩物丧志的庸俗富翁，而是个卓有成效的研究家。历史学家荣孟源曾评论朱启钤是北洋政府中最有远见者，表现在肯办实业和爱好学习方面。

我在撰写此文时，李经国先生提供了《存素堂丝绣录》一册，扉页上有朱启钤的手迹"冀南长老指正。朱启钤"。再有安迪先生为我提供朱启钤辑录的《丝绣笔记》。前者记录了存素堂所藏缂丝及刺绣珍品50件。其中仅宋元缂丝就有：《缂丝绣线合璧》一册、《八仙介寿图》一轴、《迎阳介寿图》一卷、《海屋添筹图》一卷、《天官》一轴、《蟠桃春燕图》一轴、《紫鸾鹊谱》一轴、《芙蓉鸂鶒》片段一轴、《牡丹》团扇面一幅、《米芾行书》一卷、《米芾书卷》一卷、《米芾行书》一轴、《仿宋缂丝万年枝》片段一轴、《释迦牟尼佛》一轴、《宜春帖子岁朝图合璧》一轴、《通景花卉》屏幛残幅一段。

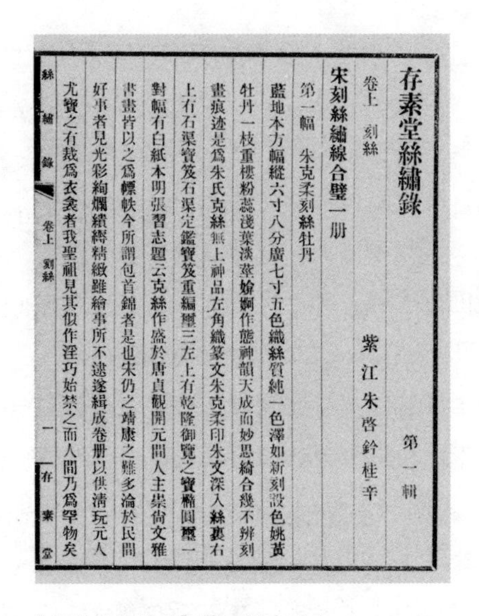
存素堂絲繡錄　第一輯

卷上　刻絲　紫江朱啓鈐桂辛

宋刻絲繡線合璧一冊

第一幅　朱克柔刻絲牡丹

藍地木方幅縱六寸八分廣七寸五色織絲質純一色澤如新刻設色姚黃牡丹一枝重樓粉蕊淺葉淡萼婀娜作態神韻天成而妙思綺合幾不辨刻畫痕迹是爲朱氏克絲無上神品左角織篆文朱克柔印朱文深入絲裏右上有石渠寶笈石渠定鑑寶笈重編璽三左上有乾隆御覽之寶橢圓璽一對幅有白紙本明張習志題云克絲作盛於唐貞觀開元間人主崇尚文雅書畫皆以之爲標帙今所謂包首錦者是也宋仍之靖康之難多淪於民間好事者見光彩絢爛續縷精緻雖爲女工所不逮遂緝成卷冊以供淸玩元人尤寶之有裁爲衣衾者我聖祖見其似作淫巧始禁之而人間乃爲罕物矣

絲繡錄　卷上　刻絲　一　存素堂

《存素堂丝绣录》第一辑内叶之一

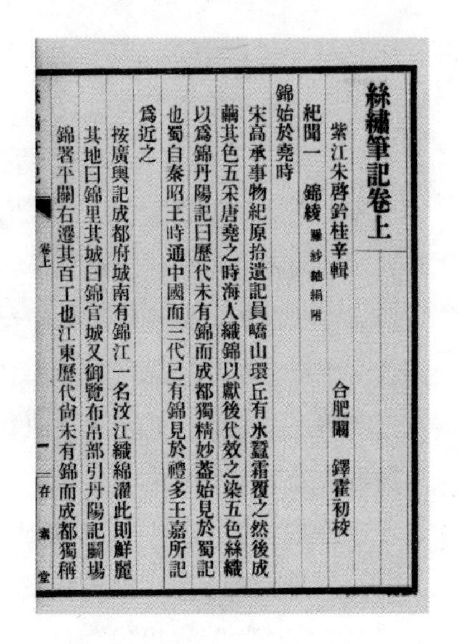
絲繡筆記卷上

紫江朱啓鈐桂辛輯　合肥闞鐸霍初校

紀聞一　錦綾 羅紗紬絹附

錦始於堯時

宋高承事物紀原拾遺記員嶠山環丘有氷蠶霜覆之然後成繭其色五采唐堯之時海人織錦以獻後代效之染五色絲織以爲錦丹陽記曰歷代未有錦而成都獨精妙蓋始見於蜀記也蜀自秦昭王時通中國而三代已有錦見於禮多王嘉所記爲近之

按廣輿記成都府城南有錦江一名汶江織綿濯此則鮮麗其地曰錦里其城曰錦官城又御覽布帛部引丹陽記闕場錦署平關右遷其百工也江東歷代尚未有錦而成都獨稱

卷上　一　存素堂

《丝绣笔记》内叶之一

在《存素堂丝绣录·前言》中，朱启钤讲了收藏丝绣精品的经过，现摘抄于后：

童时在外祖家，见法书名画之裱帙多为宋锦缂丝，爱其雅丽工致，眩然莫忘。先慈傅太夫人擅女红，每于侍侧，时见缀缉宋锦断片，制为香囊佩帨或碎裁花样，作针黹之谱录，斗锦之智，穿纱之巧，手泽所存，历历至今，如在心目。通籍北来，每于都门荷包巷及庙市冷摊，采集锦绣缂丝衣饰，改作屏幛帖装。朋好知余嗜此，往往举以投赠，估人有得即持来求售，然断帛零缣，不过童而习之，仅供玩赏而已。

咸丰庚申圆明园之劫，陈宝重器播及欧西，博物家有同嗜焉。辛亥以后，旧家散出流溢日多，而恭邸于壬子斥卖故物，陈列经目，环奇山积，缂丝刺绣，宋元精品，每孱杂于书画捆载中，发见于市肆之手，辗转以入余家者有之，拙藏朱克柔缂丝牡丹、山茶，即在此中。其被西人竞购者，大都织金错彩、密花透背、繁缛绮丽器饰之品，视如毡罽壁衣，以方寸论价，初不知是何时代，有无名款。肆贾因之四出搜寻，居为奇货，甚至伪造伪作，充塞市廛，而丝绣卷轴用书画为蓝本者，国内士大夫转得于浩劫之余光，从而什袭。不意十年来风尚所趋，声价坐长，寒俭为之缩手。昔高江村以三十金得宋缂丝《仙山楼阁》，今日殆非百倍不办，江村有知，能无舌挢。

热河奉天两行宫藏品，辇致都门，分别部居，丝绣书画多至数百，内中虽有器饰及备赏副本，而宋、元、明及康乾精品亦甚繁富，益以《石渠宝笈》《秘殿珠林》各编所著录者，蔚为巨观，始憬然于曩日之所搜求，固是片玉一枝，而品质不纯格调不高者，究无当于大雅。

前文讲了他童年所见，继之又讲经过圆明园之劫缂丝刺绣不为人所重视，“孱杂于书画捆载中”，在市场上出售，他从中购得朱克柔缂丝牡丹、山茶，而外国则偏重购买“繁缛绮丽器饰”之品，两者眼光不同，选择也不同。其实是经他的倡导，人们对缂丝的认识才开阔了眼界，“风尚所趋，声价坐长，寒俭为之缩手”。接着他又叙述了对缂丝收藏的经过及收藏的目的，说：“余以童时笃嗜，四十年来物聚所好，内府及墨林、麓村、蕉林、意园诸家所藏，亦间为吾有。近来蛰居，涉猎群籍，见有与艺事故实收传谱录或女红人物诸端有关者，辄依类抄纂置之案头，用备印证。兹篇随笔札记于频年所得，志所自来，以示儿辈，本无意于刊行，且于名款注释多未谛当，新得数事亦尚阙略，因索观者众，姑锓活字以省抄胥。年事日增，心境昏瞀，爰举抄纂诸篇，属阚君霍初整比，公诸同好。倘能于硕果仅存之今日，就公私文物，以科学眼光为有系统之研究，俾绝艺复兴，古法不坠，斯同童年志学所存，抑亦非始愿所能及矣。”

朱氏在文中提到的宋缂丝牡丹及山茶，为朱克柔所刻，列于《存素堂丝绣录》榜首。在《存素堂丝绣录》中，朱氏对所藏缂丝、丝绣逐幅做了描述并记有尺寸、收藏印记及前人题跋以及他本人收藏经过。

如记载收藏宋缂丝《迎阳介寿图》卷的经过，云：“光绪中叶此幅入福山王莲生祭酒（懿荣）家，庚子殉国难，收藏星散，公子汉辅亦工鉴赏，曾出此相示，未几为颜韵伯（世清）所得，乃以易余旧藏蒋南沙相国所绘《御园嘉瑞图》。”

如宋缂丝《海屋添筹图》卷，云：“按此卷为梁蕉林相国藏本，与煦斋相国赐本《迎阳介寿图》同为宋内府书画裱帙，其画法织工如出一手，煦斋赐本入福山王氏，蕉林藏本入潍县陈氏，在最近三百年收传人物历历可记，不期先后皆归余家，珠联璧合，何幸如之。”

如宋缂丝《崔白三秋图》轴，云：“余于甲子中秋由渊识斋购得，相传为徐梧生监丞（枋）藏本。回忆十年前，梧生曾言余家有旧缂丝画数轴，彼好藏书，而此非所尚，故亦不知为何代之物。梧生物故，所藏善本书已渐佚出，此物乃随之流入市肆耶，故人旧物，收以重价，列为存素堂缂丝精品。”

如宋缂丝《天官》轴，云：“此幅乃为（杨）青岩所得，己丑在京胡贾方将致之美国博物院，金拱北（王世襄之舅）因有新安朱氏宝藏之故，乃为余购之，同时有《睢阳五老图》为美人购得，非五千金不能赎，内有宋兵部员外郎朱贯画像，拱北为余摹绘此老遗相，汇入朱文公家谱中，别为一卷，附记于此，以志香火因缘。”

朱氏所记，均具极为重要的史料价值。如《睢阳五老图》何时流入美国，以前说法不一，朱氏所记为我们对《睢阳五老图》流入美国的时间提供了探讨根据。《睢阳五老图》为宋仁宗时五位德高望重的老臣肖像。画中五位老人为毕世长、王涣、朱贯、冯平和杜衍。因为他们都住在睢阳（河南商丘），故称“睢阳五老”。《睢阳五老图》原为上海收藏家孙邦瑞收藏，亦从孙邦瑞家散出，《睢阳五老图》画像及部分题跋散到美国，王涣和冯平两像在华盛顿弗利尔美术馆，朱贯和杜衍两像在耶鲁大学艺术馆，毕世长像和十九页明清题跋在纽约大都会艺术博物馆，我在纽约参观大都会博物馆时，曾获一观。《睢阳五老图》中余下的题跋有南京蒋璨、黄缨、杜绾、钱端礼、王铚、范成大和杨万里；元代程钜夫、段天佑、泰不华、张翥、赵孟頫、柳贯和虞集；明代吴宽、董其昌及清代的几家，为孙邦瑞之兄孙煜峰收藏，已捐给上海博物馆。

朱氏所辑《丝绣笔记》，对丝、丝绣和缂丝的发展历史及在各朝各代的状况，提供了极为重要的史料。如对缂丝的历史，《丝绣笔记》中说盛于唐，贞观至开元间，人主崇尚文雅，书画皆以之为裱帙，今所谓包首锦者是也。到了宋代，宣和内府于此为盛，置文绣院掌纂绣，招绣工 300 余人，绣设专科，始于崇宁，绣画分山水、楼阁、人物、花鸟，思白、墨林、启美诸家，推崇宋人闺绣，佳者胜于绘画。

宋代缂丝之作起于定州。定州织缂丝不用大机，以熟色丝经于木梭上，随所欲作花草禽兽状，以小梭织纬时，先留其处，方以杂色线缀于经纬之上，合以成文，若不相连，承空视之如雕镂之象，故名缂丝。

靖康之难，宋室南渡之后，仍追宣和遗风，余韵犹存，但能工巧匠多沦于民间，好事者见光彩绚烂，绩缛精致，虽绘事所不及，遂辑卷册，以供清玩。遂有云间名工朱克柔，又有沈子蓉、吴煦、吴昕、朱良栋等。至元之季，赵松雪手写《金刚经》，管仲姬为绣十六应真诸天佛相，文心绮思，世称双绝，笔墨余沛，拈针作绘，实为绣史中别辟一径。明嘉靖年间，松江府进士顾名士家缪氏、韩希孟、顾兰玉三位女眷创造“画绣”。真正赋予“画绣”灵魂的则是董其昌，他与顾家关系密切，使画绣成为松江画派文人在针刺艺术上的延伸，创造“绣画结合”的精品，称为“顾绣”。董其昌在《筠清轩秘录》中写道：“宋人之绣，用绒止一二丝，用针如发，细者为之设色，精妙光彩射目。山水分远近之趣，楼阁得深邃之体，人物具瞻眺生动之情，花鸟极绰约嚵唼之态。

佳者较画更胜。”上海市松江博物馆藏有《董其昌题韩希孟顾绣跋》之顾绣，跋语云：“韩媛之耦为旅仙，才士也。山水师予，而人物、花卉尤擅冰寒之誉。绣采绚丽，点染精工，遂使同侪不能望见颜色。始知郭景纯三尺锦，不独江淹梦中割截都尽。又为女郎辈针锋收之。”又云：“草观此册，有过于黄筌父子之写生，望之似书画。当行家迫察之，乃知为女红者。”从董其昌的题跋，可见他对宋绣的喜欢及对顾绣的赞美。明末顾氏家道中落，使顾绣脱离士大夫家庭，流入民间。清末民初南通名人张謇等兴办顾绣学校，使顾绣香火得以延续。故上海露香园针法有独得之秘，而顾绣之名震铄天下。

即使像朱启钤这样有实力的收藏家，也难与自己的收藏终生相守。1929 年以后，由于开支太大，入不敷出，年年亏空，他自己说：“查民国十、十一、十二等年终约不敷之数，平均计之，不过三万元上下。迨至十三年终约九万元。十四年终约七万六千元。十五年终约十万七千元。十六年终约十一万八千元。十七年终竟超过十四万元矣。”于是他变卖了汽车和文物。1938 年开始卖房子和家具。1942 年他出让了王蓬心册页和王谷祥手卷等文物。1943 年卖出钢琴和一些文物。1944 年卖出李公麟手卷和旧锦一匹等等。但变卖来的这些钱，他又用来印书和印经（如《本草品汇精要》）。创办中国营造学社用的资金就是把所藏缂丝卖与张学良所得之款。

再有，从朱启钤收藏文物的去向可以看出他的社会关系网。有些他送给了儿女。他送给过四女津筠、四女婿吴敬安、六女洛筠、九女婿吴幼权等，更多的是送给最小的十女儿浣筠和女婿卢致德（后为台湾荣民总医院院长，曾任蒋介石保健医官）。第一次见卢致德时，他就送给卢紫晶制西服纽扣和领针一匣作为见面礼。朱启钤任内外城警察厅厅丞时与同仁堂乐家的乐达义是结拜兄弟，所以《存素堂账目》记载于1941 年 12 月 1 日赠乐松生翡翠盖红套料“飞龙”烟壶一件。他也送过宋子文一个雕漆盘盂；赠给徐世昌之弟徐端甫一些宣纸、邢冕之一些旧纸。他和章士钊友好，先后多次赠给章士钊墨，送给章夫人一些贵重药材。他心爱的紫檀木家具的精品几乎全部售与了日伪时期任建设总署督办的殷同（桐笙），因那时生活拮据，不得不忍痛出售。

创立营造学会

建筑设计大家梁思成在1949年后面对着北京旧城改造，拆宫殿、扒城墙的劫难，奔走呼吁，为保护京华古建筑披肝沥胆，犯颜直谏，结果陷入被批判的厄运，坐在冷板凳上，郁郁寡欢地度过后半生。有不少人为他留下了扼腕叹惜的文字。殊不知，梁思成对古建筑的情结和朱启钤创立的中国营造学会有着很深的渊源。

翻开朱启钤的《存素堂账目》，可以发现自1929年创立中国营造学会之后，每年都有一笔支出用在学会建设上。即使到了晚年，在经济情况较差的境遇中，他仍然省出钱来投到学会的建设上。营造学社下设法式和文献两个组。法式组曾赴大同、正定、蓟县、宝坻、赵县等处测量宋、辽、金代建筑；文献组则搜集整理了古建筑的很多资料，并成书出版。付营造学会秘书薪水、购置参考书、举办美术展览等开支，在《存素堂账目》中都历历可见。营造学会还留下了无形资产，造就了一批人才，如梁思成、刘敦桢、故宫博物院的单士元、建筑科学院的刘致平、文物局的罗哲文、中国书目文献出版社的韩承铎等。

北洋政府高级官员都成长于清末，有着深厚的传统文化素养，所以他们中间的一些人在退出政坛后，有的流连诗酒，收藏金石版本，吟风弄月，成为学者或文人。朱启钤走的是另一条路，与其他人大异其趣，致力于士大夫不甚注意的工程建筑、工艺美术的研究。如果说他收藏缂丝锦绣是在童年受母亲的影响，那么他对建筑感兴趣的原因又是什么呢？

朱启钤21岁随瞿鸿禨入川，25岁与汪赉之、吴宝铨一起奉派修云阳大荡子新滩工事，专任施工事宜，开始接触工程施工。他自称这是“身任劳役之始”。由于这次分管施工，有了一定经验，他在以后的经历中往往被委派负责工程项目。《辛丑条约》签订后，张百熙拟在北京郊区扩大译学馆校舍，委派朱启钤负责校舍工程。光绪三十年（1904），受袁世凯的委派，他又负责天津习艺所的修建工程。习艺所类似今天的劳动教养之类的机构，当时是有别旧式大牢的新式监狱。光绪三十一年（1905），清廷设立巡警部，徐世昌任尚书。经徐奏调，朱启钤于次年任京师巡警厅内城厅丞，兼管京师市政工程。在负责施工时，他接触了一些“坊巷编氓，匠师耆宿”。在和这些施工人员接触的过程中，他“聆听其说，实有学士大夫所不屑闻，古今载籍所不经觏，而此辈口耳相传，转更足珍者”。从这里他增长了许多见识，于是就产生了“志欲举历朝建置，宏伟精丽之观，恢张而显之”的想法。为了实践他的想法，把社稷坛开辟为中央公园，供市民游览，拆除正阳门的瓮城，舒畅交通，将承德古物运到外朝陈列，建立古物馆。文博大家周肇祥、徐森玉、马衡都先后任过文物馆馆长。

有关正阳门的改建，刘成禺在《洪宪纪事诗本事簿注》中有记：“项城欲居帝位，先修城垣，以内务总长朱启钤为营建大监。”当时有位郭某，是位绍兴师爷，很受袁世凯的信任，向袁世凯说，要南面称帝，正阳门至为重要。正阳前门一开，非国家多遭祸变，即国祚因以潜移。故前门封锁，由两偏门出入，明清两朝皆知。还说：“予至夜半，屡登正阳门前故楼，澄目望气，南方红气赍起，高压北京，宜先营造正阳门，尽收南面如火如荼之气……故乎仰观天数，俯察地气，默验人事，敢献改造正阳门之议也。”此人还提了改造的建议。朱启钤改建正阳门是否按照这位“巫师”的建议进行的不得而知，改建的起因还是由郭某的胡说而来。刘成禺还写了一首诗：“崇台高拱壮皇州，龙眼南窥旺气收。只恨元年未巡幸，黄钟厌胜正阳楼。”

朱启钤经历的重大工程，是在他担任邮传部丞参，兼任津浦铁路北段总办期间。津浦铁路以济南为界，分为南北两段。朱启钤是筹建济南以北泺口黄河大桥，然后又会同南段总办段书云会勘浦口商埠码头和勘定济宁峄县中兴矿支线。津浦铁路北段由德国贷款，聘用德国工程师施工（南段由英国贷款，聘用英国工程师）。朱启钤做事历来认真，所以对于工程的勘察、设计、施工都亲自过问。甚至在大桥桥墩基础施工时，亲自下到沉井中观察土层。与以往他主管的历次工程不同，津浦铁路采用的完全是现代设计施工方法。由于他事必躬亲，津浦铁路的施工使他在传统的工程做法之外，又接触到了现代施工设计知识。

1918 年，朱启钤作为北方总代表到上海出席南北会议。他到南京时，在江南图书馆见到了清初钱谦益绛云楼旧藏的影宋抄本《营造法式》。《营造法式》是北宋哲宗绍圣四年（1097）将作少监李诫编修的一部古代建筑学著作，全面记述了宋代建筑设计、施工、计算工料等方面的知识，是朱启钤梦寐以求的一部“异书”。见到此书后，朱启钤非常兴奋，立即集资石印出版，公之于世。1921 年，他与陶湘（号兰泉）开始校勘影宋抄本《营造法式》，于 1923 年校毕，1925 年仿宋崇宁本行款格式雕板刊行。同时，他又编纂了《存素堂丝绣录》《女红传征略》等与营造学有关的工艺美术史史料。1925 年，他创立营造学会，搜集营造学资料，着手编纂专为历代匠作工师立传的《哲匠录》，开始专门从事中国营造学文献的整理研究工作。中国营造学会会址最初设在天津，后迁至北京东城宝珠子胡同，经费由朱氏个人承担。1928 年，中国营造学会在北京中央公园举办了一次展览，展出学会历年搜集的营造学图书、图样、模型等，得到了社会的好评。

营造学会得到蓬勃发展，应该是在 1930 年叶恭绰筹划支持，得到中英庚款中华教育基金会的资助后，朱启钤把自己创建的营造学会更名为中国营造学社，叶恭绰、陈垣、马衡和袁同礼等人成为学社校理。次年，中英庚款董事会成立，叶恭绰被推为董事，自此开始在这一职位上积极为营造学社募集经费。这里面曲折艰难的过程，从上海图书馆藏朱启钤、刘敦桢致叶恭绰的信札可知详情。

朱启钤在1932年6月7日致叶恭绰信中说："奉接手示，殷殷为学社前途谋出路，筹划周详，至深感戢。"这封信开列了庚款补助部分支出细目，中国营造学社1933年度预算书，并报告了学社干部名单：

社　　长　朱启钤
干 事 会　朱启钤　叶恭绰　周贻春　孟锡珏　袁同礼
　　　　　陶湘　陈垣　华南圭　周作民　钱新之
　　　　　徐新六　单士元
文献主任　刘敦桢
法式主任　梁思成
编　　纂　瞿兑之（中国建筑史）
　　　　　梁启雄（哲匠录）
　　　　　谢国桢（营造书目提要）
会　　计　朱湘筠

从朱启钤致叶恭绰的信札中，可以看出营造学社得到中美或中英庚款补助亦不是一件容易的事情。朱启钤信云："美庚款拨付尚有阻力，致董事常会临时延期，本社补助问题悬而未决。虽前途希望未曾断绝，然未免使人颦蹙。数米为炊既如上述，设竟无米为炊，更不能不别求出路。"由于美庚款之助未能成，叶恭绰又利用中英庚款董事长之职，促成英庚款的补助。朱启钤在另一封信中说："惟闻英款用于补助一项者，为数有限，故仅请求酌量补助，未确定数目若干，俾有伸缩余地。如能成为事实，不论多寡，只求与庚款发生关系，将来即有进一步请求之望，未审高见以为如何。"另一信中又说庚款事"进行无阻，于心少慰。

开成事又有波折，清算处不知如何主张”。从写《致中英庚款会各董事缄稿》，到学社开支预算、支出统计细目、出版物印数、定价、职工的薪金等，朱启钤都亲自动手，并在信中都有详细报告。从1929年到1933年，营造学社共得到中华教育基金会补助6万元，陶兰皋、朱启钤、钱新之、周作民、徐新六共捐助3.3万多元，其中陶捐款6000元，朱启钤捐款1.7万余元。由此可见，营造学社在发展中仍然是步履维艰。朱启钤在致叶恭绰信中屡屡谈及要“施强心剂”才能支持下去，常常感到“惫甚，强起作书，殊不能耐”。又一信云：“昨闻西安剧变，感触国事，忽有晕眩，频施注射，今始强起。”而在此时，中央大学又要刘敦桢回校任建筑系主任，陶希圣又要调他到内务部组织建筑科。朱启钤在致叶恭绰信中大谈苦经，说：“士能若去，思成一人不能独当社务，弟亦更无所倚重者，前功尽弃，坍台必矣。士能在社，事劳而薪水少，上下调协，助自刻苦以励同事，从未提及薪资厚薄。弟为应付得平衡，亦实愧对中央挖角手段，亦知校薪不过如社中待遇，若兼部员，则可增多不少”，但“士能对弟表示，如社不关门，绝不放弃研究工作，其坚决可佩”。朱启钤请叶恭绰从中说情，希望陶希圣不要“挖角”，“如尚不能谅解，是非迫我关门不可也”。

七七事变，中国营造学社在梁思成的率领下迁往昆明。1940年，日寇飞机轰炸昆明，本来迁往昆明的中国营造学社和中央研究院、中央博物馆、金陵大学、同济大学等，又由昆明迁往四川宜宾的李庄。一时众多学者云集万里长江第一镇李庄，如傅斯年、李济、陶孟和、吴定良、梁思永、童第周、劳榦、董作宾、石章如、夏鼐、梁思成、林徽因、罗哲文、单士元等，使沉寂的李庄声名鹊起，一批写于李庄的人文著作让外界震惊。梁思成、林徽因夫妇在陋室青灯之下，共同完成了《图像中国建筑史》（英文稿）和《中国建筑史》等重要著作，成为日后这一学术领域中的经典。现在那几间大瓦屋还在，只是门口镶挂着“中国营造学社旧址”的小木牌，两侧还挂着李庄镇镇长毛霄书写的对联：

营造学社出版的书籍

“国难不废研求六载清苦成巨制，陋室也蕴才情百年佳话系大师。”

朱启钤不是建筑专家，为什么会对建筑学如此情有独钟，并能从中国文化的认识来思考建筑学的问题？朱启钤深受清末实学思潮的影响，一贯注重实学，轻视辞章和考据。他幼年受过很好的旧式教育，古文写得严整有法，平日也喜爱读古人诗集自遣，但却轻视辞章之学。所传诗作多系由他人代笔（晚年有的诗是刘宗汉代笔），香港报纸发表的他与章士钊的唱和诗，其实均是章氏一人自作。他轻视清人对古代名物的考据之学，认为那是“训诂之儒，徒骛架空之论”，跟实际相去很远，又不接触实际，往往说不清楚。

由于朱启钤对东西方建筑有所了解，经过比较，他才着力发展中国古代建筑传统。他在石印《营造法式》时，在序中对东西方建筑做比较称：“我中华古国宫室之制，数千年来踵事增华，递演递进，蔚为大观。溯厥原始，要不外两大派：黄河以北，土厚水深，质性坚凝，大率因土为屋，由穴居进而为今日之砖石建筑。迄今山陕之民，犹有太古遗风者，是也。长江流域上古洪水为灾，地势卑湿，人民多栖于木树之上，由巢居进而为今日之楼榭建筑。故中国营造之法，实兼土、木、石三者之原质而成。泰西建筑则以砖石为主，而以木为骨干者绝稀。此与我国不同之点也。”

当时是西风东渐，国人对中国古代建筑“弃旧制若土苴”，这种状况激发了朱启钤研究中国古建筑的热情。他在序中写道：“欧风东渐，国人趋向西式，弃旧制若土苴。乃欧美人来游东土者，观宫阙之轮奂，惊栋宇之翚飞，翻群起研究，以求所谓东方式者，如飞瓦、复檐、科斗、藻井诸制，以为其结构奇丽，迥出西法之上，竞相则仿。”面对着西方人开始研究中国建筑的局面，中国人自己反而“特苦无专门图籍可资考证”。出于爱国心理，朱启钤感到自己有发扬中国古建之学的责任，他说：“夫以数千年之专门绝学，乃至不能为外人道，不惟匠氏之责，抑亦士夫之责也。”

到了1925年，朱启钤这种以发扬绝学为己任的思想又有了进一步的发展。他在是年撰写的《重刊营造法式后序》中写道：“今日流沙石窟，坠简遗文，橐载西行，珍逾球璧。质诸汉唐之通西域，举国若狂，项背相望者，渐被不同。壤地未改，易位以观，殆可相视而笑。夫居今而稽古，非专有爱于一名一物也，萃古英杰之宫室器服，比类具陈，下至断础颓垣，零缣败楮，一经目击而手触，即可流连感叹，想象其为人，较之图史诗歌，兴起尤切，而浚发智巧，抱残守阙，犹其细焉者也。我国历算绵邈，事物繁赜，数典恐贻忘祖之羞，问礼更滋求野之怯。正宜及时理董，刻意搜罗，庶俾文质之源流秩然不紊，而营造之沿革，乃能阐扬发挥前民而利用。”

当时，他有感于敦煌石室宝藏和汉晋简牍被西方“探险家”运出海外，因而想起汉唐两代经营西域时“举国若狂，项背相望”的盛况，两相对比，不胜感慨。所谓“易位以观，殆可相视而笑”的背后，自有其无法明言的苦涩。这“相视而笑”，实在是一种苦笑。

开发北戴河海滨

避暑胜地北戴河从19世纪开始就为外国人所注意。海滨原来“乃一荒僻乡村，交通往还不便，文人学士罕至此地，是以不堪闻著于世”。江山还靠文人捧。文人不涉足的地方，就很难出名而引起社会注意。光绪十九年（1893），修筑津榆铁路时，英国工程师金达勘测路线来到金山嘴一带，见其沙软潮平，气候宜人，实为宝地。金达等人在京津一带极力渲染，各国传教士及形形色色的人物纷纷来海滨购地建屋。最早在海滨购地筑墅的是英国传教士史德华和甘陵。他们修建的只是休养用的别墅，却引起清政府的恐慌，以为外国人要在海滨修建军港，于是派开平矿务局督办张翼就近调查此事。结论是北戴河海湾水浅，不宜停泊军舰，这场虚惊才算了结。为了防止外国人在海滨继续侵山占地，张翼便买下了联峰山一带四座山的地皮。光绪二十四年（1898）北戴河海滨被正式辟为避暑区，隶属临榆县管辖。规定：“戴河以东至金山嘴沿海向内三里及往东北至秦皇岛对面为各国人士避暑地，准中外人杂居。”从此越来越多的外籍人士及其家眷从各地来海滨避暑，最多时达60个国家的人，在海滨的外国人房舍已建有100余所，来海滨避暑的外籍人士已近千人。

朱启钤于1916年第一次到北戴河海滨，就以敏锐的眼光发现了这一问题的严重性和复杂性。大好河山“恐复为有力者所攫”，为了“争主权、拒外人”，他首先针对“各国外侨复纷组织团体，骎骎焉有喧宾夺主之势，行政官厅鞭长莫及，一切放任自流”的现象，其次针对当时“县官征其租税，理其诉讼，他非所问，迨设警察，只以保护外侨为职，平时对待外人奉令唯谨，石岭会骎骎侵行政之权，乃行政官放弃不问”和“在外人心目中，殆以为我不能自治，宜取而代之”等问题，毅然决然地挺身出面，在1918年夏，号召在海滨避暑的中国上层人士创办地方自治公益会。同年8月，酝酿筹备并草创会章。次年6月，经内务部批准，直隶省公署备案。公益会于农历七月十五日在西山成立。七月十五日晚上，公益会在莲花石举行鸡尾酒会。会上，朱启钤即席发表讲话，阐明了该会成立的宗旨是负责海滨的地方公益事业以及市政管理、建筑规划、税务收支、开发建设等事宜，目的是“谋公共之健康，宜有高兴之娱乐”“愿将使北戴河海滨为北方之模范自治村”。

自1919年成立至1932年5月，朱启钤领导的公益会对海滨的开发做了八件事：聚义募捐，筑路建桥，设立医院，兴办教育，开辟莲石花园，引进树种兴建苗圃，整修名胜古迹，对海滨的管理。

朱启钤到北戴河，住在津浦铁路局德国工程师白克纳在刘庄的别墅中。这是一所北戴河常见的七开间别墅建筑，砖石结构，外有明廊，廊柱亦由石块垒成。房基略高于地面，正中门外有台阶六七重。由台阶下去不远便直达海边。此房虽然近海，但是夜间蚊子不多，只是海风过大。次年8月，中国对德宣战，白克纳作为交战国侨民被遣返回国，朱氏便以8000元买下了这座别墅。

但刘庄地处石岭会的附近，不便久居，所以不久朱氏便出资1369元，在联峰山从张叔诚手中买下一块地皮，自己设计建造了一座别墅。1918年这座别墅建成，取名为“蠡天小筑”，取战国时范蠡脱离政治隐于商贾之义。这是一座曲尺形建筑，曲尺直角在西北，两翼大致取南偏东南、东偏东北走向。屋外有明廊，向东的房屋地基用石柱架空，上铺设地板，板间缝隙较宽。屋外明廊东端，悬有祝书元（朱氏的盟弟，协和医院名中医祝谌予之父）书写的“蠡天小筑”匾额。建造这座别墅共用去6099元。“蠡天小筑”东北有一洋式小亭，垒石为柱，是1923年当地建筑承包商阚向午给朱氏义务修建的，由德国工程师魏迪锡在归国前义务设计。朱氏移居“蠡天小筑”后便将刘庄的房子以原价卖给了雍涛（字剑秋）。后雍涛在东山另建别墅，又将刘庄的房子转赠朱氏的五女儿朱湄筠。据朱家六小姐洛筠回忆：“相形之下，‘蠡天小筑’就有些寒陋。先父欢喜点老式油灯和洋蜡，有时也点汽油灯和马灯，以享村居生活的趣味。”

朱启钤开发北戴河海滨，为后人留下了莲花石公园。朱启钤撰文的《莲花石公园记》刻石仍在，记录了他当年披荆斩棘开发的盛况。

刊印工艺古籍

除了收藏、整理、出版古籍《营造法式》一书，朱启钤对其他有关工艺美术的古籍也极重视，为此做了许多工作。明代黄成撰的《髹饰录》的出版及解说，就是一个很成功的例子。《髹饰录》是一部关于漆工及漆器的记录，是我国现存唯一的古代漆器专著，但只有一个抄本，在三四百年前流散去了日本，藏于大村西崖家。朱启钤移书求索，有幸看到，可惜经过辗转传抄，错误太多，有赖寿碌堂主大村氏博引群书，加以疏证，并加校雠。朱启钤又嘱阚铎（字霍初）就寿碌堂主人笺注各条，引申厘定，别为笺证附刻于后，于1927年出版，刻印纸墨精良，史称“丁卯本”。朱氏写了《重刊髹饰录序》，称赞黄成“刀法圆熟”，为“名匠，精明，古今髹法殆无愧色”，但是“国史方志，于黄氏之艺缺焉”，写《嘉兴府志》的“载笺之徒，浅视艺事，甄录不广，遂使绝学就湮，奇书失野，可慨也”。当时此书只印了200册，和《营造法式》刻版同寄存上海商务印书馆涵芬楼。上海“一・二八”事件，日寇轰炸闸北，两书刻版同付劫灰。

黄成，字大成，新安平沙人，是隆庆（1567—1572）前后的一位漆工。他的著作总结了前人和他自己的经验，较全面地阐述了有关髹饰的各个方面。此书在天启五年（1625）经嘉兴西塘的杨明（号清仲）逐条加注，并撰有序言。西塘又称斜塘，宋室南渡后，北宋名匠从定州移居于此，是元、明两朝制漆名家彭君宝、张成、杨茂、张德刚的家乡。杨明可能是杨茂的后裔，也精通漆工技法。《髹饰录》经朱启钤刻版印成后，又经过多年，到1949年才让王世襄加以注释。2003年冬，我在北京芳草地访问王世襄先生时，他向我讲述了这部书的写作过程，说："是承朱启钤先生的面授才知道有这本书的，《髹饰录解说》的编写也得到他的启示。初稿始于1949年冬，时作时辍，到1958年秋才写成。"

编辑刊印《岐阳世家文物》图册。明岐阳王李文忠是明太祖朱元璋的外甥，随朱元璋起兵并转战南北，功莫大焉。李文忠二十一世孙居北京，得知朱启钤关心古籍文献，乃慨然出其所藏，计有明太祖朱元璋所赐墨敕及亲御服物等，共56件。嗣后编辑成册，有《明太祖御罗帕记》《吴国公墨敕考》《张三丰画像跋》《题岐阳世家平番得胜图》卷，实为明史研究的重要资料。朱氏在《导言》中写道："吾国近代史料伏藏于家史之中者至为丰衍，独惜乎享祚之世族，但务秘其凿楹之藏而不肯公之于世。殊不知世变之来往往非一人一家之力所能抗拒，一旦逢水火刀兵之厄，则累世什袭之文献若衣冠、若器用、若图画、若谱牒终不免劫灰而埋没，不获俾世人共见焉。吾国故乏保存公物之物，幸而有少数故家遗物于历劫之余，犹能掇拾丛残于万一。物以希而愈贵，此家史所以为研讨近代文献尤须注意者。"从这段文字中，我们可看出朱启钤的前瞻眼光，他较早地提出家族史在历史研究中的地位及文物保护法的问题。直到今天，家族文化还没有提上受法律保护的议事日程。

朱启钤乡情特浓，对故乡贵州历代先哲遗书特别关注，在他的藏书中收有明刻本《黔牍偶存》，为明刘锡玄所撰，还有清刻本《黔风鸣鸾录》等。他自撰有《贵州碑传集》；又将贵州黄彭年手书日记辑录其题诗，编纂成册，曰《陶楼诗钞》，并誊写油印。

对《园冶》一书的补齐刊印，朱启钤也花了一番功夫。明人计成撰《园冶》，为明末园林艺术专著，对于造园的理论及技术有详细阐述，只是传世极少，甚为罕见。朱启钤于1930年得北京图书馆藏残卷，与家藏影印写本补成全书三卷并详加校录。武进陶湘笃嗜旧籍，乃行影印。以后阚铎借日本内阁文库藏书校对，并写有识语，朱启钤又重为印行。朱启钤撰《重刻园冶序》说，那种计策均衡的建筑布局，只适于殿宇庙堂，如果“助心意之发抒，极观览之变化，人情所憙”，那种整齐划一的布局就不行了。因此，“王侯第宅罕有留遗甚久者，独于园林之胜，歌咏图绘，传之不朽，一沤一垤，亦往往供人凭吊。由斯而谈吾国中古以后建筑之美术，借造园以发挥者，不可胜数”。

朱启钤除了藏书、刻书，还要售书，他曾致信叶景葵，请帮销售所印之书。信云：

揆老赐鉴：久示通讯，疏慵为罪。弟近来目力大差，文字之事亦都停顿。《训真书屋遗稿》往岁即付瞿兑之表弟校印。聚纸、征工，经过许多波折，忽忽六月，近始蒇事。杂存中残断之稿无从补全者，只得割弃，《诗存》则略有增葺，合为一卷，用纸系苇浆所造，性质脆弱，绝不经久，草草完成，殊不足观，而费钱几增印《刘集》时一倍。此次印刊由兑之经理且垫赀甚多，除弟担负百部，汇入《黔南丛书》分寄黔中外，余作单行本，托人发售北方，由编辑馆代理。上海拟恳尊处转属合众图书馆代理，联钞与储钞，悬绝定价，颇费详量，此间每部标价十元，合计沪汇当作五十元。总之此比例标明卷末，究不知当市况相宜否？特先奉商，还祈赐于援助为感！装订之事尚未就绪，并先寄散叶二册上备审正。合众组织当以全健，有无代理寄售之例，亦唯命进止耳。专布敬候道安

弟朱启钤顿首　六月十日

叶景葵亦致信朱启钤，向他商借未刊之稿誊抄，叶氏笃好手稿抄本，故对朱有所求。叶景葵信云：

桂辛先生台鉴：自别霁颜，流光如驶，沪上情状，当在轸念

中。虱居无聊，又因避居局促，笔林茶灶都无位置，以致笺候久疏，歉罪何似！今岁十月为先生七秩览揆之辰，既不能渡海奉觞，又不愿以世俗藻缋之词上溷清听。而三十年来相契之深与相关之切，区区私忱有不容自已者，谨赋长句四章，聊志向往之谊，写呈冰鉴，知不以俚俗为嫌也。景葵历年搜集群书颇多，未刊之稿及不经见之刊本，四五年前颇有捐赠浙江省图书馆之意，已有同志二三起而和之。战事骤起，浙馆迁徙，非复旧观。景葵年事渐增，所谓同志亦嗟沦谢，乃与前岁另集同志数人创办一馆，名曰合众，冀海内属和，有人筹备两年，今岁自建馆屋数楹，工取简朴，惟避火避水为主，刻已落成，集有书十万册，碑拓四五千通，一篑之覆，深虞棉薄，仍望先进与俊贤，百方匡煦。

先生所收河防各书及黔省先贤著作，极为闳富，内有未刊之稿及不经见之孤刻，拟陆续借钞，俾有副墨，可资流布，尚乞赐示目录，以便选取，无任感希之至，颂

颐安

辛巳七月十一日弟叶景葵拜上

在“瞿袁政争”的夹缝中

据朱启钤晚年的秘书刘宗汉记载，1964年2月28日桂老去世。死后一个月左右，叶恭绰把朱文湘叫到自己家里，问：“你是学文科的（朱文湘是北京师范学院中文系毕业，当时正在中学教书），懂不懂近代史？”朱答：“中学学过。”叶表示课本讲得太简单，说：“近代政治的内幕往往是很微妙的。我今天找你来，就是谈谈你祖父的事。你祖父和袁世凯的关系就是很微妙的。袁重用他，除了他的才干外，也是为了牵制瞿鸿禨的势力，瓦解其他反袁的势力。袁用他，实际是把他当作瞿的

人质。袁确实也重用了他。袁垮台后他不再参加政府内阁，当时有不少人组阁时都找过他，他都拒绝了。这是‘不事二主’的意思。这些事，他在世时不愿意谈，也不愿意为自己洗刷。我们当时和他共事的人都知道他有难言之隐。这些事朱家的后人是应该知道的。”

叶恭绰的这些话是有道理的。要了解朱启钤与袁世凯的关系，首先必须要多少谈一点清末的政情。清末，李鸿章在1901年临终时，推荐了袁世凯任直隶总督兼北洋大臣。此后，袁的势力逐步膨胀，掌握了政治、军事、经济大权，尤其是他手中的北洋六镇更是一支不可忽视的军事力量。袁工于心计，精明地处理北洋与各方面，尤其是与满族权贵的关系，但在清代满汉观念极深的情况下，一个汉族大臣大权在握，不可能不招致朝廷的猜忌。不仅满族官僚铁良等与袁矛盾很大，就是一些中央和地方的汉族大官僚与袁也芥蒂极深。地方如盛宣怀、岑春煊，中央如军机大臣瞿鸿禨，都是袁的死对头。这当然是一种表面现象，实际上是慈禧利用这些人牵制袁的势力。瞿与袁的明争暗斗，就是清末所谓的“瞿袁政争”。

在“瞿袁政争”中，朱启钤由瞿鸿禨的左右手式的心腹，转到瞿鸿禨的政敌袁世凯，并任要职。这在研究朱启钤的人生中不能回避，而且成了敏感的话题。

朱启钤对袁世凯所持的是什么样的态度？要了解这个问题，可从瞿鸿禨在上海的门生汪康年于光绪二十九年（1903）致朱启钤、张劭熙的信中得知一个概貌。信中有这样一段话：“昨见报载，袁拟国家银行亦以天津官银行为本，此事实可怪论。此系户部之事，何得让之疆臣。且如此，则袁于兵权之外又握大利权，且得邮权，意欲何为？弟谓，为国家计，为师座（指瞿相国）计，此事当再三审察。如欲任其大成，当一切听之；若以为不可，则直预为阻遏。否则事权尽在一人，一旦祸发，悔将奚及？请两兄将此函转呈师座，以备葑菲之采。”

从信中可以看出，此时的朱启钤仍然是瞿的心腹。可是到了光绪三十年（1904）冬，经徐世昌的推荐，朱辞去了译学馆监督的职务，到天津办游民习艺所。徐世昌是袁世凯的好友，亦是朱启钤的好友，推荐袁的反对派、政敌瞿鸿禨的亲信到袁的手下工作，此举是别有用心，还是徐、朱有着某种心照不宣的默契？据刘宗汉分析，徐世昌此举是“别有用心”。因为“天津是袁的北洋大臣驻地，是他的势力范围，袁将桂老置于自己的直接控制之下，表面上雍容大度，表示即使瞿党亲信如朱启钤者，也予以重用，以收拢人心，瓦解瞿党，而骨子里却把桂老当成‘人质’，以牵制瞿”。

1905年，清廷因吴樾刺五大臣事件而设巡警部。袁推荐徐世昌为巡警部尚书，另一亲信赵秉钧为右侍郎，乘机掌握了清政府的警权。这时，朱启钤随徐到北京，先任内城巡警厅厅丞（略似今天的公安分局局长），后调外城巡警厅厅丞。赵是袁手下的一个特务头子。京师的警政直接受巡警部的领导，实际上成了袁的特务系统。刘宗汉认为：“这样，桂老的一举一动都在袁的掌握之中。表面上是袁对他信任，骨子里却是

1936年摄于天津英租界徐世昌寓所。右四为朱启钤，右五为徐世昌

便于监视。”

到了光绪三十三年（1907），袁以两万两白银的代价买通御史恽毓鼎，弹劾瞿“暗通报馆，授意言官，阴结外援，分布党羽”，使瞿被革职。“瞿袁政争”以袁的胜利而告结束。这就是所谓的“丁未政潮”（1907年干支纪年是丁未）。瞿放归后，朱启钤亦随之请求开缺（即辞职）。

朱启钤随瞿鸿禨辞职后，在长沙做了短期的逗留。当年冬，应两江总督端方的招约，到了南京。不久，当时任东三省总督的徐世昌奏调他为蒙务局督办，此后他便一直在徐手下工作。每日议事，他总是先期到徐处，徐经常夸“桂少爷勤恳”，因此他深得徐的赏识。以后，在北洋时代有朱启钤是“徐世昌的影子”的说法，外间传说朱是徐的义子，此说不一定是事实，但从中可以看出徐、朱的关系非同一般。朱启钤投奔到袁世凯幕下，与他和徐世昌的友谊恐怕是有一定关系的。

1911年，辛亥革命爆发。这时，瞿在政治上对袁已无任何威胁，“瞿袁政争”已成为历史。袁此时又极需人才，所以在1912年便任朱启钤为交通总长，后改内务总长。刘宗汉认为：袁对他终究是有芥蒂的，在任用中有时又把他放在最容易受伤害的地位。如1913年“二次革命”爆发，在一个极短的时期内，形势捉摸不定，袁的政权发生不稳定情况，恰恰是在这时朱启钤被袁任命代理内阁总理。如果讨袁军胜利，他自然便成祸首，而袁的嫡系亲信都得到保护。

袁世凯倒台之后，朱启钤绝口不谈同袁的关系，既不说袁的好话，也不大喜欢说袁的坏话。他是瞿鸿禨阵营中的人，袁对他有戒备，使他的精神有创伤，但也毕竟提拔了他。所以袁世凯登基大典时，朱启钤和郭葆昌相配合，为袁张罗，后又应邀为袁修墓。在他收藏的纪念品中，还保留着袁颁发的任命状，看来他是一个很重情义的人。朱启钤既不以成败论袁世凯，我们更不必要以历史上的是非论朱启钤。我以为袁世凯看重朱启钤，除了以上所分析的政治因素外，更为重要的是袁世凯看重他是位精明干练的实干家。对于朱启钤的办事能力，连胡适这样的学人也是很赞赏的。胡适在1922年8月5日的日记中写道："在君邀我吃饭，请的客都是曾捐钱给地质调查所图书馆的人，有朱启钤、刘厚生、李士伟等，共十三人。这是我第一次见着朱启钤。此人自是一个能干的人；听他的话，竟不觉得他是一个不读书的人。他是近十年内的第一个能吏，勤于所事；现在他办中兴公司，每日按时到办公室，从不误事。交通系的重要分子，以天资的聪明论，自然要推叶恭绰；以办事的真才论，没有可以比朱启钤的。"

朱家小姐的风采

朱启钤的政治生涯中，和张学良的关系也是很值得一提的。朱启钤与张学良的关系是由父及子，他与张学良的父亲张作霖在清朝末年有一段交往。

那是光绪三十二年（1906），徐世昌任东三省总督时，朱启钤襄赞政务并任蒙务局督办。徐世昌任命张作霖为五路巡防营的前路统领，驻扎洮南府。朱启钤几次视察政情至洮南，由沈阳出法库，经科尔沁左翼后旗、通辽，再经科尔沁右翼后旗、扎赉特旗，至黑龙江省，经杜尔伯特旗至哈尔滨……一路都由张作霖派人警戒护送。所以对张学良来说，朱家与他是两代世交。

据朱启钤之子朱海北回忆，1924年夏天，张学良来到北戴河。当时正在酝酿第二次直奉大战，张学良花重金在法国购进水上飞机，由秦皇岛来北戴河海滨进行试飞。当时他自兼航空署督办，同来的有航空署副署长冯庸、原南苑航空学校教育长姚锡九、少校飞行员吴敬安、少校秘书朱光沐、飞行员衣里布（蒙古族）、法籍教官布雷等人。张学良到海滨后立即拜访朱启钤，还热情邀请他们全家到海边观看飞行。他们如约去了，临时张学良又提出请他们乘坐他的飞机做空中游览。朱家四小姐津筠勇敢地上了飞机。午间，朱启钤设便宴招待张学良一行。张学良当时23岁，风华正茂，雄姿英发，游兴未减，又要打网球。晚宴是朱启钤假座霞飞馆为张学良洗尘。

张学良在天津有一座豪华的公馆，院子里建有网球场，楼上设有台球房，庭园宽敞，和朱家在天津的寓所是隔壁的近邻。第二次直奉大战，奉系取得胜利，天津又是东北军的势力范围，张学良经常驻节津门。每次他回到天津的公馆，必邀请朱家兄弟姐妹去打球、跳舞。朱启钤游历过欧美日本等十几个发达国家，思想较新，从不限制子女的社交活动。张学良身边的得力僚属都是些颇有才华而又倜傥风流、事业心很强的青年。在频繁的交往中，彼此增进了感情，在张学良和冯庸的撮合下，朱家四小姐津筠与吴敬安于1925年结婚。后来朱湄筠又嫁给了朱光沐。张学良与赵四小姐（赵一荻）也是在这个时期通过她的哥哥赵燕生及朱家二小姐、三小姐而相识的。

赵四小姐的父亲赵庆华是朱启钤的老部下、老朋友，朱氏任交通总长时，赵庆华在交通部任司长。后来叶恭绰任总长时，赵又先后任津浦和沪宁铁路局局长，随后当过交通部次长。他有六男四女，一荻最幼。一荻的六哥赵燕生与朱海北是同学，一荻和朱六小姐洛筠同学。她在天津、北平、北戴河都属于上层社交活动中的著名人物。朱洛筠则嫁给了张学良的弟弟张学铭，1936年在德国结婚。

朱启钤共有二子十女。原配陈氏夫人生子朱沛、女湘筠。陈氏夫人亡故后，续娶于氏夫人，生子朱渤（海北），女淇筠、淞筠、津筠、湄筠、洛筠、浦筠、沚筠、洪筠、浣筠。于夫人还生过两个儿子，不幸夭亡。因为于夫人生育子女太多，身体不好，1927年去世。1930年朱启钤又续娶许曼颐为夫人。许氏于1970年去世。

朱启钤实际上有九个女儿长大成人，八女沚筠于四五岁时死于猩红热。朱启钤为人开明，他的女儿们活跃于交际场合，有的还随他到过国外，因此在社会上颇有名望。其中最有名的是朱三小姐（淞筠）、朱五小姐（湄筠）。民国初年有人写竹枝词称："欲将东亚变西欧，到处闻人说自由。一辆汽车灯市口，朱三小姐出风头。"当时私人拥有汽车的寥若晨星，朱家当时已有了汽车和画舫，难怪要引起人们的注意了。至于灯市口，说的是那里有个会堂，是中外仕女举办舞会的中心。

另一首当时流传很广的马君武写的竹枝词称："赵四风流朱五狂，翩翩胡蝶最当行。温柔乡是英雄冢，哪管东师入沈阳。"朱五小姐和赵四小姐是好朋友，张学良和赵四浪漫纯真的爱情故事是尽人皆知的，而"朱五狂"却没有更多的资料。台湾郭冠英在《人间六月天——赵四的故事》中有这样的记载："张（学良）说因为自己好色，为免是非，他是不与部下的太太开玩笑的。扯上朱五他最气了……（朱五）外号叫'小寡妇'，因其不苟言笑。"也许是朱五"不苟言笑"，被认为骄傲自大，被视为"狂妄"之"狂"了。前人的风韵传说，不必搞得太真切，还是留下一笔悬念为佳。

朱启钤虽然开明，但对女儿恋爱结婚的要求还是很严的。前三个女儿采用的是老式方法，即父母之命、媒妁之言。有书记载，朱三小姐的芳名如日中天，是许多青年男子心中的偶像。她虽慕名袁世凯的三公子袁寒云，但无缘相识。在某次游园时，朱三小姐与袁寒云相识。袁、朱仅是一面之缘，并未交往。可是易顺鼎写了六首诗，刊登在报上，记游园之事，其中涉及朱三小姐。朱三小姐盛怒之下，纠集了几位女士要去打易顺鼎的耳光。袁寒云的书记员方重审节外生枝，以袁寒云的名义打电话与朱三小姐约会，朱启钤听见，把女儿教训了一通，还带着几分怒气去找袁世凯。事情搞清楚之后，方某只好从袁寒云身边离开。从这件事情上，可以看出朱启钤的家风极严。

周恩来赴宴存素堂

新中国成立前夕，朱启钤居住在上海。当时章士钊也住上海。1949年章士钊第二次到北平参加国共和谈时，周恩来曾请其写信给朱启钤，劝说他留下来，不要去香港或台湾。章士钊两次写信，交由金山派人送到上海。在周恩来的关怀下，朱启钤留了下来。

1949年，上海解放，周恩来派章文晋（朱启钤的外孙）把朱启钤接到北京，同行的有他的孙子朱文楷。朱到京后即定居在东四八条旧宅中，一直到1964年去世。

朱启钤回京后，对人民政府的各项措施颇有好感。他是中兴轮船公司的董事长，与公司的常务董事张叔诚、黎绍基、周叔廉、唐伯文等人共同努力，决定把已经跑到香港的十几艘轮船召回大陆支援国内海运。由于有几艘轮船已被台湾当局扣留，结果除“中兴号”仍留香港暂营客运外，召回了9艘货轮。

同时，朱启钤又将他珍藏的岐阳王世家文物共56件捐献给政府。明岐阳王世家文物《吴国公（即朱元璋）墨敕》、《张三丰画像》、明太祖御帕及纪恩册、《平番得胜图》等均极为珍贵。其中仅《张三丰画像》一件，1949年前美国人福开森即准备出3万美元购买，但朱氏出于爱国心，未卖给他。政府为了表彰朱氏此举，除文化部予以嘉奖外，又将这批文物在故宫太和殿公开展出。

周恩来对朱氏关怀备至，朱氏来北京后，被安置为中央文史研究馆馆员，因他对古建筑研究有素，又让他兼任古代修整所的顾问，并先后安排他为北京市政协委员和全国政协委员。

50年代初期，人民政府决定扩建天安门广场，修建人民英雄纪念碑。周恩来批示有关部门征求朱启钤的意见。朱提出了以下几点意见：

一、天安门广场的周围不要修建高于天安门城楼的建筑。

二、扩建广场，移动华表时，要注意保护。特别是西边的那座华表，庚子时被打坏过，底座有钢箍，移动时要注意。

三、广场上东西两面的“三座门”，尽量不拆。

四、东西“三座门”之间南面的花墙是当初（约民国二年）为了与东交民巷外国的练兵场隔绝，在改建新华门的同时修建的，并非古迹，可以拆除。

这些建议，有关部门大体上采纳了。东西“三座门”开始并没有拆除，后来因为有碍交通，才不得不把它们移走。

1957 年秋天，周恩来去东四八条看望章士钊，顺便到前院看望朱启钤。周恩来告诉朱启钤，他在北戴河看一通碑文时，上面有他叔父周嘉琛的名字。朱告之曰：“民国二年，我任内务部总长，举办知县训练班时，他是我的门生，当时他正在临榆县知事任内。”周恩来说：“那你比我大两辈，我和章文晋同辈了。”周恩来详细询问了朱启钤的起居和生活上有什么困难，又问：“送给您的《参考消息》收到了没有？”朱启钤说：“他们每天都拿来给我看，字太小，没法看清。”周恩来说：“这些是专治我们老年人的，叫我们看不见。”他当即批示秘书，转告新华社，以后给老人专印一种大字的《参考消息》。

朱启钤请周总理抽烟。周说不吸烟，只是在同马歇尔谈判时偶尔吸过，因为太费脑筋。但他又爽快地告诉朱老先生：我爱喝酒，茅台酒能喝一瓶。朱启钤出于对总理这样一位贵客的敬意，执意要家人上茶。总理的保卫人员为了执行当时的安全规定，便向朱启钤的家人摆手，示意不要送茶，家人只得将茶杯和糖果放在中间的桌子上。朱启钤眼花耳聋，没看清情形，仍不断催促家人上茶。家人正在左右为难，没想到这时总理却亲自走过去，端起茶杯，呷了一口，然后将茶杯放在自己身旁的茶几上。

当时在座的有章以吴。章以吴和朱家二小姐朱淇筠结婚，即是章文晋的父母。朱淇筠病逝，章又娶了罗婉荣。章以吴和周恩来是南开中学同学，罗婉荣是护士，曾经护理过周恩来，当听到章、罗已经结婚

1961 年 11 月朱启钤 90 岁庆典，朱启钤居中，梁思成中排左五，王世襄中排左一

时，周说：“你们结婚为什么不请我喝喜酒？”接着又开玩笑道：“一个姓章，一个姓罗，你们是‘章罗联盟’啊！”当时章以吴从平凉人民银行退职回京，生活并不宽裕，根据他 1949 年前的资历，中央统战部把他安排为中央文史馆馆员。

1961 年，朱启钤 90 岁生日，周恩来派人送了一个大花篮祝贺，几天后又在政协二楼小礼堂给朱启钤举行了一次小型祝寿宴会。参加宴会的除朱启钤的家属外，还有章士钊、翁文灏和张学铭等。其他应邀作陪的都是 70 岁以上的在京全国政协委员。祝酒时周恩来说：“今天在座的都是 70 岁以上的老人，我是个小弟弟（总理当时 63 岁）。我们今天不只是给朱桂老祝寿，而且也是给在座的各位老人祝寿。”在朱氏家族集体向周恩来敬酒时，周半开玩笑地说：“你们什么时候请我吃饭？听说你们朱家的菜很好吃。”朱的儿媳周季藏写了纸条把周的意思告诉朱启钤时，朱启钤说：“好呀！请总理定个日子吧。”寿宴尽欢而散。

国务院副秘书长齐燕铭、政协副秘书长张执一和童小鹏三人，因工作关系参加了宴会。散场时他们都以看到“三朝总理”（朱启钤曾为北洋政府代总理、翁文灏曾为国民政府行政院长、周恩来为人民政府总理）欢聚一堂而高兴。此事后来传为统一战线的佳话。

1961年12月7日，周恩来按约定到朱家做客，同来的有邓颖超、童小鹏、孔原。对周恩来的赴宴，朱氏全家都很兴奋，特地从北京饭店订了两桌菜，又做了几样贵州风味的家乡菜，还做了周恩来喜欢吃的“狮子头”。饭后，周恩来、邓颖超和朱启钤全家合影留念。朱启钤很高兴，将手书的“松寿”缂丝小条幅亲手装裱，送给周恩来作为纪念。

冒广生：名士收藏流风

如皋冒氏的家史，实是中国隐逸文化的序脉。追根溯源，冒氏先世出于蒙古，传为忽必烈第九子镇南王脱欢之后。脱欢出镇扬州凡三，至元时两淮盐运司丞冒致中受姓为冒，为如皋冒氏之始祖。那个时代，冒氏已算是名门望族了。元亡，冒氏避居如皋，五世不出，开始了隐逸生活。五世之后，冒氏子弟虽有做官的，但也都是一些小角色。到第十二世，出了一个冒襄（字辟疆，号巢民）。冒襄10岁能诗，董其昌为其序。此公身处乱世，大有福泽，享高年，是冒氏家族中名气最大的一个。冒襄参与《留都防乱公揭》活动，本来要入阮大铖狱，赖救得免，逃归水绘园，而宾客盈门，招致无虚日，遂隐居不出，隐逾深而名逾显。冒辟疆著作等身，当时或后世流传最广的，却是一本小册子，名为《影梅庵忆语》，乃追忆爱姬董小宛自始识到死别九年之间的患难之情。其人其文，足称哀感顽艳。小宛伤逝，冒辟疆隐逸之志弥坚，改园为庵，水绘园就变成水绘庵了。

冒辟疆于1611年农历三月十五日生于扬州，他出生后262年的同一天，冒家第20世传递香火之人诞生了，他就是冒广生（字鹤亭）。冒广生也是一位旷世逸才，“英姿飒爽，气咄咄若朝日，辄忆生德巢民先生，言论行事，而口摹之，而目营之，而心追之。……鹤亭之文，史家之文也。鹤亭之志，殆先生之志也”（梁启超语）。小三吾亭为水绘园中一景，唐代元次山有浯溪、峿台及唐亭，谓三吾，冒辟疆仿之，名其亭曰小三吾。鹤亭沿其祖趣，其诗、其词、其文，皆以“小三吾亭”标榜，对其祖上的“闲、雅”遗趣口摹、目营、心追，为自己开辟了一个新的文雅境界。

剩有文章供涕泪

少年时代，冒广生受外祖父周季贶及外伯祖周畇叔的影响较大。冒广生八九岁时，周畇叔亲授唐诗要义。周氏兄弟都是由考试步入仕途的，学有专攻，有自己的诗集、文集。外祖父周季贶亲自给他讲授经义、目录、训诂及校雠之学。周季贶所撰《南齐书校刊记》《三国志校刊记》以及《书钞堂藏书日记》等稿本，都是冒广生所要读的书。

冒广生从 18 岁开始参加过几次八股考试，县试、州试、院试都名列第一，座师杨颐举他为茂才，但经长沙陈守晸阅卷后，未能考中。如皋县事莫炳琪甚为不平，说：“冒生可惜！”又说：“未有才如冒生者，珠光剑气，终难久掩，环指一二年，当腾骧霄汉翔步木天也。”乡试不中，对冒广生是个打击，他大哭一场。这时，他的舅父周云将多病，周季贶乃模仿蔡邕赠与其外孙王粲的故事，将旧藏图书、手抄本计 2000 余种归冒广生。冒广生有诗云：“晚岁若鳏独，故事仍中郎。”20 岁时，冒广生在广州与易大厂同读于六榕寺，老师是汪莘伯，讲授诗文。冒广生曾自言“始吾为秀才，读书六榕寺”。六榕寺僧为他画《写经图》，易大厂还题诗追忆此时事情，诗云：“又有花塔寺古街，寺榜六榕最可钦。汪师莘老波千倾，以文设教有赋心。硕人往往见一鹤，却立自顾惭家离。”

不久，冒广生又从叶衍兰学。他的伯父祖哲斋、祖文川与叶衍兰有交游。此时，姚绍书、潘飞声皆受词学于叶衍兰主讲的越华书院，深得叶衍兰的喜爱，赏花度曲，选馔移厨。潘飞声在《山泉诗》中写道："春秋佳日，后堂丝竹，广生殆无不与，师（叶衍兰）有洁癖，客退恒使人洗地。"叶衍兰召集冒广生等集秋梦庵，观看他手摹陈其年《填词图》，冒广生作《水龙吟》词以记其事。叶衍兰的孙子、后来成为冒广生知交的叶恭绰记云："年十二岁，识鹤亭丈于广州布政司后街越华书院，时丈弱冠，以为先祖南雪公弟子，故见存。"

1894年秋，冒广生应江南乡试，中举人第136名，主考官为冯联棠，副主考官为黄叔颂。试帖诗题为"大海龙旗掣海云"，冒广生诗前四句为："将果犹龙也，新收海上勋。大旗摇落日，归阵掣残云。"时值甲午之战，海军统帅为李鸿章。"犹龙"是孔子称老子语。老子姓李，意指李鸿章。三、四句针对时局，暗指日本。主考官冯联棠见后，认为"诗冠通场"。其他各场，冒广生亦成绩优异。发榜后，副主考官黄叔颂

冒广生　摄于20世纪30年代初期

托王履安做媒，以女妻之，一时美称“文字姻缘”。

1895 年，冒广生赴京师参加礼部会试。江柳门复阅甲午（1894）试卷，见冒广生试卷，“手置第一”。江柳门设宴招饮，冒广生一时兴起，作《柳门先生招饮即席呈六首》，诗中情绪高昂，谈论时政，多有针砭。其中一首云：“仓皇烽火沃沮东，节节王师溃下风。军令何曾诛马谡，诏书唯是免孙宏。荒凉玉斧封疆泪，慷慨金钱政府忠。可惜先朝争战地，卫青李广总无功。”当时京师人士多称冒氏“才弱冠时，名播遐迩。又姿容俊美，风度翩翩，喜交友，善应酬”。此时正值会试之年，各省举人集于北京者以万千计，冒氏结交半天下，真是风光一时。

但这次礼部会试，冒广生名落孙山。此时清廷派李鸿章赴日议和，引起举人的愤怒，康有为发动公车上书，一是拒和，一是迁都，一是变法，“言甚急切”。冒广生参与其活动。公车上书列名者有 1000 多人，都察院一奉了事，于是人散，纷纷卷起铺盖回家。冒广生考试未中，公车上书又被遣散，心中极为彷徨，遂向外祖父周季贶致信求援。今天我们无从看到冒广生原信，但从周季贶的复信中，还是可以看出他的沮丧心情。我从上海博物馆藏冒广生亲友书札中，看到周季贶给他的几十封信，大多与考试未中有关。冒广生成名太早，享名太久，当他应试时，早年与他交往的人已成为历史人物。他的文望越高，对他的科名越不利，多次会试，总是中不了进士，更不用说状元了。从周季贶的信中，可以看到冒广生屡试不中的情绪。一封信这样写道：“汝书中有落寞穷愁，又感懒举动语，何以落第后便意气挫顿乃尔，状元三年一个，得失何关荣辱。我四十后所历皆人生至不堪之境，而襟宇萧泰，豪快不减，一生不足法，只此一事，自谓不让古贤也。”

看来，周季贶还是有豪情的，劝冒广生不要把考试得失放在心上。下一步该怎么办呢？外祖父在信中为其策划，信中说：“前夜枕上统筹我家全局，无论我得归与否，现值科场改策论，国家设学院之日，汝能取中书学录，一面在本衙门当差，一面在大学院肄业最好，万一两并不得，亦必以留京为上计。盖究考掌故之书，则需九通及通鉴及续，更益之以一统志、会典、东华录……至辛丑会试只卅二月，若去而南归，既乏艺海之睹，复少他山之助，虽汝文必不落人后，而阅见则不如他人。古云争名必于朝，故吾决不令汝归皋。”

“争名必于朝”，看来周季贶是要冒广生留在北京，并给他开了书单，要他一方面在衙门当差，一方面读书，增长“阅见”，等待机会，争取“他山之助”，可一举成名，不同意他回如皋。但冒广生不听话，还是要回乡。外公又写信批评说：“遂姑妄为之，原非我本意，必归今不谐，即作罢论，不必更画蛇添足也。屡函已详，想已备悉，我于前日廿三日，以夜不得酣，起草与汝书痛言时局，继以语过伤时，遂未封寄。”

冒广生没有听从外祖父的劝告，写下“剩有文章供涕泪，不知身世供艰难。海边留瘦人双玉，花影笙底月一丸”诗句，便离开京师南下。到了杭州，他仍然感慨无尽，吟咏出“眼底山河，一半是，宋家陈变”“竖子何知南渡恨，才人空拟西施洁”，对中日之间的形势仍然耿耿于心。冒广生在杭州小留数日，即转山阴（绍兴）谒见外祖父周季贶。此时，周氏的日子很不好过，因涉及福建蚊船案件（运军火），又为外保，不能和外往来，故作迁居苏州闭门幽居之计。

1896年，冒广生自瑞安娶黄叔颂之女，在回来的路上，囊中仅余二百金，舟过苏州时，彷徨无措，只好入城，依附外祖居孔副使巷约有两年时间。

万人空巷看卢梭

1902年，八股考试被废除，改用策论。所谓策论就是“臣对臣闻”，不仅“代圣人立言”，还要献计献策，谈国家大事，包括政治、财经、建设等经世之学，也就是“治国安邦平天下”的本领。戊戌变法虽然失败了，但还是启发了人们接受新的思想，清王朝本着大臣张之洞“中学为体，西学为用”的理念，也要搞声、光、电、化，办制造局、水陆师、矿务、铁路学堂，两江师范、京师大学堂相继成立。要办这些事来，就得培养拔识人才，于是在1903年举办了一次经济特科朝考。虽说是翻“祖宗成法”，办博学鸿词的老谱，但不能说没有新意，比起八股考试来，要实用得多了。主考是大学士张之洞。他有一首绝句《学术》：“理乱寻源学术乖，父仇子劫有由来。刘郎不叹多葵麦，只恨荆榛满路栽。”诗下自注：“二十年来都下经学讲公羊，文章讲龚定庵，经济讲王安石，皆余出都以后风气也，遂有今日，伤哉？”张之洞是一个很矛盾的人，一方面他看不惯讲公羊、讲龚定庵、讲王安石变法，一方面他又要采取切实的办洋务措施来推动中国的变革。他的思想如此保守，不能归于怕打掉“红顶花翎”。我看他是不喜欢那些以空话大谈变法的人。

这次经济特科考试应征之士，都是由各省保举才能应试。张之洞素有办洋务老成持重之名，故获委派为阅卷总裁。冒广生参加经济特科考试，中商部第四名，举主为杭州吴䌹斋，列为一等。复试时，因在策论中引用法国哲人卢梭的《民权论》，首席读卷大臣张之洞阅后，批云：“论称引卢梭，奈何？”遂摒弃之。特科有200余卷，唯有冒广生试卷为张之洞所批。据说张之洞有一位得意门生也参加了经济特科考试，张之洞为了把自己的门生塞进去，只好在别人的试卷上挑毛病了。这样的细节现在无从查考，只能作为传说来对待。不过，冒广生却因思想新颖而出名，未录取也变成佳话到处流传。当时落榜回到上海时，就有人写了打油诗，其中一句是“万人空巷看卢梭”。“卢梭”几乎成了他的绰号。

发榜之后，“头场放被者”程子大、陈士可、易由甫、陈石遗、曾重伯、王伯谅和冒广生聚饮酒楼，魏蕃室后至，甚为惊诧，说：“此举吾亦下第也！”冒氏作《蓬门》七绝两首，诗云：“蓬门两度逮征车，早岁声华幼帝除。家国频烦金市骏，金名蹭蹬木求鱼。”“参军蛮语公忽怒，令仆人才我不如。从此玄亭甘寂寞，料无人读子云书。”程子大即席奉和，诗中有句云：“艰难身世都无补，新旧文章两不如。”时林琴南在座，见之叹赏不已。

科举没有考上，经济特科也没有考上，无论对周季贶还是对冒广生都是一个刺激。看来通过考试入仕这条路似乎走不通了。于是周季贶给冒广生写信，提出为他捐官的事。周在信中愤愤不平地写道：“特科初创者，必与以官，前以大学院之设，肄业不及举贡，故决计欲为捐中书。昨见谕书，举贡皆中小学堂，立法甚谬，而举贡独否邪？然为捐中书之计益决。”因为举子闹事而发生的“公车上书”把事情闹大了，朝廷下谕，本来大学堂肄业都不及举人、贡生，现在干脆把此事降为中小学水平了。没考上经济特科，当然就不能“必与以官”了，所以就干脆捐官吧。

捐官也是要通过考试的。冒广生考“中书”，论官衔只是八品，周季贶高兴地写信鼓励，信中说：“廿六日发布书知考中书之事甚确，忻慰之至。中书取额虽少，然昔外曾祖父有言，考试无必中之计（如通天下至抄袭），各门俱中，亦各门俱不中，听之命运可也。我阅历既久，诚然，汝文艺不落人后，唯书分既不高，功力又浅，此宜致力。”

果然，冒广生在农工商部捐了一个“中书”，主管海关事务。周季贶是一位审时度势的人物，他看到变法风潮的推动，王朝的改革势在必行。他给冒广生写信加以指点，提醒他要注意改革的事项，信中写道：“古云盛极必衰，物极必反。太史公云贱极征贵，贵极征贱。今日卧不得酣，枕上筹思，念此数语，又且近日朝廷新颁政令，于上改制之勇决，而统计天下相仍弊习，不出三五年，有必尽变者数事，因蘸烛起坐，条列如后：一曰督抚、一曰学术、一曰科目、一曰武职、一曰士气、一曰刑名、一曰例案。”在信中，周季贶列举出要改革的诸项，每项都加以详细说明，要冒广生增加这方面的学问，以应付改制之变，做到“与时共进”。

不狎鱼龙狎海鸥

民国初年，在袁世凯的“皇太子”袁克定的推荐下，冒广生在温州任关监督，以后又去镇江、淮安任此职，继任外交部交涉员。其实这些都是没有实权的闲差，再加上他是名士派，关心的是文化事业。陈三立致冒广生诗曰：“抱关碌碌竟何求，不狎鱼龙狎海鸥。乞食情怀天所鉴，扬芬事业梦相谋。”“不狎鱼龙狎海鸥”说明此时的冒广生在仕途上不再作企望，散淡潇洒飘逸，热心于“扬芬事业”，关注文化的传播了。

冒广生所到之处，即注意搜集当地的文史资料，刊印当地文人的集子，以此来实践他的梦想。在温州海关期间，他曾刻印《永嘉诗人祠堂丛刊》，其中有唐释玄觉的《永嘉证道歌》，宋代徐照、徐玑、翁卷、赵师秀等“永嘉四灵”的诗集，宋末爱国诗人林景熙的《林霄山集》等 13 种。元末《琵琶记》作者高明的《柔克斋集》早已失传，冒氏从《元诗选》《明诗综》及方志等书中搜集残丛，编成《柔克斋诗辑》。《永嘉诗人祠堂丛刻》还附录了温州清末两学者黄绍箕、黄绍第的作品。此二人是冒广生的朋友，在上海博物馆藏冒广生友朋信札中，可看到他们致冒广生的信。此外，冒氏在温州还曾刊刻《永嘉高僧碑传集》八卷及附录等。

冒广生在温州刻书名播遐迩，杭州张美诩致信求教，信中说：“尝编校钱希声、张苍水、李杲堂未刻诗文，粗有端绪，而全谢山《续甬上耆旧诗》为陆镇亭师所荟萃者，尤为大观，拟定预约券集资付刊，闻公所刻精本致多，能示其目否？瓯中刻书价廉工精，如《霁山集》殊好，不知刻资若干，纸价若干，并希见告。”

1911 年春，北京法源寺诗社雅集合影。左三为冒广生

1914 年，在海关任职期间，因关署旧为温州总兵衙门，荒废殆甚，冒广生节衣缩食，先用三百余金修葺园林，园中楼台花木则尤煞费心。署在偏筑园，颜其园曰“瓯隐园”，以见其在此终老之志。又书其斋曰“疚斋”，作《疚斋记》云：“柳子厚谪永州，以愚名溪，曰余固以愚辱焉。溪之外，若丘、若泉、若沟、若堂、若亭、若岛，莫不辱而愚者也。余来温州，颜其斋曰：疚斋。夫斋则何书疚哉？以余之疚，而辱余斋以疚之名，余盖子悯兹斋之遭也。”这就是疚斋之名的由来。

冒广生在温州之所为，深得沈子培的赞许。但从平阳刘绍宽给冒氏的信中可以看出，其中有人对冒氏亦有排挤之意。信云：“永人不识先生，固金焦山灵之所喜；而雁荡猴猿之所悲也，然颇闻永人此举实为傀儡，挺身排挤者尤为傀儡之附属品，逐影随声，不值一哂。瓯江百寻，不足以湔此举之耻，可笑耳。”

1917年，冒广生离开温州，为当时农工商部长田文烈聘任至全国经济调查会，学成回国的丁文江、翁文灏为第一、二科科长，进行经济资源的调查。田文烈告诉冒广生以后不要再作诗了。冒广生感到“其意甚厚”，还是作诗相谢，诗曰：“一语临歧谢武安，忏除文字勉加餐。近来日饮京江水，便有诗肠鼓吹难。”

1919年，冒广生与吴昌绶商量刻书事。吴曾多次劝冒重刻《宋嘉定镇江志》《元至顺镇江志》。后来，冒广生找陈善余商量，始知陈已覆刻《宋嘉定镇江志》，而《元至顺镇江志》已经写定，但财力不济，未刻。阮元对此书甚为称许，“备录故高，多详兴废。物产土贡，胪陈名状。……明以来绝无著录，洵为罕觏之秘籍”。冒广生取来写本，使梓人计之，值六百金，而关吏贫，其事亦不能以独举，乃先出百金，谋之于、柳二君，而于、柳复谋于同人，不一月而刻成。

在镇江海关任上，傅增湘来访，同宿金山妙高台，冒素性肝胆，喜与友人同床同浴，作有《同傅沅叔宿金山妙高台》诗。同样，冒广生和陈善余宿金山时，“高谈阔论，几未成眠”。

又有笔记云：在任温州关监督之前，冒广生在赛金花处眠宿数日，一时名士坚持要他在赛氏寓中设宴，冒广生应之，届时却托故不来，词人况周颐乃于赛寓榜书“放鹤亭”三字。冒广生有诗云：“爱看他人妾，喜吟自己诗。”足见其风流倜傥，真是辟疆转世了。

1920年，冒广生调派淮安关监督。在淮安，他亦不忘刻书事。与淮安学者段朝瑞相识，“握手一叙，欢若旧识”。段家故多藏书，颇稔某人有某著述之或存或亡，若童子背诵焉。淮上言掌故某者，自阮吾山、范咏孝而后，唯段朝瑞了。初向段氏借阅明末张虞山《古调堂集》、清初杜湘草《绾秀园诗选》《绾秀园词选》等书籍，得段氏所撰、所抄之淮安诸先生遗集，“或蠹食者过半，盖犹五十年前所晨书而暝写之，又一一校其异同，及考订其人之生平，与其往还朋友之里居出处，其用功为专且久”！因此，冒广生慨然有刻《楚州丛书》之举，刻成第一集，始汉枚乘《枚乘集》，讫清末段朝瑞《吴山先生年谱》，计诗文、碑释、画鉴、书论及专著、方志等23种。其中《射阳文存》一卷，为北京故宫发现《射阳先生存稿》一书之前的唯一较完整辑本。冒氏捐款刊刻17种之多，并将刻版送淮安湖心寺保存。段朝瑞多年辑刻《葩城叟集》而未得，后由冒氏刻成。段又辑《寄生馆骈文》一卷，附录一卷，又校补书稿多种，亦由冒氏携去镇江续刻，冒氏撰有《楚州丛书序》，对此举记述颇详。

冒广生还刻有《冒氏丛书》，先后计有13种42册。刊刻日期多是交替，起清光绪二十九年（1903），讫民国十二年（1923），后未续刻。

在此之前，冒广生有重刻《同人集》之举。《同人集》是冒辟疆与师友唱和的诗集，康熙五年（1666）冒辟疆63岁时初刻，自署其端，曰《六十年师之贻》。其后续有所刻，多附己作，癸丑（1673）以后不复有专集，"然当时以金尽交尽，尝经年谢绝梓人，故是集于晚岁唱酬，实亦未备"。乾隆、道光年冒氏族有重刻本，到了咸丰年间，冒广生伯祖月川、瀫臣父子虽"家无中人产"，还是节衣缩食重刻，最后卖田30亩才刻成。到了冒广生一代，1919年又重刻《同人集》。在这次重刻《同人集》之前，1897年冒广生致信俞曲园，请他重刻《同人集》，俞氏回信婉拒。这是我从现藏上海博物馆俞曲园致冒广生信中得知。俞氏信中有云："示读《同人集》，仰见其时人文之盛，拙刻全书中有袖中书二卷，皆友朋书札，今若补续之，又可得三四卷，亦因循未果也。尊意谓宜刻《同人集》，窃谓袁氏之《同人集》已不及君家，若鄙人续为之，恐又不如袁氏矣。此亦时运使然也。附去拙诗十五卷……再者，近作一诗呈览，余纸可外，不吟好也。对联写就，劣不足观。弟十八日赴杭，俟杭旋再奉候，《五先生集》序亦彼时呈上可也。弟于二十日到杭……属撰《五先生集》序已拟一稿，乞转呈令外祖季贶先生，未知有当否。"

信中提到的《五先生集》又叫《五周先生集》，是冒广生的外祖兄弟五人的集子，他们是周沐润（居长）、周源绪（居二）、周星监（居五）、周畇叔（居七）、周季贶（居八）。冒广生编辑完成后，去苏州拜访俞曲园，请其为《五周先生集》作序。俞在序中略记：“余庚戌（1850）成进士，与畇叔都转为同年生，则于其兄弟行居七者也。……其弟季贶太守，宦游闽中。余有表侄戴子高茂才主持家，极相得。……今年（1897）春，冒鹤亭孝廉见余于春在堂，乃季贶之外孙也。”又说：“五周先生皆旷代逸才……诗文皆自能成家，不染近代浮靡之习，则此一集也，亦如精金美玉，其光气因不可埋没，窦氏《联珠》不得专美于前矣。”曲园老人作此序文时已76岁，以自制红格宣纸笺撰写，我在上海博物馆有幸读到。

冒氏工作职务与实际上的所作所为并不一致。海关官员是主管税务的官吏，职责范围应该在税务上，而他的兴趣在文化学术的传播工作上。这是中国士大夫的一种传统。从历史上看，汉唐不去说它，宋代的欧阳修、苏轼、王安石、朱熹，明代的王阳明、杨升庵，清代的纪昀、毕沅、阮元，一直到张之洞，都是荦荦大者，学术文化与政事兼顾。这是中国文化上的一大特点。这可能与当时选拔人才的科举制度有关，行政官吏必须由通过文化考试的士人来担任，而不论其兴趣或办事能力。其利弊，是很值得研究的。

名士之隐身不隐名

冒广生常自称是冒辟疆的后身，也许其广交游、重友情、文采风流以及艺术气质得其远祖的遗传基因特别显著和强烈吧。

冒广生的学问，是和交游相辅相成的。他涉世七十年的师友、幕僚、学者、诗词家、书画家、方丈、女史等，仅《冒鹤亭先生年谱》所记就近500人。其中有的相交与其生命相始终。

在学术上，冒广生是有着多方面成就的学者，对经学、史学、诸子都有研究著作。经学方面有《京氏易义》《京氏易传校记》等，合称《京氏易三种》，还有《大戴礼记义证》《逸周书器服解》等，以及《周礼三大祭乐申郑》《两汉三大祭用周礼考》《纳甲说》《纳音说》《爻辰说》等文。史学方面有《蒙古源流年表》《唐吐鲁番世系表》等。诸子方面用力最深，所校跋的有《管子》《淮南子》《晏子春秋》《文子》《列子》，还有贾谊《新书》、陆贾《新语》和《春秋繁露》等。各校记、释文、例言、自序与其他学术论文，冒氏曾自编《小三吾亭杂著》，计 70 余篇、15 万字，现有稿本藏上海博物馆。

一般认为冒广生是位文学家，其诗、词、曲创作的艺术水平可以说不愧于传统文学的优秀继承人。特别是在词曲方面，早年、中年的创作与晚年的词学理论，成就较为突出。

冒广生之孙冒怀辛在《冒鹤亭词曲论文集》的前言中说："对于冒氏，综合其总的文学水平与学术成就来说，以之与清初朱彝尊、中叶的钱大昕、后期的俞樾相较，可说是同一类型的后起者。"

冒广生对词曲的喜好从少年时代就开始了。1914 年刻《柔克斋诗辑》时，他在跋中称："吾家当全盛时……歌者紫云、杨枝有盛名于时，虽大喜大寿，演《琵琶记》不芟《食糠》《卖发》诸出也。以故吾十二三即知留意词曲。"冒广生能吹笛，兴起时唱《长生殿·弹词》。叶衍兰在《小三吾亭词》序中说："顾性好词，虽从余游而时有以启余，尝与余言，词虽小道，主文谲谏，音内言外，上接《骚》《辩》，下承诗歌。"词曲大家谭献在其日记中写道："方展冒鹤亭词，爱其有得于幽忆怨断之音。"

1935 年，冒广生作杂剧《郑妥娘杂剧》《廿五弦杂剧》《南海神庙杂剧》《云骈娘杂剧》四种，分赠吴梅、汪兆镛、胡汉民、夏敬观、赵尊岳、叶恭绰、张元济、溥侗、夏承焘、陈仲陶。

汪憬吾为其《郑妥娘杂剧》题诗四首，诗云："桃叶津渡风雨声，空楼清梦若为情。白头写出南朝恨，不数秦淮八艳名。""间敲象板话兴亡，妙绝桃花扇底香。故把才人作斷养，寓言谁识孔东塘。”“薛素香名旧院南，飘零茵溷亦何堪。永嘉珰札断肠句，犹似当年孔雀庵。”“江潮遗老将军客，点缀新词有别裁。举目江山意如此，铜弦谱入不胜哀。”人谓小志微吟，风情蕴藉，如对余澹心板桥之记，孔东塘雪苑之传奇。而冒广生的老友陈衍则说：“君喜填词，诗中多词家语。”这也算是对冒诗的一种批评吧。

提起陈衍，不妨说一个插曲。1898年春夏间，经林旭介绍，冒广生与陈衍相识，往还甚笃，唱酬不断。此时陈衍初到京师，冒广生出力斡旋，为其赁居上斜街旧宅，原为秀野草堂旧址，园林雅盛，成为京师文人集会之地。但陈衍在《石遗室诗话》中对冒广生的诗多有批评，说：“佳句甚多，率笔者亦时有。”

对陈衍，冒广生则提出了很不客气的批评。1935年，陈氏八十寿辰，冒广生摘历代陈氏之能诗者，人各一句，每句治印一方，请冯康侯奏刀，治印百方为寿。是时姚粟若、李研山合绘《颙园主客图》，由冒广生撰文记之。冒氏在文中说“是时余与闽陈石遗方同客园中”，接下来把笔一转，指向陈氏，云：“石遗年八十，豪于饮啖，其言动皆足以惊座客，与客言，鞠其躬，袴中若挟婴儿。其论文声振屋瓦，口沫溅人面，又使酒善骂。自湘乡、桐城，上至昌黎所为文，皆所不屑。论骈体文，谓有清一代，不如其徒某某，能为三千言之寿文，汪容甫不敢也。又言史学如章实斋，当寸磔于市……言未既，座客仰天大笑，群起为协之引满，协之亦轩渠，而主客即颓然醉矣。作颙园主客图记。”

距此12年前，陈衍诗话批评冒广生诗句“率笔者亦时有”，而今天冒氏写陈衍可谓笔笔扎实，落地有声，极尽戏谑和调侃，虽有漫画色彩，但毫无荒率之感。在关键时刻，还见冒广生的真功夫。两位老人的相互评论是丹是素，见仁见智，我辈只能作一乐事记取于此。

《洗桐图》后看兴衰

冒广生要出名，要当名士，他是直言不讳的，也是他一生追求的目标。陈衍说："季贶外孙冒鹤亭，早慧有声，长而好名特甚。"冒氏对陈的批评，在其挽陈衍诗中做了回答："我好名君好利。"有人请冒氏撰文，送润笔时，冒氏也说："我不能像陈石遗，只认钱不认人，我还是要朋友的。"这话不可谓不直率。冒、陈二人彼此虽然有诸多指责，但始终是好朋友，这应该说有君子之风吧。章士钊评陈衍的诗云："众生宜有说法主，名士亦须拉纤人。"这话用在冒广生身上亦无不当。作为名士，冒广生身上有着强烈的凝聚力。他晚年居住上海，真是"心系半城人"。我无缘与老人相识，但从冒氏的朋友那里，我听到他们对老名士的赞许。

在交往中，冒广生特别注意续接世代相传的情谊之余脉。1927年，张元济将其家集《涉园丛刊》送给冒广生，并致一信，说："送上《涉园丛刊》一部，敬乞察存，吾两家二百余年之旧谊之所以能绵延勿替，亦此文字之力也。"冒广生得书和信，为《涉园图》题诗并作长序，云："菊生参议，为给谏九世孙……鼎革初，先巢民征君奉父宪副公举家避兵海盐，寓给谏斯园，自春徂冬，几匝岁。……菊生尊人德斋别驾官粤中，与先伯祖哲斋太守、先祖文川鹾尹为僚友，即余交菊生亦三十年。……初为菊生题此图时，意非五百古韵不能尽，而夏映庵同年力言太长，然两家掌故，余不为絮絮，恐后之人遂将忘之，不觉其词之费也。"这个长序中，叙述了冒、张两家的交谊，序中所说给谏即指张维赤，字君常，家有涉园，在海盐南廓，池亭树石之胜，甲于一邑。张元济生在广东，成年之后才随母回到海盐，其时涉园已经是败景残垣。张元济亦是公车上书的积极参加者，并受到光绪皇帝的接见。

1907年冬天，冒广生在京师游厂肆，购得陈其年《洗桐图》卷，归来后作《得陈其年〈洗桐图〉辄题四绝句》，录于后：

五十功名事已迟，洗桐图卷继填词。（图作于康熙庚申，在填词图后二年）

紫云老去杨枝逝，画里思量又是谁。（图中画两童子洗桐）

湖海平生胆气粗，中年落魄小三吾。

乌孙射雉搜寻遍，只恨题襟一字无。

（余尝辑《湖海楼集外》诗文各一卷，诗凡九十余首，为亡友费屺怀持去，文一卷则江都吴氏已刻之。然求其年墨迹，只字无有也。）（注：“乌孙”“射雉”为其年诗集名）

痴想词科继大贤，参军蛮语悔争传。

柯亭刘井都无着，合眼兴衰有百年。

（岁癸卯试经济特科，余已列上卷，以卷中卢梭二字为张文襄所摈，特科二百余卷，唯余卷有批语云“论称引卢梭奈何”，一时都下颇传播。）

过江谁问旧池台，寥落荒庵剩古梅。

十载并州魂魄恋，当他辽鹤一归来。

（其年读书吾水绘十年，得官后，寓书先巢民征君，恋恋旧游，有“辽鹤难归”之语，征君私讶其不祥，未几果下世。）

冒广生得此卷后，在京师请名流题咏多首，有胡漱唐（名思敬）、赵尧生（名熙）、陈子言等。

由陈其年《洗桐图》说开去，有一大串可歌可泣、哀婉动人的故事。陈其年是“明末四公子”（宜兴陈贞慧、商丘侯方域、桐城方以智、如皋冒辟疆）之一陈贞慧之子。陈贞慧早年入复社。复社是中国历史上空前绝后的一个畸形组织，由以文会友开始，一变而为把持选政，再变而为操纵朝局。不过这是畸形时代的产物。大致而言，复社的组成分子，君子远多于小人，扶正气，辨是非，择善固执的精神是继承东林党的。东林党与阉党对立，在天启年间形成君子与小人的尖锐斗争，结果东林党惨遭荼毒，元气大伤。崇祯即位，虽能翻案，而去恶未尽，阉党余孽以各种方式遮掩躲藏，伺机反扑，以怀宁阮大铖最为活跃。阮大铖手编传奇《燕子笺》，付家养戏班排演纯熟，在“南都”金陵大肆活动，多方结纳，希冀以边才起用。但流寓“南都”的复社人士闻而恶之，其中最恶阮大胡子的就是陈贞慧和冒辟疆。崇祯十一年（1638），复社名士群起而攻，有《留都防乱公揭》之宣布，公讨阮大铖。

《留都防乱公揭》的内容设计是陈贞慧，经过顾杲、陈子龙、吴应箕讨论，最后由吴应箕执笔写成。吴应箕，字次尾，安徽贵池人，虽是一名秀才，但朱彝尊赞许他“罗九经、二十一史于胸中，洞悉古今兴亡顺逆之迹……名虽不登朝籍，而人才之邪正、国势之得失，了如指掌”。明朝灭亡，吴应箕起义兵抗清，兵败而死。著有《楼山堂集》。顾杲是东林党顾宪成的孙子。陈子龙亦是复社成员。

《留都防乱公揭》使阮大铖狼狈不堪，躲到周延儒那里，“酒阑歌遏，襟断缨绝”。周延儒是复社创始人张溥的老师，此时罢相回籍闲居已数年，被复社志士以朋友相待。甲申三月十九日之变后，张溥联合复社人员，助周延儒复相。阮大铖见周延儒复出，便重贿周延儒。但周延儒复相位后，并不敢用阮大铖，阮便竭力向他推荐马士英。其中的渊源是马、阮是会试同年。马士英有拥立福王之心，但并无支配大局的实力。周延儒从中经营，起用马士英为凤阳总督。之后马士英以拥福王有功，得掌大权，奏请起用阮大铖为兵部右侍郎。东林君子全力反对，马士英悍然不顾。阮用所篡江防兵部尚书之权，伙同马士英逮捕陈贞慧，追捕冒襄、黄宗羲、侯方域、吴应箕、沈寿民、沈士柱等，冒襄逃回如皋。侯朝宗捐千金为陈贞慧营脱，但陈贞慧不屑感谢。后经练国事、刘侨及王铎从中协调，陈贞慧才免于牢狱之苦，在宜兴城南三十里筑土室于罨画溪，足迹不履城市，过起隐居生活。吴梅村有一诗《赠阳羡陈定生》，可以想其隐居的情景。诗云："溪山罨画好归耕，樱笋琴书足性情。茶有一经真处士，橘无千绢旧清卿。知交东冶传钩党，子弟南皮负盛名。却话宋中登望远，天涯风雨得侯生。""宋中"典出杜诗，指河南商丘宋国故地，此处指侯方域，"子弟盛名"指陈贞慧的长子陈维崧，就是陈其年，号迦陵，骈文与词负声名于当时，与秀水朱彝尊名相埒，合刻《朱陈村词》。

冒襄与陈其年相识于扬州。陈贞慧隐居后，冒襄携子谷梁去访方以智。钮琇《吴觚》中有记：

> 其年未遇时，游于广陵，冒巢民爱其才，延致梅花别墅。有童名紫云者，儇丽善歌，令其执役书堂。生一见神移，赠以佳句，并图其像，装为卷帙，题曰《云郎小照》。适墅梅盛开，生偕紫云徘徊于暗香疏影间。巢民偶登内阁，遥望见之，忽佯怒，呼二健仆缚紫云去，将加以杖。生营救无策，意极彷徨，计唯得冒母片言，方解此厄。

陈其年长跪门外，向冒母求情，备言紫云事，冒襄遵奉母命，不罪紫云。陈其年言咏梅百首，赠冒母以谢。冒襄读之击节，爱其才气，尊重故人，干脆把紫云派去侍候陈其年。

紫云姓徐，是冒家歌僮，其师陈九。陈其年以《满江红》相赠："铁笛钿筝，还记得白头陈九。曾消受妓堂丝竹，球场花酒，籍福无双丞相客，善才第一琵琶手。"可见陈九来历不凡，其徒可知。

陈其年奉父之命，投奔冒襄，在深翠山房、水绘园不敢夜读、独眠，冒襄派紫云陪伴，两人的同性之恋一时传为谈笑之资。陈其年不但为紫云写了许多艳诗丽句，朱彊村题陈其年词集云："迦陵韵，哀乐过人多。跋扈颇参青兕气；清扬恰称紫云歌，不管秀师诃。"陈其年还为紫云画了一些写照，据记载或为流传至今的《云郎小照》《紫云出浴图》，并遍索题咏。冒襄为《云郎小照》题二绝句，其二云："陈子奇才乱典坟，陈子痴情痴若云。世间知己无如我，不遣云郎竟与君。"

《紫云出浴图》画紫云像三寸许，着水碧衫，支颐坐在石上，右置洞箫一，发鬖鬖然，脸际轻红，星眸慵睇，神情骀宕，若有所思。此图为张伯驹收藏，得于袁世凯第五子规庵之手。他在《春游记梦》中写道："余所藏书画尽烟云散，唯此图尚与身并，未忍以让。"此图自明末问世到近代，参与题咏者近百人。我猜想并不是因为此图画得如何好，而是有兴于同性恋的故事，题者才感到趣味多多。

冒广生诗中有句云："洗桐图卷继填词。"陈其年绘《填词图》，画的是其伏案填词，紫云倚立在旁。《填词图》题识者很多，多道"云郎"。蒋士铨为题北曲一套，其中有句云："中间吴市学吹箫，携着个小云郎，天涯流落不多时，燕子归巢。""吴市吹箫"之语，为陈其年同时人所不便语。

冒广生从厂肆购得《洗桐图》，图中画两个童子在洗桐，冒氏题诗中有句云"紫云老去杨枝逝"，杨枝亦是冒襄水绘庵的歌僮。陈其年被荐进京，携紫云以去，冒襄是颇以为意的，龚鼎孳出来打圆场，要随谷梁赴京赶考的杨枝带信给冒襄，说"维崧抵京，云郎从之殊洽"。后来，紫云配妇，合卺有期，其年惘惘如失，赋《贺新郎》词寄紫云："小酌荼蘼酿，喜今朝钗光钿影，灯前滉漾。隔着屏风喧笑语，报道雀翘初上；又悄把檀奴偷相，扑朔雌雄浑不辨，但临风私取春弓量。送尔去，揭鸳帐。　六年孤馆相依傍，最难忘红蕤枕畔，泪花轻扬。了尔一生花烛事，宛转妇随夫唱，努力做藁砧模样。只我罗衾浑似铁，拥桃笙难得纱窗亮；休为我，再惆怅。"

台湾高阳评论说：此词当时竞传人口，为从来《贺新郎》中独一无二之作。上半阕写新妇偷相夫婿，雌雄不辨，只好量鞋以为印证。体会极细，不类其年湖海豪放的词风。

下半阕的警句，自是“了尔一身花烛事，宛转妇随夫唱，努力做藁砧模样”。此词之微妙，在非以平等的地位写同性恋，而在略有“遣嫁”的训勉之意，字里行间又隐隐拈酸怨怼，写尽娈童，亦写尽同性恋之失恋。彊村谓“享乐过人多”，真为精确之论。

综观冒广生之藏画，画的背后有这样多的故事及丰富的内涵，在收藏史上实不多见，真的令人叹为观止了。

杭州张美翊致信冒广生，说：“杭城古董铺有先德影梅庵小宛夫人砚，当烦其转询。复函附览，如欲购归，请径托杭志局金甸老，当有以报命。董鄂谰言，久已辨明，若得遗砚亦佳话也。君家故物，因以奉告。”但未见冒氏回应的记载。

《梅阳归养图》为林纾为御史江春霖作。身为御史的江春霖奏参庆亲王奕劻、载振父子卖官纳贿、贪污腐化，结果失败。江春霖被调至翰林院，愤而未到任，辞官回家。林纾作图相送，冒广生作《送江杏村侍御归梅阳序》，题在画后。当时内治腐败，贿赂公行，奕劻尤为巨擘，盘踞政坛十余年，炙手可热，外省大吏，半属亲旧。北京顺治门（即宣武门）内广和居酒肆有题壁诗二章，云：“居然满汉一家人，干儿干女色色新。也当朱陈通嫁聚，本来云贵是乡亲。莺声呖呖呼爷日，豚子依依恋母辰。一种风情谁识得，问君何苦问前因。”“一堂两世作干爷，喜气重重出一家。照例自然称格格，请安应不唤爸爸。岐王宅里开新样，江令归来有旧衙。儿自弄璋翁弄瓦，寄生草对寄生花。”二诗谑而近虐，有失风人之旨，应该是当日的情景。前一首题为《咏江春霖参劾庆亲王父子》，传说是当时名士颜世清所作，诗中“朱陈”出自白居易诗：“徐州古丰县，有村曰朱陈……一村唯两姓，世世为婚姻。”人谓直隶总督陈夔龙之妻拜奕劻为干爷，陈系黔人。后一首系无名氏和作，诗中“岐王”指唐睿宗子，玄宗弟，暗指庆亲王。“江令”指江淹，曾任县令，后擢御史中丞，此指江春霖。冒广生的一位福建朋友对他说，此诗出小三吾亭主人手，认为是冒广生所作，冒唯唯否否，不作答。陈夔龙事后为此两诗对冒广生甚为不满，有“都门大有打敌意，知是诗人冒鹤亭”之句，虽然如此，陈夔龙晚年寓居上海，与冒广生多往还，并没因此心存芥蒂。

1916年，冒广生过杭州，购得朱彝尊为汪叟所铭砚一方，遂置诸案头，随口拈一绝句并序：“胆瓶插蜡梅、红梅各一，梅新摘带雨，雨滴砚田，觉满纸香艳，可呼起词客英灵也。 摘梅带雨供军持，雨点时时落砚池。我有风怀谁省得，竹垞砚注竹垞诗。”“风怀”指朱彝尊《风怀诗》。朱彝尊尝与其小姨冯寿常相恋，冯因之而死。朱赋《风怀》二百韵，以记其事，哀丽动人。冒广生因撰《风怀诗案》一卷。

《李莲塘四时行乐图》为冒广生1918年购自北京，价百金，画者不详，但题者计有18人，皆康熙、雍正、乾隆间进士。

《滋兰轩图》册为邓邦述藏，曾为冒襄旧藏，冒广生爱不释手，欲出钱买下，邓未答应。邓出示请题，应邓之请，冒广生作《先巢民征君〈滋兰轩图〉册为邓孝先题》。图共三帧，第一帧为姜石节画，第二帧为傅山画，第三帧为金玥画。册后附宋拓米芾《兰花帖》，帖内有冒襄及蔡含、金玥两夫人印，再后附杨文骢、刘原起《墨兰》各一帧。滋兰轩之名，冒氏家集及家乘中闻所未闻。冒广生跋语云：“初疑蔡、金两夫人归日，杨龙友早已殉节，不应尚有其画，而画真、字真、印章真。后乃悟姜、傅、金所作皆《滋兰轩图》，杨、刘所作，则仅墨兰，必付装时，偶检旧时投赠附后，故其次在金夫人画后，更在《兰花帖》后也。”

《冒巢民征君小像》立轴，作者不详，除左右两旁有清初人宋荦、韩菼、王文焕、王仲儒题词外，还有樊增祥、陈曾寿、陈三立、夏敬观、陈宝琛等人题咏，其后又请张无济、龚心钊、于右任题咏。

1929年，冒广生在厂肆购得《澄怀园二十友图》《幽篁独坐图》《英煦斋相国承晖园图》等图卷，都是清代画家所作。《澄怀园二十友图》为“乾隆壬寅漳浦蔡文恭新予假旋里时作 皇六子质庄亲王永瑢为制序”，冒广生题诗即“恭和卷中仁宗睿皇帝御制元韵”。《幽篁独坐图》无锡华冠画，图上有乾隆的皇三孙绵亿自题，又有皇六子、皇八子、皇十一子、皇十七子及一大批皇孙、皇曾孙等47人的题跋。冒广生作《题皇三孙〈幽篁独坐图〉》并序，看来此图可能是皇三孙的画像。《英煦斋相国承晖园图》，冒广生藏有两种，一种是有“乾隆癸丑”年款，有相国像，后下落不明。冒广生题的是同题第二图，序云：“园大挂甲屯，道光初，相国直南斋时所卜筑。相国以承修宝华山谷地宫不谨，遣戍黑龙江，园入官，至戊戌公子奎照复有直枢廷，得旨仍赐居，相国乃作是图。”题第二图诗末句云：“一事铭心三十载，朝天比翼画觚棱。”注云：“相国与介人夫人《比翼朝天图》，求之三十年，迄未得见。”1955年，冒广生在《小三吾亭诗》刻本眉端手批：“倭乱时，余避地上海，贾人持《比翼朝天图》卷求售，卷内画相乘马，夫人乘轿，仪从多至数十人，人不盈寸，盖宣宗大婚时，作画出俗工，题者仅彭邦畴一人。余时方斥卖书画度日，遂无力购之。”此时他已83岁，可谓风烛残年。65岁前，冒广生即以卖画鬻文度日，原来在厂肆购得的上述三图已不知卖与何人了。从冒广生所购的三图，可以知道他收藏的着眼点及追求在哪里，与一般收藏家的收藏情趣是有些不同的。

1930年，冒广生于厂肆又购得汪苕文《离亭寒色图》卷，此卷为康熙庚戌苕文官户部主事，假归时，华亭高朗爰画。卷后有孙承泽、王崇简、龚鼎孳、沈荃、程可则、王士禄、蔡湘、徐乾学、徐元文、季振宜、朱彝尊、潘耒、王士禛、李良年题跋。这个画卷题跋者都是由明入清之人，有的是冒襄的好友，对冒广生来说还是有些特殊意义的。此时他虽然囊中羞涩，还是“典衣新买得，乐事快衔杯”。他的题诗是“用卷中龚端毅韵”。龚端毅即龚鼎孳，与钱谦益、吴梅村同称“江左三诗人”。1930年10月，冒广生到扬州，与龚心钊相遇，相谈甚欢。龚心钊是龚鼎孳的后人，故两家有300年故谊。后来冒又作《题龚怀西〈蘧庄图〉》，以叙述冒、龚两家世代交情。

《写经图》上寄孝心

1921年12月，冒广生的母亲周氏病逝于镇江。次年正月，冒氏以丁母忧，呈请解职。当局以无丁忧解职的条文，拟慰留。冒氏再呈请："当初之瓯海任，即已誓之：祖墓之前，此身此官与吾为进退。"江苏督军以"借重人才"挽留。冒氏再次坚请开缺终制，后由财政部长批文，念其"孝思纯笃"，准予开缺。冒氏由此弃官，潜心于文献著录，并请画家作《写经图》以尽孝心。

1927年9月，苏州顾鹤逸为冒广生作《写经图》墨笔山水，为冒氏所藏《写经图》第一幅。顾自跋云："如皋冒鹤亭中襄在京师厂肆见康熙壬申海宁俞培为查声山先生画《写经图》，题者二十余家，皆并时文人，时声山方居忧也。议值已谐，置斋头月余，既念有母在，嫌其不祥，舍之。迨辛酉（1921）之冬，吾伯母周太夫人弃养，下兆既意，追忆前卷，驰书京师求之，已归南海谭氏。鹤亭每晤，心怅然及之。为仿龙眠法补写此图，以抒真鲜民之哀，请视俞图为何也？"冒鹤亭得此图，作《题顾鹤逸画〈写经图〉》七古长诗，由朱益山写引首。

1928年，冒广生有杭州之游，与陈仁先相见，请陈画《写经图》，以水墨为主，此为冒氏《写经图》卷第二。陈仁先有跋云："鹤亭仁兄曩在京师厂肆见查声山《写经图》，康熙壬申俞培画，其曾孙查莹题签。卷中有胡从中、高士奇、李良年、毛奇龄、唐孙华、钱名世、吴之振、

查声山《写经图》

宋荦、冯景、揆叙、史夔、江灏、杜诏、查士标、查慎行诸题。时声山居母忧，画其坐石岩下，岩上嵌佛像，前横长石，石上略具书、画、笔、砚，摊卷允毫，若有所思。鹤亭已谐价矣，既念有母在，不应购此。此辛酉冬，伯母周太夫人弃世，营葬已毕。忆及此事，移书都中，托人求之，则已归南海谭氏。丙寅岁（1926），余与鹤亭相遇青石道上，乃嘱予补为此图，两人皆以49岁失母，同深鲜民之痛，忽忽三年始践此诺。盖余往日作画时，先母周太夫人常坐视之，或至终日。今每执笔，辄触悲慕，特以借画易米，不能辍业，今勉为此，当见其孤惘凄断之情也。”冒氏得此图，作《题陈仁先〈写经图〉》。

1929年，冒广生请白龙山人王一亭画《写经图》，着色山水，署款“己巳仲夏白龙山人写”，此图为第三幅。冒广生得此图，请谭延闿写引首，并复题一诗，云：“过眼云烟无觅处，只今何异旧观还。孤儿愿力深如海，惟有此母欲报难。”冒氏作《题王一亭画〈写经图〉》。

1930年，冒广生陪农工商部同事、名中医萧方骏为奭良诊病，嘱奭良画《写经图》并书写引首。未几，奭良病逝。冒广生为萧方骏题其《久园医隐图》七言古诗一首。

6月，溥心畬为冒广生画着色《写经图》，并附跋文：“孝诗有图者，梁有《毛诗图》，唐有《毛诗草木虫鱼图》，宋有马和之《毛诗图》，惜不传于世，后人不见《凯风·蓼莪》之情，今愿附《蓼莪》之意，写风人之怀，以从侍郎之后，两君其许我乎。”冒广生本来拟将奭良书写引首与溥心畬画卷合装，一时未及找出，乃请朱祖谋用楷书书写引首。冒广生亦有题诗。

真是画缘无尽。这年6月，冒广生在北京又购得查声山《写经图》原件，并题：“往客京师，见查声山《写经图》，题者皆一时名手，留置案头逾月，既念吾母周太夫人犹在堂，恶其不祥，舍之。辛酉衔恤后，追忆是卷，驰书妹夫吴董卿求之，已归南海谭瑑卿。于是元和顾鹤逸、蕲水陈仁先、吴兴王一亭、宗室心畬先后各为我仿制一图，以慰鲜民之痛。顷岁避地北游，瑑卿脱手见让，顿还旧观。”冒氏又请黄沁芳夫人仿摹查声山原画，用绢本着色，又请赵剑秋之妻吕凤篆书引首，是为写经第五图。冒氏作《重获查声山写经原图陈黄夫人为临一本为第五图因题》。

闰六月，冒氏请贺履之画《写经图》，绢本着色。图成后复请樊增祥以真书书写引首。冒氏自题“写经者广生，焚香者广生妹也”。

秋天，画家汤定之为冒广生画《写经图》着色画，由郑孝胥书写引首，卷后有瞿鸿禨之子瞿兑之题诗并序，序云：“汤定叟为疚斋老人绘《写经图》，是庚午秋所作。是时初居母忧，陪老人礼佛上方，越二十一年夏，值母讳日，敬赋一诗题后。”诗云：“乞此图者水绘后人冒疚翁，成此图者琴隐后人汤定叟。两公皆出忠孝家，大江南北罕其偶。”

1930年冬，曾熙为冒广生作《写经图》，图成不甚满意，遂搁置未给。曾熙逝世后，其子曾珂致复将此图找出邮寄，并附信，云：“白门承教，钦佩莫名。先父为老伯所画之《写经图》卷，现已寻出，慈奉命邮寄上。”冒广生题“使归求之，赫然在也。因检亡友奭召南所书引首合装，召痛复题”。是为第八图。

1934年，张大千携戴本孝画访冒广生请题，冒亦请张大千作《写经图》。张大千先后作《写经图》两幅。第一幅以墨笔画冒广生于树丛下茅屋中写佛经，画后不甚满意。后张大千游黄山归来，重画冒广生在山岩一室中写佛经，山石赭黄色，松树苍翠，从岩石中侧生而出，画幅横达数尺。张大千署：“北游得佳楮，用渐江上人、鹰阿山樵两家笔法，画呈鹤亭仁丈，即乞教正。”又一幅署“甲戌三月题”，云：“此北行前，在苏所作，因太不好，故未寄也。”此两幅均寄给冒广生，两画合装成一卷，由陈宝琛真书引首。冒广生作《写经第九图张大千画》，诗云：“南张北溥今二霸，黄金不当一纸价。张侯画法出曾髯，上追石涛穷变化。写经有图图有题，头白长作婴儿啼。君今作画已第九，比似曾溥三峰奇。图成自谓不称意，平生胸有黄山气。兴来伸纸再吐奇，鹰阿渐江真舍避。名家累世始一逢，怜我之求为我供。转因心上喜倒极，不知涕泗来何从？自从风痹中右手，有鬼是中掣吾肘。举笔真同不定棋，生疡何异当年柳。呱呱失母才几年，一尔衰废非从前。吾亲不见见应闵，舐犊爱岂分人天。扑笔收图泪如雨，写经伤悲辍更苦。此恩此心来世补，上者皇天下后土。”冒广生写经报母之心跃然纸上，我们也可从中理解冒氏何以请人画《写经图》多年不辍的苦心。

1935年，六榕僧人铁禅为冒广生作《写经图》第十图，引首为胡汉民隶书，卷后有易大厂七言诗。

1937年，夏敬观为冒广生作《写经图》第十一图，自跋云：“鹤亭同年写经报母去丧十有余年，犹不忘念，朋辈为作图纪之，为图凡十。鹤亭置诸座右，图系一诗，孝思之永，老而不匮。顷以敬观粗谙绘画，后属为图，以殿其末。”冒广生作《自题夏剑丞画写经第十一图》，诗注云：“辛酉衔恤弃官，家居七年。丁卯后，备受里人窘辱，族堂弟某架词诬陷，几祸门户，跳身走北平者三年，就食南京者四年，殿转入粤者三年。”

1954年，冒广生检出旧藏姚粟若遗作《写经图》一纸，并补题二首，是为《写经图》第一叶，作跋文云：“往得查声山《写经图》卷，曾乞朋友为我仿作，计顾鹤逸、陈仁先、王一亭、溥心畬、贺履之、汤定之、曾农髯、张大千、夏吷庵、闺秀黄维、方外铁禅，并原图为十二卷，每卷各题一诗。而西人福开森尚有声山《写经图》一册，番禺姚粟若乃为作此，距今二十年，始补题二首。粟若与铁禅皆物化矣。铁禅为粤僧，故以大三山比之。”

姚粟若所作《写经图》因为不是卷子，并未列入以顾鹤逸为首画的《写经图》长卷系列中，1955年冒广生又请吴湖帆作《写经图》第十二图。吴湖帆的着色《写经图》由周鍊霞补人物、屋宇、舟桥、石塔。冒广生请沈尹默写了引首。吴湖帆作跋云：“辛酉之冬，鹤亭世丈丁太夫人艰后，曾于丁卯秋日属顾西津襟丈仿查声山作《写经图》，计

左起：夏吷庵、冒鹤亭、李拔可 1951 年摄于上海

将三十年。其间又由夏剑丞、陈仁先诸先生陆续补图者十，并顾氏画，都十一卷。而声山亦获归箧中，今年春节往贺岁，丈出示诸卷，余与鍊霞同读一过，因以第十二卷合作殿尾自任，丈以笑会。归而图之，不觉气蒸云梦，心系潇湘，追怀北苑南宫，双管齐下，淋漓满幅，聊慰丈白云孤飞之心，并希察正，得不谓小子狂情犹未已耶。”看来此卷是吴湖帆的得意之作。

冒广生孝母之心，30 年不泯，到 1954 年冬，复请海上画家作《写经图》，历时一年，有钱镜塘、张公威、唐云、黄西爽、陈佩秋、钱瘦铁、谢稚柳、张炎夫、张石园、郑慕康、俞子才诸人作《写经图》，有的还画了两幅。每幅图后，冒广生作诗一首，亦共 12 叶，与前 12 卷堪为双璧辉映。

一生都与画家游

冒广生一生没有离开和书画家的交游。较早与之交游的画家有为他画《写经图》的顾鹤逸，还有就是吴昌硕了。冒广生有《遇缶庐再赠昌硕》诗二首，其中一首云："一夜江州白发生，灯前客泪落纵横。弹棋不是呼儿辈，老子胸中有不平。（昌硕与儿子弈，客来始罢。）"上海博物馆藏冒广生友朋信札，有吴昌硕给冒广生信札多通，是写在别人给吴的红纸帖子上的，其中有许元祐、王勉、田厚、许文濬、章承铭、罗嘉杰的贺帖，写的虽然只是三言两语，读之令人捧腹。现抄录数通于后：

> 冒大老爷：弟俊拜，顷晤公颇知昨日事彼，想流连已□，甚慰甚慰，梅写而不佳，姑奉左□学报。
>
> 冒大老爷：大作与佳著同谢，词律□缴去否？字尤佩服。
>
> 冒大老爷：渭长画遵命交去，承君直著墨尤感也。惟赐画时望饬人率往，恐压断裱头耳。
>
> 冒大老爷：弟俊拜，颇思赠画，而画数纸，无一可观者，特检旧时自用一帧奉去，求鹤公一笑纳之。初二日。
>
> 鹤公晚婴，弟俊拜。大著顾氏墓碣，钦佩无已，弟外行人也。王诗□□，姮字说文所无，能易一字否？投桃无以为报，只有叩头而已。复请。

《冒鹤亭先生年谱》1900年中有载："吴昌硕嘱先生题元人画扇，先生即和曹君直韵，作《清平乐》。其后，曹君直为吴昌硕作《丹姮字说》言犹未尽，先生作《丹姮字说补》。丹姮为吴昌硕女之字号者。"年谱中所记，对吴昌硕信应是一个注释。

册叶承画诗，生色生色，弟素不能倚声，委件未敢应命，快读一过，谨奉缴祈检入。复叩鹤公晚安，弟俊卿 冒大老爷。

冒大老爷：弟俊卿顿首，聆教大乐，四纸书得其二，足见技之不精也。敬祈鹤亭仁兄亮（谅）之。

1913 年，冒广生奉母赴温州上任，路过杭州，重晤吴昌硕。“追忆苏州韵事，相觑无语。”吴为冒刻“鹤翁长寿”石章一枚。在此之前，吴昌硕还为他刻“如皋冒广生所见金石书画图记”“钝宧”石章两枚。吴又为他画梅花小品多帧。

在信中，吴昌硕对冒广生以“冒大老爷”尊之，一是因为冒广生出自名门，一是自认在诗文方面对冒望尘莫及，自己的画还需要冒的诗文加以鼓吹，再一是冒广生虽然比吴昌硕小 29 岁，应该是后辈，但出道早，比吴昌硕成名早。陈衍《诗话续编》写道：“鹤亭当壮盛之年，即喜充老辈，留长髯称老夫，此皆名士结习。欧阳公称醉翁时，年尚未四十也。余尝告以老有何好处，君惟未老，乃喜老，若既老，则推之不去矣。”对冒广生的以年轻充老，陈衍是有些微议的，这段话颇可玩味。

陈其年的水绘园《填词图》给冒广生留下了难以消逝的印象，他也常常仿陈其年以《填词图》寄托对水绘园的情结，并以此为题，请画家作《水绘园填词图》。

1900 年，冒广生请好友顾鹤逸绘制《水绘庵填词图》。图的内容我们今天无从见到，但冒广生的题诗还留在《小三吾亭诗》稿本中，诗云：“冬至关河万木枯，太行西去路崎岖。请君换我伤心泪，更写明皇幸蜀图。”冒氏谓“此卷烟云满纸”，周季贶叹为“二百年无此者也”。此图题咏者甚多，有费念慈、郑文焯、易顺鼎、易顺豫、程子大、张璠隐、曹君直等。是时，顾鹤逸在自家的怡园一隅辟其室，因以鹤名其庐，嘱冒广生作《鹤庐记》。顾鹤逸常以书画置于其庐，供人观赏。顾鹤逸为金心兰作《冷香馆图》，冒广生即作《冷香馆图记》，金心兰作

《虎丘饯别图》，冒广生谱《水龙吟》词以作留别。

1903 年，冒氏考经济特科未中，与同考未中者程子大题《水绘庵填词图》。

吴湖帆先后为其作《水绘园填词图》及《水绘园图》。1951 年，冒广生出示沈复等画《水绘园旧址》，以供吴湖帆借鉴。

水绘园在如皋县城东北隅，为文人荟萃之地，宾从燕游，一时之盛。至清康熙初期，园已荒废，除雨香庵和洗钵池外，大部分楼阁为清嘉庆年间修建。《浮生六记》的作者沈复为冒氏族人绘制《水绘园旧址图》，时水绘园几成废丘，仅剩老屋三间，不复昔时盛况，沈所绘之城墙，尚隐约可见。沈复的画名为《浮生六记》所掩，实则他是卖画自给，落寞寡闻。此图萧疏淡远，饶有诗境，从中可见沈氏的绘画功底。冒广生对水绘园情有所系，至 55 岁仍难以去怀，作《十月十六日夜步至水绘园看月》。

有关董小宛与水绘园的事，不只是外人津津乐道，即使冒氏子孙也是很喜欢谈的。外界多认为水绘园水明楼是董小宛的闺房，冒辟疆与董小宛的柔情艳史都是在这里发生的事。冒怀苏在《冒鹤亭先生年谱》中指出此为编造。“今水绘园仅有洗钵池、雨香庵旧址。水明楼则为清乾隆年间所建造。”这是冒、董情史已成烟云之后的事了，因此说董小宛居水明楼当然是编造了。董小宛根本就没有住过水绘园，《冒鹤亭先生年谱》继续写道：“实则董殁后四年，水绘园始归冒嵩少、巢民父子，而冒嵩少、巢民父子仍居冒家巷。”董小宛随冒辟疆住在冒氏南郭别业影梅庵。

世间多知冒辟疆与董小宛的姻缘，罕知冒辟疆与陈圆圆亦有嫁娶之约，读《影梅庵忆语》者多忽略所谓“陈姬”。辛巳春，冒辟疆过半塘访董小宛，时董小宛游黄山未归，经许直认识陈姬。“是日演弋腔《红梅》，以燕俗之剧，咿呀啁哳之调，乃出之陈姬身口，如云出岫，如珠在盘，令人欲仙欲死。”“漏下四鼓，风雨忽作，必欲驾小舟去；余牵衣订再晤，答云：‘光福梅花如冷云万顷，子越旦偕我游否？’”因冒氏急于南岳省亲，相约虎丘丛桂八月再见。待虎丘丛桂盛放，而圆圆则被掠去入京，冒辟疆闻之惨然，后与人谈及圆圆，冒氏有“佳人难再得”之叹。

冒氏族人最为忌讳的是董小宛入宫做了清顺治妃子的说法。此说多是由吴伟业《题冒辟疆名姬董白小像八首》引起，诗的最后一首云：“江城细雨碧桃村，寒食东风杜宇魂。欲吊薛涛怜梦断，墓门深更阻侯门。”事情就出在“墓门深更阻侯门”上，由此演绎出因董小宛入宫阻碍了冒辟疆入清朝为官的道路。高阳在《明末四公子·冒辟疆》中写得很明确，说：“冒辟疆不是淡泊自甘的人，自谓‘名心’甚重，而居然不作清朝之官，以隐士著称，实有不得已的苦衷。人人可做清朝官，只有冒辟疆因为董小宛入宫的缘故，不能受清朝的征辟，否则就太没有骨气，连立足之地都没有了。”对此说，冒氏家族是无法接受的，认为与史实不符。孟心史早就考证董小宛没有被掠入宫。虽然如此，1920 年，冒广生还是作了《影梅庵忆语跋》，说：“影梅庵在征君南郭别业。夫人（指董小宛）以顺治八年辛卯（1651）正月二日殁，其年闰二月十五日葬庵侧。后十年而吴姬扣扣殁，亦从葬焉。陈其年有《春日巢民先生挈舟约同务旃诸子过朴巢问影梅庵》诗，其自注曰：庵为董姬葬处，可证也。光宣间士大夫之浮薄者，乃创为夫人入宫之说，以端敬皇后实之。”看来，董小宛入宫之说早有流传。冒广生在该文很花了一番功夫做考辨，对易顺鼎、罗惇曧、陈衍诸说给予否定，可见冒氏对此忌讳之深。

冒广生和画家交往，命题作画的题材广泛，如请董荌作《问柳图》，林纾作《金山奉母图》，沈剑之作《校管图》，周鍊霞作《螺川诗屋雅图》，贺天健作《话离图》。冒氏每逢寿日，上海画家都以寿画作贺。周鍊霞以寿诗扇面为冒氏祝寿，他题曰：“写作均佳，今日之黄皆令也。若遇吴梅村，当有四律诗赠之。”黄皆令即明清之际黄媛介，喜吟咏，能书画，与钱谦益、吴梅村有交往。此处可见冒氏以吴梅村自况了。

1954年，冒广生八十二诞辰，郑慕康为他写照并画鹿，冯超然题记："疚斋先生词坛，今岁重赋鹿鸣于其八十晋二寿辰，写此以祝，兼纪盛事。甲午三月既望，郑子慕康画照，冯超然补石壁坡草并记。"吴湖帆复补柏龄泉石于端，并作《浣溪沙》词一阕，"恭贺疚丈双庆"。

对画家，冒广生也付出极大热情，无论是向他赠画或画家自藏之品，冒氏是遇画必题。如题谢稚柳的《十幅图》、题唐云收藏的《石涛四幅图》、江寒汀自作自藏的《百鸟图》，为吴湖帆所作题跋就更多了。诸多画卷，藏上海博物馆者，我都一一目睹。这些藏品不只是题跋之诗文写得好，书法也别具风格，给人以观赏之乐。

叶恭绰：四朝大吏的收藏家

出生于官儒合一的名门

叶恭绰（1881—1968），字裕甫，号遐翁、遐庵，晚号矩园，祖籍浙江，先世游宦广东，叶恭绰则出生在北京米市胡同。曾祖叶英华，字莲裳，工诗词，擅花卉、人物，有《斜月杏花书屋诗钞》《花影吹笙词钞》等。祖叶衍兰，字南雪，号兰台，咸丰六年进士，官军机章京，“文采风流，映照一时”，晚年主讲广州越华书院，冒广生、潘飞声等皆尝从受业，有《秋梦庵词钞》《海云阁诗钞》等。父叶佩琮，叶恭绰11岁时过继给伯父叶佩玱。叶佩玱字云坡，号仲鸾，以举人积劳保至候选知府，司榷江西，精诗文、书法、历算诸学，尤注意为叶恭绰慎选师友，期以赓续家声。

叶恭绰少年时代即喜考求外交、财务、农田水利。由于他不师一门，所以知识广博，兴趣广泛，一脑多用。他一方面讨论工业技术问题，同时也可以谈谈宗教、哲学；一方面研究一个公司怎样组织，同时又会想到音乐、书画上的问题，而且似乎不会混乱与偏颇。所以，他的老朋友冒广生常说：叶遐庵的脑子大概像一个货仓，把各种货物分类存储，要用时，一样一样地取出。从23岁开始，叶恭绰先后担任北京农业学堂、方言学堂、两湖师范学堂的教习。1906年捐通判，入职清政府邮传部，

叶恭绰 1921—1922 年任交通大学第一任校长

先后担任路政司郎中、承政厅厅长、铁路总局提调、卢沟桥铁路督办。

辛亥革命爆发时，叶恭绰任内阁议和处参议，参与了清帝退位的多次阁议。他对孙中山推崇备至。1912 年孙中山入京，曾同他彻夜长谈。当时孙中山计划 10 年内修筑铁路 20 万公里，曾任铁路总局提调的叶恭绰深受鼓舞，积极为之献策。1922 年 6 月，陈炯明发动兵变，先后暗杀了后方部队指挥、参谋长邓仲之，又逮捕了廖仲恺，更以数千军队围攻总统府，孙中山被迫登上永和舰。在这关键时刻，孙中山急需要钱重新组织一支自己的军队。他想到了叶恭绰，请其即刻为之筹措经费。叶恭绰立即调动了所有的社会力量，在很短的时间内筹集了 40 万两银子，辗转交到孙中山的手上。次年 5 月，战事稍定，叶恭绰被任命为广州大本营财政部长，兼理广东财政厅厅长，7 月又代理大本营建设厅厅长。后来，作为孙中山的特使，叶恭绰又秘密出入张作霖和段祺瑞的府第，为协商共同讨伐直系军阀而南北奔走。

1925 年，孙中山逝世。1929 年 8 月，孙中山遗体由北京运抵南京，归葬中山陵。1929年，叶恭绰和南洋华人各捐款5000元建设纪念亭，1932年此亭建成，叶恭绰给取名“仰止亭”并手书“仰止”二字。叶恭绰还亲自在亭边遍种梅树。一至冬季，岭上岭下灿然一片，有如苏州香雪海。

叶恭绰自我评价说：“我是个实际而超脱的人。平常人所专注的事情，每固执而不舍。反之，则一切皆不认真。我对于一切事情来到面前，从来没有忽略过丝毫，但从来也没有执过丝毫。只是尽心竭力去做，到不得已的时候，我却会全盘割舍抛弃，一无留恋。这大概多少有些道德、哲学上的修养之故。”

退出政界，致力于文化

叶恭绰前半生信奉“交通救国”，曾著有《交通救国论》一书，并为交通事业的发展做出了实质性的贡献。由于人事的纷争，1929年以后，叶恭绰逐渐感到交通救国的理想破灭。1931年，叶氏曾一度出任南京国民政府铁道部长，仅月余即去职，从此退出政界，定居上海，专心致力于文化活动。他自称“避嚣就寂，辞富居贫”。观其一生，他身处高位，利用自己的权力和影响做了许多文物保护的大事，主要有以下几个方面：

一、专门人才的培养与民族文化的宣传。如以创办者兼首任校长的身份关注交通大学北京、唐山、上海三校的发展；创立北京大学国学研究馆；发起中国建筑展览会；于香港主办广东文物展览会；倡导研究西南文化，等等。

1934年，随着大上海计划的实施，上海市博物馆开始在江湾筹建。筹建事务，举凡人员配备、编目、登记表发放、藏品征集乃至徽记、包装、签条等，事无巨细，叶恭绰都会过问。甚至参加茶会的人请不请吃饭，请多少人吃饭，叶恭绰都提出了意见：“有请吃饭有不请吃饭，是否妥当？如果全请则所费过多。”对图书分类，叶恭绰提出只分数大类还不行，必须细分。“如典籍类应再分志乘、谱牒、撰述等是也，仅以四部区分恐不甚妥，不如分志乘、谱牒等，凡善本则标出其版刻或内容之优点，望同仁再研讨。”某拍卖公司曾拍出《叶恭绰筹建上海市博物馆丛札》，保存完整，涉及上海和江苏许多地方如浏河、奉贤、青浦、松江的史料，亦涉及许多社会名流，动员他们为建设上海市博物馆献策献力，如蒋吟秋、王佩铮、陈子清、吴湖帆、潘博山、郎静山、孙伯渊、王云五、徐森玉、易大厂、周湘云、张元济、陈小蝶等人。上海市博物馆于1935年落成，1937年1月正式开馆，叶恭绰任董事长，胡肇春为馆长，上海市市长吴铁城等政界知名人士担任董事。馆内设历史、艺术两个部，七个陈列室，开馆后即举办了“上海文献展览会”和“古玉展览会”。抗日战争爆发，他又组织把博物馆的文物转移到上海郊区保存。

二、搜求、调查、编辑与流布文化典籍。如推动影印《四库全书》；出资影印欧游所获《永乐大典戏文三种》；编印《五代十国文》；资助金陵刻经处刻经；倡立敦煌经籍辑存会；发起影印《宋碛砂版大藏经》《宋藏遗珍》《吴都法乘》；主持编印《广东丛书》第一、二、三集，录副《广东文征》；倡议编印苏州、松江、太仓著述。似此之类，难于尽举。

特别是《清代学者像传》，叶恭绰的祖父开始着手搜集历代名贤画像，所集清代学者的画像尤富，自入官京师，所交既广，“多见真本，精选慎择”，亲自勾勒，积30年之功得169人的171幅画像，还为每个画像写了小传。叶衍兰生前未能看到此书印行，直到1928年，才由叶恭绰交上海商务印书馆影印，是为第一集。孙继祖志，嗣后又经20年搜罗，续请江西画师杨鹏秋摹绘，又得200幅，于1953年自费影印出版，是为第二集。此时，叶恭绰担任政务院文化教育委员会委员、中央文史研究馆副馆长等职，故将第二集寄赠一册给毛泽东，毛泽东阅后亦甚感兴趣，于 8 月 16 日致函叶恭绰说："承赠清代学者画像一册，业已收到，甚为感谢，不知尚有第一集否？如有，愿借一观。"

三、调查、维护与重修重要文物古迹。1929 年，叶恭绰与朱启钤组织了营造学社，专门调查研究中国的古建筑。在营造学社，叶恭绰发挥了中流砥柱的作用，从办社的经费到人员的调集安排，朱启钤都仰仗于他。营造学社中坚刘敦桢要离开学社去南京中央大学任职，朱启钤致信叶恭绰，说："士能若去，思成一人不能独当社务，弟亦更无所倚重者，前功尽弃，坍台必矣。"朱希望叶恭绰能在所领导的部内为刘敦桢安排兼职，薪水可以提高一些，这样可以"婉对中央挖角手段"，此事如不能解决，"是非迫我关门不可也"。朱启钤还多次致信叶恭绰，请他在经济上多予支持，否则营造学社难以维持。再如发现大同云冈石刻，叶恭绰写了《大同云冈石刻毁失记》，呼吁保护。此外，叶恭绰还发起重修北京元代万松老人塔；抢救与重装苏州甪直镇保圣寺，与由陆龟蒙旧居改建的白莲寺合而为一；对相传创自南朝萧梁时代的十八罗汉像及唐杨惠之手塑壁端山崖、树石云水之配景进行保护，辟为陈列馆；主持重修南京摄山隋代舍利石塔等，皆为极具意义与影响之壮举。至于随时关心文物古迹，则几成叶氏之习惯。

四、诗词的研究、编辑与刊印：叶氏不仅以诗、词创作名世，足为一代作手，且于清代词学研究有素。对于其名之为"歌"的能和乐的新诗词发展形式，叶氏更满怀热情地加以提倡和实践，显示出他别具慧眼、见解独到。他斥资付印师友遗集，抢救了一批作家的心血结晶。秦少游《淮海词》宋刻全集已亡佚，唯无锡秦氏及潘氏滂喜斋藏旧残本，并以家藏《秋梦词》特为合刊，以宋以后各家刻本 13 种汇校字句异同，分别附列，使人一目了然。经叶恭绰校印的《汇合宋本两部重印淮海长短句》，提供了秦观词的善本。

1929 年岁末，叶恭绰召集沪上词学名流朱祖谋、董康、潘飞声、夏敬观、刘承干、陈方恪、易大厂、黄孝纾、龙榆生、吴湖帆，于觉林素茶馆，决议设立《全清词钞》编纂处，推举朱祖谋为总编纂兼审定，编纂及名誉编纂达40人之多，朱祖谋病逝后，由叶恭绰担任总编纂。他亲笔起草了《编纂清词钞征书》，其中有言："词始于唐，盛于宋，而有清一代，搜集之富，视前代且犹过焉。近顷沪上朱彊村（祖谋）、董绶经（康）、刘翰怡（承干）、叶遐庵（恭绰）等鉴于历代诗余之选列于官书，四朝词综之编汇为巨制，而深慨乎有清乐府之雅词，尚缺声家之总集，爰有《清词钞》之编纂。"《清词钞编纂处征求书籍细则》对征书、借书、还书、代抄、抄写费都做了详细的规定。在编辑过程中，叶恭绰还经常给编纂人员写信，提出要求，指出不足，提醒要注意之事项，如他在一封信中说：

清词选录迭费精神，属在同仁至深纫感，兹有二事欲陈奉者：

一、历来选本多列批评或附载遗闻佚事，此顷选词亦拟参仿，曾经函请于选录之际即行命笔，以省复查之烦，惟承寄选本尚未经思辨者，应请注意附撰，以成合璧。

二、清代词家数逾五千，有专集者数不及千，见选者亦只过半，余多附见旁出，应请于选录各专集时将题词和作均加遴择，一并摘抄，并注明附见某某集中，庶免遗珠，兼便编次（此项作者之姓氏、别号、籍贯、集名，并盼依表详列）。

选者寄来选词，经他审阅后，发现重复甚多，他又写信指出"实令本处抱歉而又不安，盖虚糜诸公精力，致令效果较少，于本书之成功上关系颇巨"，因此对选词又提出了一些具体要求。

几年间，汇集清人词集已逾5000种。1937年日本发动全面侵华战争，上海沦陷，叶恭绰避居香港，工作中断，此书直到1952年才出版。编纂《全清词钞》的同时，叶恭绰又编印了《广箧中词》。两书编纂宗旨不同，各有侧重，但其目的都是对清末民初近世词人词作的保存。

《词学季刊》是民国时期颇有影响的学术刊物，由叶恭绰和龙榆生合办。叶恭绰实为该刊的经济后盾，这可从龙榆生给叶恭绰的信中反映出来。龙榆生在信中说："屡承公许以经济上之援助，拟乞拨下百金（不必每期分拨）作为特别捐款，于银行立一存折与其他社费同存一处，编辑可不需费，惟外来稿件有多索赠书（词刊）为酬者，又有寄书求交换者，百册不敷分配，前两期勋已自买三四十册补充矣。"龙榆生协助叶恭绰办《词学季刊》，不但没有收入，还要自掏腰包买书送人，亦可见办刊之窘迫。《词学季刊》稿源不易求，龙榆生屡屡致信叶恭绰空暇时撰稿，说："《词学季刊》每期至少百页，总在十万字以上，当先期征稿，所缺仍为新著一类，勋意最少须有通论三四篇，勋及夏瞿禅当各撰一篇。公对清词网罗最富，或就已选定各种稍加综核为清词概说（题乞公自酌定）一文，俾想望夙声者，得先窥词钞之旨要，亦为大快事，又不独为季刊增光彩而已……"他们当年办刊物不只为稿源着急，校对、发行同样是麻烦事。龙榆生在信中说："顷所苦仍为校对方面，勋自校二三遍（有时不能得代劳者，以学生程度仍不足也），书局常不遵改，至堪怅怅。"另一信又说："昨晤叔雍商季刊事，据称此事不难于搜集资料，而难于发行推销，欲长远维持，必须设法由书局承印，如肯赞助，则一切皆较便利。"

玩物不丧志，收藏为研究

叶恭绰的藏品堪称是国宝级的文物，如西周毛公鼎、晋王羲之《曹娥碑》、晋王献之《鸭头丸帖》、明唐寅《楝亭夜话图》、敦煌卷子一百余卷，还收藏了大量乡镇专志、清人词集、清人传记、名僧翰墨、名人用砚、文物图录。

至于他的全部收藏究竟是何种规模，由于现在早已人去楼空，已无复查考。但是从朋友的信札中，仍然可以看到他的收藏行踪。他曾致信梅光羲，要梅从日本购书。不久，梅即回信称“业经觅得”，开列书籍目录有《大藏经法宝标目》10卷、《至元法宝勘同总录》10卷、《出三藏记集》17卷、《隋众经目录》五六卷、《武周刊定众经目录》14卷、《开元释教录》30卷、《古今译经图记》41卷，并在信中告知以上各书连邮费在内共日金62元。他的另一位叫秉章的朋友在信中告知他觅到鎏金彝炉、泥金錾花鬲炉、黑漆古炉、棠梨色冲天耳炉、王旭款钵炉。

从蒋祖诒的信中，可以看到叶恭绰曾经打算购买张葱玉的藏画。可能是由于叶恭绰要求张葱玉提供一份出让品的目录，蒋祖诒在信中说：“渠所藏书画外，更无他物。若令其开单，恐佳品未必列入，不如丈指名取之。”此事往返多次都未谈成，最后张葱玉提供了一份目录，并标明每件书画的价钱，包括：《元明古德》册2000元，《静春堂题咏》双卷2400元，《刘贯道人物》卷2000元，《赵大年》卷4000元，《四象图》卷2400元，《王孤云揭钵图》卷2000元，《宋人题跋》卷4000元，《刘元梦苏小小图》卷2000元。对于张葱玉的标价，叶恭绰、蒋祖诒并不能完全接受，故蒋祖诒在信中说：“元明古德、静春堂、四相（象）卷三件在情理中，余则价似不值也。”但从这个例子，可以看出叶恭绰的藏品由来之一斑。类似的例子在其他朋友的书札中亦不在少数。这说明叶恭绰收藏虽丰富，也都是这样零打碎敲求得的。再一方面，除了一些书画商人围着他转，更多的是朋友为他寻觅，或为他提供信息，或直接为他购进。

蒋祖诒做中介购张葱玉书画之事，值得注意的是有几封叶恭绰致吴湖帆的信也谈到。他在信中说：“葱玉之件迄未告一段落，日前谷孙（即蒋祖诒）来取，续后送阅一批物件，弟已还之，但留古德书札一册，名为留阅。兄前此曾有以此件作为清结欠息而另行转期之说，弟并无异议。但前途迄不履行，此册作价千金以外，已为不廉。如前途不愿，则请另定一法，或先以现金了还息款，或刻日清还本息，或如何抵还本息，均无不可，总期有一结束。须知种种提高皆系弟不愿执行契约，如照原据文字，此刻本无有何商榷也。幸共明鄙意为荷。”在购画的背后，叶恭绰和张葱玉有何经济上的往来纠结？似乎是张葱玉向叶恭绰借款，想以画抵借款的本息。是否为蒋祖诒、吴湖帆联手动作，现在还无法深究。但张葱玉此时处于经济极端困难时期，为叶恭绰提供的书画品名，有的还收录在郑振铎于1947年为之主编的《韫辉斋藏唐宋以来名画集》中，此集编就尚未出版，编入此集的藏品即从张家流散出去，出现在1948年卢芹斋在美国举办的“中国绘画真迹展览”中。很明显，叶恭绰经蒋祖诒与张葱玉的这笔交易应在卢芹斋得手之前。由于和叶恭绰的交易未成，这批书画才为卢芹斋收购后销往国外。

在收藏生涯中，叶恭绰和吴湖帆的关系非同一般，梁颖编辑的《叶恭绰致吴湖帆尺牍》《吴湖帆文稿》及叶、吴两人的题跋中，都有比较详细的记载。两人可谓肝胆相照，无话不说，而且经常结伴而行，客串于海上收藏名家，观书赏画。叶恭绰对为官的进退之由告诉吴湖帆：“弟之出山，纯为友谊关系。弟屡次登台，皆缘与人共患难，实则宦情素淡。今度尤毫无所图，一切以无我相临之，或有入水不濡之果。日来忙极，然尤能作书与君，足证学养之有素也，一笑。”从叶恭绰购张葱玉画这件事，也足见两人交情之深。叶在致吴的信中说：“葱玉事弟因恨市侩掮客之作恶，故以打破之，乃曾函彼示意而未得复，因置之。”“弟非放款为生，亦非钱多为患，更无巧偷豪夺之意，不知葱玉何以必昵市侩，甘受其抑勒，殊不解。如兄欲中撮合，弟恰有新售出（津）地价可以挪移，但须决，否则做别用矣。至各件以九友易项、董及化度，当无不可。不知郁台六段卷可否易以宋元明大德（各高僧）手翰？如此则一李息斋、二妙岩寺、三元四家、四大德手翰、五九友轴，其条件均易商榷。兄或者径函葱玉详述一切，抑由兄面商葱玉，均候裁酌。”张葱玉此时处在困境中，其不愿提及的事，叶恭绰对吴湖帆和盘托出，非知交之深，是不能做到的。叶恭绰在书画鉴藏的眼力上明显不如吴湖帆，收藏时需要吴湖帆为他掌眼，是必然的事。正因为如此，在对待藏品的真伪上他们也有心照不宣的时候。两人所藏的《多景楼诗册》双胞案就是如此。叶藏本是清末民初常熟邵松年旧藏，邵氏曾指出叶藏为“伪品”，引得叶氏愤愤然；吴藏本经郑振铎、徐森玉品赏，也被认为“不真”，也可能叶、吴所藏都是临摹本，两人心照不宣，谁也不批评对方所藏为伪品。叶恭绰和吴湖帆相交数十年，成为文坛佳话，他们的交情中有坦率和真诚，但也有着微妙之处。

叶恭绰谈到他的收藏目的有二：一是清朝末代皇帝退位，故宫及诸旧家散出之物，纷纷外流出国，“余与诸友发愿回截其流，因之所得精品不少”。二是他的收藏标准与其他人不同，是为了“编《中国美术史》，借供参考”。叶氏保护祖国文物的精神，在他的书画题跋中每有所见。《北宋燕文贵山水》长卷跋：

> 瓢叟晚年不克保其所有，其精品先后让之亲友。此卷旋即归余。其景朴孙一卷，名《武夷山色》，亦归遐庵。瓢叟跋中所称山谷《波伏神祠诗卷》及龙眠巨迹，亦在余所。惜《寒食帖》已往东瀛矣。
>
> 余于古人书画佳品享受已多，深为厚亡之戒，复遇板荡之秋，时时有易安居士之惕。近方编《遐庵书画录》以志泥痕，不识何时卒业也。

《宋龚开洪厓出游图》跋：

> 龚开真迹，流传于世者只有三件：一《中山出游图》；一《洪厓出游图》；一《瘦马图》，皆卷。
>
> 三十年前，颜韵伯得《瘦马图》《洪厓出游图》，庞莱臣得《中山出游图》，皆不甚宝爱。继闻韵伯之《瘦马图》已流出国外。

余惊问之，以资窘对。余曰："然则《洪厓》一卷必留以与余！"遂以四千元之物与易之。

继移居沪上，与庞莱臣往还，询其《中山出游图》。庞曰："此物有何殊异？而君注意。"余曰："此瑰宝也，龚画传世极少，《中山图》全用素描，尤为超特。"因展观之，庞亦爽然。其后年余，闻庞以一万五千美金售与美国人矣。

其《瘦马图》，闻为日本人山本悌二郎所得，今属何人，则不知之矣。

《元钱舜举郊园春意》卷跋：

舜举于画，山水、人物、花鸟，无一不工。庞莱臣所藏《双茄图》售出国外，价值美金二万。此《郊园春意图》共五幅……

忆十年前，有人携由长春伪满散出之钱舜举《杨妃上马图》至沪。余力劝诸藏家收之，竟无应者，大约已出国外矣。此与李赞华之千角鹿无人争取，同一可惜也。

《元王若水竹石双鸳》轴跋：

此为朱之赤旧藏，曾入清怡王府。款用隶书题"至正丁亥，钱塘王渊若水画"十一字。全幅纸白板新，小墨双钩篁竹，间以山栀、水石，下有双鸳比翼，上貌山雀竞飞，笔情浑厚生动，下方粗笔水草，尤见功力。

余所见若水大幅，当以此为最。抗战时沪侩乘余于窘，让与之。不料其转售王季迁，竟去如黄鹤。每一念及，心中如痗。

《宋苏东坡寒食帖、黄山谷伏波神祠帖》跋：

《寒食帖》由清内府转入恭王府。老恭王故后流出，为颜韵伯所得。同时黄山谷《伏波神祠》真迹亦为颜所得。二者可云苏、黄之冠。

此二者初归颜韵伯时，余皆先见之。颜欲以让余。余性向不夺人之好，遂为颜有。嗣颜赴日，以《寒食帖》售之日人。余知之，告颜曰："此二者，万不可悉令出国。其山谷书，不如以归余。"颜应诺。旋以刘石庵与成亲王书见赠。盖成亲王以天籁铜琴与刘易此卷。其信札即商榷此举者。今一并归余，诚有趣事也。

余蓄之十余年，避寇往香港，亦设法携往。逮寇占香港，俘余解沪。以不受敌馈，经济甚窘，乃与他物售与王南屏。王少年，喜收藏，余因将刘札赠之，以为此卷得所庆。不料数年后始知其仍以售之外人。时余已北来，欲请政府向王收购，已不可踪迹矣。

于是，二帖皆出国外。诚为憾事。

从以上的跋语、笔记，叶氏对中国书画的眷恋，对其流出的愤然，真情跃然纸上，亦可看出他收藏之艰辛、得其所藏之不易。

毛公鼎的守护神

叶恭绰在收藏上最为世人称道的有两件事：一是收藏毛公鼎，没有让它流出国门；二是将王羲之的《曹娥碑》（唐人摹本）归还张大千。

毛公鼎为西周宣王时代的彝器，清道光末年在陕西岐山礼村出土，后为叶恭绰收藏，现藏于台北故宫博物院。该鼎体呈半圆形，立耳高大，兽蹄形足。口沿下饰大小相间的单行连续式鳞纹，其下辅一道弦线，十分简朴。内壁铸铭文 490 多字，是商周青铜器中铭文最长的一件，内容记述周宣王册命毛公之事。为了对毛公鼎能有更多的了解，在此对其铭文作简单介绍。

全文分为四段：第一段是追述文武开国之时，君臣相得、政治清平的盛况，接着用怆怀时事的语言，讲述时局不安宁；第二段册命毛公治理邦家内外，给予宣示王命的专权，申明未经毛公同意之王命，臣下可以不予奉行；第三段诫勉毛公不要壅塞民意，不要鱼肉鳏寡；第四段赏赐鬯酒、命服、车马和兵器。毛公为表示感谢和称颂天子的美德，做鼎以为纪念。鼎铭对于研究西周晚期政治、历史有重要价值。

抗日战争爆发后，上海沦陷，叶恭绰准备避难香港。临行前，他秘密将珍藏的7箱文物寄存在公共租界英商美艺公司仓库，其中一箱就是毛公鼎。1940年，他的姨太太潘氏为侵吞财产，大兴讼事，并向日本宪兵队透露了毛公鼎藏在上海的消息。叶恭绰闻讯，急电侄子叶公超去上海主持讼事，并谆谆嘱托：毛公鼎不得变卖，不得典押，决不能流出国土。日本宪兵接到潘氏密告，突击搜查叶宅。毛公鼎已转移，日本兵没有找到，倒查出两把手枪。叶公超因此被捕入狱，后由中间人具结作保而出狱。毛公鼎终于没被日军掠去。后来，此鼎为商人陈咏仁收藏。

抗日战争胜利后，叶恭绰致信呼吁寻找毛公鼎并交南京中央博物院保存，文曰：

> 吾国三代毛公鼎一器，为周初制作，没土二千九百余年，清末始于关中发现，流传有绪，考证极多，为宇内彝器之冠。战前美国博物院欲购未成，战后散失民间，几为寇掠，幸赖商人陈咏仁不避危忌，设法收藏，掩护颇艰，至今完好。经战乱未失，实属幸事，拟请特予发交中央博物院保存，以昭郑重。

因此，寻找毛公鼎的重任就落在身为上海市立博物馆馆长杨宽的身上。经过周密调查，杨宽终于找到毛公鼎的下落——为军统局所藏。

按理说，军统局无权收藏毛公鼎，应该移交敌伪产业管理局。杨宽到该局咨询，资产组的人告知，他们并未接到此物，应该向杜美路70号军统局询问。杨宽拜访了战时文物接收委员会京沪区代表徐森玉。徐森玉说此物确在杜美路70号军统局，他曾与军统局交涉，有关人士说只要有行政院的命令即可交出。得到这一确切信息，杨宽到了军统局，该局派代表会见，说该物已运往南京军统局本部保管，须向南京马台街22号军统局本部接洽。杨宽随即向教育局报告，请函告南京军统局本部洽商接收办法，或派员前往面洽。教育局遂派杨宽赴南京面洽。

杨宽到南京洽谈后，把毛公鼎领回，拨交中央博物院收藏。

有关《曹娥碑》的事情经过，大致如下。

叶恭绰与张大千向为挚友，抗战前几年，张大千、张善孖携一幼虎与叶恭绰同租住在苏州网师园内。三位书画大家同住一园，朝夕相处，摩挲旧物，研讨技艺，自是艺林佳话。此时叶氏早已退出政界，潜心佛学，极重友情。有一天，叶恭绰与朋友王秋湄来访张大千，见张愁容不展，询其故，张乃道出苦衷。原来张家祖上旧藏一幅王羲之的《曹娥碑》，弥足珍贵，传为家宝，上面唐人题识累累，外人极少获见。有一次，张大千在上海朋友们设的诗钟博戏之社输光了钱，无法偿还，朋友江紫宸大笑道："《曹娥碑》归了我吧！"张大千不得已，忍痛割让给江紫宸。10年之后，张大千的母亲病重，一日忽唤张大千于床前，问："我家祖传的《曹娥碑》怎么久不见面？颇思重展一下。"张大千内心惶恐，不敢实说，就推说放在苏州了。老母亲一定要他从苏州拿来看看，张大千只得诺诺。可是此卷早已由江氏售出，如今不知流落何方，张大千心急如焚，遂不敢再见老母，回到苏州后整日愁容满面，不知如何是好。适巧叶恭绰此时来访，恰如老天有眼，即刻解了张大千的围。张大千以母病相告后说："如能帮助打听到《曹娥碑》的下落，愿以重金为赎，以慰老母。"叶恭绰听后哈哈大笑，指着自己的鼻子说："这个嘛，正在区区这里！"并表示既是张大千先人遗物，太夫人又在重病之中，愿以原物归还，不收任何报酬。张大千自是感激不尽，事后对人说：“恭绰风概，不但今人所无，求之古人，亦所未闻。”

卖藏品，解窘困

新中国成立之初，叶恭绰在一些文化单位任要职，薪水收入虽然不薄，但对他来说仍是生活维艰，常要出售收藏以补家计。他和徐森玉是老朋友，和谢稚柳亦相识。20 世纪 30 年代初张大千住苏州网师园前院，叶恭绰住后院，相与为邻。经张大千介绍，叶恭绰先识谢玉岑，后识谢稚柳。他主编的《全清词钞》，收录谢玉岑词若干首。由于这种关系，他出售书画当然首选上海。其中一次请人带 12 件书画和其他杂件至上海，请文管会评鉴出售，并给谢稚柳写了一信，对他出售的 12 件藏品作说明，信中写道：“承带十二件，兹附去简单说明，请鉴阅。再高攀龙卷及叶盛卷、龚开卷之各跋连我所跋，希望能托人抄出寄下，抄费可由我出。又日前奉寄一函（因闻从者已行），计经登阅，朱舜水的犀角杯，未知是否前数月误置在各工艺品内？本亦有犀杯一事，但无款识，朱杯则有篆字铭词，下并署朱之屿之名，但其篆字恐不易识，或致忽略，故请一查，如系误置，弟亦不拟索回，不过可以证明其下落而已。”

叶恭绰托人带来的 12 件东西，经上海文物鉴定委员会鉴定后，由文管会收购 8 件，其余 4 件等待另议。徐森玉把这个情况写信告知叶恭绰，叶恭绰对这样的处理似有不满，致信徐森玉，再度声明这些藏品的重要，不完全是讨价还价，而是一个文物收藏家以此来论证他的藏品所具有的艺术价值和历史价值。现将此信摘抄于后：

森老赐鉴：四月二十九日示悉，会议估价单除龚开、梵隆、罗昭谏、吴草庐候另议外，其余八件共人民币贰仟八百元。按我将文物迭次让出，大旨在物得所归，故定价一层，向无争论。但此八件中其真正价值可能是有些出入的（纯艺术或曾历史性），如瞿式耜等一件定价似不必在高攀龙之上（以四百元为允），魏水叔等一件似亦以三百元为允，但黄石斋夫妇手卷似断不止三百元（两件），袁重其手卷中吴赤溟、潘柽章之字殆无第二件，似亦可置四百元。以上云云乃评价问题，非争价问题，故总数请不必变动，但望每件定价有增减耳。如黄蔡二卷，众议不甚重视，则剔除退还，自无不可。因两卷非同时获得，而蔡卷我尤为得意，因郑重其事而尚未重裱，而原装不精，正证明流离避匿之迹，恐闽中亦正难访求，颇意乃二十年前兵匪哄斗时，由深山穷谷而出现者。我本意归之闽省博物馆，而迄无对象，故遂置之。我素无乡土界限，但注重乡邦文人有同情，故另谋所归亦好。前得叶台山字画轴亦已赠与厦门大学矣（要离墓碣归苏州博物馆，亦同此意），老耄妄言，谅不呵斥。

至龚开等四件，龚画之见著录有除故宫所谓山水不知去向外（在他国亦未发现），其余亦无下落，存世可靠者只《中山出游图》（水墨）已在美国，《瘦马图》已在日本，第三件即此。此乃昔年与颜韵伯换物所得，目前因其以“瘦马”售与日人，我切责之，故勉强以此归我。同时先后以东坡《寒食帖》让我。我不肯夺人的所好。闻其以《寒食帖》售与倭人，我亦切责之，且要以黄山谷《伏波神祠诗》归我，事亦相类。我今并山谷卷不能获，由王南屏归大千，大千不知如何仍归倭人。每一念及，心恒伤痛。龚卷如公家不要，别无可归（朋友醉中收藏者已无之，且私藏均持久），他日不饱蠹鱼，即包花生米矣。又梵隆一卷，实北宋作品，只因有政和半印在，即论笔墨亦非元明所能到此（此四十年前收得，极少示人）。又罗卷乃景朴孙所让与，亦可信为孤本。我

> 平生对鉴定不为坚僻之论，更不至炫鬻求售，行同市侩，且四大本空，争持何益，但不愿传世之物至我而毁耳。如前此带沪各佛像中，其油画一张、金画一张，如有识者皆万金以上物，而亦遭卞和之刖，亦只有吞声而已。行年八十，心为物转，自是功行不济处。陈叔通昨来访，说及近日收藏似仍拘于有大名诸家，而不能放开眼界，派去町畦，仍蹈历代收藏家的小天地，且名望稍次者作品亦复不收，如明清间之戴岩荦、程清溪、邹卧虎、王觉斯、黄石斋等，易遭屏弃，是纱帽气台阁体等仍深入骨髓，是安足与言鉴别。

叶恭绰的信虽然有些牢骚，一方面讲了他对几件将要流出国门的文物的“截流”经过，另一方面讲出了博物馆及收藏的一些问题：只重大名家，只注重古代，而对小名家及当代一些名家的作品常常不以为然，甚至不收藏。殊不知，当代的名家过了若干年之后也就成为历史上的人物了，他们的书画代表了这个时代。今日不收，一旦他们成了历史人物，再收他们的作品又如同大海捞针了。对书法史上“二王”的字不就是如此吗？不要说王羲之、王献之父子真正的作品，就连他们的一通书札，如今也是无价之宝，更何况传世之作还都是唐人摹本。“二王”的时代，他们的书法当然也为人们所珍重，但绝不会如同现在这样稀有。

叶恭绰数次售画，仍有入不敷出之感，又致信徐森玉，提出再次出售文物。信云：“奉示敬悉，年来日在病中，资用既窘，又虑藏品无可付托，因是彷徨，情绪之劣可知。其实精品已所存无几（前者已分去之物，概不清楚，此心烦恼之一，说之一言难尽）。”

叶恭绰这次要售之文物有：李龙眠大轴罗汉、杨无咎梅花、燕文贵山水、工艺美术品、敦煌经卷数卷、宋版佛经三种。由于邮寄不方便，叶氏提出上海派人到北京去看。除了叶氏在信中提及的，其他尚有唐褚遂良大字《阴符经》册，敦煌经卷100余卷，北宋燕文贵《武夷山色》卷、《山水》长卷，北宋法能和尚画《五百罗汉》长卷，宋人《罗汉》卷，元方方壶《云林钟秀图》卷，宋赵子固《春兰图》卷，元董复《千字文》卷真迹，元鲜于枢《草书自作五言诗》卷，元王振鹏《金明池》卷，元温日观和尚《葡萄》卷，明陶九成所藏诸家唱和诗卷，明谢时臣《金阊佳丽》卷，明薛素素《兰竹》卷……

字字千金《鸭头丸帖》

对叶恭绰的藏品，徐森玉真正念念不忘的是王献之的《鸭头丸帖》。《鸭头丸帖》为王献之写给一位朋友的短笺，全文为："鸭头丸，故不佳，明当必集，当与君相见。"有关《鸭头丸帖》的传世资料，最早见于《淳化阁帖》，那时藏于宋太宗秘阁内，后见于宋徽宗时所撰《宣和书谱》，南宋时仍在宫廷内府。以后为元文宗收藏，天历三年（1330）赐予奎章阁鉴书博士柯九思。明代又入大内，神宗皇帝总是带着它出入。万历中，为新安收藏家吴用卿所有，刻入《余清斋帖》，万历四十年陈元瑞又刻入《玉烟堂帖》。万历、崇祯时入吴新宇家，清光绪时为徐叔鸿所得，后即归叶恭绰收藏。

徐森玉作为古物专家，自然有着不掠他人之美的风度。现在老朋友叶恭绰既要出售自己的收藏，何不把他藏的《鸭头丸帖》收为国有呢？徐森玉认为办此事最可靠的是谢稚柳。谢稚柳带着徐森玉的使命去拜见叶恭绰。对叶恭绰，谢稚柳向来是以长辈尊之。见面之后，先从叶氏最关心的《柳鸦芦雁》谈起（这时上海市文管会经谢稚柳之手刚从北京收进此件），然后又谈到他几次向上海文管会出售的字画，此时叶恭绰仍然是愤愤不平。

谢稚柳做了些探讨，说："遐翁，你藏的《鸭头丸帖》是否有意出让？”

叶恭绰有些不快，说：“上海文管会诸大鉴定家，连画的等级价值都没有标，《鸭头丸帖》到了那里，还不知被评成什么劣等呢！”

谢稚柳说：“遐翁放心，这次由森老说了算。”

叶恭绰说：“这种东西我能卖吗？字字千金，即使我想卖，你们文管会也不敢买。”

谢稚柳说：“遐翁，你可是一言九鼎，虽然是字字千金，我们也买，这个家我当了。”

叶恭绰只是气话，“字字千金”是笼统地说，《鸭头丸帖》到底能卖多少钱，他的确是没想过。他看了看谢稚柳，问：“稚柳，你这个字字千金算是什么样的价钱？”

谢稚柳说：“就照遐翁说的，一个字一千元。”

叶恭绰沉吟了一阵，说：“你这种点名买东西，叫作挖别人的眼珠子。你们既然要挖眼珠子，那就让你来挖吧，反正这东西早晚要被挖走的，今天不是你挖，明天可能会有别人来挖。”

就这样，王献之的《鸭头丸帖》归了上海市文管会，现藏上海博物馆。鸭头丸为一种中药丸，见录于唐王焘《外台秘要》、明李时珍《本草纲目》等医书，是一种利尿消肿的药。从这一帖的语气来看，应当是有人已服用过鸭头丸，但感到效果不好，因此写信告诉王献之这个情况。王献之服后，觉得果然如来信所说，所以回信约这位朋友明天聚会并将求教。

这件最普通的事情，由王献之写来，竟成千古绝唱！

接着，谢稚柳又为上海市文管会收购了叶恭绰收藏的唐高闲和尚《草书千字文》残卷。叶氏为此卷题语：“此卷纸白如新，纵横沉着，足以继轨藏真。闲师墨迹虽古今著录曾有数事，今传世者唯此而已，末署吴兴高闲读昌黎赠序，可想见其人。”叶恭绰得此卷颇费周折。高闲和尚为唐朝晚期著名书法家，湖州乌程人，唐宣宗时曾奉召入宫，获赐紫衣袍，圆寂在湖州开元寺。其笔法得于张长史（旭），韩愈曾作序送他，盛称其书法之美妙，遂大显于世。此《草书千字文》墨迹纸本虽是残卷，却也流传有绪，曾经宋赵明诚、元鲜于枢、明方鸣谦、清卞永誉和安岐等人收藏，笔势浓重，坚挺纵放而不失规矩，张弛有度，气象生动，给人一种笔墨淋漓、酣畅痛快的感觉。林佑在跋语中说："弛纵不定，动不可留，静不可推，有类于旭。"历来评价甚高。此卷清末为景朴孙收藏。庚子后，景朴孙家境窘困，想出售此卷解困，叶恭绰闻讯欲购，因要价太高，未能得手。数年后复议，景氏云："此卷早质于人，须四千金方能赎出。"如果叶氏要买，"非七千金不能了"。如此往返很久，最后叶以 6000 元买下，藏之于箧十余年。抗战期间，叶将此卷带去香港。由香港赴重庆时，因乘飞机行李超重，遂将携带书画裁去装池，此卷亦在此列。然而待一切"手术"完毕，方知其机已被一家豪贵霸占，未能成行的书画已割裂，又不能复合，每言及此，叶恭绰总有无限感慨："如人云裂裳毁冕，刖足劓鼻，惨痛已极，此卷亦在此列，同遭此劫，幸卷心未损，尚为大幸。"谢稚柳购此卷时，叶氏又说："昔日孙氏为生计所迫售此卷，今老翁亦为生计所迫售此卷，后归公有，不再有此劫矣！"

仰止亭畔落梅花

新中国成立前夕，七十高龄的叶氏与朱启钤、章士钊等著名人士一起应邀赴京，参加新中国的建设。他住进了北京灯草胡同 30 号，以无党派民主人士身份出任文化教育委员会委员、文字改革委员会委员、中央文史馆副馆长、北京画院院长及全国政协常委。从他这一时期的书画作品，我们不难发现这位爱国老人的满腔热情。他关于翻译工作、建设新型琉璃厂、搜集古泉币集中陈列、辑录新近出土墓志等一系列建议，皆有可取之处，不少已付诸实施。他发起拓印《四家藏墨图录》，主持编印《岭南文物志》，推动保护与崇饰北京袁督师祠墓、通州李卓吾墓等古迹，尤为人称许。

1957年的反右派斗争，叶恭绰被国画界整风领导小组、文化部整风领导小组划为“右派分子”。中共中央〔1958〕66号文件将叶恭绰列为“右派分子”标兵之一。结论认为：“叶的情节严重，态度恶劣，因其在社会上有一定影响，按其第五类处理。”其全国政协常委、文字改革委员会常委、中央文史馆副馆长、北京中国画院院长等职务被撤销；由行政八级降为行政十级。1979年，北京画院《关于叶恭绰先生的复查报告》这样写道：“在反右派斗争中，文化部准备将叶划为右派分子，周总理在审批右派分子名单时，对夏衍同志指示：‘叶恭绰在知识分子中有影响，曾当过北洋政府的代总理，其侄叶公超（当时）任台湾“外交部长”。如划右派，对台影响不好。’故决定让叶写书面检讨，即可不划右派。夏衍同志将总理指示告知文化部党组书记钱俊瑞同志，决定不划。后来夏衍同志找了叶恭绰谈了话。叶对总理的指示表示感激，在一九五七年七月至一九五八年三月连续写了四份书面检查，对当时被说成错误的言行，一次比一次上纲，认识言词一次比一次恳切，但最后不知何故，叶恭绰仍被定为右派分子。”

1960年，叶恭绰80岁，是人生大寿之年，应该好好庆祝。但是他觉得自己是被打入另册的人，在劫难中过生日，不会再像以前那样高朋满座、诗酒咏怀了。为了不惹麻烦，还是在无风无雨的平淡中把生日打发过去吧。但是他的亲朋好友坚持把他过去的书画题跋编成一本书出版，作为生日礼物献给他。叶恭绰的收藏可以说与他终生为伴，经手的文物书画数以万计，散与未散，都留在他的著录中。和已往著作《遐庵汇稿》《矩园余墨》《遐庵谈艺录》《纪书画绝句》相比，这个生日礼物《遐庵清秘录》虽然有着特殊意义，但这位寿星已提不起兴趣来，他在该书《自序》中写道：“百病丛生，有同废物，不复能整理故籍，视此蠹痕雁影，慨如幻梦，今岁八十，诸亲友主印此为寿，坚不可却”，“留此残编等于说寻梦，自欺自慰而已”。满怀愁绪、一腔萧索在包裹着这位 80 岁的寿者。

“文革”中，叶宅横遭多次抄家，家中片纸无存，他每月只有 30 元的生活费。在最困难的时候，他中风不能走路，亲戚就背着他到老友章士钊家借钱。1968 年，88 岁的叶恭绰经受不住无休止的批斗、抄家和病痛，含冤辞世。临终时他写信给宋庆龄，提出一个措辞坚决的要求，即落葬中山陵仰止亭畔，以示他对孙中山的忠诚。宋庆龄表示同意，转给周恩来，周恩来也表示同意。他唯一的女儿远在加拿大，没有回来，托人捎来的是这样一句话：“什么东西都不要了，连灯草胡同自家的房子也不要了。”叶氏的丧事是他的学生、著名桥梁专家茅以升操办的。

墓碑无以名之，遂刻上“仰止亭捐献者叶恭绰先生之墓”，虽然令人心冷，也还是很实在的，也许正是长眠于此的叶恭绰所需要的。

袁寒云：洹上词人

民国北洋时期有四公子，皆为名父之子，其中一说是他们是溥侗、袁寒云、张伯驹、张学良。溥侗是爱新觉罗氏，一位同情光绪的近亲皇族，人称侗贝勒，因排行第五，又被称为侗五爷；袁寒云名克文，袁世凯的次子，袁世凯洪宪称帝，册封袁寒云为"皇二子"；张伯驹是河南提督张镇芳之子，袁世凯的表侄；张学良则是家喻户晓的人物了。对此四公子，张伯驹在《续洪宪记事诗补注》中写道：

> 公子齐名海上闻，辽东红豆两将军。
> 中州更有双词客，粉墨登场号二云。

四公子各有千秋，张学良是关系中国历史命运的伟人，有辽东将军之称，溥侗是从军且具有各方面艺术才华的文人；张伯驹是大收藏家、著名词人，兼善京剧演唱，和袁寒云都是河南项城人，常以"中州"自署。张伯驹登台演剧，以冻云楼主名，故有人谓他和袁寒云为中州二云。洹上词人王伯龙题张伯驹《丛碧词》云："洹上起寒云，词坛两俊人。"

春游主人张伯驹谈起袁寒云，带着几分惋惜的心情说："我和他只有三年交往，可谓是相见恨晚。"就我所掌握的资料，补春游主人的三言两语，以供了解袁寒云的大概。

出生汉城，半个朝鲜人

袁克文 1890 年 8 月 30 日生于汉城（今韩国首尔），生母金氏，是朝鲜皇室闵妃的妹妹。袁世凯驻节朝鲜时，见金氏风韵绝代，煞费苦心要纳其为妾，却不料其时日本驻朝鲜公使大岛亦有此意，暗地里与袁世凯争风吃醋。当时闵妃虽倾向于大清而鄙视日本，却又嫌袁世凯位卑职小（当时任大清驻朝鲜商务总办），犹豫未决。袁世凯一时无计，唯思抬高自己的身价。

时逢朝鲜东学党造反，袁世凯乘机力促朝鲜向中国请兵，同时虚张声势以自重，弄得朝鲜朝野不得不对他刮目相看，最后金氏终于嫁他为妾。后来梁启超曾说："当未发兵之先也，袁世凯屡电称乱党猖獗，韩廷决不能自平。其后韩王乞救之咨文，亦袁所指使。……论者谓袁世凯欲借端以邀战功，故张大其词。生此波澜，而不料日本之蹑其后也。"后来，又有袁家的人传出说，朝鲜向中国请兵，原非所愿；而日本发动甲午战争，亦由那情场失意的日本驻朝鲜公使所挑动。这些说法虽无真凭实据，却也有些蛛丝马迹，或浓或淡，或近或远，都牵涉到了金氏。

袁克文生于朝鲜汉城，出生之日，袁世凯正在午睡，梦见朝鲜王以金锁链牵来一头巨豹相赠。袁世凯把豹系于堂下，喂它果子吃，突然豹挣断金链，猛地窜入内室。袁世凯一梦惊醒，正是袁克文降生之时。巧得很，金氏这日也梦见一巨兽，状亦如豹。所以，袁世凯就给新生儿定名克文，字豹岑，又字抱存。袁克文在朝鲜国长到五岁，才渡海归国，先后随父驻旅顺及天津小站。袁世凯驻节朝鲜，纳金氏为妾外，另纳两位朝鲜望族之女白氏和季氏。袁世凯有一妾为江苏崇明沈氏，沈氏原被匪携至天津，欲卖入娼家，沈氏不从，服毒相抗。此时袁世凯正出使朝鲜，路过天津，见此状，遂纳沈氏为妾，相偕渡海至汉城。沈氏与金氏相处极好，沈氏无子，金氏遂把袁克文过继给沈氏。所以袁克文称沈氏为慈母，称金氏为生母。

袁世凯有 8 个妾，有子 19 人。除了长子袁克定为原配夫人所生，余者均为 8 个妾所出。次子克文，三子克良，均为朝鲜金氏所生。四子克端为另一朝鲜妾所生，娶何炳莹女。五子克权娶端方女，奁赠有陈鹄画的《紫云出浴图》卷，后归张伯驹收藏。六子克桓娶陈启泰女。七子克齐娶孙宝琦女。八子克珍娶周馥女。九子克久娶黎元洪女。十子克宪娶徐世昌女……

因作诗而受诬

袁克文长成后很像其母，风流潇洒，人前有玉树临风之貌，且又多才多艺，智力过人，深得父母的宠爱。他平素不蓄胡须，常戴一六合帽，帽上缀一浑圆光莹的宝石，粲然北方宦家子弟气派。他自称“六岁识字，七岁读经史，十岁习文章，十有五学诗赋，十有八荫生授法部员外郎”。

溥仪登基后，袁世凯罢官还家，袁克文也弃官还乡，每日随父亲莳田园、起亭榭、疏池沼、植卉木，饮酒赋诗，倒有几分天伦之乐。袁世凯筑养寿园，仿红楼梦宝玉题诗大观园的做法，园内的联匾多出于袁克文之手。辛亥革命爆发时，袁世凯带长子袁克定“平乱”，袁克文则奉命在家以固后方，此刻父子间关系是比较好的。

袁克文的兄长袁克定不仅人长得五短三粗，很像袁世凯，又因骑马坠落致残，成了瘸子。他脾气暴躁，盛气凌人，兄弟两人的品性大相径庭，而两兄弟最大的不同，还是政见上的分歧。袁克文认为其兄袁克定的失败是“一骄字致之”，他周围的谋士都是“无学无识之流”“但解

袁克文像

酒食谄媚耳”。这样就使袁克定“正人日远，小人日亲”“日进天命攸归，太平天子诸邪说，大兄乃日益骄居”。

民国元年（1912），袁世凯在北京正式出任大总统，袁克文进京后对政治漠不关心，整日寄情戏曲、诗词、翰墨，与北京的一帮文坛名流和遗老遗少厮混，设豪宴于北海，与易顺鼎、何震彝、闵尔昌、步凤藻、梁鸿志、黄濬、罗敦曧结成诗社，又聚会于他的居处之南的流水音，赋诗弄弦，你唱我和。世人称他们为“寒庐七子”，以东汉末年的“建安七子”相比拟。有趣的是，他们当初未曾料想到，袁克文后来的处境倒真的和曹子建差不多，难怪他去世时，不少挽联均与之相联系。杨度的挽联为：“上拟陈思王，文采风流，岂止声名超七子；近追樊山老，人才凋谢，悬知姓氏亦千秋。”

袁世凯当总统不过瘾，一心想当皇帝，大儿子袁克定极力支持。袁克文则因爱情诗“莫到琼楼最上层”受袁克定诬告，说是反对老头子称帝，这下得罪了父亲，几乎酿成家庭“文字狱”。

诗是这样写的：“乍着微棉强自胜，阴晴向晚未分明。南回寒雁掩孤月，东去骄风动九城。隙驹留身争一瞬，蛩声吹梦欲三更。绝怜高处多风雨，莫到琼楼最上层。”这首诗题为《感遇》，原题为《分明》，并有小序曰：“乙卯秋偕雪姬游颐和园，泛舟昆池，循御沟出，夕止玉泉精舍。”此诗原为七律二章，其一：“乍着微绵强自胜，古台荒槛一凭陵。波飞太液心无往，云起魔崖梦欲腾。偶向远林闻怨笛，独临灵室传明灯。绝怜高处多风雨，莫到琼楼最上层。”其二：“小院西风送晚晴，嚣嚣欢怨未分时。南回寒雁掩孤月，东去骄风黯九城。驹隙留身争一瞬，蛩声催梦欲三更。山泉绕屋知清浅，微念沧浪感不平。”经易顺鼎删改，并为一章，易诗题“分明”为“感遇”，见诸报端。那时在帝制极烈时代，袁克文这首诗是有着历史价值的。

袁克文赋诗填词千首，风花雪月均无问题，唯独这一首被认为是管了老子的“闲事”，激怒了老头子，而告阴状者正是袁克定。告袁克文阴状的还有其三弟袁克良。袁克良是一个精神病患者，袁世凯称帝时，袁克良谓克文与其父某妾有暧昧事。袁世凯盛怒，克文将罹不测，他的老师方地山急带其去上海。后来，袁世凯知是莫须有的事，消除误解，才又把克文召回北京。

袁克文是个敏感的人，知道北京不是久留之地，遂放情山水，不复问国家事。

随袁克文泛舟昆明湖的雪姬即薛丽清，亦名雪丽清，南部清吟小班名妓，苏州人。其身非硕人，貌亦中姿，而独得袁克文欢喜。其诗中以雪姬称之，日记也多有所见。雪姬醉豪贵，适寒云绝非厌倦风尘，寒云将其置于山水间，同享清福，未免自作多情。雪姬后以厌恶袁氏家法森严，离寒云而去，曾至汉口，寓福昌旅舍，重树艳帜，又过起青楼生涯了。《汉南春柳录》谈雪姬事甚详，其文曰：“予之从寒云也，不过一时高兴，欲往宫中一窥其高贵。寒云酸气太重，知有笔墨而不知有金玉，知有清歌而不知有华筵。且宫中规矩甚大，一入侯门，均成陌路，终日泛舟游园，浅斟低唱，毫无生趣，几令人闷死。一日，同我泛舟，作诗两首，不知如何触大公子之怒，几遭不测。我随寒云，虽无乐趣，其父为天子，我亦可为皇子妃，与彼同祸患，将来打入冷宫，永无天日。前后三思，大可不必，遂下决心，出宫自去。历代皇帝家中，皆兄弟相残，李世民则杀建成、元吉，雍正皇帝杀其兄弟多人。克定未做太子，威福尚且如此，将来岂能同葬火坑？不如三十六着，走如上着之妙也。袁家家规太大，亦非我等惯习自在者所能忍受。一日家祭，天未明，即梳洗已毕，候驾行礼，此等早起，尚未做过。又闻其父亦有太太十余人，各守一房，静等传呼，不敢出房，形同坐监。又闻各公子少奶奶，每日清晨，先向长辈请安，我居外宫，尚轮不到。总之，宁可做胡同先生，不愿再为皇帝家中人也。”她对袁寒云的秉性及处境谈得如此透彻，而且拿得起、放得下，又能作出这样的文字，不可不谓奇女子。

煮豆燃萁，袁克文遭兄妒

与中国所有的旧式大家庭一样，袁家内部围绕嫡庶问题的权力之争，矛盾丛生。袁克定是长子，袁克文庶出，生母又系“异族”，终为人所不容。但在袁氏家庭中，诸兄弟并不买袁克定的账，人前人后嘲笑他想当瘸子太子，袁克定听了更加恨得咬牙切齿。袁克文有时默而不语，任其训斥，而其同母兄弟袁克良却毫无顾忌，几次当面戳袁克定的伤疤：“你真想以储君威权凌辱我们兄弟吗？告诉你，你也不睁眼看看，这世界上哪里有跷脚当皇帝、聋子当皇后的？”这“聋子皇后”，指的是袁克定之妻吴氏两耳重听，袁克良故意借此挖苦嘲讽袁克定。这下惹得袁克定暴跳如雷，更加恨之入骨。话虽是从袁克良嘴里说出的，账却算在袁克文头上，袁克文自知危机四伏，灾祸正向自己头上压来。

筹安会成立，鼓吹帝制，袁克定最为起劲，鼓吹从堪舆家出来，胡说袁氏要当皇帝，连《顺天时报》也特印一份专供袁世凯“御览”，皆言日本如何赞成帝制，封锁反对帝制的消息，促使袁世凯尽快下决心当皇帝。洪宪称帝遭到非难，袁世凯很不高兴。一天，袁寒云之妹以花生米进，包花生米之纸则是真版《顺天时报》，袁世凯看了，方知当时所看的《顺天时报》皆是袁克定的伪印，甚怒，命令打袁克定的板子。袁氏家规，子弟有过，尊长令旁人打板子，但他人对皇储只作比画而已，并不真的下狠心去打。春游主人张伯驹说“如演一出《打龙袍》戏也”。

袁克定得势，袁寒云自然度日如年。其实，袁寒云反对帝制，根本无心与袁克定争当太子。可是袁克定疑心大，决不肯轻易放过，处处与他为敌，在外放出风声，硬说寒云想当太子，故意触怒父亲袁世凯。后来又借宋教仁上海被刺一案大做文章，硬将恰巧在上海的寒云诬为凶手，挑起国民党人与袁寒云的对立，欲以其首级祭宋。寒云不是袁克定的对手，自然恐惧不安，不敢再言政事，只得称病闭门不出。

为避煮豆燃萁之悲剧发生，袁寒云只得在老头子登极之后，仿清朝旧制，请行册皇子例，甘居第二为“皇二子”，以释袁克定心头之疑。他还刻铸“皇二子”章，所有字画及需用图书之体，统统钤以此章。袁克定见了，疑虑才逐渐消去。兄弟争储之事，总算了结。

此事，袁寒云在其《自述》中有记载，云：

> 乙卯，任清史馆纂修，与修清史。杨度等忽倡革政之谋，十一月，尊先公为皇帝，改元洪宪。忽有疑文谋建储者，忌欲中伤，文惧，称疾不出。先公累召，不敢辞，遂陈于先公，乞如清册皇子例，授文为皇二子，以释疑者之猜虑，庶文得日侍左右而无忧顾焉，先公允之。文乃承命撰宫官制，订礼仪，修冠服。疑

袁克文的“上第二子”印文

袁克文藏书章

者见文钤皇二子印，笑曰：“无大志也，焉用忌！”

袁寒云在这里所指的“疑者”，当然是指以皇太子自居的袁克定了。

南北议和，袁世凯任总统。王闿运有西苑门联曰：“民犹是也，国犹是也，何分南北？总而言之，统而言之，不是东西！”额为“新莽门”。此事有人报告寒云，寒云则说：“由他去吧。”可见他对其父当总统、称皇帝之类的事并不热心。

袁世凯为儿子择师

袁世凯当了83天皇帝，垮台之后，仅仅三个月就死了。方地山在洪宪时未居官，有挽袁世凯联云：“论琼楼风雨之诗，南国亦知有公子；承便殿共和明问，北来未以我为臣。”又自书洪宪时代题室中窗帘诗云："千年大睡浑闲事，何必陈抟见太平。利且不为何况善，安心高枕听鸡鸣。"想见其风概，也不赞成帝制。

在袁寒云的朋友中，方地山是值得一提的。

方地山，名尔谦，以字行，号无隅，别号大方，江苏扬州人，生于同治十年（1870），少时恃才。其弟泽山，名尔威，亦多文才，16岁考中江南乡试解元。乡里将方家兄弟比作宋代苏轼与苏辙。陈懋森《方泽山传》云："君与兄地山，友爱极笃，余儿时，见君兄弟每出，必偕一老妪，随其后，肩相摩，语絮絮不能休。少长，余过君家，则君兄弟共灯而读，同被而寝，依依情状，犹孩提也。方地山少有才气，七八岁时，随家登镇江焦山，山顶有佛像四尊，背靠背而面向四方。地山即口占一联：'面面皆空，佛也须有靠背；高高在上，人到此要回头。'即景生情，不但对仗工巧，而且富于哲理。使人读后无穷。"

方地山科场失意，于是放纵不羁，征歌选色，饮酒赋诗，醉卧花丛。枇木《记已故方地山先生》云："先生……好交游，招饮必至，席上即以纵谈为乐，饮食之果腹与否不顾也。宴罢，笔墨已陈，客皆纷请书联，并有代友而求者。于是先生昂首急思，得句疾写，联复一联……食时多言，已不卫生，食罢不稍休息，反用脑不已，更足至疾。"又云："吾人常闻多言伤气，多欲伤身。而先生发言之多，若决江河，滔滔至数小时不倦；而于色欲，据谓兴之所至，无分昼夜，是则正犯'旦旦而伐之'之戒，此二者之足促其天年矣。"

方地山素有"联圣"之称，但他的字写得并不好看，他的联语之精妙，遮住了他的书法之丑，所以人们对其书也津津称道。不过，他能做到书不择笔，茶楼、酒肆，随其所至，假写账之秃毫而书之，非行非楷，无轻重疾徐之分，却也有着自家的面貌。他作书时横执笔，手腕贴在纸上拖曳，搞得腕上、衣上都是黑黢黢的。但他是老名士，所以世人还是喜欢求他作书。加上他人高马大，人喊"方大"，自称"大方"，腰间吊个铜印，上刻老子语"大方无隅"四字，书完即钤此印于纸上。

一日，袁世凯闲逛“花丛”，见一副对联是赠妓女来喜的，联云：“来是空言，且借酒杯浇块垒；喜而不寐，坐看明月照婵娟。”上款为：“来喜大姐雅正。”下款为：“扬州大方嘱书。”袁世凯细细品味着，暗想：这副对联用在这样的地方，也恰到好处，想必也是个怀才不遇、放浪潦倒的角色。他向妓女打听大方的情况。当时津门一些妓女都以有大方的对联为荣，并以此抬高身价。某妓院有一女子，颇粗俗，外号叫“马掌”，很少有客人光顾，大方独具慧眼，送了一副对联挂在堂上：“马上琵琶千古恨，掌中歌舞一身轻。”上联是说王昭君的命运，下联出自赵飞燕的故事，以汉代两大美人的掌故，用“鹤顶格”嵌入“马掌”两字，可谓独具匠心，起到化腐朽为神奇的作用，马掌姑娘顿时身价十倍。

知子莫若父。袁寒云少年时即才气横溢，考虑其长成说不定也是个放浪形骸的人物，与其找个严师对他施以规矩，不如顺其自然，让他的才气自由发展，找个名士为师，与他相伴，也许能取得物极必反的效果。袁世凯的这种家庭教育思想，在今天很难为人所接受。他亲自登门拜访了方地山，表示要延聘他为家庭教师。

方地山看到袁世凯有如此诚意，就爽快地答应了，说：“既然如此，我提出三个条件，大人如同意，我就先试聘一年。”袁世凯说：“条件尽管由先生开出，我袁某没有不答应的。”方地山说：“第一，袁大人必须像你们老乡孟尝君对冯谖那样，以名士气概待我。第二，如何教，主家不必过问。第三，月薪三百银元。”袁世凯一口答应。

行拜师礼的那天，方地山主动谦让说：“我也不想做你的师长，做师友如何，你我彼此做个揖也就算是行拜师礼了。”袁寒云说：“为人师者，道德文章，到现在你还没有个功名，凭什么教我？”方地山说：“令尊大人不是也没有功名吗？你说他的本事大不大？将来必是大清国的栋梁。他那么大的本事能延我为师，我岂能是酒囊饭袋？”

袁寒云从衣袋中取出一枚系着红线的宋代大观钱，红线上系着半香，说：“我出上联，请先生对下联，这半寸香的工夫，先生如能对出来，方可为我师父。”方地山以手捻须，说：“这叫诗钟，小小年纪，却玩起陈思王的把戏，公子只管出题，老朽献丑了。”袁寒云出上联：“少之时不亦乐乎。”方地山随口对曰：“卿以下何足算也。”袁寒云双膝落地，纳头便拜：“夫子在上，请受学生一拜！”

方地山急忙把他搀扶起来：“咱们对外是师生，对内是朋友。”

方地山虽然为师，对寒云的读书是顺其自然。

方地山与袁寒云亦师亦友相交几十年，又是儿女亲家，可见交情非同寻常。方地山的弟弟泽山去世，袁寒云寄上《金缕曲·挽方泽山丈兼述旧游唁地山师一首以表哀悼》，词云：“把手江天曙。忆当时，金焦纵赏，倚花停尘。星火瓜洲才过了，还趁平山烟雨。共酬唱，一舟客与。十载前游弹指耳，忍回头，邻篴成凄楚。长已矣，一抔土。 君家兄弟今龙虎，但何堪，元老方去，脊令悲赋。我惜曾依春风坐，况又姻联儿女。怆几度，相逢酸语。检到遗书惟痛哭，看婆娑老泪挥如许，知已者，不堪数。”

栖居沪上

在袁世凯的落葬问题上，克定、克文两兄弟又发生争执。克文认为，父亲生前已自己选定了太行山中一块坟地，邃高而旷远，应为其永安之所。克定不同意，要葬父于洹上村庄，说是离得近，便于祭扫。克定势大权重，克文争不过他，又时时处于被克定暗算的危险境地，最后只好出走天津，甚至连袁世凯的葬礼也不能参加。不仅如此，半年之后，生母金氏不幸病逝。时克文正在上海，闻讯“星夜北驰，及至天津，而生母已于前一日遐逝矣。弥天之痛，一岁而两丁之，心摧肠崩，而生气尽矣。乃橐笔南下，鬻文于海上”。

袁世凯死后，寒云与溥侗主演昆曲，寒云演《千忠戮·惨睹》一折，饰建文帝，悲壮苍凉，似作先皇之哭。《千忠戮》表现的是明代上层一场争夺王位之战，搬演了燕王朱棣攻占南京后，建文帝装成和尚逃亡的故事。剧中那些忠臣义士以身家性命为代价，来掩护这个不曾给他们带来任何好处的皇帝，表现了中国人对皇上愚忠的观念，很耐人寻味。

刘成禺在《洪宪记事诗本事簿注》亦记此事："寒云在江西会馆粉墨登场演《千忠戮·惨睹》，串唱《八旭》一幕，苍凉悲壮，高唱入云，大有忧从中来，不可断绝之况。其唱'倾杯玉芙蓉'，'收拾起大地河山一担装，四大皆空相，历尽了渺渺程途，漠漠平林，垒垒高山，滚滚长江。但见那寒云惨雾和愁织，受不尽苦雨凄风带怨长。雄城壮，看江山无恙，谁识我，一瓢一笠到襄阳'，慷慨激昂，自为寒云之曲。唱至'恨少个绿衣使鼓骂渔阳'，声泪俱下，目眦为裂。坐客肃不闻声，愕顾左右，主张帝制者皆垂首有忸怩之色。寒云自书联语云：'收拾起大地山河一担装，差池兮斯文风雨高楼感。'一用《千忠戮》，一用义山诗，抱存犹自存怀抱矣。"

溥侗的事也值得说上几句。溥侗，字原斋，别号红豆馆主，贝勒载治第五子，人称侗五爷。清光绪七年（1881）封镇国将军，光绪三十三年（1907）加辅国公衔。溥侗精通表演艺术，会吹笛，对昆曲皮簧，生、丑、净、旦，无一不工，尤精京剧艺术，造诣极深，唱《打渔杀家》最为擅长，京剧名角言菊朋拜他为师。他亦能书画，曾与沈尹默同书联屏，字是绝不会差的。他与康有为极为友善，康居上海辛家花园时，他是常客，康待他甚为尊敬。当年能不费润笔而得康字的仅两人，溥侗是其一。康有为《赠侗公》诗云："落花流水带平芜，天上人间春尽无。国土华严犹可致，家居撞坏亦可愚。每怀先帝惭衣诏，哀念王孙泣路隅。郁郁五陵佳气在，五娘画好且堪误。"

1927年，张作霖任大元帅时，政府设立一个"乐律研究所"，任命溥侗为所长，每月薪俸有四五百银元。生活有了着落，他又自我锦上添花，仍旧是老习惯：买古玩字画，还买了一辆汽车。

到1928年北伐成功，政府南迁，乐律研究所撤销了，他又陷入贫困。天无绝人之路，溥侗又在清华大学及北京美术学院任教，并在《商报》《半月戏剧》等刊物上撰文。他和溥仪是兄弟关系，却坚决不去伪满洲国，国民政府认为他是一位有坚定立场的爱国人士，于是请他到南京，并给他一个监察委员的职务。从此，溥侗居住南京。抗日战争期间，他没有随政府内迁，住在上海租界里。晚年一度在荣宝斋卖字，1952年逝世。从词人龙沐勋致友人的一封信中，可以看出他晚景凄凉。信中有云："红豆馆主下世两月余矣，身后萧条，遗孤稚弱饔飧不继，弟每过其宅，辄为泫然，恨无力以继之。偶与知好商量，果得剧界倡导，联合同道为义务戏一次，以所入赡其遗族，并为刊纪念小册，庶使艺坛尊宿魂魄稍安。"信中还提出请梅兰芳相助。此时，因世道已经变了，未能如龙沐勋之愿进行。即使如此，他在我国戏剧发展史上，还是应该有一笔之位的。

海上卖文，报纸发行量大增

袁寒云到上海，起初还用不着卖字为生。那是因为袁世凯死后他得了两份遗产，遗产由徐世昌分派，每份8万元。袁寒云得双份，因袁世凯沈氏妾无后，以寒云为嗣子，所以多得了一份。另外，他还有一笔特殊的收入，即河南焦作福中煤矿公司月送600元干薪给他，因公司主持人为袁世凯旧部，知寒云在上海窘迫，所以每月送来。直到北伐以后，公司主持易人，干薪才停止了。所以卖字卖古董是后来的事。

他在上海居霞飞路宝康里对面，后迁往爱多亚路九如里口，最后又迁白克路。他白天睡觉，慵懒不堪。一到晚上，吸足鸦片，兴致盎然，海上一些文人及好友遗少等各色人物云集他家，谈天说地，海阔天空。袁寒云与《晶报》久有渊源，早在民国八年（1919）即有关系，为《晶报》"三日一人栏"写稿，并为《晶报》题写《谈天雕龙》，其夫人刘梅真题"董史齐谐"，都录版登载。朋友中有一位是《晶报》的主持人，名余大雄，素有"脚编辑"之称，为了索稿，不怕奔走。袁寒云虽同意为《晶报》撰述，可是遭此多变，心已冷淡，不逼不写。余大雄就每晚来催他，坐床前陪侍一二小时，得稿再去报社。在《晶报》编辑的催逼下，袁寒云开始卖文生活。袁寒云在《晶报》刊出的最主要的文字是连载《辛丙秘苑》，共2万余字，以笔记形式记录了1921年至1926年间的朝野掌故。《辛丙秘苑》是袁寒云最负盛名的代表作。此时寒云早有文名，且文中确多外界闻所未闻的珍闻，《晶报》刊出后，居然销量激增，余大雄大为兴奋，排日刊载。不料登到第16篇，稿忽然戛然而止，余大雄恐影响报纸的销路，甚为惶急，不断登门求索。袁寒云提出条件，叫余大雄代他游说张丹斧，欲得张氏手中的古陶瓶，否则没有兴趣续写。余大雄不得不为之周旋，三方面协商好，寒云须为《晶报》撰写10万字稿，张丹斧陶瓶归他，而寒云须以数种文物古董作押，其中包括三代玉盏，均系其心爱的宝贝。这样《辛丙秘苑》稿又续了一阵。续到第28篇又告中断，且与张丹斧在报上发生笔战，大约过了半年，才又续写下去，而与张丹斧的友谊久久不复。直到张丹斧又获得了汉代赵飞燕的玉环，袁寒云艳羡得不得了，最后还是张丹斧与之交换古物，才言归于好，此事遂成为文坛一大笑话。袁寒云《辛丙秘苑》有序，云："不肖者乘先公之衰，妄冀高位，强谋帝制。先公深居，左右壅蔽，于是危机复构，几溃全功。先公既省，贻害在躬，遂一愤而绝。呜呼哀已！""不肖者"指其兄袁克定，可见心中的积愤难消。

袁寒云在上海写的另一段文字是《寒云泉简钞》，广东钱币收藏家王贵忱从旧报上辑录一册，请藏书家周叔弢题跋，云："大方先生、寒云二丈，余时与往还。寒云居沪久，藏泉随手散去，余未得见。大方先生则过从甚密。藏泉束之腰间，每见必取出相与摩挲，昂首高谈，狂态逼人。书中（王贵忱辑本《寒云泉简钞》）所言，如四画大观、端平、咸平、大绍定、崇庆、招纳信宝、天兴宝会，皆余所习见者，至今记忆犹新。大方逝世，余适不在天津。归来，其藏泉已不可踪迹，是为憾事。余甥孙鼎，亦好古泉，所藏甚富，生前献之中国历史博物馆，可谓泉庆得所。贵忱先生精于古泉币之学。顷来天津，余得畅聆教益为快。这段因缘不可不记，并书琐事数则于后云。一九八一年九月，周叔弢记，时年九十一。”袁寒云的《寒云泉简钞》对方地山的藏品多有举例评论。

方地山原来家境富裕，又精鉴赏，富收藏，专好古泉，旧藏金石书画等名器，多出以易泉，所藏古币称富一时。民国初年，为泉坛所艳称的天成元宝、大蜀通宝和建炎元宝等珍品，皆有收藏。平时腰缠除了铜印就是钱串累，虽冬夏不去身。藏泉大家郑家相一段回忆文字写得极有风趣，云：“宣（古愚）公携大方至。大方者，江都方地山尔谦也，时亦在沪。于是围座品茗谈泉，并各出新得，互相传观。独大方所携最多。在其衣袋间出泉十余串，每串二三十或四五十不等，大小亦不一。唯钱经摩擦，色泽如新，真伪难辨。串中虽多伪品，而珍希亦不鲜。内有绍定元宝大钱及贞祐通宝折二，为海内孤品。絅伯及予均看不忍释。予戏问之曰：‘先生置如许古泉于衣袋间，不亦重乎？’地山曰：‘予冬日袋十六斤，夏日八斤，视古泉为第二生命也，何重之有？’地山善谈论，笑话百出，满座为之春风。”

收藏与卖字

袁寒云喜欢收藏泉币，与江都方地山、高邮宣古愚（即黄叶翁）同癖，袁寒云把方、宣二家所藏，加上自己的藏品归到一起，选英撷粹，有百余种，著为《泉简》，从周代起，直到明代止，且附杂品入外国古钱，均有泉拓。又有《泉文述变》及《古逸币志》等古泉考证之作。

袁寒云与清末四公子之一吴保初特友善。吴保初字彦复，自号瘿庐，曾因参加戊戌变法被放逐上海，沉湎妇酒，憔悴为伤。吴保初的父亲吴长庆，是淮军中的儒将，亦是淮军中罕有的比较廉洁的君子，王闿运说他“武人而有文气”。袁世凯曾受知吴长庆，得知吴保初困厄于上海，便召到天津，居之别馆，月赠数百金，还常常遣袁寒云去问安。袁寒云说吴氏“沉默寡言，诚厚过人”。吴保初身边有二姬：一曰王姹，扬州人；一曰彭嫣。彭嫣于豪客大贾辄以白眼，独钟情于保初，知其贫而嫁之。陈三立赠以诗曰：“酸儒不值一文钱，来访瘿公涨海边。执袂擎尊无杂语，喜心和泪说彭嫣。……吾友堂堂终负汝，弥天四海为沉吟。……”吴保初和方地山一样，爱藏古钱，袁寒云受其影响较深。

袁寒云在《三十年闻见行录》中也述及吴保初一段逸闻，其嗜泉成癖，跃然纸上：“丈沉默寡言，诚厚过人，与方地山师、罗瘿公（敦曧）、魏铁珊（戫）交往独密，而尤厚地山师及予。……丈有泉癖，嗜与地山师同，相见辄互为摩挲，（彭）嫣亦知乐此，且能摹拓。地山师藏有周元秘戏泉、魏将吴起马泉，皆精美绝伦，嫣见而爱之，请以泉易，师不许，嫣遂强断其组而攫之。师狂骇，卑词乞还，嫣亦不许，复丐丈乞之，马泉放归，秘戏不复返矣。丈不获已，出己所宝之天成元宝泉，以谢地山师，师以天成元宝为希世之正品，亦不复以周元秘戏为念矣。”

吴保初以荫生出身，候补资格尚浅，得能在贵州主稿，即为主事首席，并派充秋审处帮办，虽不无同乡大佬李鸿章、孙家鼐的照应，而本人的条件亦很重要。吴保初的书是读得不错的，文章虽不及陈三立、谭嗣同，但在将门之子中，已难能可贵。其著有《北山楼诗》，门生陈诗在《北山楼诗书后》有一首诗云：“瘿庐摹拓有藏泉，佳贝名刀记灿然。（原注：先生旅京津日，喜购古钱以自娱。庚戌秋余入都，见先生拓有《瘿庐藏泉》四卷，如王莽金错刀及小钱、宋庆帝景和钱、辽天赞钱、明建文钱，皆世所稀有者。先生病中，江都方尔谦地山假观，遂不归。）竟与缶庐花乳印，相随羽化不知年。（原注：先生官京师日，买昌化石鸡血图章十二方，吴仓石镌之，载于《缶庐印谱》。先生既寓沪，贫甚，以三百金质于合肥龚心铭景张，约期二年赎。越数载居津，积金欲赎，龚持不可；泗州杨文敬公慨赠千元，自为居间，乃得归。先生既殁，此印章归张季直，今季直及子孝若皆逝，此印不知归于何所矣。）"龚心铭为龚之麓后人，龚心钊之兄，合肥世家，杨文敬即杨士骧，亦素喜结客，曾在李鸿章幕府，与吴保初之父吴长庆有旧，善视故人之子。

吴保初无子，有两女，长名弱男，次名亚男。弱男嫁给了章士钊。

在张叔驯的倡导下，袁寒云与罗振玉、程文龙、董康、张丹斧等人组织古泉学社，并发表钱币学文章多篇。袁寒云长子寒嘏娶方地山女方根为妻，订婚时并未用金银珠宝做聘礼，而是各出一枚珍贵古钱交换。方地山曾即兴自制一联语以记其事："两小无猜，一个古泉先下定；万方多难，三杯淡酒便成婚。"如此自记破俗故事，前所未闻。且地山写联文，多记风月场中事，此联述及儿女婚事，又略及时事，殊为少见之佳作。

袁寒云极爱藏书，他的藏书在上海是第一流的，仅宋版古本就达二百余种，以"皕宋书藏"自称，常与李盛铎、傅增湘、徐森玉等研究版本目录之学。傅增湘双鉴楼藏书有多种为袁寒云旧藏。寒云藏宋版书，后钤一印，刻他观书小像，极雅肖。印为张瘦梅制，张本寒云弟子。1927年后，袁寒云生计日窘，宋本大多归了公共租界的工部局总办潘宗周。他久居上海，又无心做生意，最后也落得登报卖字为生了。

黄丕烈藏有宋本《鱼玄机诗》，后归长沙黄荷汀（黄芳），转到周海珊处。书内跋识累累，且有曹贞秀、归懋仪、玉井道人（赵莲）三人题词及余秋室写的《玄机诗思图》。袁寒云以八百金得之。后他听说步凤藻的女弟子汪碧云善书，乃以明宫人朱砂粉盒为代价，托步凤藻代请

袁克文所藏唐伯虎印之一，此印的六面都有名人的题词

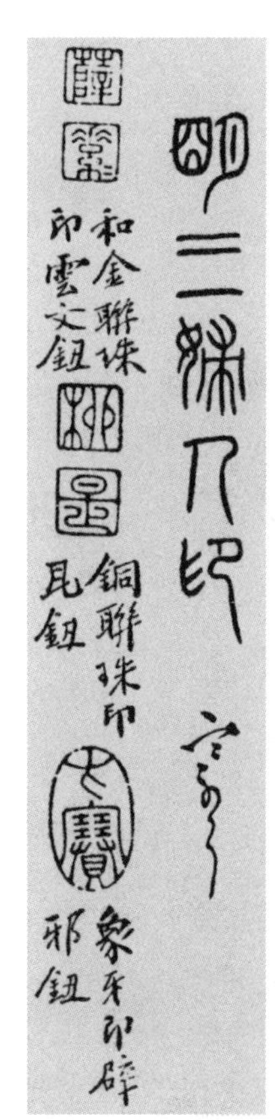

袁克文所藏明代三个女名人柳如是、卞玉京、薛素素的印章，并为之题跋

汪碧云题写于集上，凑成“四美”。吴梅为谱《无价宝》杂剧。叶德辉题诗云：“书棚宋甲胜麻沙，刻画无盐到我家。闻道佳人嫁厮养，请君重谱凤随鸦。”此诗竟谓寒云为厮养，是有些尖刻了。张伯驹对此愤愤不平，说：“试问藏书者谁非厮养？玄机诗何人始藏？余则谓使玄机在，必谓寒云为情郎，当有留枕之意，决不以厮养视之。此宋本玄机诗归寒云，不唯非谓‘凤随鸦’，而直‘凤随凰’也。”

有一年，袁寒云急需用钱，把此书和一匣古钱向丁福保抵押了3000元。后来，傅增湘愿出高价得此书，寒云又从丁氏那里赎回来，转卖给傅，书上钤有“皇二子”印。

伦明在《辛亥以来藏书经事诗》中有一首题袁寒云：

一时俊物走权家，容易归他又叛他。
开卷赫然二皇子，世间何事不昙花。

诗后附记云：“袁寒云克文，于乙丙间（1915—1916）大收宋椠，不论值，坊贾趋之，几于搜岩熏穴，所储又多内府物，不知如何得之也。项城败后，随即星散，大半为李赞侯、潘明训所有，诸书册首皆钤有‘皇二子’印章。”

袁寒云《乙卯日记》中有咏写宋本绝句十首，尚可读，故录之：

集影写宋本诗词十种，以西法影印，俾留真相，而广流传，命曰《三琴趣斋丛书》，因各纪以诗。

无注分明九卷殊，平津旧刻复何如？毛钞似此尤精绝，木箧还标士礼居。（《古文苑》）

书棚旧椠出临安，百种诗篇已尽残。丁卯钱钞留款识，明翻席覆莫同看。（《丁卯集》）

诗似唐经写硬黄，三篇五卷费平章。影钞还有九僧集，剑合

何时共一囊。(《圣宋高僧诗选》)

醉翁琴趣绝流传，一卷惟存六一篇。晁氏闲斋同版式，谁将合刻考当年。(《醉翁琴趣》)

曾拂桐徽阁上尘，得三琴趣以前因。闲斋未入词家选，孤本流传更可珍。(《闲斋琴趣》)

三琴趣独补之传，列宋名家有外篇。毛刻毛钞差太甚，字行谁似旧时镌。(《晁氏琴趣》)

抚摹钩勒传刘眉，影出于湖四卷词。更喜全刻归秘笈，他年谁复写文诗。(《于湖乐府》)

搓粉揉脂别样妍，却从底里见姮娟。晴窗最是销魂处，不在眉边在酒边。(《酒边词》)

李氏文章此一斑，家藏三稿渺人间。词前漫读曾翁序，省识当时手自删。(《可斋词》)

石林改署叶先生，津逮百川都异名。三卷单行原宋本，茶陵儒学刻分明。(《叶先生诗话》)

雨来暑去，捉笔录此。寒云。

诗中所述三琴趣篇，即吴昌绶所刻《双照楼景刊宋元本词》所由出。

《寒云日记》有若干卷，自甲子迄庚年，凡七年，年各一册，大抵叙朋友游宴之迹，而于所嗜事物，如图书货币、亦有记述。

在《寒云日记》中多有记述收藏古籍善本得徐森玉相助的记载。袁寒云和徐森玉同师于李盛铎，所以两人来往密切。袁克文从徐森玉那里得到不少善本书，多为相赠，如曝书亭校、宋本《白石道人诗词》，知不足斋抄本《元宴文编》五卷、明安桂馆仿宋刻《初学记》等十多种。他们一起逛琉璃厂书肆，徐帮助袁置了不少古籍善本。

有一年，他书兴甚豪，登报减润卖字，一日书对联四十副，一夜卖完；又卖胡开文古墨，写100副对联以酬知好；又写“五九”国耻纪念扇子40把，均录其《五月九日放歌》一首，中有“天胡梦梦不相语，中宵拔剑为起舞。誓捣黄龙一醉呼，会有谈笑吞骄奴。壮士奋起兮毋踌躇”等句，爱国仇敌之情溢于字里行间。

他爱好戏剧，能唱会演；收藏古玩，能鉴别真赝；有时绘画，别有风格。诗词曲赋、集邮、养猫、书法、对联，凡他认定的雅事，都能来几下。然而，他也染上抽大烟、养姬蓄妾的恶习。

寒云集邮是受邮王周今觉的影响，虽然起步较晚，但珍品琳琅，成绩斐然。张赓伯在《寒云日记邮摘抄并序》中写道：寒云“初并不集邮，后阅《邮乘》，始引起兴趣，不数月，已小成。丁卯来客沪上，与（周）今觉、（陈）复祥、（朱）世杰诸君，日夕过从，邮集与邮识均猛进。后斥四千金购入布许（上海宝昌洋行总经理兼总工程师）华邮集，并以千金易得雷奔氏（一译芮朋、勒本，英国人，曾任上海海关营造处主管）之红印花小一元旧票，其集乃一跃成名”。又云：“寒云每购一票，不吝厚值相争，必得之方快。时上海华邮珍票市价日见高涨，君之力也。召集邮方一月，即按日撰邮话，刊诸《晶报》，邮林争诵。”寒云加入中华邮票会及新光邮票研究会，每日撰文说邮，足见兴趣之浓。他集邮首尾不到两年，即离沪北上，游于京津间。其所集邮票珍品除海内孤品红印花小一元旧票外，还有号称民国四珍的邮票，如宫门图限省新帖用一元旧票、帆船图三分暂作二分倒盖票、二元宫门倒印新票。

寒云在《丁卯日记》中记集邮事甚多，如5月14日记：“雨中偕辉堂访布许，商邮集事。予先返，辉堂、布许携邮册继至，遂以册归予，值四千金。珍券累累，最罕贵者有汉口‘临时中立’用过者全七八枚，福州‘中立’欠资全六枚，二元宫门倒印，四分作三分倒盖，海关加盖四分及一角棕色两倒盖，伦敦加盖四分倒盖等品，咸久已名著，或未见谱录，皆希世品也。”

用自己的书画交换藏品，亦是寒云的一大创造。他曾在《晶报》上刊登广告："凡读本报者，不必现金易书画，只以下列各品相易可也。一、邮票奇品；二、北京种极小狮子巴儿狗；三、古泉；四、裸体照片；五、关于金银货币及邮票之英文书报及明信片。"以此可见其收藏兴趣之一斑了。

袁寒云写对联有特殊本领，就是他写对联时不用桌子，把联纸悬空，由侍者拉着，他挥毫淋漓，笔笔有力，而纸不坏损。写小字更为奇妙，他仰睡在榻上，一手持纸，一手执笔，凭空书写。书成，字字娟秀。朋友见了，无不惊叹。他所写联语又极纤绵蕴藉，往往贴切微妙，常被文人们谈及的有《挽况周颐》："维梦窗白石，宿老成家，尽低唱浅醉，一代词人千古在；溯沤尹缶庐，殷勤共话，怆小楼清夜，十年江国几回逢。"

人们喜欢的还是他的词，其书也因其词而闻名。他对书法的欣赏水平还是很高的，见解也有独到之处。今人叶天军在拍卖市场上拍得袁寒云论书写本，其文曰："今之书家学篆籀者伙矣，而能真得古人之旨趣者盖寡，或描头画脚，或忸怩作态，则去古益远。在老辈中惟昌硕丈以猎碣为本，而纵横之，而变化之，能深得古人之真髓者，一人而已。昨丹斧兄见过，出视所临毛鼎，予悚然而惊，悠然而喜。展读逾时许，而不忍释。盖丹翁初得汉简影本而深味之，继参殷墟遗契之文，合两者之神，而出以周金文之体，纵横恣放，超然大化，取古人之精，而不为古人所囿，今之书家，谁能解此耶。其微细处若绵里之针，其肥壮处若庙堂之器，具千钧之势，而视若毫毛，吾以为三代人涂漆之文，不过尔尔也。予作篆籀，尚拘守于象，而丹翁则超超于象外矣。俗眼皆谓予为工，而不知其荒率者，难于工者，百倍犹未止也。工者循象求迹，犹易以工力为也，率者神而明之，不在方寸之间，无工力不成，无天才亦不成。岂凡夫俗子所可梦见者哉。予能知之，黄叶师（宣哲）能知之，恐再求知者亦不易也。予读其所作，懔然有悟，它日作书，或可进欤。予尝曰：‘秦以后无篆书，晋以后无隶书。今于数千载下，得见古人，洵予之幸也。’抱存。”

文中所说的丹斧即张丹斧，名延礼，是上海名报人，善书法，所藏金石书画颇丰，临写金文及汉陶瓶书迹得其真趣，曾与罗振玉、宣哲同题毛公鼎拓片。其书法当然是够得上档次的，袁寒云称他为“篆圣丹翁”，把他的书法和吴昌硕放在同一水平线上，是有些过誉了。

以所钟爱的藏品名其号、标其斋，是中国文人收藏的一种风雅。袁寒云亦然。袁克文自号“寒云”，是因为他藏有宋代王诜的《蜀道寒云图》，得以志喜，因以为号。当时他曾登报作六句白话诗，颇为幽默。诗云：“抱存今寒云，寒云昔抱存，都是小区区，别无第二人。回汤豆腐干，老牌又刷新。”他还因藏有商代玉龟币，而为其书斋取名“龟庵”。他咏记古物、货泉的诗集即名《龟庵杂诗》。他又因得一商代铜镜，便名其所居为“一鉴楼”；再因藏有玉刚卯、玉严卯珍品，取名“佩双印斋”，有时写作也用“佩佩”笔名。他又得到汉永始玉斝，便名其居为“斝斋”，论金石的诗作即《斝斋杂诗》。这些都抒发了主人的古缘之厚和怡然自得的雅趣。他自题“一鉴楼”联语就是自我写照，联语云：“屈子骚、龙门史、孟德歌、子建赋、杜陵诗、稼轩词、耐庵传、实父曲，千古精灵，都供赏心。 敬行镜、攻胥锁、东宫车、永始斝、梁王玺、宛仁钱、秦嘉印、晋卿匣，一囊珍秘，且与身俱。”

红颜相拥，落得个“蝉曳残声过别枝”

袁寒云的夫人刘姌，字梅真，安徽池州人，其父尚文与袁世凯相结纳，遂成姻戚。梅真能作小楷，又擅吟咏，著有《倦绣词》，常与克文唱和。袁寒云自离开河南后，有时居住天津，有时又漂浮沪上，后来洹上附近发生匪劫，全家迁居天津，住河北地纬路6号，去北京则住东城遂安伯胡同 14 号，门上榜“洹上袁宅”四字。在这期间，曾在他身边的姬妾前后有过十多人，如无尘、温雪、栖琼、眉云、小桃红等。但这批妾侍不是同时娶的，往往此去彼来，所以寒云自己也说：“或不甘居妾媵，或不甘处淡泊，或过纵而不羁，或过骄而无礼，故皆不能永以为好焉。”在北京时他遇小桃红，寒云的《丙寅日记》二月十二日有记：“秀英原名小桃红，今名莺莺，咸予旧欢小字也，对之怅触，爰叙语曰：‘提起小名儿，昔梦已非，新欢又坠；漫言桃叶渡，春风依旧，人面谁家。’又曰：‘薄幸真成小玉悲，折柳分钗，空寻断梦；旧心漫与桃花说，愁红泣绿，不似当年。’”后不知何故，“蝉曳残声过别枝”了，寒云不无伤感。

关于小桃红，汪彭年《后孙公园说事》笔记有这样一段记载：“新历民国四年九月十六日，项城寿辰，宫内行家人祝嘏礼。少长男女，各照辈次分班拜跪。孙辈行中，有老妪抱一赤子，拗手叩头。项城曰：‘此儿何人？’妪应曰：‘二爷新添孙少爷，恭喜贺喜！’项城问其母为谁，旁应曰：‘其母现居府外，因未奉皇上允许，不敢入宫。’项城曰：‘即刻令儿母迁进新华宫，候我传见。’此儿何人？寒云新纳薛丽清所生也。丽清分娩后，离异他往。项城因儿索母，何处可寻？于是，袁乃宽、江朝宗等，与寒云商定，当夜朝宗派九门提督翼兵，往石头胡同某清吟小班，将寒云曾眷之苏妓小桃红活捉入宫，静候传呼。八大胡同南都佳丽，受此惊吓，不知所云，有逃避一二日不归院者。事定，手帕姊妹，艳称小桃红真有福气，未嫁人先做娘。”方地山贺寒云联云：“冤枉难为老大白（苏语‘老杜’即‘老大’，指克定），传闻又弄小桃红。”小桃红离寒云而去，在天津重开艳帜，可能也是因为受不了他的“酸气”。

当然也有过得去的，如袁寒云侍姬栖琼，正室刘氏极喜欢她，拿出私蓄三千金代为脱籍，常带她一起去看电影，《寒云日记》中也一再提到过。《丙寅日记》2 月 21 日有记：“偕琼姬登天羊楼漫作：‘荒寒向夜浸，海水转萧沉。入市孤怀倦，登楼百感深。东风舒道柳，朔月黯郊林。何处歌声咽，愁闻变徵音。'"

寒云可谓是多情公子，如与圣婉的相遇，在日记中记述颇详。《丁卯日记》二月初一记："与圣婉邂逅于旅舍，明眛皓颜，冰肌玉骨，相逢把手，俨若故人。"初三、初四又相见，为圣婉谱《八声甘州》，词曰："又潺潺夜雨湿帘栊，对酒几沉吟。正眼波轻掠，已自春深。但是无言把手，相对纵清斟。莫漫伤憔悴，且共登临。 我欲江头留滞，渐沾泥团絮，此意难任。试明珠还与，双泪咽空襟。念天涯，酒醒何处，黯今宵，冷落旧征衾。愁孤负，到更残后，梦与谁寻？"初五、初六、初七又相遇。初八相遇时，圣婉偕寒云以前的女友来会，日记中写道："凤珠初已绝我，今忽作不速之客，坐对竟夕，殊奇事也。"寒云又谱《蝶恋花》词相寄，曰："啼鴂流莺催未已。人近珠帘，平隔盈盈水。便欲窥时帘不起，飞花飞絮都无计。 盼到黄昏阑作倚。烟柳东墙，一抹深深地。尽有相思和梦寄，多情只是添憔悴。"寒云多情公子的憔悴生活，可见一斑了。

与袁寒云相处最久的是唐志君，她是浙江平湖人。袁寒云的《平湖好》《平湖灯影》《平湖琐唱》之作，均系与唐志君同赴平湖时所作。唐志君能文，曾在上海《晶报》上写《陶疯子》《白骨黄金》《永寿室笔记》等，由寒云润饰后，亦斐然成章，后来她也离寒云而去。曾有人劝她以袁世凯儿媳的身份出面，定能受世人刮目相看。可是唐志君不愿这样做。后来袁寒云去世，唐志君亲到《晶报》馆详询情况，为寒云撰一小传以志纪念。

虽然袁寒云妻妾成群，究竟无一真知己，遭逢世变，只能对酒浇愁，浪迹江湖，加之久染阿芙蓉癖，生活放荡，心情悒郁，纵有超人的才华，也不能自我平衡，终于在 1931 年 3 月病逝于天津河北区两宜里袁宅，了结风流、坎坷的一生，年仅 42 岁。

袁寒云去世后，方地山请周叔弢资助，影印《寒云手写所藏宋本提要二十九种》，周叔弢欣然相助。影印本为毛装，书后有方地山跋，云：“寒云既鬻所藏宋本，一日携此册付我，相与太息，有蒙叟挥泪《汉书》景象。辛未（1931年）春二月寒云化去。叔弢见过，偶语及此，许为影印。皕宋书藏散落人间，仅此区区，为同嗜谈助耳。大方。”书有《群经音辨》《李贺歌诗编》，书中对所录宋本的刊印时间、缺卷残篇、避讳同字、刻工姓名、著录异同、版本辨证和得书缘由都做了详尽说明。周叔弢手录一册，系用自制纸抄成，绿格，书口镌印弢翁室名“楞严室”。影印本及手抄本都没有时间。

袁寒云生前与方地山相约，筑墓为邻。因为他去世突然，生前未备棺材，由大弟子杨子祥出面，以一半的价钱把曹锟的棺材买来入殓。这口棺材本来要1800元，曹说：“我是袁宫保当年小站练兵时的旧部，当致奠仪300元，你们只要付600元就行了。”

袁寒云逝世前夕，张伯驹曾前往天津为之拜年，回京不数日，寒云即去世。张伯驹挽联云：“天涯落拓，故园荒凉，有酒且高歌，谁怜旧日王孙，新亭涕泪；芳草凄迷，斜阳黯淡，逢春复伤逝，忍对无边风月，如此江山。”方地山应寒云生前之约，将他葬西沽江苏义园，方地山为书碑碣，并撰挽联曰：“聪明一世，糊涂一时，无可奈何唯有死；生在天堂，能入地狱，为三太息欲无言。”吴湖帆集宋人刘克庄词挽寒云，曰：“英雄安在哉，怅玉局飞仙，石湖绝笔；风月寓意耳，赏陈登豪气，杜牧粗才。”以宋人词挽寒云是很恰当的。袁寒云逝世七年后，张伯驹将其生前词作结集为《洹上词》，由寒云之儿媳、方地山之女抄写付刊，张伯驹有《寒云词序》，其中有句云：“寒云词跌宕风流，自发天籁，如太原公子不修边幅而自豪，洛川神女不假铅华而自丽。”意犹未尽，复于寒云词后作《金缕曲》以抒对故人之感怀，曲曰：

一刹成尘土。忍回头、红毹白雪，同场歌舞。明月不堪思故国，满眼风花无主。听哀笛，声声凄楚。铜雀春深销霸气，算空余、入洛陈王赋。忆举酒，对眉妩。 江山依旧无今古。看当日、君家厮养，尽成龙虎。歌哭王孙寻常事，芳草天涯歧路。漫托意、过船商贾。何逊扬州飘零久，问韩陵、片石谁堪语？争禁得，泪如雨。

题外闲话：晚年袁克定

袁克定，字云台，号蝶庵，为袁世凯原配夫人所生。袁克定幼时羸弱，呕血几乎致命，但好学不倦，虽在病中仍坚持不辍，懂英、德、法、日诸国文字。袁世凯督直隶时，袁克定为候选道。赵尔巽实行新政，改制军旅，招袁克定入幕，参与军事。清廷派遣载泽、端方五大臣使欧美诸国考察政治，袁克定亦从往。清廷改工部为农工商部，以载振为尚书，袁克定为右参议，后迁为右丞署左丞。辛亥革命，袁世凯东山再起，袁克定随侍军次。冯国璋等迫使清廷逊位，袁克定也是出过不少力的。

袁世凯称帝失败，袁克定亦成野下之人。到了抗日战争时期，家境每况愈下，手头拮据。那时，他还想通过关系，请求蒋介石返还被没收的袁氏在洹上村的家产。蒋介石没有答应，克定只好典当为生。华北沦陷后，曹汝霖劝其把洹上村花园卖给日本人。克定坚决不同意，认为这是先人发祥地，为子孙者不可出售。当时华北的日军头目土肥原贤二由于曾与袁世凯相识，想笼络袁氏后人，尤其是长子克定。如果袁克定能在华北伪政权任职，恐怕对北洋旧部还能有些影响。袁克定曾与张伯驹商量此事，掂量再三，说出任则从此有了财源，但也从此当了汉奸，得不偿失，决计不干。袁克定租住颐和园，张伯驹有诗云："池水昆明映碧虚，望洋空叹食无鱼。粗茶淡饭仪如旧，只少宫詹注起居。"诗后有注云："云台晚岁艰困，租居颐和园。1938 年，余亦与颐和园租一房舍，时相往来。见其餐时，无鱼肉肴蔬，以窝窝头切片，佐以咸菜，但仍正坐，胸戴餐巾。”张伯驹看他家财耗尽，便把他接到承泽园寓所。张伯驹说：“他住在楼上，满屋子的书，以德文书最多。他这个人，儒雅正派，每日读书译述。我们家里诗词书画，弦歌聚会，他是不下楼的。”

1949年后，章士钊以中央文史馆馆长身份，在文史馆给袁克定安排了个职务，按月发生活费。他每次拿到钱，都要交给潘素。潘素不收他的钱。张伯驹说：“我们既然把他接到家里住下，在钱上就不能计较了。”对袁克定此时的生活，张伯驹亦有诗：“日课拉丁文字攻，凌晨起步态龙钟。皇储谁谓无风雅，秃笔还能画草虫。”诗后亦有注：“云台居于展春园，每晨起散步。因昔于彰德坠马伤足，且年已过七十，步履颇龙钟。回室后，即读拉丁文。曾为室人潘素画花卉草虫数开，虽不工而笔亦古拙。又有题潘素画诗。今画已遗失，而诗尚存。”

1958年，张伯驹已被打入另册，还在家中为袁克定做了八十寿诞。如是者十余年，袁克定终老在张伯驹家。

张伯驹之女传綵对袁克定居住承泽园的情景有一段回忆，她说：

> 干瘦、矮小，穿一身长袍，戴一小瓜皮帽，拄着拐杖，走路一高一低，瘸得很厉害，一个脾气有点怪的老头——这就是袁克定留在我脑海中的印象。后来有一部描写蔡锷将军反对袁世凯称帝的电影叫《知音》，袁克定在里面一副风流倜傥的形象，其实满不是那么回事。
>
> 我第一次见袁克定是在承泽园的家里，按照辈分，我一直喊他“大爷”。
>
> 1941年，父亲在上海被绑架，母亲怕我出事，让我跟着孙连仲一家去了西安。母亲将父亲救出后，因日本入侵，我们一家人在西安生活了一段时间。……抗战胜利后，我们回到北京，住在

弓弦胡同1号，这个有15亩花园的院子原来是清末大太监李莲英的。1946年，父亲听说隋代大画家展子虔的《游春图》流于世面，为了不让这幅中国现存最早的画作落入外国人手里，毅然卖掉了他很喜欢的这座老宅，又变卖了母亲的一些首饰，才买回了《游春图》。我们一家于是……搬到了城外的承泽园。

……

印象中我们搬到承泽园后，袁克定就和我们住在一起。我们一家三口，加上奶奶，住在承泽园最后面的房子里，而袁克定的房子在承泽园前面的东偏院，我进出回家，都要经过那里。那时候袁克定已经70多岁了，和他的老伴老两口一起生活，但他们各自住在各自的房间里，袁克定的侄女，老十七（注：指袁世凯的第十七个儿子袁克友）的女儿在照顾他们。

袁克定的老伴是他的原配夫人，很胖，像个老大妈，特别喜欢打麻将，和又瘦又矮的袁克定在一起很不协调。我后来才知道她是湖南巡抚吴大澂的女儿。袁克定属虎，她属龙，按旧时说法龙虎相克，但袁家结亲也有政治目的吧。袁克定后来又娶过两房姨太太，最后还是和这位原配一起生活。

前面的房子有个空阔的大门楼子，夏天时，常见袁克定在那里纳凉或吃饭。解放军入北京城时也曾住在这个门楼里。袁克定并不太爱说话，给我感觉脾气有些怪，没事就钻进他的书房里看书，我曾到过他的书房，记得他看的都是那种线装书，另一个爱好是看棋谱。

……

在承泽园第一次见到袁克定时，我想，原来这就是要做“小皇帝”的那个人啊！我们上学时，也整天说“窃国大盗”袁世凯、“野心勃勃”的袁克定，不过我见到袁克定时，他已是七旬老人，那时候我眼中的他，只是一个很可怜的、没人关心、有些孤僻的老人，并不是电影或历史、文学书描绘的“现代曹丕”那种老谋深算的样子。

在承泽园生活的这些年里，袁克定从不抽烟，和客人见面也很客气、和善，总是微微欠身点头致意，对我们孩子也一样。他年轻时曾到德国留学，所以通晓德语和英语，看的书也以德文书居多，有时也翻译一些文章。或许是因为早年跟随袁世凯四处游走，他的口音有些杂，听不出是河南、天津还是北京话。

……

父亲通常不愿意跟我们讲张家和袁家的事情。后来有一次章伯钧向父亲问及袁克定的事情，父亲才说起来：抗战时期，袁克定的家境日渐败落，他原来还想找关系，求蒋介石返还被没收的袁氏在河南的家产，但被拒绝，袁克定只好以典当为生。华北沦陷后，有一次曹汝霖劝袁克定把河南彰德洹上村花园卖给日本人，但袁克定坚决不同意。

袁世凯去世后，每个孩子分了一大笔财产，袁克定作为长子主持分家，也因此一直有人怀疑除了均分的那份遗产外，他还独占了袁世凯存在法国银行的存款。但他的钱很快耗光，他60岁生日时，我父亲前往祝寿，曾给他写了一副对联：“桑海几风云，英雄龙虎皆门下；蓬壶多岁月，家国山河半梦中。”

……

父亲当年不是很喜欢一意鼓吹袁世凯做皇帝的袁克定，但后来看见他家产耗尽，生活越来越潦倒，1948年就将他接到承泽园。……

……

1952年……第二年，父亲把承泽园卖给北京大学。我们家那时在海淀还有一处30多亩地的院子，从承泽园搬出后，在那个院子住了半年左右，后来卖给了傅作义，最后住到了后海附近。父亲给袁克定一家在西城买了间房子，让他们搬了过去，照样接济他们的生活。

我们在承泽园时，没怎么见过袁克定的家人来看过他，袁克定去世后，平时不见往来的亲戚从河南赶来，卖了那座房子。母亲后来说，花出去的钱就是泼出去的水，不必计较了。袁克定有三个孩子，儿子袁家融，年轻时到美国留学，学地质，回国后娶了湖北督军王占元的女儿。解放后，袁家融曾在河北地质学院和贵阳工学院教过书，1996年以92岁高龄去世。我读书时，曾和袁克定的一个孙女袁缉贞同校，她后来去了香港，前几年也去世了。……

袁克定早已被人忘却，人们之所以还能记得袁克文，还不是因为他的那些收藏逸事，像一股轻风，在历史的残叶中飘来飘去。

陈梦家：物我合一的收藏境界

世上没有以收藏为生的收藏家。收藏是花钱买雅兴、买文化的事，不能养家糊口，更不能发财致富。以文物为生而致富的人也有，今天买进，明天卖出，低价买进，高价卖出，那不能称为收藏家，而是做古董生意，也就是常说的古董商。古董商是收而不藏的。

以爱好收藏而能成家者，首先要有雄厚的经济实力。以我所了解的收藏家来看，他们或是为官，或是经商，或是办实业，或为银行总裁，或通岐黄之术，收藏只是一种爱好，纯属事业以外的事情。一个人的爱好，常常不是钱能培养的，而是要有文化、有品格，还要有悟性，这样的收藏家才能进入“物我合一”的最高境界。

陈梦家收藏明代家具可以说是“物我合一”了，是学人收藏家的一个范例。学人搞收藏的也不少，搞古文字的收藏一些龟板、简牍，搞古史的收藏一些青铜器，搞书画的收藏几张前人佳作精品，这种收藏只能说是“藏以致用”，为事业、为研究而收藏，还没有到“所好”的境界。陈梦家是历史学家、考古学家和古文字学家，他对明代家具情有独钟，此外还藏有漆器、版画及竹刻。陈梦家生前曾对好友王世襄说：“现在我致力于专业研究工作，待年老时再做些专业以外有兴趣的工作。”把收藏视为“业外”所好，这就是一种境界。1985 年，王世襄著录的《明式家具珍赏》在香港出版，其中有 38 幅彩图就是用陈梦家的

陈梦家像

旧藏拍摄成的。扉页上一团浮雕牡丹纹，宛然明初剔红风格，下面印有“谨以此册纪念陈梦家先生”11个字，足见陈氏所藏的品位了。

《明式家具珍赏》的出版，开始了20世纪80年代后新一轮中国古典家具的研究热。

明式家具的收藏：体现了收藏家和谐的诗意与古韵

正是《明式家具珍赏》这本书，把我引进陈梦家在中国美术馆后街的旧居，拜见他的遗孀赵萝蕤。那还是20世纪90年代初，赵萝蕤正在研究美国诗人惠特曼，着手翻译《草叶集》。赵萝蕤翻译《草叶集》的工作在20世纪50年代就开始了，因文化界批判巴人（王任叔）的人道主义思想而停了下来。直到1978年国家一切恢复正常后，成立了以冯至、卞之琳、王佐良等为首的外国文学名著翻译委员会，才把《草叶集》的翻译提上日程。《草叶集》一译就是12年，赵萝蕤从66岁译到78岁。时间是长了些，如果读读书后的注释及附录资料，你就不能不

陈梦家与赵萝蕤于 1935 年的留影

赞叹赵教授翻译的功力了。

这次为我做引见的是我的青年朋友安迪。安迪和赵先生真的是够熟了，如同在自己家里，赵先生要他帮助找这找那，就像支使自己的孩子。他也能顺手取来，安迪的兴趣在版本书，我的兴趣在明式家具，因为这是别处看不到的。

就在安迪在别屋翻书的时候，赵先生兴致勃勃地给我介绍那些明式家具。她指指自己的座椅，说："这是明代家具的祖宗，元代家具，是梦家生前一直坐的。"椅子上垫着毛皮，我不好意思掀起细看。接着，她又向我介绍放在进门处的紫檀木直棂架格，绝好的材料与极精致的工艺，却只与最简练的纹饰相结合，没有丝毫的张扬，在灯影里发出幽幽青光，显现出高贵的气质，给人带来"曾经沧海"的感觉。它的主人慢悠悠地说："这东西叫'气死猫'，我用它当菜橱，盛小菜很透气。"除了仙人，谁能说出这样的话来。

转过身来，一批明式椅、案、几仍然保留着陈梦家生前珍藏的习惯，用红色的带子圈围着。赵先生说："你随便看吧。"说着又坐回元代椅子上，和安迪一起翻书了。

一件一件地看下来，用文物界的行话来说，陈梦家的收藏都是“开门见山”的标准器。椅类中的黄花梨木大灯挂椅、黄花梨木玫瑰椅、黄花梨木四出头官帽椅和黄花梨木圆后背交椅，纹饰简练，风格淳朴，可以说代表了这几种椅类家具的基本形式。同样，黄花梨木夹榫酒桌也是如此，在酒桌类家具中有代表性。这几件藏品，线条挺拔，结构合理，没有让人发腻的过多装饰，符合明式家具实用、典雅的基本要求，给人一目了然的美感。陈梦家是一位诗人，而且是新月派唯美诗人，所以他的收藏是漂亮而诗意的。那黄花梨木高面盆架，黄花梨木透空后背架格，疏朗的结构和恰到好处的斗接纹饰，表达出明式家具精致、秀美的风格，观之如同读一首隽美的小诗，反复吟咏，回味无穷。再看看黄花梨木有束腰三弯腿炕桌、鸡翅木撇腿翘头炕桌，三弯式桌腿和外撇式的案足传达的是柔美和精巧的品味，而黄花梨木无束腰罗锅枨加卡子花方桌和黄花梨木霸王枨条桌，则是俊秀风格的代表，空敞的结构给人以浪漫的感觉和想象的空间。从文物学家的角度而言，陈梦家的收藏又是广泛的，黄花梨木雕花靠背椅，让人着重看到它罕见的椅背，做工之精美，题材之丰富，装饰之繁缛，又仿佛是在向人们显示着什么，而鸡翅木圆角炕柜则让人有稳重、规矩的感觉……一件件看下来，如同青年时代读陈梦家主编的《新月诗选》，各家各派，天姿迥绝，悱恻芬芳，氤氲化醇，观之则乐而忘返了。藏品的选择，体现了诗人的浪漫与学者的严谨水乳交融，情与理相得益彰，最后就是这样的满堂生辉了。

传统家具是社会物质文化的一个组成部分，和人们朝夕相处，要坐在椅子上，要工作在桌子上，要睡在床上，人的生命至少有四分之三是在与家具打交道的过程中消逝的。中国家具的变化随着人们起居方式的变化而变化着。从考古图录中可以看到，从商、周到汉、魏，人们席地而坐，家具比较低矮而单一。从西晋时起，跪坐的礼节观念渐渐淡薄，箕踞、趺坐或斜倚，从心所欲，傍椅、凭几和隐囊也就应运而生。至南北朝，垂足坐渐见流行，高形坐具相继出现。入唐以后，不仅椅、凳已为常见，还出现高形桌案，但跪坐和趺坐仍未消失，唐代正是跪坐和垂足坐两种起居方式消长交替的阶段。

到了北宋，人们的起居已从床上转移到地上，完全进入垂足高坐时期，各种高家具已初步定型，到了南宋，家具的品种和形式已相当完备，工艺也日益精湛，至明代而呈放奇彩，明代也成为我国传统家具的黄金时代。这个高峰延续至清前期。明代家具所以能有如此高的成就，除了继承南宋的优良传统外，商品经济的发展促使城镇经济繁荣，讲究家具的陈设蔚然成风；海禁开放，大量输入硬木，为制造精美家具提供了硬件条件；还有就是文人的参与，使本来只供实用的家具提升了文化品位。据史料记载，明代文人不仅提出了关于家具的形制、尺寸、装饰、用材、审美等方面的理论，同时更有直接参与设计的，体现了文人所好，满足文人嗜好雅趣。家学渊源、世代书香的曹仲明设计了琴桌，用郭公砖，具有中空发响的共鸣效果；任鸿胪寺卿的高濂设计的欹椅，可用于醉卧、偃仰、观书并花下卧赏；戏剧理论家李渔设计的暖椅，为暖椅可御奇寒，为香炉可觉芬芳竟日，为床可倚枕休息，为几案可凭几就食，为熏笼可受衣暖身。其他还有用于展玩书画的翘头案、用于展经史之大书架、置于几上之小书架、天然几……文人家具除了追求创新、实用外，还强调古雅，以古为雅，以朴为雅，浑然天成。明代文人还在家具上题诗、钤印，提高了家具的艺术价值。书画家周天球在坐具的背板上题写："无事此静坐，一日如两日。若活七十年，便是百四十。"祝允明在官帽椅上题写了王羲之《兰亭集序》上的一段文字。充庵叟在黄花梨木案的腿上题写："材美而坚，工朴而妍，假尔为凭，逸我百年。"这都体现了明人的性灵与才智。谢稚柳生前坐的一把椅子是明式的，椅背有文徵明的诗句。正是文人的参与，使明式家具在不断扩大家具家族的同时，也为家具注入了一缕新风，渗入一层无形的文化内涵。

陈梦家的收藏是我第一次目睹明代家具的风姿华彩，简洁中蕴含着端庄和典雅，挺拔中充溢着清丽和隽秀，它的美，不仅在外表的一切，更在于它的内涵和气韵。难怪陈梦家对它是那样的倾心和动情。赵萝蕤告诉我："解放之初，梦家的稿费收入尚算可观，有许多就花在买明式家具上。……有时我半夜醒来，看到屋子里的灯还亮着，梦家或是在写作，或是欣赏这些家具，他会静静地坐在这里，似乎是在用他的心和这些家具交流。"陈梦家如何把这些家具收藏进来，王世襄在《怀念梦家》一文中略有记述，紫檀直棂架格在鲁班馆南口路东的家具店里摆了两年，王世襄也去看过多次，力不能致，终为陈梦家所得。

赵萝蕤告诉我，这批明式家具要捐献上海博物馆，但这事已经搁浅，迟迟没有结果。说起陈梦家要把珍藏的明式家具捐献给上海博物馆的心愿，那是由来已久了。早在20世纪60年代初，他就向上海博物馆作捐献的表示，后又给当时任保管部副主任的马承源写了一封信，现将原信抄录于后：

承源兄：

去年先后两信并拓本等，俱已收到，谢谢。乍卣能补足数字，甚好。瞏羽生盨铭文清晰，多出二字，殊可珍贵。惟此有盖有器者，与三代所录虽同铭而非是一器，细为比较即知。前此所谈梁其钟之少字者，兄想已忘记，未见寄下为憾。又兄与朴堂到舍下之日过于匆忙，未能详谈。花梨马札子，可能时代略早于明，亦未可知。弟无戏言，此件决计捐献沪馆，其他有可"看中"之古物，亦拟尽量捐赠（或颇有几件），请兄先口头上向徐、沈两馆长道及。希望兄或馆中何人乘北来之便，包扎运沪。南博涟水一墓所出，闻不久将有报告寄出。去年年底以前，侯马一埋坑出土"朱书玉版"数十方（运京已看到），乃春秋末器；又江陵望山亭二墓铜秦器甚多，中有"越王雄浅自作剑"一柄，乃勾践剑（已收到照片拓本）。是去冬出土之新品，便中请转告森老。并将麻烦之事开列于下：

（1）乍卣是否馆藏，有无照片尺寸？

（2）请寄字少的梁其钟铭拓（不是废料中出来的）。

（3）㝬生盨 40924/1　　40924/2　何者为盖□器□

（4）日本人论文中引到你馆1959年出过《盂鼎克鼎》一书，可能与《齐量》同样的，可否寄赐一本以作纪念。

（5）我可能要为《考古》整理一篇有关越王剑之文，你馆所藏各件有无现成的照片拓本。又你说长沙出过一件越王矛，他们有照片拓本（是否照得出来）？

匆匆不一，即请撰安

马承源将陈梦家的心愿向馆长徐森玉做了报告，徐森玉非常赞赏，准备捐赠事宜。这时“文化大革命”的序曲已经奏起，批“三家村”、批《燕山夜话》、批《海瑞罢官》，博物馆的人每天要参加学习和批判，无暇去北京，此事就搁了下来。

进入20世纪80年代，改革开放，陈梦家的夫人赵萝蕤又给上海博物馆写信，重提捐献红木家具的事情，马承源又为此事赶到北京，拜访了赵萝蕤，赵、马商定捐献协议，由赵萝蕤坐在那把元代的椅子上写就。1995年9月22日，赵萝蕤又给上海博物馆写信提出：“上海博物馆新馆即将落成，将家里收藏珍贵明代家具40余件捐赠以供专题陈列，希望能善加保管，使祖国文化遗产代代相传。”过了几天赵萝蕤又打电话给上海博物馆，说：“情况发生了变化，请将捐献信掷还。”捐献本来可以顺利进行，因家事纷扰，另生枝节，所以她才发出“搁浅”的感叹来。

赵萝蕤和陈梦家没有子女，在她逝世之后，这批家具由其亲属以有价转让的形式进了上海博物馆。

新千年之始，陈梦家、赵萝蕤的家具珍藏易主上海博物馆。在此之前，上海博物馆新馆建成，得王世襄家具珍藏，丰富了该馆原有的藏

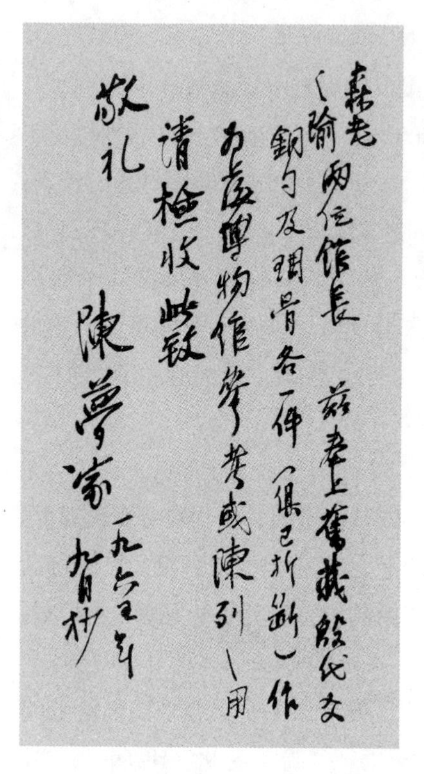
森老
〻瑜两位館長　茲奉上舊藏殷代文
銅勺及琱骨各一件（俱已折斷）作
為上海博物館參考或陳列之用
請檢收　此致
敬礼
陳夢家　一九六〇年九月杪

陈梦家的捐赠信

品，那是由香庄氏家族收购后捐献给上海博物馆的。上博开设了“中国明清家具馆”，首次将那么优秀而众多的古典家具集中展现在观众面前。这就应了人间凡事“分久必合，合久必分”的那句话，原来合于王世襄所著《明式家具珍赏》一书的这两批珍品，如今真正地合于上海博物馆了。

收藏一部手稿，解开中国文化史世纪之谜

王国维在昆明湖自沉之因，众说纷纭，至今似未有定论，事实上应该定论早有，但论者仍然各持己说，导致虽有结论而难定，这可以说

是中国近百年文化史之谜。

说起王国维，自然不能不提罗振玉，他们不但是儿女亲家，而且是学术上的契交。王国维之死，罗振玉自然脱不了干系。一说是由亲家罗振玉逼债而死，首发此说的是郑孝胥。周君适在《伪满宫廷杂忆》第七章《静园里的形形色色》中写道："王国维'殉清'的消息，在遗老中正闹得热火朝天的时候，忽然跳出一个煞风景的郑孝胥，把罗振玉如何索债逼死王国维的事实真相全盘揭露出来，大家这才恍然大悟，原来如此。"

后来，史达对逼债说得就更具体了：罗兜搭王做生意，王把一万元存款下注作本。不料大折其本，不但把这万多块钱的存款赔上，而且还背了不少债务，罗要王将所欠之款按月拨付利息。"那么一来，把王先生直急得又惊又愤，冷了半截，试问他如何不萌短见？这一枝毒箭，便是王先生送命的近因。"

这些文字是我多年前读闲书所见，因为无心治学术史，看过也就算了。2001年秋，我在美国纽约小住，每日以相伴小孙女为乐，去世界书局购得高阳所著《清末四公子》，论及陈三立时，涉及陈寅恪，由陈寅恪的《王观堂先生挽词》说到王国维之死。至于王国维死因，高阳在书中多袭他说，并无新证，引起我兴趣的是有关《殷虚书契考释》的作者问题。高阳在书中写道：

> 庄练示以所作《王国维与罗振玉》一文，对罗振玉窃据王国维的甲骨研究成果，言之甚详。其中最有趣的是，引录了傅斯年在《殷虚书契考释》一书中的亲笔批语，称罗振玉为"罗贼"或"上虞老贼"，兹转引数条如下：
>
> 民国十六年夏，余晤陈寅恪于上海，为余言王死故甚详。……因受罗赀，遂畀之，托词自比张力臣（按：张力臣尝为顾亭林抄写音学五书），盖饰言也。后陈君为王作挽词，再以此等事叩之，

不发一言矣。

此书再版，尽删附注页数，不特不便，且实昧于此书著作之体。举证孤悬，不登全语，立论多难复核矣。意者此亦罗氏露马脚处乎？十八年九月十四日。

今日又询寅恪，此书王氏所得代价，寅恪云：王说，罗以四百元为赠。亟记之。十九年七月二十七日晚。

此文所论至允，不自尝甘苦者不能如此明了也。罗振玉以四百元易此书，竟受真作者如此推崇而不惭，其品可知矣。孟真。十九年八月九日。

最后一条系跋王国维为此书所作的后序。其下又有数语：

彦堂近自旅顺晤罗返，云：与其谈殷契文，彼颇有不了解之处，此可记之事也。

“彦堂”为董作宾；罗振玉在专家面前，自然无所遁形。不过傅斯年虽恶其人，持论却颇公平，有一条说：

罗氏老贼于南北史两唐书甚习，故考证碑志每有见地。若夫古文字学固懵然无知。王氏卒后，古器大出，罗竟搁笔，其偶辑大令尊，不逮初学，于是形态毕露，亦可笑也。

此外又有一书名《流沙坠简》，为考证汉晋木简的专著，据傅斯年在序文上批注：

此书亦王氏一人之作，而罗贼刊名者也。

总之，从王国维一死，罗振玉的学术研究亦就“消沉”了。此当是罗振玉在民国十七年（1928）年底，卖掉天津的房子，移居旅顺，改以“从事建筑”的原因之一。

高阳由陈三立谈到陈寅恪，由陈寅恪谈到王国维和罗振玉，他自己也觉得“这野马跑得太远了”，遂又回过头来谈陈三立。高阳的“野马”跑得有趣，我读得津津有味，只不过是当作闲书消遣耳。

出游归来后，我仍继续收藏家传略的写作。当写到陈梦家时，从上海博物馆藏品目录中得知，陈梦家的捐赠除了明代家具之外，尚有罗振玉的《殷虚书契考释原稿》手稿一部，在喜出望外之余不无感慨，世界上的事情本不准备去碰它，但它还是要找上门来。在该馆图书资料室主任顾音海先生的帮助下，将罗振玉《殷虚书契考释原稿》手稿从善本书库中提出，正襟危坐地阅读。手稿的扉页上有罗氏自书《殷虚书契考释原稿》题签，题签下有一行书朱文印，细审之，为“康生看过”，说明在“文化大革命”抄家时，此书曾为康生所掠。手稿分序和正文两部分，均以行草直书。序用的是“吴县蒋氏双唐碑馆写本”绿线十一行稿纸，墨色较浓厚，有多处涂改。正文前有“殷虚书契考释　上虞罗　振玉”，是写在十二行白棉稿纸上，墨色较淡，从“都邑第一”开始，写得清秀而工整，改动较少，越往后写得越潦草，眉额间不时有注，多为材料出自某卷某页或某条，时有用笔勾来勾去，并有文字移至某处。手稿中还不时夹有长短不一的字条，多为新材料的补充。其中有致王国维书札三通，录之于后。

其一：

曰敝　　书契菁华
《说文解字》：敝，帗也。一曰败衣。
从攴从巿，㡀亦声。此从㡀省。
此条请补入服用类帛字后。敬上
礼堂先生文席。　　弟玉顿首。

其二：

曰戎　　卷八第十
《说文解字》：“戟，兵也。从戈，从甲。”古金从戈从十，与卜辞同。十，古文甲字，今隶戎字，尚从古文甲，亦古文多存今隶之一证矣。

此条补入器物部兵器之首。此上

礼堂先生文席　　弟玉顿首。

其三：

曰杞　　杏　卷二第八叶

《说文解字》：杞，枸杞也，从木己声，文从木旁。己，杞曰敼（敦）作杏，从已在木下，与此同。

（眉批）："曰杞"应补入植物类。

昨谈甚快，顷检得二字，应补入前稿，录奉求赐复。肃上

礼堂先生侍安　　弟玉顿首。

这三封信是《罗振玉王国维往来书信》（东方出版社2000年7月出版）中所没有的。

手稿的最后一页，有陈梦家的题识："此吾乡罗叔言先生手稿，一九五一年九月中秋归余。上虞陈梦家记于北京。"

此稿从何处所得，陈梦家没有作进一步说明。有的文章说罗氏"手稿"为陈梦家在"文革"中所得，此说不对。

陈梦家得罗氏《殷虚书契考释原稿》稿本，并没有奇货可居，秘而不宣，早在20世纪50年代初，在其皇皇巨著《殷虚卜辞综述》中就曾写道："一九五一年，我得到《考释》的原稿本，都是罗氏手写，其中书头上常注有某条应移应增改之处，并有罗氏致王氏便笺，请其补入某条者。"这在考古学的圈子里早已为人所知，胡厚宣《关于〈殷虚书契考释〉的写作问题》一文中亦曾提到此事，他写道："甘儒先生《永丰乡人行年录》一书说得好，他说，'陈梦家曾亲见乡人手稿，其《综

述》一书，已加剖析，当为学者所共见。'" 同文中又说："商承祚教授最近也说：'正在此期间，我适在北京，有一天，途遇陈梦家，他悄悄地同我说，《殷虚书契考释》稿本，我买到了，完全是罗的手笔，上有王的签注，印本即根据此稿写定的。'" 胡厚宣此文发表于1984年第4期《社会科学战线》。

《殷虚书契考释》确是罗振玉的著作，这是无可置疑的了。王国维在为之抄写的过程中，随手做些修改，或是把自己的见解加进去，我想也是有的。我从上海图书馆借得根据王国维手写稿本影印的《殷虚书契考释》，穷一宵之功，将序做一番校勘，发现在文字上多有修改，有的修改在《罗振玉王国维往来书信·四十·罗振玉致王国维》中可见到，为罗氏自行修改，其他改正之处，是出自罗振玉手笔还是出自王国维手笔，就无从知道了。从该书第三十九封罗振玉致王国维信中，可以看到这样的话：

> 《考释》篆书，昨夜已填讫。全稿对过，仅二三误字。弟已改正。拙稿草率已极，而先生精细无比，正成反比例也。篆书纸格附完，祈检入。此上礼堂先生侍史
>
> 弟振玉再拜（送交王老爷）

从这封信中可以看出，王国维将《殷虚书契考释》抄就后送请罗振玉过目，没有谈到王国维修正的事。我没有精力去校勘罗氏手稿和王氏抄写稿全文，如能将罗氏手稿影印出版，请专家学者校勘鉴定，我想对了结这个文史公案是很有意义的。

此书确为罗振玉的著作，还可以从《殷虚书契考释》一书罗自己写的亲笔题记中取得旁证。题记是这样写的：

> 奉怀一律　嘉兴沈曾植
>
> 二酉山深是首阳，千秋孤索炯心光。

十繇郑说文能补，六太殷官府有藏。
梦里倘逢师挚告，书成不借广微商。
残年识字心犹在，海水天风跂一望。

岁暮怀人四之一　胶州柯劭忞

老作东瀛客，无人记姓名。
衣冠非夙昔，风义自平生。
学已攀三古，书还拥百城。
名山留纯业，未觉此身轻。

予性孤矜，少交游。自江湖长往，与世益疏。惟子培方伯、凤荪京卿时时诒书海外，勉共岁寒。去岁知予将考订殷虚遗文，先后赠诗，均及此事，所以期于予者甚厚。此编告成，爰录之简首，以志予之樗散放废，尚能勉力写定者，其于二老敦勉之力为多也。仇亭老民于殷礼在斯堂。

沈曾植字子培，柯劭忞字凤荪，皆晚清大儒，入民国后居京沪两地，是当时的学术重镇。罗著书，沈、柯赠诗，二人均深知罗之学问根底，否则断不能如此，也是可以想见的。

《殷虚书契考释》问世之后，由王氏捉刀代笔之说，实出自傅斯年，以后的郭沫若、周传儒、何士骥诸家多沿此说，因未见到罗氏手稿，无法作进一步考证。直到20世纪90年代，我以道长尊之的黄裳老兄撰《关于“知识产权”》《罗王之间》谈此事，后一篇所引用材料来自《高阳说诗》，即我在前面引用的《清末四公子》。黄裳二文是带着一些愤愤不平而有所指，他在《关于“知识产权”》一文中说得非常明确：“罗继祖和张舜徽两文的矛头所指直向王静安，而对罗振玉则百般回护。”“在一篇‘学术论文’中出现这样一通推背图似的预测，确实是罕见的。作者不惜使用种种手段，拼命将罗王捆在一起，以便顺理成章地批判王国维来不及犯的‘错误’，这使我想起鲁迅在《忆刘半农君》文末所说的话，‘将他生前的光荣和死尸一同拖入烂泥的深渊’，确是看出了这种论法的实质的。”很清楚，黄裳无意弄清《殷虚书契考释》是不是王国维所著，而是对把王国维和罗振玉绑在一起，说他们“在政治上是一致的”感到不平，才写出这种文字来。在人格上，罗振玉是罗振玉，王国维是王国维，他们还是有不同的，拖王国维下水，学界是不会通融的。但也不能因人废言，因为罗振玉有疵点，像傅斯年那样将其治学之道及所得的开启先河的成就一笔抹杀，这未免成见过深了。

对学术问题，黄裳还是公正的，他写道：“据说陈梦家曾见罗的《考释》手稿，此稿不知是全稿还是零篇札记，今当尚存，也许是可以论定此一公案的物证，希望能再现于今日，以决此疑。”黄道长，在此我可以告知，罗氏《殷虚书契考释》是完整的全篇。

消解《殷虚书契考释》作者为谁的中国现代文化史之谜，陈梦家功不可没，故记于此。

从新月诗人到考古学家

陈梦家和罗振玉是同乡，原籍浙江上虞县（今绍兴上虞区）。1911年4月12日，陈梦家出生在一个牧师家庭，他的父亲陈金镛当时客居南京做牧师，后来又到上海任基督教文化机构广学会的编辑，陈梦家仍留在南京。因为家中人口较多，他和两个弟弟、一个妹妹都由在南京当中学教师的三姐陈郇磬抚养成人。

青少年时代的陈梦家，已经显示出出众的才华。1927年夏，他刚满16岁，就以同等学力考取中央大学法律系，并开始写诗。他师从诗人徐志摩和闻一多，创作的第一首诗为《一朵野花》：

一朵野花在荒原里开了又落了，
不想到这小生命，向着太阳发笑，
上帝给他的聪明他自己知道，
他的欢喜，他的诗，在风前轻摇。

一朵野花在荒原里开了又落了，
他看见青天，看不见自己的藐小，
听惯风的温柔，听惯风的怒号，
就连他自己的梦也容易忘掉。

他的另一首诗《自己的歌》，一开头就表现了诗人非凡的气度：

我扯碎了我的心胸掏出一串歌——
血红的酒里渗着深毒的花朵。
除掉我自己，我从来不曾埋怨过
那苍天——苍天也有它不赦的错。

他以充满青春朝气的生命，载着勃发的诗兴，写下了《秦淮河的鬼哭》《炮车》《古战场的夜》等富有现实意义的诗篇，同时也写优美抒情的爱情诗篇，在诗中表达了爱的纯真、爱的真诚、爱的苦恼、爱的死去活来。这时他和孙多慈相爱，向孙多慈献上爱的诗篇。他写得快，也写得很多，到1931年年初，他出版了成名之作《梦家诗集》，还不到20岁。这部由徐志摩题签的诗集分四卷，收诗40首。诗集出版后当年即再版，又把该年春天至夏季所作诗12首列为第五卷，并命题为“留给文黛”。

诗人在《再版自序》中写道：

> 我常常感到自己的空虚，好像再没有理由往下写诗，长期的变换多离奇的生活，才是一首真实的诗。每一回我想搁笔不再写行诗，我真耐不住这玩意儿再来烦扰我，这多少对于自己的心尽了挑拨的残忍！但是十分可感激的朋友如许鼓励我，也不计较我的年纪的小，怂恿我，时常为着他们好心的撩拨写些不成器的诗，我真悔。
>
> 我总是一片不愉快的阴天的云，永远望不见一条太阳光的美丽；我也如常人一样企望着更伟大更鲜明的颜色或是声音的出现，给人一点灵魂上的战栗，但是我不能免于一粒平庸沙子梦想变成一粒黄金的荒唐，我是无能为好的。
>
> 人，都有他梦想中的天堂，指盼的方向。但是我没有。对于自己，更其对于世界，我不曾摸索到一点更显然的明了，像一路风，我找不着自己的地方，在一流小河，一片叶子，和一架风车上我听见那些东西美丽和谐的声音，但从来没有寻到自己的歌。
>
> 我想打这个时候起不该再容许我自己在没有着落的虚幻中推敲了，我要开始从事于在沉默里仔细观看这个世界，不再无益的表现我的穷乏。因此这诗集就算作二十年的不可清算的糊涂，让它渐渐地在人的记忆中忘掉吧。
>
> 二十年（1931）六月黄梅雨，记于小营楼上。

这里不厌其烦地引用陈梦家的诗序，意思是可以从中看出他那样年轻就能清醒地认识自己，及以后转向探古考证的思想脉络。

在20岁这一年，陈梦家编撰了《新月诗选》，选了徐志摩、闻一多、饶孟侃、朱湘、孙大雨、邵洵美、方令孺、林徽因、方玮德、梁镇、卞之琳、俞大纲、沈祖牟、沈从文、杨子惠、朱大枏、刘梦苇等人的诗作，陈梦家把自己的得意之作《新月》也选了进去。

大学毕业时，陈梦家虽然拿到一张律师执照，却没有当过一天律师，而是继续从事文学创作。1932年“一·二八”事变的第二天，他就和三位同学一道，从南京奔赴上海近郊的南翔前线，参加十九路军英勇抗击日本侵略军的战斗行列。在这短短一个月里，他写出了《陈梦家作诗在前线》和《铁马集》。提起《铁马集》，这里值得记述一笔，应该说表现了陈梦家可歌可泣的精神。1932年，陈梦家离开南京北上青岛时，整理了1931年夏季所写的诗篇，定名为《铁马集》。恰在这时上海抗战爆发，陈梦家是准备以死赴之的，行前把诗稿寄给被大家称为九姑的方令孺代为保存。在前线一个月返回后，方令孺将《铁马集》诗稿寄还给陈梦家，并附上一封信：

梦家：检束你的诗还给你，心上是别有感慨。想你从军前检理稿件寄我时，是心上发生光芒吧？现在上海近郊已为异邦人的马蹄所残，我伤心那几万生灵的消灭。

从前元微之病在佛寺的时候，嘱人把他写的诗稿寄给白十二郎；这回你从军去时把诗稿寄给令孺，我已领会了往昔友朋的深谊，世界上不能给我比这更多的了。

祝你在青岛好！

方令孺二十一年二月二十日北京

《铁马集》出版，林徽因画了封面。

俞大纲在为《铁马集》写的序中说：

我常把梦家比作初唐四杰中的王勃，少年能诗，诗中特具中国人的蕴藉风度，他们很有相似的所在。

……

我们看初唐四杰的集子，他们不屑再走齐梁绮丽的一条路，着力于力量的表现，所以能远启盛唐音容美茂的宗派，今日我望大众不可忽视梦家诗集的价值。

中华文化显然不曾消失它的光荣气焰，梦家的风度与诗句，是值得容人呼吸的。

在写诗的同时，陈梦家还写过一篇题为《不开花的春天》的小说。小说以叙事诗开始：

我不能想起这从那一天起，只说着了迷，我情愿为你死；我想你，白天晚上我望着你，一朵枯花总得望着太阳笑，谁知道就要变泥。

小说的正文是用许多封短信组成的。作者在《自序》中写道："在这里，是两个人通信的一片段。'信上'为一女子在夏天所写如诗样的小札，十分可爱。'信下'是另外一种空气，冷肃的冬天，那男人在忧伤之下想到从前的日子，从末了一函你可以明了两人间过去的故事。这些平凡的散文里，没有惊奇的，我先声明。二十年七月记于天通庵。"

离开南翔抗日前线之后，陈梦家一度随闻一多去青岛大学工作，开始了"在沉默里仔细观察世界"，对古文字发生了兴趣。当年年底他到了北京，进燕京大学宗教学院学习；一年后，又去安徽芜湖任中学国文教员。1934年，陈梦家回燕京大学攻读容庚教授为导师的古文字学研究生。1935年和赵萝蕤相识恋爱。

赵萝蕤原籍浙江，1912年出生于北京一个知识分子家庭，父亲是燕京大学宗教学院院长，也是一名研究西方文化的学者。受家庭的熏陶，赵萝蕤的英语特别出色，因此她16岁时被推荐入燕京大学英国文学系就读。其实，她爱好的是中文和写作，后来进清华大学攻读英国文学研究生。受新文化运动的影响，她开始写新诗，投往上海由戴望舒创

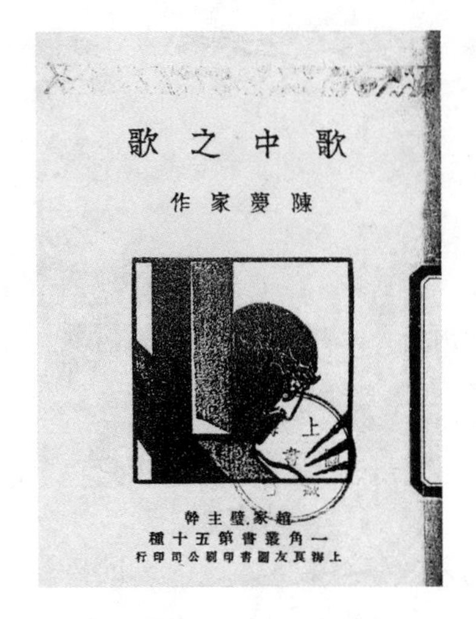

陈梦家作《歌中之歌》书影

陈梦家作《不开花的春天》书影

办的《新诗》杂志。和戴望舒结识，成为赵萝蕤翻译生涯的开端。1934年，戴望舒交给她一项任务，翻译美国现代诗人艾略特的名诗《荒原》。艾略特是英语世界很有影响的诗人和批评家，1948 年获诺贝尔文学奖。他写于 1922 年的《荒原》被视为美国现代诗歌史上的里程碑。《荒原》借西方寻找圣杯的传说，用广征博引的手法渲染了第一次世界大战前后失去宗教信仰的欧洲不过是一片荒原。这部诗因涉及 5 种语言和 56 部前人著作，典故极多，翻译起来有一定的难度。不久，赵萝蕤译的《荒原》在《新诗》月刊上与读者见面了，轰动一时。《西洋文学》杂志撰文说："艾略特的《荒原》是诗作中的灵芝，而赵女士的翻译可以说是荒原上的奇葩。"

在 1956 年写成的《尚书通论·叙》中，陈梦家回顾自己的治学之路说："我于二十五年前因研究古代的宗教、神话、礼俗而治古文字学，由于古文字学研究而转入古史研究。"燕京研究院毕业前后，在短短两年的时间里，陈梦家就写了十多篇文章，除《令彝新释》《禺邗玉壶考释》和几篇说解单字者外，主要内容是根据甲骨文、金文探索商周时代的宗教、神话和礼俗，其中有《古文字中之商周祭祀》《商代神话与巫术》《祖庙与神主之起源》《高禖郊社祖庙通考》等。他又进行过古代地理研究，曾发表《商代地理小记》和《隹夷考》。1937 年写成的《殷代的自然崇拜》，较早地论及卜辞中的四风问题。陈梦家从事古文字研究的初步成果，在当时学术界有着相当的影响。

卢沟桥事变后，陈梦家离开北平，经闻一多的推荐，到迁至长沙的清华大学任国文教员。1938 年春，学校迁至昆明，与北大、南开组成西南联合大学，他又到那里任教，先后讲授中国文字学和《尚书》通论，不久晋升为副教授。讲课之余，他仍然继续进行宗教、礼俗方面的研究，发表过《五行之起源》《商王名号考》和《射与郊》等文章。

1934 年，北京图书馆馆长袁同礼作欧美之行，收集了流散在海外的中国青铜器物，带回一批照片，汇编为《海外中国铜器图录》，这时已迁至昆明的北京图书馆邀请陈梦家襄助。袁同礼在该图录的序中写道："民国二十三年适有欧美之行，爰从事调查列邦所藏之中国古器物，稿已盈尺，未克刊布。二十五年复承中央古物保管委员会之委托，乃继续征集，本拟将影片记录，分类刊行，工作未竣，而卢沟变作，进行事宜，胥受影响。本年春乃将铜器部分重行整理，并承蒙陈梦家先生之赞助，编成图录，分集印行。"此时正是陈梦家接触青铜器之始。该书附载陈梦家所作《中国铜器概述》，内容包括时期、地域、国族、分类、形制、文饰、铭辞、文字、铸造、鉴定，共计十章，是很有参考价值的殷周青铜器概论。这时，他还认真研究过汲冢周书，并写了《西周年代考》等论文。

1944 年 9 月，陈梦家经清华大学教授金岳霖和美国哈佛大学教授费正清介绍，应邀取道印度前往美国芝加哥大学讲学一年，讲课内容仍是中国古文字。赵萝蕤也在这年完成了博士学位。对陈梦家来说，访美的主要目的是收集流散北美的中国铜器资料。陈梦家在讲学和随后逗留的三年当中，长途跋涉，历尽艰辛，费了很多口舌，得以造访上百位公私藏家，亲手摩挲千余件铜器，摄取图形照片，打制铭文拓本，记录尺度和流传情况，把资料收集得比较齐全。1947年，他将收集到的资料汇编成《美国收藏中国青铜器全集》，当时仅将英文说明稿打印数份，未及正式出版。此间，陈梦家曾去加拿大多伦多的安大略博物馆，收集并记录所藏安阳、洛阳两地出土的铜器。1947年八九月间，他又飞渡大西洋，访问英国、法国、瑞典、荷兰四国首都，继续收集流散欧洲的铜器资料。

陈梦家毅然回绝留美定居的邀请，于1947年10月离美归国，回到他工作多年的清华大学。回国以后，除继续讲授中国文字学外，他所做的第一件事是为清华大学筹建文物陈列室，经过短短半年的辛勤努力，便使其初具规模，成为国内大学藏品可观的一处博物馆，并于1948年4月开放。

共和国成立初期，陈梦家仍在清华大学任教，课程有他讲授多年的中国文字学，与新开设的现代中国语言学。几年来从事铜器断代工作的体验，使他深感对甲骨文同样需要从断代入手，重新进行全面的系统研究。于是从1949年开始，他利用课余时间写了《甲骨断代学》等四篇论文。1952年高等院校调整以后，陈梦家调到中国科学院考古研究所任研究员，继续进行殷虚卜辞的研究，1954年底完成了洋洋70余万言的《殷虚卜辞综述》。

陈梦家到考古研究所后，曾任考古所学术委员会委员、《考古学报》编辑委员会委员和《考古通讯》副主编等职，主持过考古学书刊的编辑出版工作。尽管他为处理编辑事务耗费的时间很多，但学术研究的成绩仍相当显著。他在编著《殷虚卜辞综述》的同时，以西南联大的西周金文讲稿为基础补充修改，开始写作另一部巨著《西周铜器断代》，对西周铜器进行详细的断代研究。1956年，他还着手将过去精心收集的海外所见铜器资料汇编为《中国铜器综录》，原定分编五集，当年完成和初步完成的是北欧、美国和加拿大三集，英国、法国二集未及着手，1957 年夏季形势发生了变化。

双劫在身：1957—1966

1951 年 10 月，上海市文管会接受潘达于捐献祖传大克鼎和大盂鼎，在上海文物收藏界引起连锁反应，谭和庵先生受到潘达于捐献文物精神的激励，向上海市文管会捐献了自家珍藏的“子禾子釜”和“陈纯釜”。谭和庵何许人也？捐献为什么这样迅速而及时？

和庵是上海大收藏家谭敬的字，收藏青铜器甚富。陈梦家搞青铜器研究，与之多有交往，彼此堪称知交。谭敬的捐献是陈梦家从中做了工作，把他介绍给上海市文管会。陈纯釜旧称陈猷区，据陈介祺考证，疑为春秋末齐国田常之子田盘（即田襄子）所制的量器；子禾子釜旧称陈太公区，为田盘子孙田和所制量器。又有左关鉶一件，1957 年在山东胶州灵山卫古城出土。此三器均为潍县大收藏家陈介祺所藏，被称为“胶西三器”或“齐东三器”。此三器由陈家散出，流落到上海，前二器由大收藏家谭敬购进，左关鉶为文管会购得。当时徐森玉为文管会副主任，主持日常工作，欲再得其他二器，以求三器之完整，就向陈梦家讲了这个想法。陈梦家虽然在北京工作，却是徐森玉的台柱之一，有关青铜器的购藏，多由陈梦家参谋。陈梦家遵照徐森玉的意图，促成其事，得到圆满结果。

徐森玉爱才，对陈梦家极为器重，他在故宫博物院任古物保管所所长时，就和陈梦家成了忘年交，陈梦家对他以老师前辈尊之。为此，陈梦家经常往返于北京、上海之间，渐渐地和徐森玉的秘书汪庆正成为好友，连怎样念书的方法都告诉汪庆正。汪庆正新婚不久，陈梦家去看他，看到他正在念书，旁边还放一个笔记本，陈梦家把他的笔记本翻了翻，说："老兄，你不要生气，你这样念书一辈子也念不出来。"

汪庆正问："我一直这样念的，大家也都是这样念的，为什么念不出来？"

陈梦家答道："你记了那么多的笔记，日子一长，书的内容全忘了，写了那么多的笔记，等于另一本书，你还得重新念。我教你一个念书的方法，就是不准用笔，也不准记笔记，念书就是念书，什么时候念好以后，把书合上，然后再写，写出你读书的内容，有哪几个重点，得到些什么，有什么问题，例如你认为书中有几点不对，应该探讨的是什么，这才是真正的念书。我们这一代最有出息的人念书方法都是一样的。"

1957年反右时，陈梦家和徐森玉断了联系。后来赵万里给徐森玉写了一封信，告知陈梦家的情绪低落，人也消瘦了许多，看来是在劫难逃了。赵万里的信使徐森玉极为焦虑，直到报纸上把陈梦家列入右派的名单，徐森玉顿足长叹：唉，毁了一个人才。

陈梦家蒙难之后，接受批判自然是难免的了。除了批判他和其他"右派分子"的共性，诸如"外行不能领导内行"等，其实陈梦家的确切"罪行"是他对文字改革的看法。他认为中国字不能简化，更不能拉丁化，中国文字的魅力就在于它的特殊的美。他的另一罪名就是"反对马列主义"，主要表现在考古研究上。对他的新作《殷虚卜辞综述》，有的文章批判他"没有完全采取实事求是的态度，以至编制草率，出现很多错误"，"此书里有很大一部分只是引用复述了前人、近人的学说，这些转引的理论也是不妥的"，"作者对殷代社会性质及其发展途径没有明确认识"，"只罗列了庞杂的现象，不能提高到理论阶段，同时对若干现象也不能有满意的解释。这种和马列主义的历史科学相距是很远的"，"陈梦家于此自视甚高，是不相称的"。还有的文章批判称："陈梦家向来以'专家'自居的，现在让我们剥去这位'专家'的画皮，看看他黑色的肺腑里都包藏些什么货色。他不止一次地炫耀自己在学术上的所谓

‘成绩’，其实，他不过是拾人牙慧、攘为己有、招摇撞骗的走方郎中而已。”“《殷虚卜辞综述》整章整节是改头换面抄袭来的。”“别人弄错的地方他也跟上抄错了。”有的文章批判他抄得不够，有的文章批判他抄得太多。

我对甲骨学无知，但从陈梦家在该书“校后附记”中已经说此书“对诸家之说，抉择取舍之处未必尽当；而我自己立说往往游移不定”。我想这是作者的由衷之言，首先他讲明这本书的性质是综合诸家之说，其次感到自己的水平不够，书还有不少缺陷。陈梦家能说这样的话可谓是有自知之明，很不容易。而批判者却不管这些，对陈梦家乱加讨伐一通。

正当陈梦家的《殷虚卜辞综述》遭到政治性批判时，日本学者赤塚忠于1958年在《甲骨学》第六期上发表了他的论文《读陈梦家〈殷虚卜辞综述〉》，对此书给予了很高的评价。

陈梦家所著《殷虚卜辞综述》一书到底是怎样一部书？作者写作目的如何？学术水平又如何？如今斯人已去，又经历了改革开放的洗礼，对此书应该有一个客观的实事求是的评论了。中国社会科学院考古所的王世民，曾经和陈梦家一起工作多年，他在《中国史学家评传》一书中的长文《陈梦家》中，对《殷虚卜辞综述》一书做了如下评价：

> 一九五六年七月出版的《殷虚卜辞综述》一书，集中反映了陈梦家在甲骨文研究方面的成就（该书前言声明：“过去所已发表的一些单篇，……均因本书的印行而作废”）。全书共分二十章，至今仍是甲骨学上最有分量的通论性著作。他原本准备把书写成一个稍加评论的“总结”，“叙述五十年来有关甲骨刻辞研究的成绩，并且稍加以去取与估定其贡献”。这实际是一种学术发展史性质的著作，撰写起来“免不了许多无谓的繁琐的引述与争辩”。于是在试作一段时间以后，迅速改变计划为整理前人近人的各种可

取说法，根据已有资料进行补充和修正，并且综合地叙述殷墟卜辞中的各种重要内容。

《殷虚卜辞综述》的前五章，总结了殷墟甲骨本身的一些问题，包括甲骨发现和研究的简要历史，辨释甲骨文字的经过和基本方法，卜辞的词位和句子结构，以及对甲骨断代的深入讨论。随后各章根据自己在前人基础上所做的全面研究，论述甲骨材料所反映的殷代社会各方面情况。其中，对殷代的地理情况、先公先王、亲属关系，论述得相当详细；对官制、身份、宗教、产业及历法天象等方面，也有专章讨论。全书末尾的总结，概括书中所述可以肯定的史实，扼要地说明作者对殷代社会及其历史文化的认识。附录的“有关甲骨材料的记载”，包括早期收藏甲骨的情况、出土甲骨的统计和甲骨大事简表；“甲骨论著简目”则按本书的章次，有选择地列举甲骨论著，以便读者检索。

由于陈梦家对甲骨文资料占有得比较充分，写作时又注意卜辞、文献记载和考古材料的互相结合，以及卜辞本身的内部联系，有时还列举西周金文以资对照，因而《殷虚卜辞综述》一书内容异常丰富，论述比较全面。该书对甲骨材料和有关文献记载引述得相当完备，对殷代考古材料和有关的西周金文也印证较多。例如第十三章“庙号下”的“宗室及建筑”节，开始详举甲骨文的有关资料，继而指出西周金文中宫、室、庙、寝的分别及其与殷制的不同，最后讲到抗战前殷虚发掘所见建筑基址情况。又如第十六章“农业及其它”，不仅论述甲骨文所见祈雨和水患、卜年、登尝和作物品种，以及耕作的过程等项内容，而且结合文献记载介绍从龙山文化到殷代农具方面的考古发现；谈到“田猎与渔”，又提到殷墟出土兽骨的鉴定情况；“饮食器皿”和“车”等节，更以有关考古材料的论述为主。虽然这部书并没有从理论的高度进行殷代社会性质的深入探讨，但它的可贵之处在于以实事求是的治学态度，认真地总结了甲骨文研究和有关考古发现的客观情况，既可供专门研究者参考，又能为初学者指点门径，因而在国内外学术界有较大的影响，为甲骨学的普及和提高发挥了积极作用。

陈梦家在甲骨学上主要的贡献，是对甲骨断代有新的发展。

文字学家裘锡圭在1992年撰写的《评〈殷虚卜辞综述〉》一文中写道："总的来看，作者的抉择取舍大体上还是得当的。他自己的创见也有不少是有价值的。应该承认《综述》在很多方面都反映了此书出版时殷虚卜辞研究已经达到的最高水平。"反"右派"的当时，是最低水平的人批判最高水平的著作。在《殷虚卜辞综述》出版30多年时间里，陆续发表了很多殷虚卜辞的新资料和新的研究成果，这些都是《殷虚卜辞综述》写作时所不及见的。对此现象，裘氏不无感慨地写道："但是这些年来并没有人按照《综述》的规模，重新做总结殷虚卜辞研究成果的工作。在已有的关于殷虚卜辞的通论性著作里，没有一部能在广度和深度跟《综述》相比。"当年把陈梦家的《殷虚卜辞综述》批判得一文不值的人，在三十多年的时间里不知在干些什么。

《甲骨学一百年》把陈梦家列入"甲骨文科学发掘时期的有贡献学者"之一，重点介绍了《殷虚卜辞综述》及学者对它的评价："一部全面总结六十五年来甲骨文研究成果的巨作，把我国研究甲骨文水平提高到一个新高度。它继往开来，在甲骨学史上占有重要地位。"

1957年夏季陈梦家遭受不白之冤之时，他的《西周铜器断代》刚刚完成不到全书的一半，被迫停滞；已经编成的《中国铜器综录》三集暂时不能出版；先已发稿的流失美国部分拖延6年，迟至1962年才内部发行，书名改为《美帝国主义劫掠的我国殷周铜器集录》。书的序言中说："我所（指考古研究所）曾将本集校择送请于省吾、唐兰、张政烺三位先生重新审定。三位先生根据照片，只从铭文拓本指出了几件可疑的，此外还有可疑的器和铭。本书的内容以及编排处理方面，也有若干不妥之处。"了解情况的人都知道这里所说的此书诸多不足之处，是暗指陈梦家的。但陈梦家的名字消失了，著作权也被剥夺了。1977年，日本东京大学教授松九道雄翻印了《美帝国主义劫掠的我国殷周铜器集录》一书，在序中指出此书是陈梦家的著作。

1960年春天，徐森玉带着秘书汪庆正到了北京，第一件事就是去看望陈梦家。这时，陈梦家仍然戴着“右派”帽子，见到徐森玉自然是很高兴，说：“我不便到宾馆去看你们，怕连累你们。”徐森玉一听就很不高兴，说：“这是什么话，放屁！”

接着，徐森玉又要带陈梦家去看望朱启钤。

去拜会朱启钤这样的收藏家，陈梦家当然是很愿意的，但是不能去。他说：“我不去了，别给朱老添麻烦。”徐森玉说：“梦家，你要是‘右派’，我和朱启钤更应该是‘右派’了，而且是老‘右派’。”既然徐森玉把话说到这份上了，陈梦家也就不再多说，便一同前往。

在北京期间，徐森玉到处为陈梦家摘去“右派”帽子而奔走呼吁。他先去找国家文物局局长王冶秋，说：“你们不作兴啊，怎么好这样亏待陈梦家，到现在还戴着帽子。”

王冶秋说：“陈梦家的事，我们文物局管不了，是社科院尹达管的。”

徐森玉说：“那明天你给我派车，我去找尹达。”

第二天，徐森玉到了社科院，尹达请他吃茶。他说：“我不是来吃茶的，是来找你关心陈梦家的，他是个有用之材，不作兴这样对待他，你们要把‘右派’帽子给他摘掉。”

徐森玉的声音很大，尹达说：“森老，你不要生气，这件事情我一个人也做不了主，我一定把你的意见反映上去。”

徐森玉说：“陈梦家的事，我也会去找郭沫若说的。”

后来，郭沫若请徐森玉吃饭，徐森玉又说：“你要替陈梦家说话，他为你做了那样多的事情，你不能不管啊。”

郭沫若：“是啊，是啊，我一定要关心。”

20世纪60年代前后，甘肃武威磨嘴子汉墓出土了《仪礼》简册，学术界为之震动。科学院院长郭沫若在北京组织专家，要对这批汉简进行整理、研究。一开始找唐兰和于省吾整理注释，这时唐兰和于省吾的年纪已不小了，几位专家都认为这批汉简整理研究要花三到五年的时间，需要一些助手才能完成。这时的郭沫若仍然是充满激情的学者，他认为三五年太久，要只争朝夕。

徐森玉知道这件事，叫汪庆正先打电话给陈梦家，问他的身体状况。徐森玉知道陈梦家的身体还可以之后，就打电话给郭沫若，推荐陈梦家。

郭沫若沉吟了一阵："梦家还戴着'右派'帽子啊。"

徐森玉说："郭老啊，现在是用人之际，梦家头上的'帽子'就在你的手里啊。"

1960 年六七月间，还戴着"右派"帽子的陈梦家被考古所派往兰州，协助甘肃省博物馆整理武威磨嘴子出土的汉简。在不太长的时间里，他和甘肃省博物馆的研究人员就把这批汉简整理出来，并做进一步研究，写了释文、校记和叙论，后又反复修改，于 1962 年定稿出书，名为《武威汉简》。这时，他还负责《居延汉简 甲乙编》的编纂工作，研究汉简的兴趣陡然大增，以至中断了西周铜器断代的研究工作。从 1960 年到 1965 年年初的四年当中，陈梦家作为摘帽"右派"，忍受着精神上极大的创伤，坚持不懈地继续进行学术研究，先后完成了 30 万字的 14 篇汉简研究论文，并亲自将其汇集为《汉简缀述》一书。另外，他还写了《战国楚帛书考》《越兵考》《编钟堵肆考》《叔夷钟镈考》《编钟镈盘考》及《宋大晟编钟考》；又因汉简研究的需要，着手进行历代度量衡的研究。

陈梦家是一位研究思路广阔的学者，善于详细占有资料，进行通观式的研究。他对汉简的研究虽然是从武威汉简进入这个领域，但不局限于此，除了武威，他还对居延、酒泉和敦煌等地出土的汉简，按不同地区、年代进行专题研究。

关于汉代简册制度，王国维、马衡等学者也曾根据实物做过探讨，但因当时资料有限，未能弄清一些细节。陈梦家根据武威这批首尾完整的成篇经书木简，参考汉代较早的文献资料，详细具体地考定了汉代的简册制度，及其对后世书籍制度的影响。

居延汉简是1930年西北科学考察团在内蒙古额济纳河流域发现的一万支木简，是汉代张掖郡居延、肩水两都尉所属边塞的屯戍文书，数量多，内容丰富。但是由于各种原因，长期未能公布这些简册的出土地点，未能深入研究。考古所在1959年出版的《居延汉简 甲编》曾发表当时掌握的1914支汉简出土的五个地点，为研究工作提供了方便。最后的完成还是靠被批判为“走方郎中”的陈梦家，他付出了相当艰苦的劳动，根据瑞典新出版的《内蒙古额济纳河流域考古报告》，对照考古所珍藏的西北科学考察团旧档案中找到的采集品标记册，终于查明居延汉简的全部出土地点，并且指导居延汉简的整理，编纂成《居延汉简甲乙编》。这就为用考古学方法科学研究汉简准备了良好的条件，使汉简研究进入了一个新的发展阶段。如果不是陈梦家投入研究，西北科学考察团的旧档案恐怕至今仍为尘土所封的一堆简牍。

陈梦家所揭开的被历史尘封的资料之谜，何止居延汉简。长沙子弹库出土的楚帛书，自1942年出土之后，吸引了很多学者进行专门研究，对这样难得的战国中期文书资料，只是做具体文字和图像考释，做“镇压邪魔”“辟除不祥”的泛泛之谈，并没有论定整个内容性质。陈梦家的遗稿《战国楚帛书考》推断帛书应属战国中期的楚国月令。这是帛书出土后几十年的研究中，第一次全面论证楚帛书的性质，虽然不能成为定论，取得重要进展则无疑义。

60年代初期，陈梦家的“右派”帽子被摘掉了，他可以进行学术研究了，但那只不过是将功折罪，实际上他还是被列入另册，是不能乱讲乱动的，而他做不到遇事三缄其口。就在这时，又一次搞汉字简化，他简直是夜不能寐，终于克制不住自己，跑到汉字改革委员会陈述自己的见解。这位诗人、古文字学家、考古学家的身体和魂魄浸透了对祖国历史文化的挚爱，他从汉字的一横一竖一撇一捺里，不仅看到了浓厚的东方历史，更看到了独特的中国艺术。

有好心的朋友劝告他："你忘了为这事吃的苦头？你如今这样的身份，还是不要随便讲话的好。"

陈梦家说："不让我说话，那我活着干什么？"

这就是陈梦家的执着。

陈梦家无论是研究甲骨文、殷周青铜器，还是研究汉代简牍，或是对明代家具的赏藏，都是另有一功，他能融会贯通，自成体系，取得较多的学术成果。这同他的勤奋、妥善的治学方法及他那诗人的敏感悟性分不开的。

1963年4月上旬，考古所决定着手金文集成编纂工作，委派陈梦家主持其事。他极为兴奋，立即挥笔草拟了编纂计划，并指导青年同志从该所藏拓的资料入手进行具体的资料准备。1964年年初，陈梦家根据考古所的计划要求，重新开始已中断五年之久的西周铜器断代研究工作。在此后的两年时间里，他写了50多篇器铭考释。到1966年，他准备完成《西周铜器断代》和《历代度量衡研究》，然而计划没有完成，"文化大革命"就开始了。

1966年8月，"文革"的大幕徐徐拉开，陈梦家被送上批斗的"审判台"，家被抄了，房子被人占了，他和赵萝蕤被赶进一间本来是汽车库的小房子里居住。赵萝蕤两次生病，都无法入院治疗。8月24日傍晚，陈梦家二次被批斗后离开考古所，他没有回家，径直来到住在附近的一位朋友家中，告诉朋友："我不能再让人把我当猴子耍了。"这时，考古所的造反派跟踪而至，在他朋友家中，强按他跪在地上，大声叱骂。然后把他从朋友家中押回考古所，不准回家。

1966年8月24日，是北京红卫兵暴力行动进入最严重阶段的日子，北京城到处是抄家声、打人声、火烧文物声。考古所位于北京市中心，离王府井大街很近，穿过马路就是中国美术馆，旁边就是东厂胡同。被关在考古所的陈梦家，对外面的声音不会没有耳闻，研究历史的陈梦家不会不了解东厂胡同在明清时代是干什么的。

陈梦家在这天夜里写下遗书，服安眠药自杀。由于安眠药剂量不足以致死，陈梦家没有死成。

1966年8月24日，是中国农历的七月初九，正是有“新月”的时候。不知道那一夜他是否看到了新月，也不知道他对新月思考了什么，该不会想到他20岁时候的“新月”吧：

> 今夜风静不掀起微波，
> 小星点亮我的桅杆，
> 我要撑进银流的天河，
> 新月张开一片风帆。

20岁时的诗篇，多富有浪漫的情怀。可是当生命的年轮又长了35圈的时候，应该有着知天命的超脱的成熟，怎么会走到要用安眠药结束自己生命的地步？昔日的新月，形如风帆，送他走向理想，可是此时的新月，为什么要伴他走向死亡？难道天边挂着的不是同一弯新月吗？

死亡，只有走向死亡！10天以后，陈梦家再一次自杀，结束了55岁的生命。

陈梦家自杀，给赵萝蕤带来了悲痛，但她没有落泪。我的朋友郭萍曾经访问过赵萝蕤，谈到陈梦家的自杀，写下这样一段文字：

> “文化大革命”开始了，赵陈二先生一起被批斗、抄家、游街。依照陈先生的个性和身份，受到的侮辱自然不会少。思想和人格尊严的彻底丧失，使他对社会和人类的绝望到了极点，他用西方式自杀未成，十天后，终于用东方最古老最原始的方式结束

了生命。这一天是一九六六年的九月三日。

“士可杀不可辱。男人把尊严看得比生命还重要的。女人的脸皮要厚一些。那时我也被斗得很厉害，也剃了阴阳头，上街都得用块布包着。我没有救得了他，但我还是活下来了，我想世道总不会老是那个样子。”

老人平静如水的声音，像一只苍凉的岁月之手拂过眼前的汉代瓦当、线装书和明式家具，在我的心中掠起巨大悲恸，我似乎看见陈先生穿着五四时期的长衫，在风中呼喊：“不让我说话，那我活着干什么？”

一个人最不可忍受的是思想的被漠视和说话权利的丧失。美国19世纪伟大的哲人爱默生曾经说：“世界上唯一有价值的东西是活动的灵魂。”他认为：“每一个人都是伟大的，每一个人都应当思想。”爱默生是惠特曼初版《草叶集》的第一个也是唯一的呼应者。倡导个性、呼吁民主、赞美民众，正是《草叶集》的精髓。想想五四时期如潮水般涌来的西方民主思想和人文精神，曾给中国知识分子多少强劲而丰厚的滋养！鲁迅、茅盾、巴金、冯至、傅雷、叶圣陶、戴望舒、徐志摩等文化名人，为了从西方盗火，个个既是作家、诗人、学者，又是翻译家，形成五四时期文坛上蔚为大观，至今仍可称为中国文化史上最令人叹为观止的景象。

陈梦家，这个东方文化之子一生的思想都深深浸润着五四精神。这是他不幸的根源吗？

陈梦家自杀十余年后，那个“自绝于人民”的结论改换成“含冤去世”，还他以公道，这也算是告慰他的在天之灵吧。

周叔弢：自庄严堪的书香

书香传世　源远流长

“君子之泽，五世而斩”，即使是收藏家，大体也逃不出这个框框，特别是官宦出身或商贾出身的收藏家，更是如此。而书香世家出身的藏书家似乎有些例外，“书香”常常能绵延数代而不衰。藏书家周叔弢及其家族就是这样一个范例。

周叔弢出身于官宦书香之家。他的祖父周馥（1837—1921）和刘秉璋一文一武，是李鸿章的左右手。但周馥不是从淮军中一步一步升上来的，而是从安徽东至县走出来的一位占卜先生。周馥字玉山，青年时流亡他乡，祖父怕他不得归，改名为“復”。后来李鸿章在褒奖单上误写为“馥”字，大概因为呈报皇帝，“上达天听”了，遂将错就错，改名为“馥”。陈寅恪在《寒柳堂记梦未定稿》中说，清末中枢大臣和封疆大吏中，分所谓清流和浊流。京官如奕劻、袁世凯、徐世昌等，外官如周馥、杨士骧等，都属浊流；清流有陈宝琛、张之洞等。陈氏认为清流大抵为少年科第，虽较清廉，然务为高论，殊无实才。浊流之士大夫略具才实，然甚贪污。陈寅恪只是笼统地说说，没有看到他对人物具体的分析。

周馥有六子，为学海、学铭、学涵、学熙、学渊、学辉。周叔弢的父亲即学海。周学海（1856—1906）字澄之，光绪十八年（1892）壬辰进士。他曾拜李慈铭为师，《越缦堂日记》有记："周氏兄弟友爱恂恂，其兄澄之尤谨笃，近日所难得也。"他长期在扬州做候补道，但兴趣不在仕途，而是把精力用于研究医学以及撰著和校刻医书上。《清史稿·艺术传》有他的附传，说他著书"引申旧说，参以实验，多心得之言。博览群籍，实事求是，不取依托附会"，"时为人疗治，常病不异人，遇疑难，辄有奇效。刻古医书十二种，所据多宋元旧椠藏家秘笈，校勘精审，世称善本云"。20世纪80年代，扬州根据木版重新印刷了周学海校印的《周氏医学丛书》。

周叔弢原名明扬，后改为暹，字叔弢，以字行，晚年自号弢翁。清光绪十七年六月十三日（1891年7月18日）生于江苏扬州。扬州园林小盘谷是周家旧园，周馥购进作为娱乐之处。周叔弢生于此园，到1914年才离开。陈从周的《扬州园林》出版时，寄了一本给他，他回复说："小盘谷图片翻阅数过，儿时游嬉之地，如在目前，今垂老矣。回忆前尘，曷胜惆怅……"周学海有五子七女，叔弢排行老三，长兄明达（后改名达），字美权；次兄明逵（后改名逵），字仲衡；四弟明枬（后改名进），字季木，收藏家；五弟明云（后改名云），字祥五。周叔弢没有继承父亲的医术，1914年移居天津，1918年起追随叔父周学熙办实业。周学熙蜚声旧中国实业界，与张謇齐名，有"南张北周"之称，周叔弢就成了"北周"系统的代表人物，最初在青岛创办华新纱厂，任专务董事，以后历任唐山华新纱厂经理，天津华新纱厂经理，启新洋灰公司协理、总经理，并任滦州矿务局、耀华玻璃公司、江南水泥厂及一些厂矿企业董事之职。

周叔弢长子、北京大学教授周一良在《毕竟是书生》中写道："父亲律己甚严。如他五兄弟当中，四个有侧室，甚至不止一人，他却对嫖赌鸦片丝毫不沾。对子女要求因而也比较严格，同时思想又比较开明，能随时代前进。"大藏书家傅增湘在《周君叔弢勘书图序》中说："秋浦

晚年周叔弢

约 1909 年，周叔弢和他的兄弟姐妹，前排中为周叔弢

周氏自悫慎公以来，与余家论交已历四世矣。道义文章，互为师友，风义之笃，虽懿亲不啻焉。桑海以后，于群从昆季中与叔弢过从尤密，则以癖古嗜书为之缘也。君自青岛移家津门，始相接晤，其收书亦微后于余。然君之为人也，貌婉而神清，才敏而志定，淡声色，薄滋味，寡气矜，畏荣进，怡然淡然，若与世无竞者。独于古书秘籍则深嗜笃好，专精奋气以肆求索，若疾病之待药饵而饥渴之思食饮也。”我们从中可以看出这位北方藏书家的人格了。

惜书之癖，甚于惜钱；赎书之乐，故友重逢

藏书，首先要买书，而且要带着浓厚的兴趣去买书，这是一个藏书家必备的首要条件。父亲周学海在南京做候补道，每次回扬州都要带一些书回来，这给周叔弢留下很深的印象。这样，他 16 岁时就开始买书，最初是根据张之洞的《书目答问》买一些研究旧学的实用书籍，后来无意中得到一本莫友芝著的《郘亭知见传本书目》日本印本，其中记载了许多宋、元、明刻本和旧抄本，并评其优劣，他才开始注意善本书。1914 年他从青岛移居天津后，以低价买到清代皇家书库“天禄琳琅”旧藏宋刻《寒山子诗》，得意地取“拾寒堂”斋名以作纪念，以后又用过“寒在堂”的斋名。这是他收藏宋本的开始。1924 年，他又委托董康在上海影刻《寒山子诗》。据李国庆《弢翁藏书年谱》记载，此书封面前半叶题“景宋本寒山子诗”，后半叶题“甲子十二日建德周氏新刊”，有六种印本。在购得《寒山子诗》以后若干年中，他对善本书续有所得，最为可观的是购进山东聊城杨氏海源阁部分善本，藏书数量和质量都有了很大的提高。海源阁藏书运到天津后，他从文在堂书商魏子敏手里买到宋湖北刻本《南华真经注》。接着他又认识了海源阁后人杨敬夫，可以直接从他手中买书，头一部是宋版《新序》，以后又陆续

从杨氏后人或其他途径买到海源阁藏书共55种。这批书都是海源阁藏书的精品，使“自庄严堪”善本书藏大大增色。

海源阁藏书中有一部黄丕烈旧藏的明建业张氏铜活字本《开元天宝遗事》，他向杨氏买别的书时曾提到这部书，对方说这部书不怎么好，可以送给他。他连忙说这怎么可以。对方虽说是送，他还是依值送了对方一些钱才把书拿回来。徐森玉为公家收购文物时，总是守着“不要亏待收藏家”的准则，周叔弢购书时也是“给价公允”，遇到真正喜爱的书更是不惜高价，有时明知书商居奇，他也不计较。他不喜欢巧取豪夺，即便对方对书的价值估计不够，他也总是以公平价格收购。

他虽然资金雄厚，但遇到高价书也感到力不能支，为了不让名刻佳本失之交臂，有时不得不举债购进。在抗日战争前他经营工厂，收入是不少的，但是善本书价钱之高也使他常常要费力才能得到。宋、元本书一部要几百上千乃至几千元。他在1933年买宋刻汤汉注的《陶靖节先生诗注》两本书就用了4000元，是负债买的。抗战前夕，他经营的工厂都被日本帝国主义者强吞，收入大为减少。1936年元宵节时，他在记载所买古书文物的册子上写道：“负债巨万，尚有力收书邪？姑立此簿，已迟往昔半月之期矣。”到了那年除夕，他又记道：“今年财力不足以收书，然仍费5700余元，结习之深，真不易解除也。所收书中亦自有可喜者，但给值稍昂耳。”抗战开始后，他于1939年岁末写道：“今年本无力收书，乃春初遇陆监（指金代张氏晦明轩刊本《通鉴节要》）、毛诗（指宋监本《毛诗》），岁暮遇《衍约说》（宋本）、《蜕庵集》（指陆其清手抄，王闻远、黄荛圃校跋本），不得不售股票收之，孰得孰失，正不易言耳。”从以上几件事可以看出他收书时的苦心。

有些书，他不但举债，而且要辗转多年，几经周折才能购得。这从他的几则题记可以有更具体的了解。

宋余仁仲万卷堂刊《礼记》注二十卷，记中有云：“辛巳秋王君欣夫自沪来告，此书已贬价为沪币二万五六千金，问有意收之否？余急驰电欣夫，许以二万金，未几得报，则先为某估以一万二千金买去，此中消息，固不难知，中心益怏怏不能平，而自叹古缘之悭也。旋诇知此书为王富晋所得，函招之，久不至。越岁壬午春王某自沪返北京，过天津始携以见示，字画流美，纸墨精良，洵宋刻之上驷，索价之高，更逾于来青阁。余时绌于为生，方斥去明版书百数十部，尽归陈一甫丈，既得钱乃不遑复计衣食，急持与王某成议，唯恐弗及。值当沪币约五万金，昔人割庄易《汉书》之举，或尚不足以方余痴，而支硎山人钱物可得，书不可得，虽费当弗校之言，实可谓先获我心。"

《春秋经传集解》三十卷题记更可见他孜孜求书的境界。此书为宋鹤林于氏刊本，海内孤本，"世所罕见，不仅纸墨莹洁，光彩夺人，为可珍重"。最初，他在北京翰文斋看到四卷（二、十七、十八、二十一），因议价未成，为他人所得，他"时时念之不能忘"。袁世凯所藏第二十六卷，辗转归庐江刘晦之，他未能看到。数年后，从海源阁杨氏处忽见残本第二十三卷，"为之惊喜过望，以重值收之"；接着又从李盛铎后人处购得四卷，"其价值倍于杨氏"；以后又通过王晋卿从石氏处购得第十四卷，但"已改易旧装，而值更高于李氏"。刘晦之所藏第二十六卷，"则秘为鸿宝，坚不肯让，数年来屡以为请，皆拒而不允。其第十卷更无从踪迹。噫，此书或将不能终完耶？……今刘氏书散佚过半，剑合珠还之愿，更不可期；得失聚散，固有定数，非人力所能强，第衷心耿耿，终不能不为此书深惋惜耳"。

《春秋经传集解》题记中记述了此书得以珠还剑合的曲折过程，亦反映他亦惊亦喜、亦悲亦叹的心情。

《春秋经传集解》又有元相台岳氏荆溪家塾刻本三十卷，几经周折，周叔弢方得二十九卷，而第一卷已归嘉定徐氏，后为一龚姓用600元买去，使周氏感到"故都人海，渺不可追矣"。但他还是寄以希望，"延津之合，或有待耶"。他心中对此书放不下，所以"每展卷兴叹，殊不能自已也"。他后来听说龚氏所得首册，已毁于上海闸北之难，不在

庚午春余從文友堂先得春秋年表及名號歸一圖
是年秋從藻玉堂得是書卷十二十三卷廿七至卅計六卷越
歲辛未冬復從肄文堂得卷二至十一卷十四至廿六計廿三卷舊
裝未改居然璧合闕卷一前十年歸嘉定徐氏因急訪之北平乃
前數日為一龔姓用六百圓買去故都人海渺不可追矣延津之
合或有所待耶每展卷興歎殊不能自已也壬申十二月弢
撥部桂子宋淳安人字德芳號玄同以文名著登咸淳進士任
靈州教授宋亡避地雲間築亭湖上名雪舟著述其間天祿
琳琅前編著錄元本東坡集即其所藏也
龔氏所得首册頃聞已毁於上海閘北之難不在人間因從
沅叔三丈乞所藏宋撫州本第一卷以補此書之闕而記其歲月
於此癸酉三月三日尗弢記

《春秋经传集解》元相台岳氏荆溪家塾刻本周叔弢跋之一

宋岳刻左傳自臨清徐氏散出後予于庚午辛未之際辛勤搜集竟獲廿九卷
僅缺首册予前跋已詳之矣甲申十二月廿六日北平書友陳濟川以函來告吾嘉
定徐氏藏岳刻左傳一卷近在謝剛主先生寓求售予聞之不禁驚喜過望此
正予本所逸曩日傳為燬于兵燹者今巋然猶在人間也因馳書剛主為我謀
之書甫發剛主已介徐氏子于小除夕携書至津開函展閱意豁神怡惟
索價出人意表留齋中五日乃復還之此二年中時時諧價與日俱增皆不能
成丙戌十二月姊丈孫靜厂卒為我以黃金一兩易得之珠還劍合缺而復完
實此書之厚幸豈僅予十餘年好古之願一旦得償為可喜哉
丁亥正月弢翁誌　男一良書

《春秋经传集解》元相台岳氏荆溪家塾刻本周叔弢跋之二

人间，于是从傅增湘乞所藏宋抚州本第一卷相让，以补此书之缺。

几年后，北平书友陈济川函告：嘉定徐氏藏岳刻本《左传》一卷，在谢国桢处求售，这个消息使他“不禁惊喜过望”。这正是他所缺的一卷，“曩日传为毁于兵燹者，今岿然犹在人间也”。于是他驰书给谢国桢，请代为购之。信还未发，谢氏已携书至天津，“开函展阅，意豁神怡，唯索价出人意表，留斋中五日，乃复还之”。三年之后，还是孙静庵以黄金一两为他购得，这样就“珠还剑合，缺而复完，实此书之厚幸，岂仅予十余年好古之愿一旦得偿为可喜哉”！

《齐乘》的题记，更可见周氏对书的情怀。前文讲到他在购宋余仁仲万卷堂刊《礼记》二十卷时，曾“斥去明版书百数十部，尽归陈一甫丈”，他在此题记中补记当时心情：“去书之日，中心依依，不胜挥泪宫娥之感。”后来为查考一故实，拟得《齐乘》“以供缗帑”，于是又向陈一甫以300元购回此本，“比之去年，其值高约一倍有半”。接着，这位藏书家写下这样一段文字：“而余今年财力之窘，更甚于去年，然惜书之癖，甚于惜钱，结习之深，可笑亦复可悯也。”在题记中，他又记了赎书之乐，写道：“曩者江都方无隅先生常戏称买书一乐，有新获也；卖书一乐，得钱可以济急也；卖书不售一乐，书仍为我有也。余今续之曰：赎书一乐，故友重逢，其情弥亲也。此中消息，固难为外人道，惜不能起无隅先生于九泉而一证之。噫。”

1980年，周叔弢已是90岁老人，重睹50年前所见《经进周昙咏史诗》三卷，写了一段题记，感人至深，特转录于后，以展弢翁心系古籍之风神。题记云：“五十年前，北京琉璃厂书友曾携此书及宋本《寒山子诗》来天津求售，当时为财力所限，只收《寒山子诗》，而此书交臂失之。久之消息杳然，时时形之梦寐。解放后，从张君重威处得悉此书现存吴某家。此书除《天禄琳琅》著录外，明清两朝未见传本，当时我深喜孤本犹在人间，不必其为我有也。‘文化大革命’时期，传闻此书已成灰烬，愤惋之情不能已，既为书痛，何暇自悲。前年余阅书于天津古籍书店，张振铎同志出示此书，为之惊喜过望，五十年前，初见此书光景如在目前。询其从何处得来，则云收于废纸堆中，死者复生，断者复续，冥冥中若有神物护持。偶然之事，良有不可思议者。今者古籍书店拟付之影印，使人间孤本化身千万，甚盛事也。因略识数语于后，以述此书之幸存为不易云。”

此书为唐周昙撰，是进奉给皇上的，分八门，自唐虞至隋，唯人系题，得诗七言绝句二百零三首，每首题下注大意，诗下引史事，而间以己意加以论断，谓之讲话，这是当时的一种体式；宋福建刻本，弢翁记曰：“纸印精美，宋之佳本。”

藏书“五好”，读书“六勿”

周叔弢之所以能如此竭尽全力收书，和他酷爱书是分不开的。许多文章都提到过他藏书有“五好”的标准。所谓“五好”就是：一、版刻好，等于一个人先天体格强健；二、纸张好，等于一个人后天营养得宜；三、题跋好，等于一个人富有才华；四、收藏印章好，宛如美人薄施脂粉；五、装潢好，像一个人衣冠整齐。他以人喻书，讲得十分生动。黄裳对他的“藏书五好”之说曾著文述及，并致信周叔弢。周叔弢在复信中云：“大文所述，是仆藏书五好之论，当时颇为侪辈所称赏。谢刚主（即谢国桢）先生在某笔记中曾论及之。仆尝称我藏书不读书，何异声色犬马之好，五好论，实为自供。”

周叔弢对于书的爱护，也确有把书当人对待的味道。他常常用“蹂躏”这类字眼来形容看好书不仔细而损伤了书的行为。对于看书不知爱护的人，哪怕是至好的朋友也不把书借给他看。好书得到后，装潢好的就照原样保存，如有破损或装潢不如意的就找良工补缀、重装，然后用樟木夹板或楠木书匣装起，再摆进樟木或楠木书箱里保存。用他的话说，这样才“对得起”好书。他自己看善本书也要把书桌擦净，把书打开平放在桌上，或者以一手轻托书背，端坐来看。

周珏良回忆说，我们这些子女很小的时候就听他讲赵松雪看书要“勿卷脑，勿折角，勿以爪侵字，勿以唾揭幅，勿以作枕，勿以夹刺”的规矩，他也以此要求我们遵守。他常说看见有人看书不知爱惜，揭页时用指甲斜着硬划，给书上留下很深的一道痕迹，再也消失不了，真有“切肤”之痛。他对有些藏书家在书上打坏图章十分讨厌，自己用印也十分慎重。他早年用过一方长方阳文的“曾在周叔弢处”的图章，后来善本书上就只用一枚方形“周暹”两字白文小印，是童大年（心厂）刻的。他说选用这方印不是因为它特别好，而是因为它小，如果后来的人觉得讨厌，可以挖去，不致损书过甚。

周书弢的藏书斋名字很多，也请人刻了不少印，这些斋名或印文都是以所得的书名为内容的，如“寒在堂”（指宋本《寒山子诗》）、“半雨楼”（指宋蜀本《王摩诘集》，因为其中有“山中一半雨”之句，而后来本子都作“山中一夜雨”）、“双南华馆”（指所藏两种宋本《庄子》）、“东稼草堂”（指元本《稼轩长短句》和《东坡乐府》）、“孝经一卷人家”（指元相台岳氏本《孝经》）、“自庄严堪”（出自《楞严经》），但除“自庄严堪”（有三方，分别出自吴昌硕、陈师曾、童大年之手）有时还用外，其余的都不用在他收藏的善本甲类书上，而只用在一般善本、自己刻印的书和影印本书上。如他旧藏的元本《稼轩长短句》和《东坡乐府》影印本出版后，在他给儿子周珏良的一部上才打上“东稼草堂”的章，而在两书的原本上并不用这个印。从这里可见他唯恐损书的用心。在藏本上钤印时，周叔弢特别注意印泥的质量。周珏良曾介绍说，父亲常常恼火的还有一件事，就是有时好书上盖的收藏印因印色不好而变黑。后来他找出了一个法子，就是用双氧水在变色的印记上涂一层，干后能恢复红色。他用这个法子为许多好书去污点，十分高兴。他自己用印泥也十分审慎，唯恐打在书上渗油或变色，损坏书籍。数十年来他在善本书上钤印用的是他二十几岁时在上海西泠印社买的印泥，因为经过半个多世纪试验，它不变色，也不渗油。后来他虽然买过许多种高价的印泥，但因未经试验，始终不敢用在好书上。

周叔弢之爱书，还可从他在书上作的题记上表现出来。傅增湘在为《自庄严堪勘书图》作序时，有一段谈到周叔弢手校群书的情景，说："治事之隙，不辍丹铅。常观手校群书，皆字画端谨，朱墨鲜妍，

周叔弢藏书印

颇具义门风格，决不效荛圃之火枣糕、赤练蛇，见訾于后世也。”义门即清代藏书家何焯，字屺瞻，人们尊称他为义门先生，校书用小字精楷。另一位藏书家黄荛圃，即黄丕烈，校书字迹往往潦草，而且错了就涂抹一片，红的像枣儿糕，有时把字句勾上勾下，红笔线条缭绕，又像赤练蛇。据周珏良记述：“我父亲校书用乾隆御制朱墨，写端庄小楷，极为精美。”正因为如此，傅增湘对他才有这样的称赞。周叔弢尝言：“藏书不读书，何异声色犬马之好。”他不但藏书，而且爱书、校书，并作题跋，这都是在手不释卷的基础上才能做到的。

古籍的流传，时代久远，风云动荡，常有分散之劫。周叔弢出自对书的关爱，每遇分散的古籍，必要千方百计重价收购，或把自己藏的捐出去，以凑成全书。他说：“这样好像使一家人团圆了，才感到舒服。”前文介绍的宋鹤林于氏家塾栖云阁刻本及元相台岳氏荆溪家塾本两部《春秋经传集解》“团圆”的过程，就很能说明他的精神境界。特别是鹤林于氏本《春秋经传集解》第二十六卷，因刘晦之视如秘宝，不肯相让，该书无法“团圆”，周叔弢“第衷心耿耿，终不能不为此书深惋惜耳”。1949年，他把自己藏的鹤林于氏本捐献给北京图书馆后，又听到刘晦之所藏的第二十六卷归上海图书馆，在北京开会时，就给当时任上海市市长的陈毅写了一个条子，请求支持，使这部书能“团圆”。陈毅马上答复，把上海图书馆藏的那卷调拨给北京图书馆。

对流传有绪的书，周叔弢更是特别注意其完整，不使失群。如黄丕烈得到汲古阁旧藏宋本《陶渊明集》和宋本汤汉注陶诗，曾取斋名叫“陶陶室”，后来两书都藏在海源阁杨家。杨家藏书散出后，周叔弢先得到《陶渊明集》，为了使两陶集不致失散，如前文所说，他不惜重金从书商手里把汤注陶诗买下来。后来因为当年黄丕烈曾以宋刻施注苏东坡集中的和陶诗二卷和两部陶集放在“陶陶室”中，所以又向杨氏后人买下了这两卷苏诗，使这三种书分而复合。十年浩劫后，他在天津新华书店发现一本宋刻《春秋繁露》，是北京图书馆所藏此书一部中的一册，就急忙居中说合，终于使这本书回到北京图书馆，凑成完璧。

对于流到国外的善本书，他总是尽力赎回。抗日战争前，日本东京文求堂田中庆太郎从我国买去一批善本古籍。他得知后，以高价收回了宋本《东观余论》、宋本《山谷诗注》、汲古阁影宋抄本《东家杂记》等书。当时还有一部宋本《通典》，索价1.5万元，他一时筹款不及，后来此书被日本文部省定为“国宝”，不准出国，无法买回。这件事他多年之后提起，还遗憾不止。

他对好书之不完全者常常请人精心抄配以成全璧。如他购自海源阁的《兰亭续考》，写刻极精，却只有半部。他就请好友劳笃文（名健，浙江桐乡人，劳乃宣之子，精书法，行楷书特别是小楷之妙为近百年来所仅有）用精楷写了半部，配成全书。

化身千百，佳惠读者

因为非常爱书，周叔弢也常常把善本书影印、翻刻出来，使它化身千百，可以流传更广。他用珂罗版等影印的书有十几种，其中突出的如下。

宋书棚本《鱼玄机诗》。此书是黄丕烈旧藏，黄十分珍重，曾请画家余集在书前画鱼玄机小像，并广征题咏。入民国后，此书收藏在袁寒云处，是他“后百宋一廛”中的精品，曾由他的夫人刘梅真亲自影抄一部。这部书有一个时期曾抵押在周叔弢的四弟周季木那里。周叔弢很喜欢这部书，就把它影印出来。当时是在天津技术很高的日本山本照像馆照成玻璃版，然后寄到日本京都小林写真制版所精印，纸张、印刷都十分讲究，是他自庄严堪影印书的第一品。此书印数不多，他十分珍惜，不轻易赠人，流传绝少。周珏良回忆说：“解放之后，这本书的原本由上海潘氏宝礼堂后人捐北京图书馆。我父亲去看书，见收藏者不知宝爱，书上有许多指痕，甚至茶污。这书是裱成摺本的，黄荛圃原来的楠木夹板竟有了裂痕。他回来之后十分感叹地说，这本书几十年不见，今日重逢，真有佳人迟暮之感，影印本恐怕比真本还漂亮了。”

宋本《寒山子诗》。如前所述，这是周叔弢很早就买到的书。他于1924年托董康在上海影印，纸墨均精。其中有用开化纸印的，但只有几部。

元相台岳氏本《孝经》。这也是他很早得到的一部善本书，最初是用珂罗版影印，乾隆玉玺和收藏印都用红色套印，并且用了不同的纸张，其中最名贵的是乾隆高丽纸。后来又有木刻印本。

宋书棚本《宣和宫词》附三家宫词。此书用珂罗版印200部，其中有用明朝纸影印的4部。

此外还有影印本《庐山复教集》、《寒云所藏宋本提要》（袁寒云手迹）、校刻《屈原赋注》《九僧诗》《十经斋遗集》等。

他对于古书之流通不止于自己刻印，有机会还向有关方面加以提倡。新中国成立之初，在全国人民代表大会上，他就和徐森玉、赵万里两位先生提案建议如商务印书馆印行《续古逸丛书》之例，影印善本古书，但因种种原因未能实现。多年来他不断提起此事，感到遗憾。

1982年7月28日，他在给黄裳的信中说：“传播不外影印和排版。影印亦保护之一种方法。我国印刷水平甚低，比之欧洲德国、亚洲日本相差远甚，必须努力提高质量，方能负此重任。日本影印《东京梦华录》，先生犹以为尚有改进之处，则所悬标准更高矣。‘文化大革命’以前，我和徐森玉、赵万里二公曾向全国人民代表大会建议影印善本古书，提案如石投海，杳无消息。解放前，商务印书馆影印古书不下千余种，奈何我社会主义国家对于传播、保护祖国文化反不如一私人企业？每念及此，不禁慨然！”

20世纪80年代，整理古籍的旧话重提，国务院古籍整理出版规划小组决定印行《古逸丛书三编》，李一氓要周珏良去征求周叔弢的意见。

東坡生日是今朝，媿未焚香與奠椒。卻羨蘇齋翁學士，年年設宴設宴語通宵。
東坡生日是今朝，一老衝寒赴友招。聞道春風來杖履，凌雲意氣正飄飄。
東坡生日是今朝，我獨閑居苦寂寥。但把和陶詩熟誦，樽無濁酒也愁消。
東坡生日是今朝，助我清吟興轉饒。誰復景蘇同此意，聯橋人又憶花橋。

黃裳先生精於目錄之學，著述甚富，出紙命書，因錄黃蕘圃題宋本注東坡先生詩殘卷詩以應索之。此書曾在余家，雪泥鴻爪，聊復及之，字之工拙非所計也。周叔弢記，時年九十有一。

周叔弢手书轴

斐雲先生有道前談宋本羣經
音辯首末二冊近在故宮發現宋撫
州本左傳自卷三以下亦在南遷書中
暹舊藏音辯中冊左傳卷一卷二兩
冊近可補成完書此二者皆宋本上駟
並為劍合珠還計不應再自秘惜

周叔弢致赵万里信札

他非常高兴，写了一封回信，对入选的书提了许多具体的意见。他旧藏的宋蜀本《王摩诘文集》影印本于1982年由上海古籍出版社出版后，他在周珏良藏的一部上写了一个跋：

宋蜀小字本《王摩诘文集》十卷，汲古阁旧藏，有宋本甲印可证。“二泉主人”“听松风处”亦毛氏印。独无毛氏姓名印为可异。此书自艺芸书舍归海源阁杨氏后秘藏逾百年。曩因世变，杨敬夫携阁书至天津，余颇有所得，独此书商之经年乃蒙割爱。得书之日，欢喜无量。一九五二年余举藏书归之北京图书馆，幸余书之得所。今于珏良家见此影本，如晤故人，数十年前光景恍然在目。国家重视文物，化身千百，佳惠士林，可为此书庆。我一人欣然欢呼，乌足以尽之。

他自己也买了一部，随时翻阅，并高兴地说：原书在手时，舍不得翻阅，现在只有影本，反而可以看了。

他旧藏元大德广信书院本《稼轩长短句》，先有石印本，1974年上海书画出版社又依此本，并参照四印斋翻元本影印出版。他看到之后，觉得刻工、印刷十分精美，就买了一部，给周珏良写信说，看见此书“眼馋”，不得不买，并写了一篇小记：

雕版印刷是我国流通书籍所用之传统方法，始于隋唐，盛于赵宋，元明以降至清末而渐衰。辛亥革命以后，南北藏书家曾提倡仿刻宋元，其他诸书仍沿用横细直粗所谓宋体字，不脱刘文奎、刘文模之规模。今见此书秀丽精美，直欲上继康熙时扬州诗局之遗风，不禁惊喜。惜仍承袭轻视劳动人民之旧习，不著书手刻工姓名。因函询顾君起潜，请示其详。旋得复书，录示书手刻工姓名，并告我刻书原委。上海书画社前身是朵云轩。曾感木刻书籍之技术已将告绝，因访求老工人并招集知识青年加以训练，数年之久，乃有此成绩。后因主其事者以无利可图，遂解散此机构。中国雕版一线之传不得复苏，殊可惋惜。兹录书手刻工姓名于书端，以张其艺术之精湛，后之读是书者或不以我为多事而笑我也。一九八〇年三月弢翁记，时年九十。

真是爱书之志始终不渝，爱书之情跃然纸上了。

从鉴赏校雠中得书趣之学

清朝诗人洪亮吉在他的《北江诗话》里把藏书家分为考订、校雠、收藏、赏鉴、掠贩五类。谢国桢在给周叔弢《自庄严堪善本书目》作的序中说："公之于学精通目录，于校雠、赏鉴兼而有之。"这个评论用的就是洪亮吉的分类法。这可以说弢翁的版本目录之学继承清朝乾嘉年间顾千里（广圻）、黄荛圃（丕烈）一脉。

周叔弢藏书的旨趣，傅增湘在为《自庄严堪勘书图》作的序中有一段传神之语：

顾君之收书也，与恒人异趣。好尚虽挚而悬格特严。凡遇刻本，卷帙必取其周完，楮墨务求其精湛；尤重昔贤之题识与传授之源流。又其书必为经子古书，大家名著，可以裨学术供循讽者。至抄校之书，审为流传之祖本，或名人之手迹，必精心研考以定其真赝。不幸有俗书恶印，点污涂抹之累，则宁从割舍，不予滥收。设遇铭心绝品，孤行秘本，虽倾囊以偿，割庄以易而曾不之恤。既收之后，又亟缮完补缀，存其旧装，袭以金粟之笺，盛以香楠之匣，牙签锦帙，芸芬麝馥，宝护周勤。故其藏书不侈闳富之名，而特以精严自励。有客请观，必告以澄神端虑，静几焚香，恪守赵文敏六勿之戒。余过津门，辄诣君欣赏，尽出新获，以相质证。每当午窗晴旭，夜漏风清，吾两人展卷细读，相对忘言，宛如从澹生堂中，有缥函朱榻，风过铿然之趣，逸情高致，固难为不知者道也。

这段文字对周叔弢的藏书旨趣、对版本的精鉴、爱书的挚情、校勘的风格和两人基于爱书的情谊写得既翔实又生动。其中有些故实运用得也十分切合，如澹生堂是明末山阴藏书家祁承㸁的斋名，相传他曾以朱红小榻数十张放书，打开书套，上面的玉签经风一刮，相碰的声音铿然。傅增湘所说“有缥函朱榻，风过铿然之趣”，正是指这个。周珏良回忆他们在一起看书的情景说：“我记得小时候傅老先生来访，宽袍大袖，癯面银须，和我父亲看书谈论，真像见到古画上的人物。”

周叔弢对古书的鉴定很注重纸张的研究，常常说纸张是辨别古书年代的一个重要因素。他不但对宋元古籍的纸张有研究，对明清书籍使用的纸张也注意研究。我国历来用纸繁多，十分讲究，可谓是江山代有佳纸出，例如唐人写经用的硬黄纸、宋元刻书用麻纸、明代刻书用棉纸、清代刻书用连史纸、开化纸以及竹纸、皮纸、高丽纸、美浓纸等，不一而足。周叔弢特别对清初浙江开化产的开花纸有兴趣。在清康熙年间秀野草堂本《温飞卿诗集》前，他曾写一小记：

开花纸之名始于明代。明初江西曾设官局造上等纸供御用。其中有小开花（较薄）、白榜纸（较厚）等名目。陆容《菽园杂记》称衢之常山开化人以造纸为业，开花纸或以产地得名，他省沿用之。清初内府刻书用开花纸模印，雍正、乾隆两朝尤精美。纸薄而坚，色莹白，细腻腴润，有抚不留手之感。民间精本亦时用之。嘉道以后质渐差，流通渐稀，至于绝迹。此书是康熙印本，纸之莹洁细润皆逊于雍正、乾隆两朝，非比较不能鉴别其差异。偶有所会，聊记数语于此，他日当取清内府印本以证之。一九八二年八月叔弢记，时年九十有二。

1984年他去世之前，还打算到天津图书馆去看用开化纸印的书，准备研究这种名贵纸的历史。

在鉴藏时，周叔弢对前人题跋印记甚为注意研究。明清以后古书的文物意义日渐增大，如在书画上一样，在善本书上题识的也日益增多。书跋的内容非常多样化，或者考证版本源流，或者记载流传经过，或者抒发得书时心情，给书增加了一份人的感情，使后来者读到时增加了情趣，所谓“一经品题，身价十倍”。过去藏书家中喜欢在书上题识的，清朝有黄丕烈，近代有傅增湘。黄氏的题识曾由缪荃孙辑成《荛圃藏书题识》十卷；王大隆（欣夫）辑成《荛圃题识续录》四卷、《荛圃藏书题识再续录》三卷。傅增湘有手订的《藏园群书题记》。周叔弢收书时对有名人题识的多不惜重值，所藏有黄丕烈题跋的书不下数十种，其他书中有明清以来藏书家题识的也甚多。他对题识的注重可以一例说明。有一部元末《山谷黄先生大全诗注》残本，只存十八卷，由日本东京文求堂田中庆太郎买去。此书是残本，而且刻印都非上品，可是书后粘一小条，小字题“一本永乐二年七月二十五日苏叔敬买到”，并有黄丕烈题跋，这一签说明这书是明初的官书（可能是用来编纂《永乐大典》用的）。因为这两条题识，周叔弢就把这部书从日本买了回来。这一签一跋竟使这部书免于流落异域，也可算是书林中的一段佳话了。

收藏印记类似书上的题识，可以看出书流传有绪，而名家的图记更往往可以肯定书的价值。当然图记是代表人的，有了图记还可为好书增加一点人的情趣。收藏家图记一般都是请名家镌刻，使用的印泥也大多讲究，可以经过数百年而颜色如新，大可为好书生色。例如明末汲古阁毛晋的图章用细圆朱文，所用印泥极佳，常打上“宋本”“甲”两个朱文印，这是对书的最好评价。当然也有那种不知趣的人，偏要用坏印章、坏印色打在好书上，这只能是“佛头着粪”，使知者惋惜不止了。

书的装潢就如同人的衣饰，衣冠整齐有益于人的仪表，装潢精美增加书的精神。装潢包括书皮、副页、书套、书匣，以及装订的整齐、破损书页的修补，甚至钉书的丝线都在其内。周叔弢对书的装潢十分注重，凡书好而装潢不佳者必找良工重装；藏书中原装精美的则加意保存，不使受损。他常说，清末藏书四大家瞿（铁琴铜剑楼）、杨（海源阁）、丁（八千卷楼）、陆（皕宋楼），以瞿、杨两家藏书最富，但就装潢而论，则杨家远胜瞿家。他说杨家善本书都制楠木匣保存，若原书有前代藏书家书匣，则保存不动，如黄丕烈旧藏的宋本汤汉注《陶靖节先生诗注》就保存了黄氏的原匣，对这一点周叔弢很赞赏。这本书用金粟山藏经笺作护页，孙延题签，也是照当年的原样保存下来的。周叔弢注重保存书的前代装潢，但如果原装拙劣俗恶，他也总要加以重装。他早年得到的相台岳氏本《孝经》是从故宫流散出来的，约在光绪年间重装，书皮用的绢粗劣不堪，书页也有损坏。周叔弢专门找了一个工人到家中来修补装订，换了书皮，配了楠木匣，这才放心。1949 年前夕，他在上海买到瞿家铁琴铜剑楼旧藏的宋本周辉《清波杂志》。此书由瞿氏卖出后，曾经过某人之手，做了一个粗劣书匣，上面刻有俗手题的书名。他看了非常讨厌，认为对不起好书，后来在捐书时特地将这个书匣扣下，并向主管北京图书馆善本书室的赵万里说，不能让好书常放在这个不相称的书匣里，应由图书馆另制书匣。后来北京图书馆果然照办了。

美不胜收的精品

周叔弢苦心收藏，一生所得精品甚多，突出的有宋婺州本《周礼郑氏注》、宋建本余仁仲万卷堂本《礼记》、宋本《三礼图》、宋湖北刻本《建康实录》、宋本《新序》、宋湖北本《南华真经注》、宋本《清波杂志》、宋本《陶渊明集》、宋本汤汉注《陶靖节先生诗注》、宋蜀本《王摩诘文集》、宋本《花间集》、宋蜀本《二百家名贤文萃》等；金本则有《庄子全解》《通鉴节要》；元本有延祐南阜书堂刻本《东坡乐府》、大德广信书院本《稼轩长短句》、《梅花百咏》、《梅花字字香》等；明版有洪武本《姑苏杂咏》、洪武本《傅与砺集》、兰雪堂活字本《春秋繁露》、建业张氏活字本《开元天宝遗事》、弘治碧云馆活字本《鹖冠子》等；抄本有宋抄本《宝刻丛编》、元抄本《简斋诗外集》、明吴宽手抄本《山海经》、史臣载手抄本《贞白陶先生文集》、朱存理手稿本《珊瑚木难》、钱谷手抄本《游志续篇》和汲古阁毛氏影宋抄本《东家杂记》《酒边词》《圣宋高僧诗选》等，所藏《永乐大典》三卷中有《都城纪胜》《西湖老人繁胜录》等书；还有清代王乃昭、鲍廷博（以文）、金侃、翁栻、吕葆中诸人手抄本书籍。校本除黄丕烈校跋本数十种外，其他有钱谦益、钱曾（遵王）、毛扆、叶树廉（石君）、周锡瓒（香岩）、顾广圻（千里）、劳权（巽卿）、翁方纲、吴翌凤（枚庵）、鲍廷博等手校书。1952年他捐书时，当时的文化部副部长郑振铎写信给他，对这批书有“琳琅满目，美不胜收”之评。

自来鉴藏家对自己的藏品往往有所偏爱，评价因之未必客观，甚至认为只有自己的东西才是最好的。而周叔弢恰恰相反，对自己的藏品，哪怕是高价收进的，也要反复严格鉴定，弄清真相，决不含糊。例如在1952年捐献善本时，他曾把善本书分成甲、乙两编，赵万里看过后，曾提议把原来归入乙编的十余种书提到甲编里来，可见他悬格之高、标准之严。1936年，他从日本东京文求堂田中庆太郎那里买了一本宋贾官人刻的《文殊指南图赞》，当时以为是真宋本，后来看到日本影印的另一本，认为这是元明间日本翻刻本，曾写信给田中，说书已买来，不想向他退换，但希望他说明一下这一本是日本何时翻刻的。田中回信仍坚持说这本书是宋刻。即便这样，他仍把这本书排除在善本甲乙编之外。对鉴定的事，若稍有疑惑，他是宁严勿宽，毫不假借的。

据周珏良回忆：当时天津有一个陈某，听说是李盛铎（木斋）的外甥，见过李氏所藏敦煌卷子。他颇精于书法，所以造了不少假东西卖钱。周珏良曾见过一卷近一丈长的仿隋人写经，若不仔细看，几可乱真。在20世纪50年代琉璃厂曾出了一节带有三国天玺年的经疏，字体介乎隶楷之间，和传世的晋人写本《三国志》等书相似，但仔细看来未免作意太过，不像抄书人的手笔。现在流传到海外的所谓索纨写本《道德经》，从字迹上来看，也很可能出自此君之手。故扬州名士方地山曾说："唐人写经是抄书，不是临帖，如过去穷书生代人抄书院卷子，不欲过好，不得过丑。"这句话极是，写经出自经生之手，给值不高（敦煌卷子中就有经生在经尾上写自己的牢骚，抱怨给钱太少的例子），是不可能像书家那样，照艺术品的要求创造的。鉴别敦煌卷子的真伪，这是一条有用的经验。

我抄录的周珏良这段回忆文字，对我们鉴定故宫购进的隋人书《出师颂》很有启发。这件颇有争议的作品，赫然出现在故宫博物院、上海博物馆举办的"书画经典"大展上，不作任何说明，更不提学术界对它的争论。从流落海外的索纨书《道德经》到故宫博物院藏题为索靖书的《出师颂》，是否出自天津陈某之手，是颇可玩味并进一步探索的。

版本鉴别之见

周叔弢对版本的见解虽然没有留下专题文字，但他平时在家中与后辈交谈时讲了他的见解，周珏良把周叔弢的见解做了记录整理。他比较系统地谈版本鉴定是1966年在天津为一些青年图书馆工作者讲版本知识时，留下了一个记录稿，多为人们引用，我们可从中了解一些他对版本鉴定的要旨。

他说历来讲善本书多推崇宋本，因为许多著作的宋本最接近原著，宋本的刊刻艺术也是后世的模范，宋本多由能书者写出后上板，可以当作艺术品来研究和欣赏。宋本书往往注明书板监督、雕造者姓名，又往往在书口下端标出刻工姓名，以明责任，不肯苟且从事。宋本往往用好纸，历代记录甚多。如宋周密《志雅堂杂钞》记载权相贾似道的门客廖莹中所刻“诸书皆以抚州萆钞清江纸，油烟墨印造，所开韩柳文尤精好”。明项元汴《蕉窗九录》记载“宋书纸坚刻软，字画如写……用墨稀薄，虽着水湿，燥无湮迹。开卷一种书香，自生异味”。明王世贞跋宋刻《汉书》说：“余生平所购《周易》《礼经》《毛诗》《左传》《史记》《三国志》《唐书》之类过二千余卷，皆宋本精绝，最后班、范二汉书尤为诸本之冠。……桑皮纸白洁如玉，四旁宽广，字大者如钱，绝有欧柳笔法。细如丝发肤致，墨色精纯。”

元本也是历来讲版本者所推崇的。他说元代刻书有其特点：一、字体有欧颜两体，又赵孟頫的书体盛行，刻本也多仿其体。二、字体大致分精整、秀丽两类。行款有宽大疏朗（官本）和密行细字（坊本）两种。三、官刻和家刻本纸白而厚，坊刻本纸黄而薄（竹纸）。四、书上多有牌记，有时并记年代。五、墨口四周双边的较多。六、应用版画的范围较广，多在通俗书和小说、曲本中。七、多用简体俗字，不避讳。

元代在印刷术方面有极可注意的两件事：一、活字印刷术的改进。大德二年（1298）王祯创造了木活字。他的《造活字印书法》是最早最详细地讲活字印刷术的文章。二、套版印刷术的发明。至元六年（1340）中兴路（今湖北江陵县）无闻和尚注《金刚经》，朱墨两色套印，经文红色，注文黑色，卷首有灵芝图，也是套印的。

明朝年代较近，保存下来的书籍较多。周叔弢指出刻印书籍的地点和种类有：一、官刻本。明内府刻书由司礼监掌管。司礼监地位甚高，为首的太监和宰相地位相等。司礼监下设汉经厂、番经厂、道经厂。因为经厂由太监管理，过去不为世人所重，但那里刻的书板阔，字体疏朗，纸墨莹洁，句读分明，以雕版技术论颇为精美。明代官刻本中还有藩府本，就是宗室分封各地的藩王刻的书。从这些书中可以看到各地雕版印刷术的工艺水平。根据历史记载有二十几个藩府刻书。二、地方刻本，往往是府县的刻本。三、书院刻本。四、私人刻本。嘉靖以前私人刻本较少，嘉靖以后逐渐兴盛，以明末毛晋的汲古阁最出名。毛氏刻书虽多，刻板也精，但校勘草率，常为人所诟病。五、书坊刻本。明代书坊甚多，以地区而论以苏州、杭州、徽州、福建为中心，金陵、吴兴为后起之秀。北京也有不少精刻本。有一些书坊世代相传，跨越元明两代，达一二百年，如建安虞氏务本堂、建安余氏勤有堂等。六、朱墨套印的书始于元代至元六年（1340），至明代万历初吴兴凌氏、闵氏开始从朱墨二色发展为四色（朱、墨、蓝、黄），其间相隔约200年。万历中的《花史》用木版印成彩色画，这是一大改进和创造。后来又发展到了版画作为书籍的插图（用版画作插图，宋版书中已有，到了明朝而盛行）。七、活字体。自毕昇在宋庆历年间（1041—1048）发明用胶泥制活字后，经过250年到元朝大德年间王祯在安徽旌德县创造了一套木活字，再过190多年，到明朝弘治年间才出现铜活字。首创的是江苏无锡的华燧（会通馆），他在弘治三年（1490）印有《宋诸臣奏议》，弘治五年（1492）印有《锦绣万花谷》。

周叔弢认为明本书有它特殊的风格，大体可分为三个时期。从明初到弘治年间（1488—1505）是一个时期。这个时期刻书沿袭元代风气，字多软体，有时是赵孟頫体。版心黑口较多，四周双边也较多（《中国板刻图录》中嘉靖以前书45种内就有34种是四周双边的）。此时印书多用棉纸（白色、黄色均有），用竹纸较少。正德、嘉靖两朝又是一个时期，这时复古之风甚盛，力仿宋刻。黑口变为白口，四周双边变为左右双边。字体方正，变为横平竖直，板滞少生动之意。隆庆、万历以后刻书更多，字体更加死板。此时写刻又风行一时，但不能运刀如笔，大失神采。四周单边的版框此时出现（《中国板刻图录》中嘉靖以后刻本52种中，四周双边的有17种，四周单边的25种）。印书多用竹纸，印工不甚讲究。

关于校本，周叔弢说无论刻本、抄本，原来校对不精，写样时、刊刻时、传抄时难免错误脱漏，经过读者改正就成为校本。这种工作名为“校勘”。校勘的方法有两种：一是用一个比较好的本子，逐字逐句互相比对，一字不差地照样改在所校的本子上，这种称为“死校”；另一是根据各种本子和自己的知识，改正错误，补其阙文，要不失著者原意，这种称为“活校”。这样的校勘方法对于古书有益，但多闻博识，不以意轻改才能不因为校改而更错乱。清代校勘学者顾广圻曾说：“书籍之讹，实由于校。盖据所知以改所不，此通弊也。”这很能道出“活校”若不能很好掌握会出现的毛病。

周叔弢藏书能自辟蹊径，还表现在他重视清朝刻本上。他在1966年为一些青年图书馆工作者讲版本知识的演讲中曾说：

> 清代刻书，数量既多，质量亦高，特点是软体字刻本许多是名家手写上版，运刀如笔，不失原意。软体字刻本盛行于康熙、雍正、乾隆三朝，有高度熟练的技术。嘉庆时则多宋体字刻本，方整中有生动之意，并不板滞，和明末刻本有所不同。活字本有两巨刻：《图书集成》用铜活字（雍正），《武英殿聚珍版丛书》用木活字（乾隆）。私家活字本除铜活字、木活字外还有泥活字，有李瑶（1832）、翟金生（1844）两家，距宋庆历毕昇用泥活字约八百年。仿宋元刻本盛于嘉庆、道光时，受黄丕烈、顾千里的影响。道光以后精刻本甚少。仿宋元本之风气，由光绪、宣统至民国初年高世玠、徐乃昌、缪荃孙、吴昌绶、董康、陶湘等继起，稍振遗风，而以董康所刻书纸印最精。版本不及明代之多，刀法亦不及明代之婉丽遒劲。但殿版多巨制，刀法明净，颇能写

实，有一定的艺术水平。套印书在清初殿本中有五色本，鲜美悦目，但数量不多。民间无五色套印本。清代丛书之多亦前代所未有。《通志堂经解》是第一部大书。各省的官书局刻书是晚清时特点。刻书地点，清初有北京、南京、扬州、杭州、苏州，后期有北京和各地官书局。

对清刻版本的鉴赏，周叔弢与黄裳有着共识。他读了黄裳的《榆下说书》，其中有谈善本、清刻的文字，遂致书黄裳，说："卓识远见，玄思妙闻，正如山阴道上，应接不暇。空谷足音，为年来一大快事。先生之书厚我实多，谈善本一篇，持论精辟，钦佩之至。"在周叔弢的家书中，也可读到谈黄裳识书的文字，他说："黄裳是第一个看到我所捐书之人。此种故实可资谈助，惜书迷太少，无处觅知音耳。"显然，周叔弢把黄裳当作藏书、识书的知音。黄裳很想得到一本周叔弢多年前所刻的《屈原赋注》，几十年未能如愿。1983 年 11 月，黄裳在北京参加会议时向周叔弢提及此事。周叔弢回津后立即到天津图书馆找到一本给黄裳寄去。周叔弢是老一辈藏书家中最后一人，在藏书界应该是长于黄裳一辈，对小一辈的藏书人能赞赏有加，实在可贵，在藏书界是不多见的。

对广东省图书馆副馆长王贵忱，周叔弢在信中也多有嘉许之言，如赞王氏对唐砖之跋，信中说："唐砖手跋，考证精详，质朴厚拙，毫无侧眉之态，世人或不易知也。"对王氏陈章侯《水浒牌》跋文，致信云："分析入微，钦佩之至。《水浒牌》与《水浒叶子》之命名，有先后之分；《水浒牌》之模刻，又有黄氏兄弟之别，非经目验无从辨别，版本之学殊不易也。"关于书上刻有定价问题，周叔弢致信王贵忱，云："尊藏《印存初记》确是罕见之书，尤为可贵者是标明定价，可以考见当时书价。每本一两，可谓高矣，此书当时已为世所重也。拟乞将《印存》扉页影印二页见赐，不情之请，想能见谅。古籍标明价格者，可谓绝无仅有。仆藏书中，只请同治李氏活字本《金石四例》用朱印标明价格，他无所见也。”另一封信谈藏砚的事，说：“何秋梧治砚之文，拜读一过。何氏似精于选石，并善设计造型，似非亲自镌刻。古人轻视劳动，良工之名多不传。刻砚名手，今只传顾二娘一人，他似无闻，良可浩叹。”周叔弢长王贵忱约30岁，王氏可谓青年，能与之恳诚交谈，实为前辈学人对后学激励之风范。

卖书买印玺

周叔弢另一类的收藏是古印玺。他捐给天津艺术博物馆的910方历代印玺，可分为三类，即战国古玺、历代官印和历代私印。薛红旗曾撰《弢翁购藏文物记事》，做过专题介绍。

战国古玺是春秋战国时期官玺、私玺的合称；官印作为官署、官吏执政的凭信或职权的象征，反映出历代官制、印制、文字流变、民族关系和地理等情况，是等级、爵位和权力的体现；私印是表明个人身份、地位的凭信。私印中包括吉语印、箴言印和肖形印。

周叔弢鉴藏的古玺量多质精，代表和反映了战国秦汉、魏晋南北朝、隋唐至宋元明清各历史时期古玺印的全貌，为古文字学、历史学、考古学等提供了翔实的史料，同时也是研究篆刻艺术发展的重要物证，弥足珍贵。周叔弢鉴藏的古玺印除常见的金、银、铜印外，还有汉“李君之印章”“杨禁私印”琥珀印，在全国范围亦属古玺印珍品，收入罗福颐《古玺印概论》一书。汉玉玺“茱潦”“妾訾”“杨玉”和“刘昚”等被玺印专家罗福颐备加赞赏。燕玺“骑右将”印收入陈紫蓬《燕陶馆藏印》中。

周叔弢捐献的古玺印中不乏精品，具有极高的鉴赏价值，如战国“王兵戎器”“左廪桁木”、秦“右司空印”、汉“朱偃”“阳成婴”以及迄今发现的文词最长的汉吉语印“赵诩三十字印”和“辅国司马”“汜肇六面印”共计十余方均被收入《中国美术全集》。此外，战国古玺“勿正关玺”“平阿左廪”、秦“思言敬事”和汉魏“曹氏六面印”也都是传世珍稀佳作。

从周叔弢购藏活动的各种手稿、记录等内容分析，他至少从1916年开始搜、藏古印谱，对古玺印的鉴藏稍后于对古印谱的集藏，且相对集中于1940—1948年间，此间他搜、藏的古玺印占所藏大半。

和收藏古籍一样，周叔弢藏印也是在经济不宽裕的情况下进行的，癸未年新收书目附言中向我们道明了个中原因。其《壬午新收书目》附言曰：“今年财力不足于衣食，岂能收书？恐成虚愿耳。”又记：“古印亦多佳品，虽费当弗较也。”说明他尽管“财力益窘”，但也购藏了一部分珍品。1944—1948年购玺印数量要强于前三年。其中1944年和1946年是用所藏百衲本《史记》《永乐大典》等珍本古籍及字画出售后易得很大一部分玺印。这位爱书如命的藏书家，居然售书购印，足见他对此的爱好。1947年和1948年购印200余方，也是倾力而为。《丁亥新收书目》附言曰：“今年耗财力于古印及印谱，而以明本书二种易米，良可叹也。”《戊子新收书目》记云：“黄金不能私藏，余手中仅存二十余两，遂用以换书与印，得乎？失乎？未可知也。”足见周叔弢对于古玺印嗜好程度之深。

周叔弢集藏古玺的来源途径，其一为收藏家转让。如作为自庄严堪重器的吴氏（吴式芬）藏印，胶西柯昌泗和海天楼巢章甫等所藏玺印，均属较大宗购藏。亦有辗转收自潍县陈介祺万印楼藏印和陈紫蓬燕陶馆藏印。其二为京、津、沪古玩店出售。因周叔弢与古玩店主人关系甚密，店主遇到有价值的玺印常常留与他。著名的“曹氏六面印”即购于庆云堂；汉官印“庈左尉”“晋高句骊率善仟长”购于通古斋；在宝林堂中得印最多；从榷古斋中购进“王兵戎器”“保虎圈”“汉匈奴左夫除渠日逐”等著名玺印。其中“王兵戎器”是一方流传有绪的珍玺，为清代山东大收藏家陈介祺（簠斋）旧物。该玺曾被陈邦怀先生称为“簠斋旧藏古玺之冠”，所篆文字被认为与石鼓文相通，据李学勤考定应是唯一能确定为春秋时期的古玺。其三由鉴赏家代购，如傅大卣、顾德威等印玺鉴赏家，都为周叔弢购了许多有历史、艺术价值的佳品。

周叔弢藏印，和他的兴趣有关，他也曾偶尔奏刀治印，与堂弟周明锦共享“邮笔论印之乐”。他曾自谦“拙于奏刀而好为夸大之言”。他的这位“独嗜刻印”“少小出笔，便自不凡”的堂弟，十分尊重他的论印见解，“每作印，必拓以寄”，对于他的“椅摭得失”，每每“不予妄而曲从之”。才华横溢的周明锦印事尚“未造巅极”，便因肺病不治而殁于扬州。1916年，周叔弢为这位英年早逝的堂弟出版了一册《恧庵印存》，并写了序。

收藏敦煌遗书

殷墟甲骨、敦煌遗书、居延汉简是中国近代三大发现，这三大发现中有些项目迄今已逾百年。周叔弢青年时代适逢敦煌莫高窟发现藏经洞，洞中所藏遗书重新面世。以周叔弢的家庭背景而论，可能青少年时代就接触了这一领域。他随曾祖父周馥居青岛崂山时，在崂山杂诗中就有“千卷楞严闲咀嚼”的诗句。1918年，他从扬州同乡方地山处，借到敦煌写本唐人《阿弥陀经卷》，曾照相影印100卷，广为流通。此事与罗振玉影印出版《鸣沙石室遗书续编》在时间上仅差一年，这说明周叔弢很早就以个人力量参与刊布敦煌遗书的活动。以后，他通过多种渠道，直接购求敦煌遗书和其他传世本经卷、文献，40余年始终不辍，其间曾寻觅良工，制作经匣，打制专用贮经柜，妥为保存，从未失散。周叔弢藏书有“五好”标准，收藏敦煌遗书方面的标准也要求甚严。据周慰曾所著《周叔弢传》记载，1941年天津出现一批颇像从敦煌出来的草书帖、书籍、文书等，有的上面还钤盖李盛铎的收藏印。周叔弢花大价钱买了近10种，后来仔细研究，并经赵万里审定，看出是双钩伪作，纸也是后染色的。周叔弢说这种东西不能留在世上骗人，毫不吝惜地付之一炬。周叔弢毕生收藏敦煌遗书257件，95%是佛经，其中首题或尾题完整、保存较好的长卷甚多，有纪年题记的共14件，还有部分社会文书、户牒、佣工契、曲子词、《文选》注等，另有一部分非敦煌所出传世本写经。时代从南北朝、隋、唐、五代到北宋初，无论数量还是质量都蔚为可观，是近现代国内个人收藏敦煌遗书并完整保存下来的首户。

光绪二十六年（1900）五月二十六日清晨，看守莫高窟的道士王圆箓发现了封闭数百年之久的藏经洞，其中藏有珍贵的古写本佛经、经帙、佛画和其他文书四五万件。这些遗珍面世后，英、法、俄、日等国所谓中亚探险队纷至沓来，采用了各种伎俩，巧取豪夺，骗走了大批遗书和佛画，几乎把精华囊括殆尽。直到1909年，在国人呼吁下，清政府学部才电令陕甘总督“请饬查检齐千佛洞书籍解京”，要求敦煌地方当局速将斯坦因、伯希和劫余之物押运北京，交由京师图书馆保存。学部原本要求悉数解京。到了北京之后，清点未就，即被李盛铎、刘廷琛、何震彝、方地山4个人打开箱子搜刮一遍，有的经卷被一截为二，以充8000卷之数，归公家的只是劫余之余了。流散到社会上的一批经卷即为甘肃地方官吏及李、刘、何、方四人所贪之物。今天公私收藏的遗书许多是身首异处，各地保存的遗书前后可以缀合，清楚地说明它是遭到人为截取的。周叔弢原藏品中有后周显德五年（958）翟奉达为其母马氏追福设斋功德经就是割裂的，前半段在天津，后半段在北京图书馆，这正说明当年有人将一部完整的经割成数段，上交充数，被割下来的精华，据为己有。清帝退位后，李盛铎寓居天津，藏书斋名“木犀轩”，庋藏宋、元、明、清的各种刻本、抄本、校本、稿本9000余种，颇负盛名。20世纪30年代他和他的后人公开出售其家藏敦煌遗书，一次就卖给外国人400卷。李盛铎逝世后，一部分嗜利之徒甚至假托他曾经收藏过的名义，在天津制假出售敦煌遗书。周叔弢购藏敦煌遗书中，有“木斋审定”“德化凡将阁珍藏”“木犀轩珍藏”等李盛铎收藏印记，就是佐证。

周叔弢除在京、津两地购求遗书外，一部分藏品来自西北，这也是一条重要渠道。有的经卷上钤印或尾跋中写有“袁文白曾官玉门，得之石室”“歙许春父旅陇所得”“中西望翰楼主收藏图书印章”“敦煌县政府印”等。这表明，藏经洞发现初期，地方官僚曾近水楼台得到一批遗书，后又辗转出让，为周叔弢所得。周叔弢藏品中有一件清宫旧藏宋治平四年款《摩诃般若波罗蜜经》，还引出一段逸事，与末代皇帝溥仪来津居住背景有关。1925年溥仪被驱逐出宫，曾以赏溥杰、溥佳兄弟名义，携带1000多卷宫中旧藏书画来津。这批书画后来大部分带到长春伪宫，但有一部分当年曾在天津变卖或抵押给盐业银行，无法赎回，便流落津门。周叔弢所藏的那一件清宫旧物，很可能就是流落津门中的一件。

周叔弢收藏中有《大藏经》失载之品，如《佛说水月观音经》。此经未见《大藏经》收录，但五代和西夏时期敦煌壁画中描写水月观音像的题材屡屡见到。王重民遍查佛典，最后于《千手千眼观世音菩萨广大圆满无碍大悲心陀罗尼经》发愿词中查到相似的经文，认为是一部大经中略出的，是一全新的发现。此书已被选入方广锠主编的《藏外佛教文献》第一辑，为研究佛教史和思想史增添了新资料。另一件《佛为心王菩萨说投陀经》首尾齐全，保存完好，全长916厘米。日本《大正新修大藏经》原据斯坦因劫经中的同名写本编入第85卷，但所据底本不如周叔弢原藏这个卷子完整。日本临川书店编辑出版《禅学古典籍丛刊》时，不用《大正新修大藏经》录入的底本，而改用周叔弢藏的这个卷子，认为是新发现，足见其品优、价值高。周叔弢原藏佛教律部文献中，最早的写本有北齐天保九年（558）《羯磨》一卷。“羯磨”是僧团按戒律规定处理僧团或个人事务的名词。日本学者池田温阅过此卷后，认为有北齐跋语的“羯磨”于敦煌写经中殆是唯一特例。另一件五代经折装写本《鼻奈耶律序》，也未尝见。隋开皇十三年郑颋写的《禅数杂事下》卷，是讨论佛教信徒必须遵守的仪轨规则的重要典籍，各藏均未收。在它的题记中，经生、校经僧、教事、学士都一一署名。周一良考证，“教士”之称，它处未尝见，此职疑是隋代所独有。周叔弢藏佛教论部文献，有隋代写本《大智度论》。《大智度论》传为古印度龙树著，后秦鸠摩罗什译，论中所引经籍甚多，保存了大量当时流传到北印度的民间故事和传说。周叔弢所藏皆为早期写本，是研究大乘佛教和古印度文化的重要资料。

周叔弢收藏的写本中颇为引人注意的是唐人写本和日本人古写本《文选》两部。

《文选》是我国现存最早的文学作品总集，它的编选者萧统是南朝梁武帝萧衍的长子，天监元年（502）立为太子，死后谥昭明，所以《文选》又被称为《昭明文选》。《文选》对后世影响很大，重要注本有唐李善注和五臣注以及日本平安朝写本等。周叔弢收藏《文选》残卷两件，其一为敦煌所出，唐人写本，首尾不全，其内容约当今本《文选》43卷，背面为草书《大乘百法明门论开宗义记》。唐人写本《文选》残卷，多被伯希和、斯坦因劫往国外，国内仅知敦煌研究院藏有《文选·运命论》残卷，这些都是不可多得的古写本文献。姜亮夫在《敦煌莫高窟年表》中说：“《文选》原本，在李善注本以前者，世已未见。今各卷皆可为各本是正文字篇章，为中土久佚之宝，至可贵也。”其二为日人写《文选》残卷，麻纸，本色，计用八纸，高27.7厘米，长440厘米。李善注中有“如连具江河四海、如衣带”之语，这是我们常用“一衣带水”典故的一个较早的出处。日本现今保存的日人写《文选》残卷与此卷正好衔接，是此卷的后半段。日本奈良时代开设官立写经所，抄写日本遣唐使、留学僧从中国带回的大量经典，敦煌宝藏中除了佛典外有《文选》，日本在抄写佛典的同时也抄写中国这部最早的文学作品总集。上述两件中日古写本《文选》，足证两国自古以来就有友好交往的历史，其价值不言而喻。

周叔弢收藏的经卷，还对研究南北朝、隋唐五代书法有重要价值。唐和唐以前书写墨迹，目前很少能见到原件，日常看到的多是碑碣墓志和摩崖刻石的拓本，或名家墨迹的摹本，周叔弢收藏品中有众多的南北朝、隋、唐、五代以经生体书写的佛经，确实有不少代表上述各个时期书体风貌的佳作。经生虽不是书坛名士，但字迹工整秀丽，是研究中国书法发展演变的第一手资料，如藏品中的北齐天保九年《羯磨》经，隶楷结合，捺笔很重；隋代大业四年（608）的《大般涅槃经卷第十七》，已脱离隶意，以楷书为主，结构疏朗；唐开元二十年（732）楷书《大般涅槃经后分卷》，方正稳健、秀丽端庄，足称中国书法史上的佳作。

捐书如嫁女，找个好婆家

周叔弢收藏善本书籍，除了个人爱好玩赏之外，还有更深用意，就是为国家保存民族的珍贵文物，不致因水火兵虫之劫，化为云烟，更不使流落海外。他藏书绝不是传统的那种要“子孙永保”的意思。1942年，他估计当时的形势，认为再收善本书恐怕不易，曾在书目上记下几句留给子孙的话：“生计日艰，书价益贵，著录善本或止于斯矣。此编固不足与海内藏家相抗衡，然数十年精力所聚，实天下公物，不欲吾子孙私守之。四海澄清，宇内无事，应举赠国立图书馆，公之世人，是为善继吾志。倘困于无衣食，不得不用以易米，则取平值也可。毋售之私家，致作云烟之散，庶不负此书耳。”

1949年后，他看到了当年憧憬的全国统一安定的日子，实现了自己的心愿，遂于1952年把藏书中的精品715种全数捐给北京图书馆。

他曾和子女说：“捐书如嫁女儿，要找个好婆家。北京图书馆善本书部由赵万里主持，他是真懂书爱书的，书到那里可谓得其所，我是放心的。”又说：“捐书之时何尝没有不舍之意，也曾打算留一两部自己玩赏，但想既然捐书，贵在彻底，留一两部又如何挑选？所以决心悉数捐出，一本不留。”郑振铎曾对他说：“你把珍秘之书全部献出，并未保留一部，真是难得难得！”

除了1952年所捐这一批书之外，他还于1954年捐给南开大学中外文书籍3500多册，1955年捐给天津图书馆清代善本书籍3100多种共22600多册，1972年又捐给天津图书馆善本书籍1800多种9100多册。此外还有零星的捐赠，例如1949年捐给故宫博物院宋本《经典释文》一册，1951年捐给北京图书馆《永乐大典》一册，等等。除善本书之外，收藏的古玺印、敦煌卷子和一些名人书画，也捐给了国家。20世纪50年代他捐书时得到过人民政府的奖状，1981年天津市人民政府也曾召开发奖大会，表扬他这种爱国行为。在天津发奖大会之后，他对子女说：开这么大的会表扬，真是“不虞之誉”，实不敢当啊！

周叔弢把宋、元、明抄与校的善本都捐给国家之后，又别有所好，开始收集清朝的活字本，认为在西洋铅印传入我国之前中国的活字印刷有很长的历史，不可令其湮没。他搜集到1000多种，遇上十年浩劫，无法再收，幸而已收到的都保存了下来，也献给了公家，并有印数不多的油印本专目，保存了一大批研究我国印刷史的宝贵资料。

杜甫诗曰：“千秋万岁名，寂寞身后事。”但周叔弢逝世之后并不寂寞，由冀淑英编的《自庄严堪善本书目》，李国庆编、周景良校的《弢翁藏书年谱》，天津图书馆编的《弢翁藏书活动四录》，周慰曾写的《周叔弢传》，周景良整理的《弢翁诗词存稿》，周一良编的《自庄严堪善本书影》，天津艺术博物馆编的《周叔弢先生捐献玺印选》等都已出版。特别是《自庄严堪善本书影》，包括每部藏书的首页、末页和全部题跋，3000多页，是前所未有的版本学教科书。此书的设计规划以及

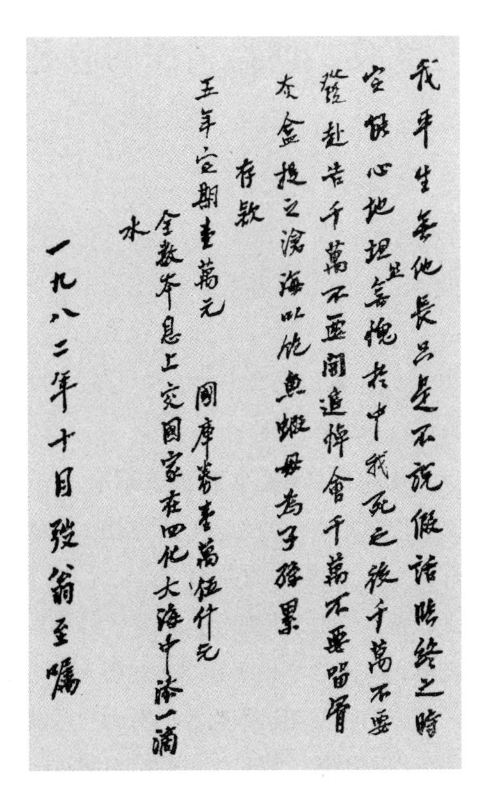

我平生無他長只是不說假話臨終之時
定能心地坦然無愧於中我死之後千萬不要
發赴告千萬不要開追悼會千萬不要留骨
灰盒携之滄海以飽魚蝦毋為子孫累
存款
五年定期壹萬元 國庫券壹萬伍仟元
全數本息上交國家在四化大海中添一滴
水
一九八二年十月 弢翁至囑

周叔弢生前遗嘱

联系出版，均由周叔弢的幼子周景良操办。大哥周一良称幼弟景良为“周家斧季”，以明代大藏书家毛晋幼子毛扆（字斧季）喻其继承乃父遗志，刊印好书。

周绍良：博特精深的收藏

周绍良是趣广识博的收藏家，又是学养深厚的一代学人。这位从书香门第走出来的人，有着宽厚、亲和、执着的品格，人们称他为“当代鸿儒”。他是由收藏而走进学术之门的，又经学术领域的拓展而推动了收藏，如他涉猎的清墨之学、红学、佛学、敦煌学、唐代史学、石经之学、文博之学、宝卷之学、唐人传奇学、古代墓志学，无不体现他是一位脚踏收藏和学术两界的智者。收藏和治学与他的人生合而为一，不为流俗所困扰，超乎尘世的喧嚣之外。他很少留意收藏家竞相购藏佳椠名刊和名家书画，而是侧重于鲜有人过问的记录着各色社会生活的遗存，享受着独有的发现和自标新帜的喜悦。

家族：百年不衰，根深叶茂

考证周绍良的家世，可以看出从安徽至德（今东至）周氏家族由士到官、由官到商、由商到儒的发展过程，但不管是为官还是为商，始终与这个家族相伴的都有一个“学”字。

周馥是周绍良的曾祖，本是一介寒士，后来入了李鸿章幕，曾官至两广总督。他精于经济，著述颇丰，其中《治水要述》十卷是专门之学。

周馥有六子：学海、学铭、学涵（夭折）、学熙、学渊、学辉。长子周学海官至浙江候补道，潜心医学，著有《脉义简摩》《辨脉平脉章句》。学海长子明达，室名今觉庵，藏邮甚丰，人称“中国邮票大王”。周绍良青年时代受其影响，曾一度喜欢集邮。周学海第三子明扬，后改名暹，字叔弢，是著名藏书家。周学海第四子周进，字季木，金石学家，所蓄三代彝器、汉晋石刻及封泥等极丰富。周绍良为之编《新编季木藏陶》。周珏良撰《周季木先生传略》，周绍良写了《后记》，可谓是兄弟合作。周绍良在《后记》中写道：

> 伯父季木先生精鉴赏，喜收藏，尤好金石文字之学，所蓄甚富，于所编《居贞草堂石影》《居贞草堂藏器》两书中大略可见之。至于印玺、封泥、匋瓦之属，尤多奇品。封泥部分，伯父志辅所编《续封泥考略》及《再续封泥考略》两书已著录。至于玺印，当时曾钤有《魏石经室古玺印》一书，实物已由伯父叔弢捐赠天津艺术博物馆，至于匋瓦文字，原藏达四千余件，表兄孙浔（师白，周进之婿，孙鼎之兄）曾选其精萃编为《季木藏匋》，惜非全部，且印数极少，仅数百部，流传不广。
>
> 忆1946年夏，此批陶片，存于舍间，议将捐赠故宫博物院，临送之前，先父叔迦先生命绍良加以清点，因托友人相助，将其有文字者加以毡拓，因成此册。

周馥第四子周学熙，是周绍良的祖父，近代著名实业家，1912年出任第一任财政总长，1915年再次担任财政总长，兼任盐务处督办，与张謇齐名，故有“南张北周”之称；曾在北京香山租地建“松云别墅”，著有《西学要领》《东游日记》，辑有《经传简本》等。学熙长子周明泰，室名几礼居，精于考证，专收有关明清戏曲文献，为著名戏曲史家，编著有《续封泥考略》《几礼居丛书》《道咸以来梨园系年小录》等11种。学熙次子周明焯，实业家，办纱厂、信托公司和银行。周绍良的父亲周明夔，又名周叔迦，为学熙第三子，先办实业，失利后潜心佛学。1930年后在北京大学、清华大学、中法大学讲授中国佛教史等课程。20世纪40年代任中国佛教协会副会长兼秘书长，著有《牟子丛残》《中国佛教史》《印度佛教史》《八宗概要》等。周绍良受其影响，在佛学研究上卓有成就，并积极投身于佛教事业，做出了贡献。

在周馥诸子中，学海、学熙两家往来最为密切。学熙患癌症几乎送命，其长兄学海给他服以验方药，长嫂用黄酒为他搓四肢，一夕之间疹发遍体，始得平安。1906年，学海病逝，其子女由学熙抚养教育成人。1917年4月23日，周绍良出生于天津，为周学熙之长孙，周叔迦之长子，生得较晚，怕夭折，遂过给周叔弢名下，此时，叔弢有三个儿子，男丁兴旺，在周叔弢家，他排行老四，称伯父弢翁为爹爹，而称他的父亲为爸。周绍良自云：

> 我们良字辈诸孙年长者都由玉山（按：周馥）起名，如我的堂兄叫“果孙”，“果”是“果然得孙”之意。民国六年（1917），徐世昌当大总统，当时政坛有“四皓”一说，曾祖父周馥居其一，此时恰逢我出生，玉山先生便起名叫“皓孙”，小兄弟们因此称呼为“皓子”（谐音“耗子”），至于称弢翁为爹爹，是因为弢翁一家居青岛，称父亲为爸爸，实质没有区别。

周氏家族良字辈的众兄弟，人才济济。常有这种现象：在同一次学术会议上，周家会有几个兄弟同时参加。每当此时，周绍良总是亦步亦趋地跟在周一良后面，而又总是喊着“大哥”。翻译家周珏良在良字辈兄弟中是活跃人物，知识广博，和周绍良有着同好，藏墨甚多，为周绍良《蓄墨小言》作序，两人交往最多。济南的周伯鼎书法颇有成就，对中国毛笔有深入研究，认为古人书法和用笔有关，也帮助周绍良搜集藏墨。

藏墨：意在独创，不恃古先

笔墨纸砚，文房四宝，其中笔和墨的历史最久。早在新石器时代，彩陶器上的纹饰就多以笔和墨画成。墨难以久存，很少发现实物，但毛笔及磨墨的砚台倒是在考古中有所发现。秦汉时代的简牍用墨书写的已很多了，这不只是表现了墨的实用价值，更为重要的是它和人们的政治文化生活的关系已经很密切了。但是，直到宋代，有关墨的记述才多了起来，不只记述用墨，而且记述制墨、赏墨、藏墨，以及名家制墨出现仿制的伪品，如苏东坡虽然藏有李廷珪墨多笏，形色各异，但“岁久墨之乱真者多，皆疑而未决也。有人蓄此墨再世矣”。李廷珪父子是唐末五代时期制墨名家，所制之墨清而不浮，湛湛如小儿目。苏东坡的朋友吕行甫等“好藏墨而不能书，则时磨而小啜之”，真是嗜墨如命！在宋代，人们已经把墨当作贵重礼品相赠，或者用来当殉葬品了。墨到了书画家手里，就产生了“墨分五彩”的效果，用浓墨、重墨、焦墨、淡墨、清墨及泼墨等方法，创造出水墨画中的艺术妙品。用墨的高下在宋代已经成了评判绘画艺术的标准，一直延续到今天。但是墨毕竟是一种消耗品，加上制作材料特殊，即使藏墨家慎之又慎，也可能自然破碎。即使是明人所制之墨，距今三四百年，也已经是物以稀为贵了。明代中期是中国制墨的全盛时期，明代墨除非在博物馆还能看到，现在流通范围内几乎绝迹。即使是一笏清墨，也是价值连城。20 世纪 90 年代中期，上海朵云轩拍卖了一笏 7 厘米的有款清墨，底价和一方同样大小的汉代玉琀接近。现当代藏墨多以清代名墨为主。和其他收藏有所不同的是，藏墨家都有自己的爱好、志趣、执着、学养和境界，周绍良具备了藏墨家的这五个条件，所以能做到物我两参。

周绍良虽然收藏兴趣很广，但对墨的兴趣从少年时代就开始了。那时他进出家中长辈的书房，闻到的是墨香，看到的是用墨书写的大块文章，乃至迎婚论嫁也以名墨做压箱底的陪嫁。那时是墨上的各种图案吸引了他。他在《周绍良清墨谈丛·自序》中讲了他藏墨的缘起：

> 我过去对于墨的收集，是相当有兴趣的，一则由于它不独具有实用价值，而且还具有艺术性，它体现了传统的木刻艺术，也体现了造型方面的艺术。如一些制墨家所制，不独在造型方面异彩纷呈，并且烟质细润，为书写者增加不少兴趣。其次是一些读书人甚或一些达官名宦，都各自有自用墨，颇具历史性。因之每有所获，总喜欢为它作一点记录或考证。岁月既久，积稿颇多。

这段话一方面表明是墨上的木刻艺术、墨的造型和墨色的润泽引起他的兴趣，另一方面表明他已经梳理出制墨家的墨和文人自用墨代表着两个不同的系统。

当代藏墨家寿石工不仅藏品丰富，而且有多种藏墨著作，如《重玄琐记》《玄尚精庐墨录》《尘麝簃辛未墨录》，为藏墨家所看重。他收藏颇具特色，专收清代年号墨。周绍良受其影响，也立志要收齐清代年号墨，研究清代墨的源流和与之有关联的清代版画发展过程。寿石工病逝之后，他的藏品渐渐散出，墨的精品大多为周绍良收藏，其中有《玄尚精庐墨录》著录的詹彩臣广诚堂墨、詹成圭玉映堂墨、詹应甲墨等，都是稀见的珍品或孤品。婺源詹氏制墨家族有数十家，自产自销，工价低，成本低，这是婺源墨可以与歙县、休宁抗衡的根本原因。周绍良除了从寿石工散出的藏品中得到詹氏墨，还从市肆中收到多种詹子云制“八宝药墨”。有纪元干支的只有两笏，而且是一式两份，一在其堂兄周珏良家，一为他收藏。周绍良重视婺源詹氏墨，认为詹氏“所制墨在乾隆年间，颇被人重视，与歙县曹素功、方密庵辈相提并论”，可见詹氏墨地位之高。随着制墨品质下降，乾、嘉之后欲得詹氏墨之精良者，反比康、雍时代为难，蓄墨者偶得佳墨，即视为珍品，其稀遇可知。

收藏是周氏家族共同的兴趣，只是各人的爱好不同，收藏的取向也不同。他们彼此间互相关切，周绍良藏墨活动在周氏家族中也得到了支持。周绍良的伯父周叔弢是有名的藏书家，一次他们闲逛市井，至雅鉴斋，见方振鲁墨十数笏，形制不同，周叔弢“属合作缘收之”，后来周叔弢以一笏方振鲁墨相赠。此墨背行书两行：“书成却许换鹅群。新安振鲁墨。”墨面所绘乃王羲之许人以书换鹅的情景。周叔弢也偶有藏墨，有时取出赠与子侄。他曾以方振鲁墨赠周震良（伯鼎）、周珏良。周绍良藏曹素功墨颇为丰富，其中有曹氏六世孙墨“引泉”，但《借轩墨存》著录为“饮泉”，为辨其是非，周珏良专程去天津图书馆为周绍良借阅《借轩墨存》查对，确是“饮”字。1960年，周绍良在江苏高邮，自称“暂舍墨缘”，但周珏良还是经常给他写信，告知他有关墨的见闻，遇到他所好，即代为购下。周伯鼎也为周绍良搜集墨，曾以吴叔大“再和墨”一笏相赠。张子高对此墨格外喜爱，以郎廷极“贡墨”易去。周伯鼎在济南街头地摊上还购得“张受经墨”，邮寄给周绍良。周绍良则把购得的《槎河山庄图》卷送给周伯鼎。

有一种收藏家是进行封闭性的收藏，每得自己中意之珍品，便藏于秘阁，不和外界交流；另一种是开放性的，每有所得，即与同好者交流共赏。周绍良属于后一种类型的收藏家，不只是在家庭内共享收藏之乐，和其他藏墨家也互有交流，藏墨大家袁励准、叶恭绰、张子高、张䌹伯、尹润生、魏公孟、巢章甫、劳健章等都是他的藏墨之友。从1956年开始，他与李一氓、张子高、张䌹伯、尹润生、周珏良结盟，不定期举行墨会。每当聚会时，大家拿出自己的珍品，观摩品评，探本究源。这成就了墨史研究的一段辉煌时期，为世人留下了许多明清墨的研究资料。藏家所藏各有侧重，张子高专搜“文人自娱”之墨，张䌹伯专搜“市斋名世”之墨，兼及其他类精品。寿石工一生搜罗最勤，所得亦多，只收精品而不侧重哪一类。尹润生见闻最广，鉴赏极精，然非至精品不留。按照周珏良的说法，周绍良与众不同：“绍良另辟途径，二十多年来集中搜罗清代具有年款的墨，并用余力旁及其他种类，收藏既富，考证甚勤，有所得往往记以短文。”

如同藏书家都编有书目一样，藏墨家则有墨目，把自己的藏品编成目录，记载它的由来和有关考证，以便检阅、翻读。墨目和书目不同，书目只记书名、刻本、版式、墨色或提要，墨目不仅标出墨名，而且详述墨的形状、风格、品试各家墨质的记载，考证墨的历史。周绍良自述说：“我也追随前人之后，曾把自己收藏之墨，分别记录并加以毡拓，编订成册，另外还将读书所得有关记载记出，作为小跋，以便检阅。”这里就包括周珏良所说“记以短文”。

日积月累，周绍良有关墨的短文，有的散见于报纸、杂志，有的汇集成册。由于视野所限，我只读过周氏记述名家藏墨的《蓄墨小言》、记述制墨家墨的《清代名墨谈丛》《曹素功制墨世家》、专题文章《曹素功家世》等几种。20世纪前半期，中国研究墨的著述有郭恩嘉《知白斋墨谱》，袁励准《中舟藏墨录》，寿石工《尘麝簃辛未墨录》，叶恭绰、张子高、张䌹伯、尹润生《四家藏墨图录》。周绍良几种有关墨的著作，有着特殊的作用，不只是做到有所发现，弥补空白，而且对文人用墨，从墨的年款考订出人物、坊号、史料，叩问积淀在墨上的文化，都有新的创见。

最引起我兴趣的是《蓄墨小言》，从书中可以看到周氏收藏的清代以来知名人物周亮工、宋荦、张廷玉、曹寅、袁枚、刘墉、梁同书、纪昀、洪亮吉、黄易、阮元、巴慰祖、陈鸿寿、邓廷桢、琦善、曾国藩、杜文澜、杨沂孙、俞樾、赵之谦、胡公寿、胡澍、吴大澂、黄士陵、梁启超等自用墨或订制墨。书中不只是记述文人自己参与制作的墨，或文人委托制作的墨，而且可以看出文人的圈子及他们之间的相互关系。

曹素功富贵图墨

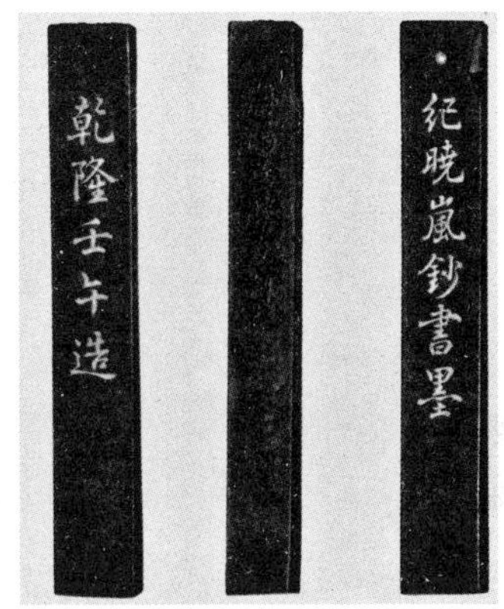

纪晓岚钞书墨

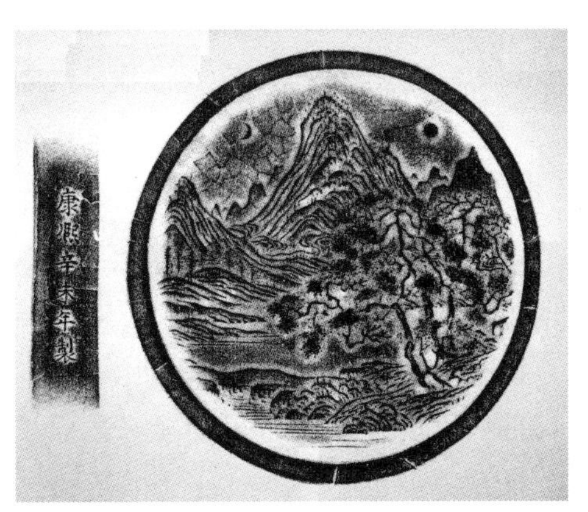

康熙辛未年制御墨

乾隆辛卯年制御墨

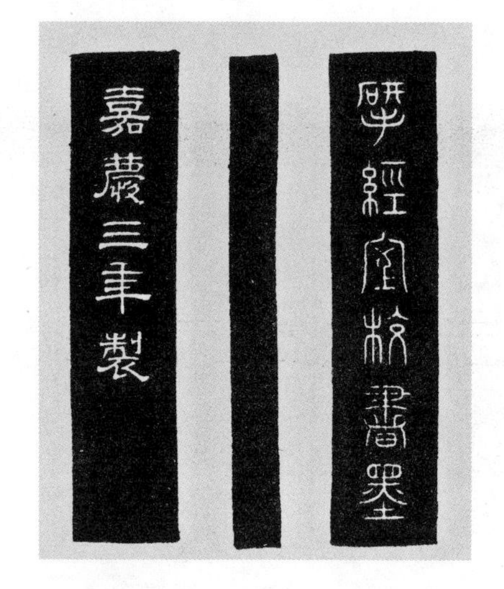

阮元揅经室校书墨

余清轩家藏墨

如“阮元进呈墨”是献给皇帝的。有的墨镌有硕儒、名士的名或斋号，作为礼品赠送朋友；也有几位文士联名制墨，如“巴慰祖六人联名制墨”“子华等五人合制墨”。除此之外，文中对文士们的人格品藻、学养也加以评论。

周亮工是清代藏墨家，“蓄墨万种”，“岁除以酒浇之，作祭酒诗”。虽然风雅，周绍良还是批评说：“以人品道德论，不足取。”梁清标功成名就，“安于‘贰臣’的地位”，制墨“以示升平”，为康熙“盛世”捧场。宋荦藏墨“不惟冠绝一时，后来者亦难伦比”，但是他以制墨纪念“重修沧浪亭”，在墨上镌诗文记事，周绍良对他那种“自得之情”是不以为然的。靳治齐是康熙年间的小官，得康熙御赐诗，遂制双龙纹墨报恩，周绍良做了婉转的评论：“得蒙特赐，自不会以官位低微而有碍也。”周绍良从名士的墨铭中探讨他们的心态变化。如阮元墨，墨面篆书六字“揅经室校书墨”，周绍良判断曰：“可见这时阮元已放弃要做经师的思想而改途金石家矣。”纪昀墨没有铭文，只题“纪晓岚钞书墨”，周绍良评之曰："固属文人旧习，然亦颇能合其身份。"又说："纪昀为一代文人，是时年过古稀，沉浮宦海，阅世已多，不想再立文章事业，假狐鬼以喻世，作为《阅微草堂笔记》，于此可觇其晚年心境。"曾国藩硃墨铭为"求阙斋"，周绍良评之曰："他取这一个名称，对于他的心理活动是大可研究的。位居统帅，却选用这样一个传统儒家谦以自牧的斋名，完全是要求减少各方面对他的矛盾与攻击的目标的意思。"沙俄侵占中国大片土地，吴大澂在边界立铜柱为志，镌以58字铭文，期免继续被蚕食。"吴大澂墨"照原柱式样用墨做模型，正面篆书"铜柱"二字，背篆书四行，即吴氏所作铭文58字。周绍良对此墨评曰："乃知积弱之下，已无力收复大片疆界，欲作壮语竟不可得，可叹也！"周绍良所作的墨外之语，常能一语中的，入木三分。

《蓄墨小言》和《清代名墨谈丛》是周绍良的藏墨记录，除了谈墨之外，他还博采众书，考订了文士们的籍贯、经历，通过他们的制墨、品墨、藏墨、咏墨，勾画了他们之间的联系，和围绕墨而展开的有声有色的生活。人们把周绍良这两部有关墨的著作比作他笺注的《唐才子传》，不同的是，《唐才子传》是以诗为载体的唐人物传，《蓄墨小言》《清代名墨谈丛》是以墨为载体的人物传记。

《清代名墨谈丛》《曹素功制墨世家》是中国制墨史和制墨人物史料。《清代名墨谈丛》分甲、乙两辑，甲辑列340题，基本上是一题一家，或制墨坊号、制墨商肆，或镌模艺人。每一题从墨品正面、背面、侧面、顶面所载墨名、品类、坊号、刻工、进呈、委制、地名、年月等出发，层层辨析，对前人藏墨著作误记的人名、斋号、制墨年代上下限，精严考订，一一做了更正或补充。在研究中，周绍良特别注意"墨票"的资料。所谓墨票，就是制墨人或藏墨家写的一纸对墨的特色或制墨人的经历的记载。有的墨票写的是对墨的溢美之词，辞藻华美而空泛，有的墨票很有研究价值。汪节庵函璞斋墨有记元可考之最早者为乾隆三十年（1765）制品，但开始于何时尚无得考，"此关系墨史之重要问题”。吉梦熊为汪节庵写的墨票中有言“汪久名久扬”，此墨票写于乾隆五十八年，周绍良由此断定“当乾隆三十年时，其墨肆必已设立，可能这就是他的创业之始”。周绍良又得梁同书为汪节庵写的墨票，落款为“年时年政八十”，此时为嘉庆七年（1802），周氏判断“函璞斋之创业，自必在乾隆年间而无疑”。

已往把御制墨和贡墨混为一谈，认为贡墨就是御制墨。周绍良对收藏的实物研究，提出贡墨和御制墨的不同。他在《马兰铎墨》的题跋中说：“科举时代，地方管理、挑选读书人的称作学使，他负责把府、州、县中一些读书人考试一番，将成绩优异者送至京师国子监肄业，称为贡生。……参加学使按临考试，当然要用笔、墨，于是墨肆特为这些人制造一种‘贡墨’。……因之这‘贡墨’的含义，与‘贡烟’绝不相同，与每年地方上进与皇帝之‘贡墨’也不是一个意思。”周绍良藏有康熙、乾隆、道光三朝“御墨”，他说：“‘御墨’一般出于内务府造办处墨作所制。”墨面都有“御墨”二字。

周绍良对再和墨也有独到的研究。相传“乾隆丁巳年制”及“乾隆辛卯年制”御墨是以旧墨残品捣碎重制的，但都是传说，没有确切可证的资料。他从《大清会典事例》卷一一九九《内务府书籍碑刻则例·御书处墨作》中找到“改造黑墨”的记载，“改造”是“以残碎旧墨重制”，他认为“改造”是属“再和”。周绍良积年蓄墨，累有所得，箧中所藏再和墨“约二十余品”。墨票常常不为收藏家特别注意，周绍良有时也是偶然得之，他说：“过去余收集墨之际，偶于包墨破纸中，检得墨票一纸，展而视之，乃吴云为胡开文所书题词。”根据题词，他判定吴云用墨为胡开文所代制，并说：“健甫之名，端赖吴氏题词而传，这是一份重要的墨史资料。”他由此做进一步考证，吴云的斋名“两罍轩”是由得周齐侯罍、周齐侯中罍而得名，两罍轩所藏金石散出，所藏秦汉印尽为周绍良的叔父周季木所得，后又归于周叔弢。一张墨票传递出许多信息。

和书画鉴定家在鉴定书画时讲究“气韵”一样，周绍良对墨的鉴定也持“气韵说”，这是他独到的体会，在其他有关墨的著作中是很少看到的。墨和书画一样，都会有仿制的伪品，有的伪品与原作如出一辙，从技巧上很难看出有什么差别。墨可以用原模复制，如清人用明人的墨模制明人伪品，从技巧上很难看出有什么区别。但墨也有时代气息及个人气息，墨的鉴藏家没有较深的学养与体验是无法做到的。周绍良无意中得汪世臣墨一笏，他鉴定后，说：“汪世臣墨不见各藏家目录，造型气韵颇古朴，仍具有明代遗风。康熙丁酉（1717）已是康熙晚期，当是明代设肆而传袭至今者，惜其墨肆无考。”汪敬如墨：“当是一由明入清之墨肆。”汪其如、汪天景墨：“颇疑此二汪与汪节庵有关，何其气韵之相似乃尔！记之以待续证。”这里除了讲墨的时代性，还讲制墨风格的传承，这些判断都是从鉴别墨的气韵中得之。

许多藏墨家的藏品都留下其收藏的故事。周绍良也是这样，在他收集的许多清墨中，也都留有他的收藏行踪。前文已介绍他的藏品有不少是由寿石工处得之。藏家赵元方也是周绍良的玩墨之友。1963年，赵氏藏墨精品归故宫博物院，周绍良检其残余，得胡兆开式训堂墨两笏，他说：“箧中既缺胡兆开墨，因得补有之。实足快意。”周绍良得“余清轩家藏”墨有着传奇色彩。他详细记录了得此墨的经过：

> 1961年“大跃进”时刻，全国饥荒实甚。余以事过济南，游于街衢，有以手卷出售者，粗如牛腰，展视之，则《槎河山庄图》也。售者自云刘姓，家无斗储，妻儿待哺，不得已只得将家中故物易米。询其价，只二百五十元，因念其名人后也，遂照数付之而留其卷。语次，其人复出数墨相售，一即“余清轩家藏”墨。彼云家存故物，宝存数世矣，世无识者，因存留至今。如愿留之，可见售。墨多康、乾时制，因见“余清轩”一品与现世传世之品稍异，遂收已……

此墨面“余清轩家藏”五字，下钤“真赏”小印，背镌有“槎河山庄主人清玩”。这位主人即是刘青岑，山东诸城人，四世皆居槎河。周绍良归京一比视，确属不凡，互为传视，张子高、张絅伯、李一氓、尹润生欣赏不已，称为奇遇。收藏史上多有藏墨家视墨为生命，藏而不用，如苏东坡的好友李公择“悬墨满室”，石扬休“蓄廷珪墨，不许人磨”，东坡戏言“此亦通人之一蔽”“子不磨墨，墨当磨子”“子不磨墨墨磨人”。周绍良和他的藏墨朋友何尝不患有“通人之蔽”，为墨所磨，在凄然中享受快乐！

经过20年努力，周绍良藏墨有1000余笏、200多种年号墨，超过寿石工所藏一倍。其中以雍正、道光两朝间的御墨最为珍贵，寿石工所藏只有两块，张子高所藏只有一块，而周绍良藏有九块，不同年份的达八品，不同制墨者有八家之多，和寿石工、张子高相比，可谓后来居上，应该在现当代藏墨家中居首位。1966年“文化大革命”之始，周绍良致信故宫博物院：“这批墨是一批重要文物，全部是具有年款干支的，可以说，自说有收集清代纪元干支的，我这一千锭左右可以说集大成，而且也是你馆所缺的一部分，合在一处，最为合适。”周绍良所说自己的藏墨是“集大成”，没有自夸之意，从他的记录中可以看到常有“殊少见”“零星流传之品不多遇”“不多见”，这些字样说明他的藏墨是稀见的，或是别人没有的孤品，否则怎么敢说自己的藏品是集大成呢？合久必分，分久必合，这批历史遗墨，经过几多聚散，又相聚于文物展堂。

金石为开，以志校史

墓志拓本是周绍良收藏中的第二大类。他所收藏的各类石刻拓本，至少在5000件以上，其中仅唐代墓志就达4000通。

墓志是古人记墓的一种形式，起源于哪个历史时期，说法不一。陕西秦俑考古队在秦始皇陵附近发掘出土的刑徒墓瓦当文，被考古界认为是一种较早的记墓形式。后来在河南洛阳城南郊发掘的500多座刑徒墓，出土刑徒墓砖800多块，记载刑徒死亡日期的有200多块，起于永元十五年（103），终于延光四年（125）。学术界认为东汉仍沿用砖志作为记墓形式，系沿袭秦代瓦当文的形式。在汉代又出现了用旌幡（帛书）作为记墓形式。东汉时期兴封土为墓，在墓上立碑。用石料制碑刻成墓志，始于晋代，盛行于北魏，学者们认为这才是真正意义上的墓志。

周绍良收藏的唐代墓志，是承袭魏晋南北朝时期的传统而有所创新和发展。从拓本来看，唐代墓志由序文和铭辞组成。序文中记载墓主人的姓名、年龄、籍贯、爵位、死亡的时间和地点、死亡的原因、埋藏的时间和地点。有的墓志还把死者的三代和官职都一一列举，由此可以研究出死者的世系。铭辞多为四言、五言诗，为墓志撰写人对死者一生的概括和肯定，多为赞美之词，用现在的话来说是对死者“歌功颂德”。墓志侧面多刻有忍冬蔓草的花纹。这些墓志装饰纹样是研究古代工艺美术的珍贵资料。墓志的文字都是由书写镌刻而成，有一部分出于书法名家手笔，有些虽然不是名家书写，但是由于数量众多，也是研究唐代书风的重要资料。

从清代末年到20世纪30年代，在洛阳地区以及陕西、河北等地，墓志的出土达到了一个高潮。本来，中国人对墓志并不太重视，但大批墓志出土，引起外国收藏者的兴趣，用钱不多可以买到大批墓志，所以就大肆购买，从而刺激了盗掘古墓之风的兴起。随着盗墓者的发掘，大批南北朝、隋唐墓志出土，墓志上记述了丰富的历史资料，这也就引起了国内学人的重视。在这期间，国内著名学人罗振玉、缪荃孙、关葆益、董康、李盛铎、于右任、徐森玉、李根源、张钫均从事墓志的收藏与研究。鲁迅也受此风的影响，一度在北京和徐森玉摆弄起“黑老虎”

来。墓志一旦进入市场，大量的拓本就流入坊间。当时无法收集到墓志原石的收藏家与文人，就把收藏出土的墓志初拓本视为快事。当时北京的收藏家缪荃孙、章钰、邵章、李盛铎等人，就收藏了大量清代末期至民国初年的出土墓志拓本。

继上述墓志收藏家而起的，就是周绍良了。20 世纪 40 年代，前辈墓志收藏家相继过世，他们的收藏也多由后人转手售出，周绍良主要购买其中的唐代墓志，从而形成了自己的收藏特色。以他丰富的知识和独到的鉴赏眼光，收藏的墓志件件是精品。每件墓志都放在一个信封中，上面写着墓志的名称、年代。虽然经过“文化大革命”，但这些拓本都保存完好，拓工精致，很多进行了装裱。2002 年 5 月，他将 2600 多件唐代墓志和碑刻拓本转让给国家图书馆和天津图书馆，有不少拓本附有罗振玉、章钰、邵章等收藏家的印鉴、题跋。后来，由他主编的《唐代墓志汇编》一书共收石志、砖志、塔铭等 3007 种，其中曾经由他收藏过的墓志拓本为 1773 种。唐朝经历 290 年，计 21 个帝王、近 80 个年号，他曾经收藏过的拓本时限则涉及 75 个年号，时间跨度达 280 年，基本上同唐代相始终。据徐自强统计，其中较突出者，如涉及每个皇帝拓片达 50 种以上者，有太宗（87 种）、高宗（442 种）、武后（则天）（189 种）、玄宗（350 种）、代宗（52 种）、德宗（87 种）、宪宗（93 种）、文宗（79 种）、宣宗（98 种）、懿宗（68 种）等 10 位皇帝，可见其内容之丰富。

和瓷器、玉器等以鉴赏为目的的收藏不同，碑刻、墓志的收藏都是以研究为目的，是需要有些真才实学的。周绍良收藏的墓志集中于唐代，其目的很明显，就是为他的唐史研究服务。明史专家谢国桢曾经在周家任塾师，周绍良童年时代受教于谢氏，学习唐史，后又师从陈垣。陈垣是著名历史学家。周绍良和启功、柴德赓、刘乃和为同门。陈垣治学是先要把《资治通鉴》点读一遍。周绍良随谢国桢学唐史已经有了基础，请示老师陈垣，得到允许从《唐记》部分下手，取《旧唐书》《新唐书》相与对读，将其中歧异加以记录整理。他所读的《资治通鉴·唐记》是涵芬楼仿宋字排印本，错误较多。陈垣的名著《二十史朔闰表》当然是必备的工具书，但以《唐记》与之对读的过程中，周绍良发现《二十史朔闰表》也时有讹误，于是就用他搜集到的《唐人墓志》拓本，利用墓主人入葬日期的干支来校订《二十史朔闰表》。

周绍良对唐代墓志的收藏有一个长远的计划，不只是为自己的唐史研究，还要给唐史研究者提供可靠的原始资料。所以，他早就对收藏的墓志做了录文，自己抄录，即使在“文化大革命”期间，抄录工作也没有停止过。他把自己的录文装订成十余本厚厚的文稿。1982年起，他才有机会把汇编唐代墓志的愿望付诸实践。在他的指导下，徐自强、赵超等青年学人对唐人墓志进行整理编辑工作。为了工作的方便，他把自己收藏的唐人墓志拓本全部搬到了研究室。

对年轻人来说，一开始投入这个工作当然是不容易的，有的产生了畏难情绪。在他们看来，墓志这个“黑老虎”满纸烟云，文字不清，就是保存得较好的墓志，异体字、漏字、衍字的情况也经常出现。要将这些材料完全无误地抄录出来，没有相当的古文字、古文献的功底是办不到的。这时，周绍良就把陈垣“抄碑难，校碑更难”的话告诉青年学人，要他们耐得起寂寞，坐得住冷板凳，并把自己当年想做这件事的初衷告诉他们。他说：这种事情确实很辛苦，甚至会费力不讨好，但是学术界需要这样的基础工作，需要有人来做这样的基础工作。它不如写些时兴的文章见效快，但是能造福学术，流传后世。我们不图名利，就是希望做点有用的事情。

以周绍良为首的五人小组，前后用了五年的时间，最终完成了《唐代墓志汇编》一书。全书收录了唐代墓志约4000件，全部录文300余万字，称得上是一部大的学术工程。今天，学术界要搞这样大的学术项目，没有几十人参加和数百万元资金的投入，可以说是根本无法完成的。

唐代墓志虽以记载墓主人生平事迹为主，但也从侧面反映了当时政治、经济、文化、军事、宗教、中外关系、文化交流和民族关系的一些重要情况，可补正史记载之不足，或纠正史书中的一些史实谬误。周绍良以墓志资料为基础，对他曾经使用过的涵芬楼仿宋字排印本《资治通鉴·唐记》从“文字调节之失误”“叙事之重复”“叙事之错误”“月日干支之脱误”等四个方面进行校勘，集成《资治通鉴唐纪勘误》一书。后来他又根据墓志中记录士族谱系情况对《新唐书宰相世系表》进行订证与增补，写成《新唐书宰相世系表补正》。

《唐代墓志汇编》出版之后，周绍良送了一部给施蛰存，施氏给他回信曰：

> 承赐尊辑《唐墓志》一部二册，已由古籍出版社送来，谢谢！
>
> 此书皇皇巨帙，费足下心力不少，甚佩毅力充沛。附录中无采录书目，为美中不足，不知《古志石华》《金石萃编》等书所录，是否皆已收入？
>
> 伪刻多种亦均收入，此事窃所未解。鄙意既知其为伪刻，可以不必收入了。
>
> 我有唐志六百种，尚未检核，不知有无为足下所未收者？他日检核结果，当再奉闻。
>
> 近日贱体已在衰弱，恐不久于人间矣。

施蛰存这封信写于1993年7月23日，想来周绍良接信后定有回复，我未能读到周氏复信，不知他对施蛰存的意见持何态度。

周绍良在主编完成《唐代墓志汇编》这部巨著的同时，还撰写了多篇唐代墓志考证文章，其中有《唐志丛识》《唐志校史》，内容涉及唐代历史人物、地理、社会风俗等。周氏藏唐志中所选的72人，只有9

人为新、旧《唐书》所收，其余63人不见著录，可补其缺。所以在周绍良有关唐志研究的著作中，常常可以看到"《表》俱失载""此《表》足补《世系表》所缺""《新唐书》《实录》俱误"等字句。如：

根据《杨思立墓志》，就《新唐书》卷七一下《宰相世系表》杨氏越公房，周绍良校正的结果："此《表》颇有误，其明显者，如元孙字立之，思方复字立之，兄弟同字，必无此事，更证以《墓志》，'思方'作思立，乃虞卿弟六子，《表》列第五；而检校官乃兵部郎中，非吏部郎中。《墓志》明云'吾兄弟八人'，而《表》只七人，缺一人。"

《崔晔妻李氏墓志》中记有李氏"曾王父侨""王父应""显考鹭"，周绍良校史的结果："按李侨、李应、李鹭两《唐书》俱无传。"

《杨发女子书墓志》云："会乾符五岁夏，京师疠疫，子书之兄姊侄妹危疹者相次。子书省视力悴，忧劳内侵，疾不涉旬，竟厄天寿。"周绍良考证结论："可见这次京师地方疠疫相当严重，所谓'危疹'，如非猩红热当即天花，故子书遂致'竟厄天寿'。这年疠疫事两《唐书·五行志》未载。"

《旧唐书·文苑传》下《王维传》："王维，字摩诘，太原祁人。"《新唐书·宰相世系表》则维在河东王氏项下，是唐代人郡望。周绍良以《刘思妻王氏墓志》考证，认为《新唐书·宰相世系表》把王维列在河东王氏项下，"固非绝对可靠"。

唐朝黄巢起义，由于历史观不同，对起义事情有截然相反的说法。旧的正统史观认为唐朝衰微的一切弊端都是由黄巢起义引起的。周绍良在《唐志丛识》一文中认为，有两通墓志涉及黄巢起义事，一是《孙幼实墓志》对孙幼实之死记载曰："天不与善，神戾于睦，顷构风恙，绵月三纪，药饵似效，期于痊释。不幸四月中，天兵肆暴，惊劫士人，府君有所微财，悉罹狂剽。"周绍良研究分析："……'四月中'事而无纪年。从归葬日期为广明元年，这件事之发生，当是前一年乾符六年或以前事。此时发生在河南一带当然是黄巢之乱，不过史籍记载，在四月间并无扰及襄阳一带事，《墓志》谓‘天兵肆暴’，可见非受黄巢之祸。从这条记载可见唐王朝政治情况与军事纪律。”

依据《戴昭墓志》及《戴（昭）公墓志铭》，结合当时的语文研究，周绍良提出了史籍所失。李唐王朝在懿宗之后，虽距灭亡尚有30年时间，但已很快衰微下来，固然其致命伤是由黄巢之兴起，但是各方之暴动此起彼伏、连续不断，也是一个原因。这些在《旧唐书》《资治通鉴》等书中并未都有记载。《戴（昭）公墓志铭》揭示出裘甫起兵，说到他起兵于富阳，这是史籍所未及；还有周丫髻起兵在武义，文堂起兵在宣州，刘文起兵于镜水，可见当时对李唐王朝威胁之严重。当然那时还不止这些，最后引起黄巢占领长安，造成李唐王朝一蹶不振。周绍良很看重这两个墓志，认为“具有重要史料价值”。

周绍良以墓志校史的研究，拾遗补缺，为唐史研究提供了许多新的信息，其价值将与历史同在，其意义还有待后人在研究中有新的认识。

通俗小说、宝卷和《大统历》

江南学人王佩诤《续补藏书纪事诗》有“周绍良”一首，诗云：

深闺文笔六百卷，榴花入梦鼓子词。
小说珍本复孤本，牛腰巨梃箧藏之。

这首诗把周绍良收藏古籍善本的独特之处概括出来了。他收藏的明清刊刻的通俗小说、宝卷、佛经和《大统历》，和大藏书家周叔弢的藏书形成了鲜明的对比，伯侄两人走着完全不同的藏书之路。当时正统的藏书把这类书籍视为旁门左道，不入流，也不愿花精力和财力去收藏，在周叔弢的藏书中似乎就很难找到这类书籍。但正是这些独特的收藏，越来越显示出它的价值，也越来越为收藏界、学术界所重视，因之也就把周绍良推向了著名藏书家之列。

周绍良藏有明清刻本小说、唱本等万余册，大部分捐献给了天津图书馆。讲史小说，自混沌初开以迄宋代俱有志传，其价值就在刻本的先后。《后七国乐田演义》刻本颇多，虽然都是清以前的刻本，但迄今未见明刻本传世。周氏所藏为明刻本，杂陈于一包旧书之间。后程有庆来访，发现此书，视为珍宝，遂携往琉璃厂书肆，请文录堂老板以金镶玉法重新装治。程有庆记曰："既率工，展观之下，精彩倍甚，乃明刻之佳制，而为世所未见之。"周氏藏《醒世姻缘》引起版本学者重视，天津大学王守义撰写专文《〈醒世姻缘〉的成书年代》，考证后认为此书为顺治年间刻本，是现在可以见到的《醒世姻缘》的最早刻本。1981年，上海古籍出版社出版的《醒世姻缘》就是以周氏所藏版本为底本影印的。《李卓吾先生批评忠义水浒传》为明容与堂刻本，虽非百回本祖本，但它在现存各类百回本中内容最为完整，文献价值最高。因之，现今出版的百回本《水浒传》，几乎均以此为底本。《新刻绣像批评金瓶梅》，明刻本，二十卷一百回，为词话本之外的最早版本，每回都有插图。唱本《新刊宋朝故事五鼠大闹东京记》，全国有七个本子，六本为明成化本，唯周氏所藏为唯一的万历本。版本学家顾廷龙为该书写题跋云："绍良先生与余同参加国家文物鉴定委员会成立大会，会余谈艺甚乐，承携示所藏善本三种，皆属罕觏，此明万历间廊房胡同费氏《新刊宋朝故事五鼠大闹东京记》其一焉。审与上海嘉定县出土之成化唱本款式相类，可见唱本之编印亦代代相传。然人民喜闻乐见之通俗读物，向不为藏书家所重视，历时四百年遂成星凤。此册弥足珍贵矣。一九八六年三月九日，顾廷龙展阅一过，欣志眼福，时年八十有三。"

抄本也是周绍良藏书特色之一。他收藏的清抄本《榴花梦》共260册，是我国最长的一部弹词作品。

《精订纲鉴二十一史通俗衍义》，清吕抚撰，雍正末至乾隆初正气堂活字泥板印本，为已知世界上最早的泥板印刷书籍。书中刊有该书作者吕抚撰写的两篇关于活字泥板印书的工艺，记载了泥活字字母、泥板印此书的方法及所用的各种工具。由于均出自吕氏亲手制作，记载得具体而详细，这在我国其他古籍书刊记载中未曾有过。书中刊印的文献证明，吕氏发明泥板印刷的时间，比过去公认的英国斯坦厄普发明泥板时间早 70 年。

明清刊印的小说、唱本多有木刻插图，周绍良曾想编一本插图木刻，在 20 世纪 40 年代至 50 年代，曾把自己藏书中的木刻插图陆续做了摄影，为出版做准备。古代书籍插图木刻也曾有人编辑出版过，但都不大注意原书版图文字的辨识与刊印，读者很难了解全部插图的整体面貌。周绍良的原计划虽然未能实现，但他把过去拍摄的小说版刻插图 36 种约 300 帧送给《中国典籍与文化》杂志发表，得到读者的认可和好评。

明代历书被称为“大统历”。清代学人钱大昕只见过万历八年（1580）《大统历》残本一卷。藏书家叶德辉曾见过一册《大明万历二十年岁次壬辰（1592）大统历》，惊为稀见之品，清人照样影抄。藏书家傅增湘在拆装旧书时，无意中拆得《大明万历七年岁次己卯（1579）大统历》一册，惊为奇遇，遍邀鉴赏家观玩。南社社员、现代藏书家周越然藏有《大统历》四册，甚以为所藏自豪，并撰有《大统历和时宪历》一文。由此可见，自清中期以来，《大统历》甚为罕见，被列为善本，藏书家和学者对此都访求不得。当代李一氓以收藏《大统历》闻名，他收藏有 20 多种。在历年来古籍善本拍卖会上，隋唐写经、宋椠元刻时有出现，《大统历》拍卖只出现过嘉靖二十二年（1543）刊本和万历五年（1577）补修本两册，其罕见程度可见一斑。总之，明代《大统历》是比较稀见之书，故藏书家收藏不多。

历书就如当今的日历，本是家庭必备之书，不单在日常生活如婚丧嫁娶时要查看它，即使是平常盖屋动土、出行、沐浴、剃头，也要检阅一番。这些行动在历书每日项下都明白标出“宜”或“不宜”，所以一些相信趋吉避凶之说者都信奉之，颇有指导作用。历书又是送礼、赏人之物，并有“隔年黄历看不得”之说，用一年即为过时之物，可见历书是很平常的。正因为如此，反而没有人重视它，也没有人把它作为书籍保存起来，以致流传下来的很少。历书虽然是寻常之物，但私人不能刻印，明清两代俱属官卖，由钦天监发行。

周绍良收藏的《大统历》竟有 50 余种，却鲜为人知。

1946 年，周绍良自川北返，途经上海，拜访周越然于庐寓，周氏给他看了所藏四册《大统历》，并表示得天独厚，颇为自豪。对《大统历》的收藏，二周可谓有同好。20 世纪 20 年代末，国都由北京迁往南京，北京经济、文化萧条，小寺小庙被拆除，在佛像中发现许多《大统历》和宝卷。周绍良的祖母及父辈深信佛教，经常参加礼佛活动，由于佛事活动占用的时间较长，往往就派他为代表去参加。日子长了，寺庙里的僧侣与他熟悉起来，在拆佛像时发现的《大统历》和宝卷就送给了他。当时北京寺庙大多是明朝万历年间修建的，故他收藏的《大统历》以万历年间的居多。周绍良在他所撰《明〈大统历〉》一文中说：

> 箧中藏书不多，宋元佳椠非力所能举，因之专意收罗《大统历》书，积数十年之力，共得五十余册，其间颇残烂。

从上海古籍出版社出版的《中国古籍善本书目》所选的条目中，可以看出周绍良所收藏的《大统历》的水平。该书共收《大统历》88 种 91 册，周绍良所藏的有 18 种，为《中国古籍善本书目》所不载，尤其是景泰年间的《大统历》未见其他书目著录。在公私各家所藏的《大统历》中，以《中国古籍善本书目》著录的天顺四年（1460）《大统历》为最早，而周绍良所藏的最早的为正统十一年（1446），可能是现今存世最早的《大统历》。

1991年，周绍良将所藏的《大统历》转让给北京图书馆。1996年，他在《明〈大统历〉》一文中做了补记："这些大统历已捐赠给北京图书馆，书虽已去，但数十年辛苦收集，颇费经营，仍留于此，以志心情。"这是收藏家对曾经收藏过的故物的旧情，恋恋于怀，永远销魂。

宝卷是元、明、清以来流行于民间的一种讲唱文学，其内容包括儒、释、道三教合一及民间秘密宗教的思想教义。最初宝卷是一种宗教的宗卷，是民间宗教的讲经文，后来逐渐成为因果报应的善书，进而成为民间的讲唱文学。由于它通俗、鄙俚，内容涉及秘密宗教，明清以来每每被视为"妖书"或"邪书"，虽然流行于广大民间，但很少被文人关注，学者更不涉足去研究。直至20世纪初，敦煌莫高窟藏经洞被发现，大批变文写经卷重见天日，引起俗文学界的关注。最早注意到宝卷的，当首推俗文学研究者郑振铎。1927年，他在《中国文学研究》发表了《佛曲叙录》，介绍了敦煌发现的35种宝卷。1938年，他又在《中国俗文学史》中列有专章加以论述。除郑振铎，还有马廉、傅惜华、吴晓铃、赵景深、胡士莹等几位学者。对宝卷的收藏，周绍良只能算是为数很少的后起之秀，慧眼识珠，注意到宝卷的价值，多方寻找，共收藏宝卷20多种，虽然为数不是很多，但绝大多数是孤本或珍本，其藏品有：《销释金刚科仪》，明嘉靖七年（1528）二月刊本，是现在可以见到的《金刚科仪》最早的本子；《无为正宗了义宝卷》，明刊本，不见著录；其他还有11种未见著录的刊本。

除了收藏宝卷，周绍良还收藏有一些罕见的珍本，如《明代色布市价表》，白皮纸印，题"于家"二字，二字下即叙述其铺址、业务范围，再下记载染色每种价目。"于家"可能是染布铺子。明万历四十七年（1619）《会试中式题名》开卷首行："会试题名：中式三百五十名。"以下即从第一名起，罗列至第350名中式名单。《郘亭遗文》未刊稿，版本目录学家谢国桢为之作的题跋中有言："今绍良仁弟出此册相示，郘亭手迹，凡为文六首，其《陈息凡〈香草词〉序》见于《郘亭遗文》，至《心白日斋诗卷题辞》《再寄曾侍郎书》等五篇，则均未刊稿也。”

从 20 世纪 30 年代开始，周绍良受父亲周叔迦及老师刘复（半农）的影响，就对敦煌学产生了兴趣，从宝卷的收藏到宝卷与变文的关系，开展系统整理与具体研究，卓有成果。从 1954 年开始，周绍良独立搜集整理了唐、五代变文写本 78 件，辑录成 36 篇，出版了《敦煌变文汇录》一书，其中有佛经故事变文 24 篇，说唱历史故事、民间传说变文 12 篇，每篇变文题后都有简要说明，介绍写本原件所藏处所，有的还有内容简介及考订，为变文研究者提供了大量宝贵资料，开启了变文的系统整理与研究。后来有王重民、王庆菽、向达、周一良、启功、曾毅公合编《敦煌变文集》78 篇出版。

变文之名，不见于记载，历五代两宋明清，均未见任何书籍提及，其绝于人世之久，可以想见。周绍良在《敦煌变文汇录 · 序》中说：

> 欲考察“变文”之历史，必须先明了唐代之“俗讲”。盖“变文”之由来，实从释家传经工作中演蜕而来；但为宣传教义，便于为流俗所接受，于是另有“俗讲”。
>
> “俗讲”之与正式讲经，仪式相同，但所讲者不同。正式讲经，为探求经义，而“俗讲”则多佛经故事，加以演染而成。“变文”即为“俗讲”之话本，故其文中，多系事实。

变文与宝卷的关系，周绍良说：

> “变文”之影响，可得三事。一、宝卷、弹词之类之民间通俗作品，即“变文”之嫡派儿孙。二、于后来的长篇小说中，时杂以诗词歌咏成骈文叙述者，即“变文”体裁之转用。三、中国戏曲，唱白兼用，此体裁之形成，亦可上推受于“变文”之启示与影响。

《红楼梦》《石头记》和曹雪芹卒年

百年以来，周氏家族在实业界、文化界、佛教界等诸多领域有十多位杰出人物诞生，周绍良是其中较晚的一位。在同辈兄弟中，他走着一条独特的求学之路。他不太看重现代的学院式教育，不愿沿学校阶梯前行，喜欢更为传统的中国古代拜师收徒、入室受业和佛教游方参学的学习方法。如从谢国桢（刚主）读《资治通鉴》、从陈垣（援庵）学的《廿二史札记》为纲目读史、从孟森（心史）学《明清史》。一旦确定研究方向，直接问学大家名师。他有针对性地求师，有目的地问学，博采各家之长，充实自家学问。由于术业有专攻，他在很多学术领域都有突出的成就，特别突出的是敦煌学研究和《红楼梦》研究，这是为学界所公认的。择其对《红楼梦》版本的收藏略说一二。

周绍良成长之后，先后曾任公路局工务科科员、铁路公司理财科科员、银行稽核、电机厂总务科科长。从担任的职务来看，他的办事能力很强，但他没有在学术机构做专门的学术研究。他的收藏及学术研究完全出自爱好，在职业之外开辟了一片新的天地。他对敦煌学及《红楼梦》的研究取得了成绩，产生了影响。1954 年，他离开企业界，进入人民文学出版社，在第五编辑室从事古籍编辑工作。他的老师陈垣很高兴，给他写了一封信："不见十余年，时时想望，近在报中，看到有你的文章，至为欣慰，前日又接来信，并《敦煌变文汇编》一册，足见近年用功甚勤，不断学习。"从此，他开始了真正的学术生涯，与朱南铣合编《红楼梦书录》，署名一粟；又与周汝昌、李易合作标点、整理、校订程乙本《红楼梦》，该书为人民文学出版社首次出版的《红楼梦》标点本。

《红楼梦书录》汇集了从《红楼梦》问世到 1954 年 10 月为止的有关作品 900 种，分为"版本、译本""续书（附仿作）""评论（附报刊）""图画、谱录""诗词""戏曲、电影""小说、连环画"七个部分，以及提要和摘录。书中讲到的有不少是周绍良自己收藏的稀有版本。据周绍良的忘年交，也是关门弟子李经国介绍：绍良先生于各种《红楼梦》的版本、译本、续书、评论、图画、谱录、诗词、戏曲、小说等无所不收，其中仅《红楼梦》版本就有77种，包括8种抄本、15种石印本、2种活字本、1种衙藏版本及51种刊本和铅印本，其中尤以程刻甲本、程刻乙本、东观阁本、衙藏本最为珍贵。

周绍良研究《红楼梦》的文章中有一篇《论〈红楼梦〉后四十回与高鹗续书》。许多人都在研究续书，其实对高鹗这个人知道得不多，更没有深入研究。现存的《砚香词》记述了高鹗的生活背景，也是研究高鹗的唯一材料。周绍良从《红楼梦》这部著作入手，从小说故事的连续性和宝玉前后人生思想的一致性，又从程伟元、高鹗的序及程、高联名写的引言，联系到高鹗的思想行为，认为《红楼梦》后四十回不是高鹗的续书，高鹗无法续写这样的著作。“红学”的发展到后来进入烦琐的考证，可以说比“旧红学”的“索隐派”还要烦琐，离开《红楼梦》这部文学著作自身的特点，节外生枝，走火入魔。

周绍良对《红楼梦》的研究属于文学研究，他和作家舒芜说过一句话：“我从前说的是《红楼梦》，不是《石头记》。”这话说得很有深意，从他对曹雪芹的卒年的研究上也体现了出来。

曹雪芹卒年问题是红学家重点关心的问题之一，自1947年以来，特别是到20世纪60年代，对这一问题的争论已经到了白热化。各派的争论无非是依据前人和曹雪芹同时代人的两种说法：一说曹雪芹卒于“壬午”（乾隆二十七年，1762）；一说曹雪芹卒于“癸未”（乾隆二十八年，1763）。时间相差一年。

曹雪芹死在哪一年，对《红楼梦》研究有什么重要性吗？周绍良认为：

按理：曹雪芹死得早一年或晚一年，这对研究《红楼梦》的关系是不大的，因为对于我们研究这一人物及其作品并无多少影响。

话虽然这样说，他还是写了《关于曹雪芹的卒年》《再谈曹雪芹的卒年》两篇文章，表现出对曹雪芹卒年有兴趣。这两篇文章都论证了曹雪芹卒年应是壬午而不是癸未。他指出，坚持曹雪芹卒于癸未的根据是甲戌批本《脂砚斋重评石头记》第一回批语中提到的干支时间。周绍良支持曹雪芹卒年为壬午之说，主要根据是爱新觉罗·敦诚的《四松堂集》和《鷦鷯庵杂记》，前者录了敦诚《挽曹雪芹》诗一首，后者也录了《挽曹雪芹》诗，不是一首，而是两首。敦诚《四松堂集》刻本附《鷦鷯庵杂记》一卷，以“鷦鷯庵”命名，可见敦诚在《四松堂集》刻书之前已以“鷦鷯庵”为斋名了，由此可以断定敦诚《挽曹雪芹》诗二首应该在前，而另外的诗一首是根据这两首诗改作的，既然诗一首标明年代为甲申，另两首诗必定是在甲申之前写成的，而且是写“壬午除夕”之后的癸未年的事，由此可以推定曹雪芹的卒年必然是“壬午除夕”了。

《鷦鷯庵杂记》藏张次溪处多年，周绍良曾借来抄录副本。张次溪的藏本在“文化大革命”中被抄走，张次溪逝世后，这部书就杳无踪迹了。周绍良怕年代久远，此抄录副本亦有遗失的可能，因此付排印行，以广其传。其实，周绍良并不是真的要搞清楚曹雪芹的卒年，而是出自对《鷦鷯庵杂记》这本书的珍爱。这本红学家还没有注意到的书，居然还记有敦诚《挽曹雪芹》的初创诗二首。周绍良不但将此书抄录副本，还把它排字出版，广为流传，足证他收藏的兴趣了。

王羲之写的是什么字？

《〈兰亭序〉真伪考》是周绍良写的一篇学术文章，和他的收藏没有太多的关系。

1965 年 5 月 22 日，郭沫若写了《由王谢墓志的出土论到兰亭序的真伪》，在《光明日报》上连载，又在《文物》杂志上发表。郭文中的“王”即王兴之，和王羲之为堂兄弟，“谢”即谢鲲，是风流宰相谢安的伯父。他们的墓志都是用隶书写成的，和王羲之用行书写的《兰亭序》书体不一致。因此对王羲之所书《兰亭序》，郭沫若在文章中提出“到底是真是伪”是“一个很大的疑问”。郭沫若经过一番考证，批判《兰亭序》后半段文字有悲观论调，不是王羲之的思想，从而断言“《兰亭序》是伪托的，它既不是王羲之的原文，更不是王羲之的笔迹”，并进一步认定“现存王羲之草书，是否都是王羲之的真迹，还值得作进一步研究”。由谁依托呢？郭沫若的结论是：《兰亭序》的文章和墨迹是智永所依托。智永是王羲之七世孙，为南朝的和尚。

《兰亭序》被称为“天下第一行书”，是王氏的传家宝，传至智永，他在圆寂前将《兰亭序》传给了徒弟辨才。《兰亭序》在唐时为太宗所得，还流传着萧翼赚兰亭的故事和画。唐太宗死，高宗李治将《兰亭序》置于太宗枕边，作为陪葬品入昭陵。唐以后流传的《兰亭序》墨迹，多为唐人摹本。

《兰亭序》的真伪问题，清代学者李文田和包世臣已提出来了，但缺乏资料，无从争议。郭沫若“依托说”的提出，引起学术界的震动。南京市文史馆馆员高二适写了《〈兰亭序〉的真伪驳议》，称郭沫若此说为“惊心动魄之论”，对郭沫若进行指名道姓的辩驳。高二适的文章写成后投给报社，遭到退稿，后来通过章士钊致信毛泽东，在毛泽东的支持下，高二适的文章才得以在 1965 年 7 月 23 日的《光明日报》上发表，1965 年第七期《文物》杂志还发表了高文的影印手稿。

高二适的文章一发表，即掀起讨论的高潮。在这样的背景下，周绍良写了《〈兰亭序〉真伪考》一文，参加讨论。周绍良到了广东，和中山大学商承祚教授谈起《兰亭序》的辩论问题。商承祚也不同意郭沫若文章的观点，写了《论东晋书法风格并及〈兰亭序〉》。交谈之中，两人的看法一致，商就把周的文章推荐给广东某刊物发表。但是广东方面知道郭沫若的文章背后有康生的支持，未能将周文及时刊出。直到1980年，周绍良《〈兰亭序〉真伪考》才得以发表在《中国社会科学》杂志上。

《〈兰亭序〉真伪考》一文从魏晋的书风书体演变来论证《兰亭序》的真实性。作者首先明确魏晋时代的篆、隶、真、草的时代概念，和今天我们所认识的不是同一种概念，不能用今人的书体概念去判断魏晋南北朝的书体。再者，从书法的时代气息来判断《兰亭序》是王羲之的真迹，特别是确有年号的南北朝墨迹，与王羲之时代相去不远的书家的笔迹，从中可以找到与王羲之字体很相近的实物。作者说："既然在与王羲之时代相近的墨迹中可以找到一些与他的字体极相近的实物（如晋升平二年［358］的《曹娥碑》等），那么，又怎么能够认为王羲之的书法不是王羲之当时的气息？怎么能够认为南朝王羲之的字体一定要和北朝的碑刻字体相似呢？"

接着作者又从内证、外证、旁证三个方面论证了《兰亭序》的真实性。

所谓内证，即《兰亭序》的"每揽昔人兴感之由"与"后之揽者"，均应作"览"，王羲之不应该写作"揽"。作者认为这不是王羲之疏忽写了错字，而是为了避讳。王羲之曾祖父名王览，作者认为"改'览'为'揽'以避家讳"，"这是有力的内证"。

"外证"用怀仁采用《兰亭序》中的字集《圣教序》，作者相校两帖中有89个字是相同的。武则天为了对褚遂良进行打击报复，尽出宫内所藏王羲之墨迹，让怀仁和尚集《圣教序》。如果《兰亭序》是假的，武则天怎么可能拿伪品让怀仁去集《圣教序》呢？

作者例举的旁证，是《全唐文》的某些作者在文章中引用了王羲之《兰亭序》的某些句子。作者反问："以杨炯、姚崇之高识，难道他们不能识别《兰亭序》是伪作反而要加以援引吗？”

最后，周绍良给出论证结论：“在现在尚在流传而认为是‘王羲之’的书法中，应该是不会全部走失其本来面目的。首先就字体而论，王羲之的字体，是晋代当时流行的字体，并非特例。”周绍良在《〈兰亭序〉真伪考》中提出老子和庄子思想体系的不同，指出老子学说积极，庄子学说消极。在汉魏时代，老、庄是截然不同的两种思想流派：黄帝、老子为一系，《周易》、庄子为一系。王羲之崇“老”而反“庄”。周绍良在这篇论文中所用的知识，上到玄虚的老、庄哲学思想流派之辨别，下至实质性的书法字体演化、脉络之认识和把握，无不体现其“通人”“通论”的治学特色。

朱家溍：肩负着文物传承的使命

2003年9月末，我到北京锣鼓巷板厂胡同，和北京所有的胡同一样，它的名字虽有些怪异，但不是梦幻的，而是写实的，背后有其历史内涵。走进门墙上镶嵌着“僧格林沁王府”碑石的院落，院落很浅，平房数间，难见王府格局的全貌，显然只是王府的一角了。在王府的一角，我访问了故宫博物院文博专家朱家溍先生。陪我前往的有上海市文管会的许勇翔，朱先生的女儿传荣在旁招呼着。这位六唐人斋的主人，曾在欧斋读帖，在介祉堂赏画，如今只好名其居为“蜗居”了。沪语称“蜗居”为“螺蛳壳”，其空间之局促可以想见。对他的访谈，散发出缕缕书香，真是一次好享受的采访。

相国世家

浙江萧山是朱家溍的家族繁衍之地，往前追溯，这个家族还是有些来历的。唐代朱瑰奉命戍婺源，制置茶院，遂开启茶院朱氏。到了第九代，出宋代大儒朱熹，是为徽国朱文公。朱熹生三子：塾、埜、在。朱塾后迁福建，朱埜居徽州，朱在爵至建阳开国侯。朱在的孙子朱潨这一支落户江西。避元末之乱，朱潨的重孙朱寿迁至浙江萧山。朱寿初到萧山，只是一个身无分文的打工者，在萧山城东依金姓人家做工，因人老实又能干，被东家招了女婿，从此在萧山落下脚来，人丁日益兴旺。这个原来叫金家坛的村子，后来就叫朱家坛，至今还是如此。从朱熹下传到朱家溍这一辈，为第 25 世。

朱家溍的家族，不必追溯太远，只从他的高祖朱凤标说起。

朱凤标，字桐轩，号建霞。从他为官的一生来看，大多是在教书、主考、阅卷中度过的。《清史稿》记载：凡充殿试读卷官六次，朝考阅卷大臣三次，乡会试复试阅卷大臣九次，庶吉士散馆阅卷大臣三次，大考翰詹阅卷大臣一次，考试差阅卷大臣六次。他是一位可在紫禁城内骑马的人物，醇亲王府宝翰堂供着他端坐读书的画像和遗札，醇亲王请上书房教读诸师傅及在上书房读书的皇室子弟每人为遗像题诗一首，张之万、李鸿藻、徐桐、醇亲王、恭亲王、孚郡王、潘祖荫、翁同龢等都有诗，翁同龢自称“门下士”。朱凤标逝世后，谥文端，子其煊（朱家溍的曾祖）授工部郎中，孙有基（朱家溍的祖父）恩赐举人，授内阁中书。所以启功称朱家溍出自“相国世家”。

朱家溍的曾祖朱其煊，以国子监生授工部郎中，后来官至山东布政使。宣统元年（1909）正月初九第 449 号《政治官报》载：“朱其煊顾全大局，以俭自持，竟能举其所有全数充公，每岁多至银五万两，其洁己奉公之意，洵足风示群僚。”他是“自恨毁家不足以报国，竭力不足以挟时”的正派人物。

朱家溍的祖父朱有基（1857—1917），字伯平，同治十二年（1873）举人，授内阁中书，后来官至四川按察使，兼理川东兵备。在当时他属于维新派，主张君主立宪；对于教育儿子采用新旧双轨制，一面在家读经史，习制艺，准备乡试，一面又命长子朱文钧入同文馆学英语准备出国，次子考入陆军贵胄学堂，三子考入法政贵胄学堂。

朱文钧（1882—1937），字幼平，号翼盦，光绪二十七年（1901）顺天乡试中副榜，次年考入实业学堂，光绪三十一年（1905）毕业。

随驻英公使汪大燮赴英国，考入牛津大学，研读经济。光绪三十四年（1908）回国，任职于度支部。民国成立后，度支部改组为财政部，担任参事、盐务署长。故宫博物院成立，任专门委员。

朱家溍对祖父朱有基是有印象的。朱家溍于1914年出生在北京西堂子胡同，这时他的祖父还在。朱家溍最初住在正阳门内东交民巷的一所大宅里，那是他的高祖文端公的赐第。光绪二十六年（1900），他的曾祖和祖父都在外省任职，父亲朱文钧还在读书，义和团在东交民巷烧教堂，认为这座大宅可能藏着洋人，曾多次搜查。后来侵略军进城，又认为这座宅院可能藏着义和团，一把火把这座宅院烧了。光绪二十七年，正在念书的朱文钧从水岭回来，“家中已成一片瓦砾”了，就搬到了西堂子胡同。这所住宅是向左宗棠之子左孝同租的。那时，朱家溍随母亲睡一张床，每天清晨醒来就叫一声“娘”，起床后到外间叫一声“爸”，到西间见祖母，叫一声“奶奶”，吃过早点，随着母亲到前院去见祖父，叫一声“爷爷”。

当时他的祖父虽然才60岁，但已经是个病人了，总是坐在一张摇椅上，不太爱说话。祖父的屋里有一把小椅子，是软靠垫，四腿下各有一个小铁轮。朱家溍每天总要坐一下，再推着走几步，称之为汽车。有一天祖父说：“你喜欢这个汽车，就赏你吧。”

朱有基在清朝属于维新派，满怀信心希望中国成为一个君主立宪政体的强国。辛亥革命发生，他觉得理想破灭了，虽然只有54岁，却经不起这个打击，就病倒了。在他60岁那年的端午节，突然发生了一件大事。朱家溍听祖母说“小皇上又登基了”，门房的男仆也纷纷嚷着“街上都挂龙旗了”。大人们反复说一句谚语：“小宣统，别着急，五月初五挂龙旗。”他久病的祖父经不起刺激，突然病逝了。

朱家溍四五岁时，母亲教他识字，用的是丰子恺画的《儿童教育画》，彩色印刷，商务印书馆出版的。后来入学读书，用的也是商务印书馆出版的小学国文教材，那是非常好的书，很自然地引发学生阅读古文的兴趣。

在教他识字读书的老师中，印象最深的是他家的亲戚吕碧城。朱家溍在自述中写道："她……年纪和母亲差不多。她因为发表文章批判当时的军阀，有消息传说当局要逮捕她。我母亲把她接到家里，她教我识字，念《千字文》，写红模子，有一年多的时间。后来时局有了变化，已经没有危险的时候，她才离开我家，到上海去了。"

在众多的老师中，朱家溍何以对吕碧城有这样深刻的印象？吕碧城教他读书识字有一年的时间，这固然重要。我想，更重要的是吕碧城这个人给他留下的印象。现在人们也许不知道吕碧城是何等人物了，她值得我们花一些笔墨做些介绍。

吕碧城，原名贤锡，一名兰清，字遁夫，号圣因、宝莲居士，安徽旌德人，清光绪九年（1883）出生于一个有着较高文化素养的家庭。父亲吕凤岐为光绪三年（1877）进士，先后出任过国史馆协修、玉牒馆纂修及山西学政，著有《静然斋杂著》。母亲严士瑜，能诗文。吕碧城5岁能诗，7岁能作巨幅山水，和姐姐吕湘、吕美荪很早就享有"淮南三吕，天下知名"的美誉。

1895年，吕凤岐因病撒手人寰，恶族为霸占财产，以灭门相威胁。为了保全生命，母亲严士瑜只能茹痛弃产，携碧城姊妹离开安徽回娘家，不久又投奔在天津塘沽办理盐政的兄弟严朗轩。在此期间，吕碧城发奋读书，学业还未结束，即在英敛之的提携下进入《大公报》任职。由于她有着"盍欲图强者必以教育人材为首务"的理想，立志创办女学，造就人才。她的举措得到英敛之、方药雨、傅增湘等人的支持，也得到了时任直隶总督袁世凯、天津海关道唐绍仪和直隶学务处总办严修的赞同。光绪三十年（1904），北洋女子公学成立，吕碧城为总教习。1911年辛亥革命成功，民国成立，吕碧城被袁世凯聘为公府咨议，得以出入新华宫。此时她结识了袁寒云及其身边诗友易顺鼎、徐芷生、费树蔚、陈浣等，与之唱和，切磋技艺。她亲眼目睹了袁政府中派系纷争，官僚军阀为一己之利钩心斗角，撰文批评。吕碧城做朱家溍的老师即在离袁政府以后的这段时间。

吕碧城离开朱家后到了上海，即与洋人角逐贸易，盈利丰厚，从而有足够的经济实力立足于社会。她在《吕碧城集·题辞》的注中写道："余习奢华，挥金甚巨，皆所自储，盍略谙陶朱之学也。"1920年秋，她留学美国哥伦比亚大学，后定居瑞士，1943年病逝于香港。

吕碧城才气过人，经历坎坷，数渡重洋，饱览异域风光。这种不同寻常的境遇，使她的词别开生面，多姿多彩。朱家溍在吕碧城的照料下生活、识字一年，幼小的心灵所受的影响可想而知。朱家溍直到晚年也无法忘记这位启蒙老师，就足以说明了。

朱家溍的母亲张宪祇，晚年号韵莆老人，是光绪年间学部侍郎张邵予之女，幼习花鸟，现存她手抄的《陶渊明诗集》。朱家溍的舅父张效彬是一位收藏家，金石、书画、碑帖无所不收，也无所不精。由于收藏金石碑帖，他编了一部自古至今的汉文字的书，是汉字的总汇，用的资料全是其自家的收藏。朱家溍的外祖家和启功外祖家有通家之谊。朱家溍的外祖张邵予的科举座师是启功母亲的伯祖，所以朱家溍的母亲和启功的母亲日常一起玩耍，朱家溍和启功也有总角之谊。王世襄的母亲金章和韵莆老人是画友，十分相契，两家也有着通家之谊。韵莆老人很欣赏王世襄对家具不怕麻烦认真钻研的精神。有时王世襄夹着一大卷灰色幕布，扛着木架子，和摄影师到朱家逐件把家具搬进搬出，支上架子、绷上幕布拍照。老人不厌其烦，总愿为他的研究提供方便。朱家溍与王世襄也有总角之交。

朱家溍的夫人赵馔，字仲巽。她的祖父荣庆是清代末年的协办大学士、军机大臣，喀尔喀蒙鄂卓尔氏。赵馔虽然生在名门，娇生惯养，但不怕吃苦，婚后不久即随朱家溍穿越封锁线到大后方去了。她与朱家溍甘苦与共，度过许多艰难的日子。

王世襄（右一）朱家溍（左一）等人与韵莆老人合影

朱家溍夫人赵仲巽

1972年，朱家溍夫妇在丹江红旗区自家窗前留影

收藏与捐献

藏书·书房·书香

谈到藏书，朱家溍说：“我家藏书的年代不算远，幼年时听先父说过，我的高祖道光十二年（1832）中一甲二名进士，从此开始买书。”

朱凤标送给朋友的一副对联很能说明他的人生及藏书宗旨，其联语云：“种树类培佳子弟，拥书权拜小诸侯。”他的藏书处即皇上御赐的海淀澄怀园近光楼。咸丰庚申（1860）近光楼与圆明园同烬，而城东江米巷的朱家旧宅幸免于难，尚有《古今图书集成》，御制诗文集、方略、会典及部院衙门办事则例贮于介祉堂。光绪庚子之乱，夷匪再犯京师，介祉堂亦遭焚掠。至此，朱家藏书遂付之烟云。

今天所说的朱家藏书，实际上是从朱家溍的父亲朱文钧开始收藏的。清光绪三十四年（1908），朱文钧自英国牛津大学毕业回国，节衣缩食，朝夕寻访，至34岁时已藏书万卷。他在31岁这一年，得宋代蜀本6种唐人集，遂自号藏书之所为六唐人斋。此宋蜀刻本6种为《李长吉文集》《张文昌文集》《许用晦文集》《孙可之文集》《司空表圣文集》和《郑守愚文集》。

当代图书版本专家张元济、傅增湘、陶湘、张允亮等都是他的好友。

商务印书馆以涵芬楼藏书为基础，又向各藏家借善本编印《四部丛刊》《续古逸丛书》等古籍，朱文钧也是借者之一。例如《四部丛刊》中的宋刊本《啸堂集古录》、明写本《古器款识》、明成化刊本《曲江集》、明正德刊本《岑嘉州集》、元至正刊本《渊颖吴先生集》等，《续古逸丛书》中的宋蜀本《李长吉文集》《张文昌文集》《许用晦文集》《孙可之文集》《司空表圣文集》《郑守愚文集》等，都是朱氏借印的。特别是借用唐人集时，因集中有填补之字，影印时如何处理，张元济于1923年2月2日在《致朱翼盦》信中写道：“奉一月三十日午刻手示，敬诵悉。尊藏《唐人集》已成孤本，至可宝贵。鄙意只虑填补之字痕迹显然，阅者必致怀疑，本书声价随之而减。故拟去办法三条，以为补救之计……然尊意虑墨钉太多……且并非每页皆有。墨钉固觉碍目，若改空白，较见清朗。鄙意似当仍用甲条办法。昨与徐森翁晤，谈及此。渠颇以为然。已托奉商，敬祈核示，或与沅翁一商，何如？如蒙核准，可否电示？即'用甲法'三字足矣。"朱文钧不但借书，还帮助校书，张元济信中又写道："《李长吉集》如已校完，请接校《司空表圣文集》，其次为《张文昌》，又次为《郑守愚》。此间制板次序亦如此规定也。"

傅增湘的《藏园群书题记》中，题朱氏所藏明抄本《李卫公集》一跋云："《李卫公集》，世传嘉靖刊本为最古，余曾见宋本。顷闻徐司业遗书散出，有明抄本《李卫公集》，为朱翼盦所得。假观从事校勘，出于宋本无疑。欲读卫公集者，正不必远求之海外矣。翼盦嗜藏名校古抄，具有神解，试取明刊并席而观，知余言之非溢美也。"傅氏跋中指出的"名校古抄"确是朱氏藏书的特点，尤其宋元人诗文集皆罕见善本。收藏家袁励准赠朱氏 50 岁寿联，上联是"万卷琳琅昨者汲古阁"，下联是"一船书画今之英光堂"，旁题："翼盦先生识密鉴洞，藏书极富，致多善本，并鉴书画，自宋元以来靡不搜讨，率皆铭心绝品，兼之几案精严，庋置清雅，频频过从，动移晷刻，因撰联为赠。"袁氏直以米芾、毛晋相比，足证朱氏收藏的品位了。诗人沈兆奎亦有赠朱氏 50 岁寿诗 5 首，其中提到收藏的句子云："石墨临安李，书画真定梁，伟志一手兼，振翼相颉颃。"朱家溍说："虽说寿联难免有过誉的成分，但情况基本是这样的。"

到了晚年，朱家溍仍然眷恋着一生坐拥书城、足资探讨的愉悦，那"几案精严，庋置清雅"的五间书房虽然到 1966 年已不复存在，但缕缕书香仍然留在他的记忆里。

朱翼盦书联

欧斋石墨，完且美也

朱家收藏除六唐人斋藏书，尚有介祉堂藏书画器物及欧斋藏碑帖。欧斋是朱文钧52岁时得北宋拓本欧阳询《九成宫醴泉铭》而自署；介祉堂是他的曾祖朱凤标的藏书之所，朱凤标曾蒙御赐匾额，一为“事君尽敬”，一为“台衡介祉”，所以取堂号为“介祉”。到了朱文钧这一代，介祉堂虽化为烟云尘土，但祖上的这一堂号仍然在沿用，成为他收藏唐、宋、元、明、清法书名画，铜、瓷、玉、石、竹、木诸器之所在。“六唐人斋”本是左宗棠的房子，左家长期不住在北京，和朱家又有着亲戚关系，房子就长期租给朱家，地址在西堂子胡同。朱翼盦将宋版蜀本六种唐人集，曾借给商务印书馆影印，马衡给起了这个斋号，并送一方“六唐人斋”图章。朱翼盦在题跋时落款总是欢喜写“在京师西堂寓庐六唐人斋”。

《九成宫醴泉铭》得于庆云堂，该堂掌柜张彦生把此帖送给朱文钧看的时候，朱文钧“忽睹此本，洞心骇目，几疑梦寐”，称此帖为“平生所见第一”。

《九成宫醴泉铭》自唐代开始流传，但传世所见的拓本只有明拓，因拓的遍数多了，字口就渐渐平了，后人再拓也不清晰了，索性动工重新凿一遍，这样字虽然深了，但字形也走得差不多了。至此，朱文钧收藏碑帖已 30 年，欧书有名的拓本都有了，唯独《醴泉铭》只有一本明拓，宋本一直无缘见到。此帖仍然保持着明代宫中大库装裱的方式，天头地脚比较疏阔，称为库装本。1925 年，朱翼盦在题此帖时，还有着“余嗜醴泉铭，若不得佳者”的感叹。

清亡后，原藏于宫中的《宋拓皇甫君碑》《宋拓集王圣教序》及《醴泉铭》三件珍品，都被地安门的品古斋郑掌柜低价购入，然后加价出售。皇甫君碑流日本，圣教序去向不明，醴泉铭几经流转最后为庆云堂掌柜张彦生所得。1932 年，张彦生出售对此碑渴望已久的朱翼盦，经几天磋商，最后定数为现大洋 4000 块。此时，朱家经济已不如昔日，只得忍痛变卖家藏明代沈周《吴江图》、文徵明《云山图》，才凑够款数。入藏后，朱翼盦爱若头目，为此拓本写了十首绝句，其中一绝云：“野火烧残迹已湮，连年风雨藓衣斑。磨治又遇碑工厄，几见神雕及注颜。”外一首云：“醴泉吾竟得真本，每境君颜惨不舒。今日为君书此后，九原可作意何如。”

第二年，朱翼盦得《集王圣教序》。

朱传荣介绍说，祖父所见《醴泉铭》拓本，不下十数本，字体完好的程度没有超过这本的。如“重译来王”的“重”字，向来缺乏上角，此本完好。又如“萦带紫房”的“紫”字的钩，一般都高出“此”

字约半分，这样的结构，并不符合欧字的风格，而此本“紫”字的勾划得当时欧书的本来面目。所谓高出的部分是一处自然剥蚀，与正常笔画之间有清楚的界线。此外，“长廊四起”的“四”字，“栉风沐雨”的“栉”字，都是以前各本或不见，或严重缺损，而此本锋棱俱在，显然可见。这些都是北宋初拓的证明。此本的出现，为欧书起了正本清源的作用。祖父的字在获此本之后，也彻底摆脱了纯习董玄宰的困惑，真正成熟起来。所以他自号“欧斋”。

朱文钧幼年习颜真卿书，30岁开始广蓄汉、魏诸碑700余种，展对临摹，渐染北碑笔意，继而厌之，乃取所藏宋、元、明诸家墨迹，于是下笔顿改前貌。继之又博采诸家，又酷嗜董其昌而以颜为骨，晚岁取欧书损益之，遂自成一家，形成晚岁风貌。

对所藏碑帖，朱文钧多有题跋，朱家溍曾逐条抄录，整理成编，并在卷首题“欧斋石墨题跋”，还有碑帖目录，以示收藏全貌。启功为之作序，云：“萧山朱翼盦先生以相国世家，书画之余，酷爱金石。博学精鉴，有力收罗，于是一时之石墨善本咸归插架，曾以重金获今所能见之最先拓本《醴泉铭》，因自号‘欧斋’。此题跋、目录二册，皆先生平生精力所萃，而哲嗣景洛、清圃、季黄所整理誊录者也。”

朱文钧41岁时跋《徐浩书不空和尚碑》云：“予素心向徐书，故临池每有契合之处，而实未尝学也。苏文忠（苏轼）、董文敏（董其昌）旷代书家，其源皆出于季海（徐浩），董尤纯至。王梦楼（王文治）太守亦习徐书者，然特貌似耳，其弊乃至于俗。季海字意似奔放，而用笔无往不收，梦楼正病不知此也。余近年酷嗜董书，然摹拟未善，每流于拘挛，恐致痴冻蝇之讥，以此救之，可无患矣。时在壬戌中秋后五日，书于京师城北寓庐之涉园。”

《阳平王妃李氏志熙平二年》题跋，对魏隋之间书风之演变做了考证，说：“结体已开隋唐风气，视刁遵为朗畅，古拙之意少减。后来徐季海书得力于此笔迹为多。东坡书出于季海，故苏亦似之，而导源则王僧虔，南北宗派固未必不同也。”又说：“此为吾友徐森玉所赠，庋之数年，兹聊记于后。癸酉初冬。”

朱文钧书法始学颜，终学欧，故对欧、颜二家书深致研索，如跋颜书《郭公庙碑》云：“惟仙坛（《麻姑仙坛记》）真本久佚，海内存者，几如星凤。而家庙碑（《颜氏家庙碑》）椎拓过多，《中兴颂》剥损已甚，俱经开凿，面目已非。次山碑（《元次山碑》）剜改最少，尚有典型。然学者初学把笔，宜先精谨，多宝（《多宝塔碑》）而外，端推此碑。俟结构既成，再等而上之，以麻姑、次山树其骨，以中兴、八关（《八关斋会报德记》）扩其势，终以广平（《广平文贞公宋璟神道碑》）、家庙造其微。则风格遒上，骨肉停均，希颜之能事毕矣。予学颜书最久，所藏善本亦略备，故能约略举其要以资津逮，后之览者，其勿忽诸。”题跋《醴泉铭》云：“率更贞观六年七月十二书付善奴，授诀云：每秉笔必在圆正，气力纵横重轻，凝神静虑，当审字势，四面停均，八边具备，短长合度，粗细折中，心眼准程，疏密倚止。最不可忙，忙则失势。次不可缓，缓则骨痴。又不可瘦，瘦当形枯。复不可肥，肥则质浊。细详缓临，自然备体，此是最要妙处。按此碑书于贞观六年四月以后，适在书授决之前三月耳。诀中所云，无不与碑字吻合，此正率更自道出《醴泉铭》之甘苦语，非泛泛论笔诀也。然非观北宋初拓，字字而体之，则不能知其语之亲切有味。予因适获北宋善本，每于风日恬和，心情闲逸之际，取置晴窗净几边，静观玩味，正不啻对欧公书诀时也。”

看来，朱文钧的碑帖收藏和他学书是一致的。他在书法艺术上所取得的成功，和他收藏之富、经眼的名碑佳帖有关。他不但自己习字一生不辍，还教子女写字。朱家溍在进书房读书之前描模，在书房读书时写大字，朱传荣说：“在兄弟四人中，大伯朱家济的字最有天赋，父亲的字最有‘练才’，就是说一临帖就有长进，一停就会退步。有时拙一些，有时清秀一些，无论怎样的变化，不媚，不俗，老实，不刻意。”

书画入藏介祉堂

朱文钧所藏书画多为传世之宝，其中有唐朱澄《观瀑图》、北宋李成《归牧图》、南宋夏圭《秋山萧寺图》、无款宋人画山水，以及宋许道宁画山水和明清人书画多种。

其中最有趣味的是收藏蔡襄《自书诗》册的经过。

蔡襄《自书诗》原本是册页，素笺本，乌丝栏，内容包括《南剑州芋阳铺见腊月桃花》《书戴处士屋壁》《题龙纪僧居室》《题南剑州延平阁》《自渔梁驿至衢州大雪有怀》《福州宁越门外石桥看西山晚照》《杭州临平精严寺西轩》《崇德夜泊寄福建提刑章屯田思钱塘春月并游》《嘉禾郡偶书》《无锡县吊浮屠日开》及《即惠山泉煮茶》共 11 首。

此卷自宋至清有 11 家观款或题跋。据前人题跋、收藏印记以及著录，可以明确收藏者宋人有向水、贾似道，元人有陈彦高，明人有管竹间，清人有梁清标、毕沅，最后入内府。辛亥革命后，书画器物等除溥仪以赏溥杰为名携出的部分和作为向银行借款的抵押品以及赏赐遗老、赠送民国要人以外，由太监和内务府人员窃出的也不在少数。蔡襄此帖想也是被太监们窃出的。当年地安门大街桥南路西有一家品古斋，是北城唯一的古玩铺。太监出神武门，距离最近的销赃处当然就是品古斋了。此外，北城的王府将相宅第很多，落魄的纨绔子弟及管家们也把品古斋当作销售场所。因此在品古斋常能发现出乎意料的精品，以至于琉璃厂和四牌楼一带古玩铺也常到这里来找销货。

蔡襄此帖就是品古斋的郑掌柜送到朱文钧家的，以 5000 银元成交。朱文钧在帖后跋语中有“壬申春偶因槖籥不谨竟至失去，穷索累月乃得于海王村肆中”之说，是指 1932 年此帖被朱家仆人吴荣窃去复得之事。吴荣窃得此帖，拿到与朱家没有交往的古玩铺赏奇斋求售。掌柜一看便知是朱家的藏品，疑为窃得，遂表示只肯以 600 元买下，否则去报告警察局，吴荣只好答应。赏奇斋掌柜把上述情况告诉了德宝斋掌柜刘廉泉和文禄堂掌柜王文进，并请他们通知朱家。王、刘两位与朱氏商量，最佳办法是不要追究吴荣，尽快出钱从赏奇斋把此帖赎回来。朱氏一一照办。朱文钧拿回此帖后，决定影印出版，委托故宫印刷所影印，命朱家溍去办理此事。这是此帖第一次影印出版。

朱文钧逝世后，抗战期间朱家溍离家去了重庆，家中因办理其祖母丧事，由傅增湘代将此帖作价 3.5 万元，通过惠古斋柳春农经手让与张伯驹。

朱家溍在《故宫退食录》中回忆，其父购得蔡襄《自书诗》册后，有些鉴赏书画的知交便来看新得的宝物。他记得有一天宝熙、陈宝琛来看这件蔡书。宝熙说："里头（指宫中）还有一件，跟这本册页一样，那是个卷子，开头也是'可笑夭桃耐雪风'，诗全一样，'此一篇极有古人风格'后头杨龟山的题跋也一样，文也相同。题跋的人没有这册子多。"两人都说："那一卷的字不大好，是件旧东西，猛一看还不敢准一定说假，可是一看这本册子就可以比出来了，那一卷靠不住。"当时溥仪还在宫中，陈宝琛、宝熙、耆龄、袁励准等人奉命整理、集中古书画。书画上所钤"宣统御览之宝""无逸斋精鉴玺""宣统鉴赏"就是那个时期留下的痕迹。过了若干年，朱家溍回忆他们的话，再查阅《石渠宝笈初编》，便得出这样的认识：他们所说的卷子，就是初编著录的《宋蔡襄自书诗帖一卷》。朱家溍虽未见原物，但他同意他们所持"靠不住"的说法。朱家溍进一步认为如果仅仅因为写的诗相同，还不足以说明真假问题，因为一位书家写自己的诗文，有可能写几遍。陈、宝二位两件比较，认为那一卷的字不好，这是主要的；其次，欧阳修题"此一篇极有古人风格"不可能也是原文一字不改地重复出现，还有杨时的题跋也是原文一字不改，并且年月日也完全相同。故宫博物院成立以前，清室善后委员会的《点查报告》中未见此卷，不知流落何方。

朱家溍进入故宫工作后，对故宫所藏蔡襄法书真迹逐件做了研究。他由此得出结论：古人善为书者，必先楷法，然后进入行草。他谆谆告诫学书青年，切不可本末倒置，不下功夫学楷书就先瞎涂乱抹，写出不合草法的所谓“草书”，不合隶法的所谓“隶书”，自称创新，成为风气。练习楷书使点画间架达到巩固的程度，然后渐入行草领域，这是学书的正道。

张伯驹80岁生日时，通知朋友在莫斯科餐厅聚餐，而且声明不收礼，如果要送，所谓“秀才人情纸半张”是欢迎的。朱家溍撰写了一副对联：“几净闲临宝晋帖，窗明静展游春图”，由许姬传书写。朱、许两位真的做到“纸半张”了。那天在酒席宴前，从《平复帖》《游春图》谈到蔡襄《自书诗》册。这些都是张伯驹捐献给故宫的。

张伯驹问朱家溍：“听说蔡襄《自书诗》册到故宫博物院以后，又重新揭裱，改成手卷了，是有这回事吗？”

朱家溍说：“是揭裱改成手卷了。”

张伯驹说：“是你出的馊主意？”

朱家溍说：“当然不是！事先我也不知道，如果我知道，我就坚决反对了。”

张伯驹说：“蔡襄《自书诗》册完完整整毫无破损的情况，为什么要揭裱呢？简直是大胆妄为。当然，在宋代曾经是卷，不过裱成册已经有几百年了，有什么必要又重裱？”

朱家溍在讲述这个故事后，说：“我了解张伯驹的心情，他完全能料到我决不是出主意揭裱的人，不过因为我家曾经是蔡襄《自书诗》册的收藏者，所以要在我面前向大家发泄一下，这是完全可以理解的。”

从这个故事也可看出，收藏家曾经收藏过的东西，无论流落到什么地方，都会系着收藏家的心。

元人书《静春堂诗集序》卷，也是介祉堂藏物中的要件。《静春堂诗集》的作者袁易，字通甫，生于南宋景定三年（1262），是藏书家，少敏于学，善诗，卒于大德十年（1306），年45岁。所居西偏堂曰“静春堂”，有书万卷，为他手校。《静春堂诗集》为袁易次子袁仲长裒辑遗稿编成，请他父亲的知交作序。此卷为元人龚璛、陆文圭、杨载、汤弥昌、陈绎曾书《静春堂诗集序》，虞集、钱重鼎跋，卷末附黄溍撰《故静春先生袁君墓志铭》。从元人的题跋可知，此集将要刻而未刻。到了明代吴讷为袁易的五世孙袁以宁题此卷时，有“诗既刻板，后毁于兵火，此卷当时为诸公手书，幸哉独存”。说明《静春堂诗集》确实曾经刻版，但未见刊本传世。北京图书馆藏清代抄本《静春堂诗集》四卷，有黄丕烈批校和题跋。《四库全书》有《静春堂诗集》四卷，为两淮马裕家藏，现由台湾商务印书馆影印发行。

元灭宋后，江南畸人逸士浮沉里闾间，以诗酒玩世，属于宋朝遗民。生于江南的袁易就是这类隐士。龚璛之父龚潗在宋亡以后绝食而死。钱重鼎也是在宋亡之后不复仕进。袁易以世外的立场，遇物兴怀，形之于诗，当然为他的这些朋友所欣赏。为他的诗作题，有些借酒浇愁的味道。为该集作题跋的元代诸家，虽不以书名世，但他们都博学多识，诗文兼善，平日居处山林，意趣高远，故所书皆古雅绝俗，是颇可玩赏的。

此卷自袁家散出后，收传次序先为陈鳣，次为黄丕烈，两人皆为藏书家，以版本目录之学名世。此后曾经《穰梨馆过眼录》著录。光绪三十三年（1907），杨守敬书观题款，而非藏者。不知清代末年此卷属谁？1921年左右，朱文钧以1200银元购于琉璃厂德宝斋，著录于《介祉堂藏书画器物目录》卷二。朱文钧逝世后，朱家溍昆仲离京去抗战后方四川。北京还有夫人赵仲巽和母亲张宪祇等，有一个时期生活无计，曾由琉璃厂商家经手代卖过一部分藏品。经韵古斋，有一批元明人墨迹册售与上海张珩（葱玉），此卷亦在内。1949年后，张珩所藏亦倾囊售出，遂归故宫博物院。

介祉堂所藏书画古物，铭刻在朱家溍的记忆中，即使到了晚年，他仍然如梦如幻地回忆着。1990年，故宫博物院准备召开“明代吴门绘画学术讨论会”，老人又翻开了《介祉堂藏书画器物目录》，重温旧梦，想在旧藏沈、文、唐、仇书画中选一个适当的题目，到学术研讨会上去凑一下热闹。他一页一页地翻下去，在卷轴类中，他看到有沈周的《瓜榴图》轴、《溪居落叶图》轴、《远山疏树图》轴和《题孙世节木棉图》轴。册类有《诗画》册和《写生》册。卷类有《吴江图》卷和《自书登虎丘诗》卷。他心中感叹，这几件都是沈周的名作啊！除了《写生》册和《题孙世节木棉图》轴已入故宫博物院外，其余的流落在何处？为谁所有？那股思绪不正是和有情人离别难见一样，真是剪不断、理还乱，是离愁啊！

虽说是离绪充怀，但卷轴册页上的画还是清晰地映现在眼前，那《诗画》册所表现的不就是沈周的生活环境吗？“终朝健步百回登”，就是启南老人（沈周）耕读其间的“有竹居”，是离他所居里余的别墅。《瓜榴图》轴，纸本，浅设色，没骨法画石榴丝瓜，用墨笔写枝干，写出了启南老“富不羡，贵不夸，但愿从今以后生男累累兮如榴，垂垂兮如瓜”。《溪居落叶图》轴，以墨笔写树石屋宇，秋风落叶中，临溪轩中有人坐读，真是“爱是高人坐，清风乱卷书”。《吴江图》卷，水墨画江山景，笔墨浑融，气韵生动。他还清楚记得，1932 年，琉璃厂庆云堂张彦生持北宋拓本《九成宫醴泉铭》来售，索价 4000 银元。他的父亲当时借高利贷付之。《吴江图》卷经吉珍斋祖芝田手售去以抵债，后为张学良所得。

几案精严，庋置清雅

自王世襄明清家具研究的著作及编辑的各种图录出版，中国乃至西方兴起明清家具热，由此追本探源之士认为此热的兴起始自西方。20 世纪 40 年代旅居北京的西方人士买了不少明式家具运往欧美，并有人编写成书，因而造成一种错觉，认为明式家具的艺术价值是西方人士首先认识的。其实，早在欧美人购买明式家具之前的几十年，也就是 20 世纪的前期，北京就有以收藏明式家具而著称的藏家，如满洲红豆馆主溥侗、定兴觯斋郭葆昌、苍梧三秋阁关冕钧、萧山翼盦朱文钧，而收藏既富且精者，首推萧山朱文钧。

对朱文钧的明式家具收藏，王世襄《萧山朱氏旧藏珍贵家具经略》一文有这样的评述："翼盦先生是一位学识渊博、收藏宏富的文物鉴赏家。……家具收藏，仅其余事而已。……翼盦先生就十分推崇明式家具，襄曾亲聆先生对藏品的评价，认为明代家具风格简练淳朴，价值远在乾隆制品之上，故有'十清不敌一明'之论。"

王世襄还对朱氏所藏 14 件明清家具做了评述，并一一道其收藏来历。这 14 件为明紫檀夹头榫大画案，明紫檀四面平式雕螭纹画桌，明紫檀四开光坐墩，清前期紫檀透雕蟠螭架几案，清乾隆紫檀多宝格，清乾隆紫檀嵌玉小宝座，收藏了这样丰富的质朴无华、意趣高古的重器，放在家中作为崇物贮而藏之，固然是为文化的积累做出贡献，但是如何去使用它、享受它，从中体验出它的意趣来，并不是人人都有这种天赋的。其实能够欣赏也是一种天赋，要领略此中三昧，且听朱家溍慢慢道来：

> 从古以来收藏家能够聚集许多珍物，不仅需要鉴别能力和财力，更重要的是"机缘"二字，在不太长的期间内左右逢源，陆续有所收藏，就是机缘。以我家一些从明到清乾隆的花梨紫檀家具而论，就是在数年之内，机缘凑巧而得藏聚之乐的。当时这些精品都是由北京东四大街荣兴祥和蕴宝斋两家古玩店经手买到的。举例来说：如明代的黄花梨嵌楠木瘿大椅（也可以叫宝座），原是从盘山行宫静寄山庄流散出来的。这张大椅靠墙陈设，墙上挂着倪云林的《远山疏树图》。又例如紫檀四面平螭纹画桌，原为明代成国公朱府旧物。这一组陈设是：桌后为明代彩漆云芝椅，桌前为紫檀绣墩，桌的一端紧靠明紫檀大架几案，案依墙而设，墙上正中挂的是董其昌《林塘晚归图》。左右挂的是龚芝麓草书楹联："万花深处松千尺，群鸟喧时鹤一声。"案上正中设周庚君鼎，左

右设楠木书匣。画桌上设祝枝山题桐木笔筒、钧窑洗、宣德下岩端石砚等。由上述各例可以说明，一组陈设从墙面上的书画，到地面上的桌案椅凳和案头清供，都必须配套，相互衬托，才能产生出整体的感染力。还有个条件，就是必须在旧式宅院的房屋内，才会出现完美的效果，在字画和案头清供都是高标准的情况下，花梨紫檀家具精品就成为必要的了。明代金星紫檀大画案也是精品之一，它是夹头榫结构，腿足方材，下端略向外撇。足间用双枨连接，牙条甚厚，案面用三块等宽的紫檀板拼成，整洁可爱。全身用材方正，一丝不苟，难得有此世不经见的紫檀大材，又遇到真正能珍惜使用这样大材的名匠，才能做出如此质朴无华、意趣高古的重器。此外值得一提的还有明代黄花梨榻，大边、腿足，与上述明黄花梨大椅同样厚重可爱。明代家具只举此例。再举一组清代的精品。例如紫檀叠落式书桌，集桌、案、几于一器，案面略低于桌面，几面更高于桌面，六足，三层不同的面高，所以称叠落式。几上可设炉或瓶，或其他物。案上设文具，桌上置书帖。案下设紫檀长方脚踏，案前设紫檀绣墩，案后设紫檀卷背嵌玉卷足大椅，椅后墙上挂沈石田《瓜榴图》轴。这一组以紫檀叠落式书桌为中心的陈设就是这样布局。这张桌子原主是忠勇公傅恒的后裔，椅子是民国初年由避暑山庄流散出来的。叠落式书桌做工精致，造型玲珑清雅。据清代内务府档案，雍正三年养心殿造办处木作有制作叠落式的记载。这张桌子就是雍正年间造办处的精品。……

我对于明清家具的品评，是从欣赏角度开始的，并且是从整体环境着眼，对于精品成为一组的陈设，当然是百看不厌，绝无入芝兰之室久而不闻其香的感觉……

这样高雅的欣赏情趣和眼光，是在高雅的环境里熏陶哺育而成的。

像朱家溍这样的“相国世家”的老式家庭，家中的陈列自然是非同寻常的。他幼年时代所看到的，上房堂屋后炕上的炕桌、炕案，地面上茶几、椅、凳等家具，虽说质地做工一般，但都是老式的，前院的厅房接待客人的地方却是一堂红木家具，有方桌、大翘头案、圈椅，还有珍贵的金丝楠木大架几案。大案中间玻璃盒子盛着如意，左右一对大果盘、一对百鹿尊，墙上也少不了匾额楹联、挂屏。后来他的一家亲戚从一所跨院里搬走，房子空了下来，他的父亲买了一批红木家具陈列起来，都是晚清做工，如镶着大理石面的抽屉桌，镶着大理石面的圆桌和扇面凳子、方桌、官帽椅等，经过一番布置陈设，和院中的山石竹树相互依托，已经有些趣味，在他眼里“虽然平常，但还不算恶俗，但还没有引起我对家具的重视”。对一个少年来说，可谓是眼光不低，口气不小。

捐献家藏文物

提起萧山朱氏捐献所藏文物的想法，似乎是很遥远的事。那时还是全面抗战的前夕，马衡任故宫博物院院长时，朱文钧是故宫博物院专门委员会委员，负责鉴定书画碑帖。马衡向朱文钧建议：“你所藏的碑帖，是一份系统工程，拓工最古的拓本，这是公认的。故宫这方面的藏品是弱项。我想申请一笔专款，由故宫收购这一份碑帖，10 万元你看怎样？”

朱文钧说：“10 万银元，按说是不少，不过我还在继续研究碑帖，没有出售的打算。我想将来会捐赠给故宫的，故宫也是这份东西最好的归宿。”

自 1931 年“九一八事变”之后，日本侵略军向关内逼近，北平形势渐趋危急。1936 年秋天，朱文钧率诸子庭前曝书，抚书慨叹，对他们说：“庚申、庚子之祸又将来临，自古私家藏书难聚而易散，即使幸免遭兵燹，又岂能终为我有？等将来海宇承平，不如捐献给图书馆，这样也就不负名椠精抄的流传。”

捐献之事还没有定论，1937年6月，朱文钧即病逝。未满旬，北京城陷，家国之变集于一时，家济、家濂、家源、家溍四兄弟闭户侍母，忧横祸之来。母亲张宪祗告诫他们：“汝父所遗唯图书文物，倘有幸不遭掠夺，待否极泰来之日，愿遂汝父化私为公的宿愿。如今你们守礼居家，亟宜将图书文物登录编目，便于寻检，这也是收藏家的要务。”

兄弟四人遵循母亲的告诫，逐件登录，自1937年秋天到1938年夏天，登记完毕。就排架之草目，按经史子集分部别类，每部所列以时代为次，抄成藏书录八卷，即“萧山朱氏六唐人斋藏书录”。1973年，朱家溍从咸宁干校回京，尚未被通知上班，闲居无事，把这八卷藏书目录用毛笔楷书誊写一部，请旧书业的朋友魏广洲给装潢成册，由启功题写扉页。以后，他翻阅这部亲手誊写的目录，心中“也颇有初游琅嬛妙境之感”。

1953年，张宪祗召朱氏兄弟商议，把捐献之事提到日程上来。老人对兄弟四人说：“你们父亲曾经有过这个诺言，我看现在是时候了。就用你们兄弟四人的名义，办理捐献手续吧。”兄弟四人当然都同意母亲的提议，于是写一封信给文物局，全部碑帖共七百余种无偿捐赠。文物局派秘书罗福颐、徐邦达来朱家接收，最后由文化部部长沈雁冰颁发奖状。文物局将碑帖全套拨交故宫博物院。

1976年，朱家溍的母亲已去世十多年，他的大哥家济也已经去世。由朱家溍提议，征得二哥家濂、三哥家源的同意，将明代紫檀、黄花梨木器和清代乾隆做工紫檀大型木器数十件，无偿捐赠给承德避暑山庄博物馆。

还是1976年，仍由家溍提议，家濂、家源同意，将家藏善本古籍数万册，全部无偿捐赠给社会科学院研究所。此事由历史研究所杨讷经手，最后由社科院颁发奖状。

1994年，朱氏兄弟将家中最后一批文物无偿捐赠给浙江省博物馆，其中包括唐朱澄《观瀑图》、北宋李成《归牧图》、南宋夏圭《秋山萧寺图》、无款宋人山水、宋人许道宁山水和明清人书画多种。另外还有南宋王安道砚、明代潞王府制琴以及明成国公朱府紫檀螭纹大画案等。浙江省人民政府颁发奖状。

家藏全部捐献之后，朱家溍慨叹："从此我家与收藏无缘！"

朱传荣记录整理的《朱家溍口述自传》，记下了朱家溍这样一段话，因为颇耐人寻味，故录之于后：

> 常常被采访者追问：为什么捐献，怎么不留一手，做子女的也同意吗？等等。似乎百思不得其解。我曾经试用各方法回答，对方不满足，我也觉得言犹未尽。直到看见先祖朱凤标写的联文"种树类培佳子弟，拥书权拜小诸侯"的时候，才觉说出了我的未尽意思。

不理解的人永远不会理解，在这里我也就不代季黄老人作解答了。

1981年，朱家溍与妻子儿女合影

他为故宫而来

中国传统文化中有一个观念：人生下来是为什么而来，也就是人一生所做的事情，都是生下之前就注定了的。不管这话有没有道理，朱家溍是为故宫而生、为故宫而来，似乎是有一点前生注定的意思。他的父亲朱文钧是故宫博物院专门委员会委员，大哥朱家济继承家学最优，善书。史传《赤壁图》为朱锐所画，经他在《元遗山集》中见题“赤壁图武元所画，门生元某谨书”，始知此图之真正作者为武元直。他跟从父亲参加故宫博物院的工作，为故宫博物院奉献了一生，小女儿朱传荣又从父进了故宫博物院。不只是他，他的家庭都似乎是为故宫而存在的。

为“易培基盗宝案”平反

抗日战争胜利后，朱家溍从四川回到北平，辞去粮食部的工作，接受故宫博物院的聘书，正式到故宫上班，职称为编纂。当时故宫是三馆一处，分别由徐鸿宝（森玉）任古物馆馆长，沈兼士任文献馆馆长，袁同礼任图书馆馆长，张廷济任总务处处长。朱家溍和总角之交王世襄都在古物馆，每天日常性的工作是在延禧宫库房或北五所编各类文物详细目录。当时另一项是宫殿原藏物品的提集工作，再有就是清理“易培基盗宝案”了。

当年故宫博物院成立时，易培基任院长，不久就发生了“易培基盗宝案”，说是易培基把真的文物拿走了，把假的文物放在故宫充抵。法院接受检举，组织调查，请黄宾虹检查故宫博物院有没有假文物。这个案件背后有派系斗争，斗争失败的一方是易培基。朱家溍说：“按照这个逻辑的前提是故宫的东西都是真的，只要发现假的，就可能是易培基‘盗宝’了。故宫怎能没有假东西呢？大名头假字画，翻砂的假青铜器都有。”当时法院的形式逻辑推论当然不足以给易培基判刑，但也无法宣布他无罪，于是成为悬案，就把一大批东西封存在那里。

1949 年春，故宫博物院古物所所长徐森玉长期在上海，由朱家溍主持馆务。他认为，这批东西已经冻结了十多年，是应该动一动它们了。但他知道马衡院长是最谨慎的人，如果请示他开箱，他一定会说先不要忙着开。朱家溍采取一个调皮的策略，不是请示，而是和马衡院长聊天，随便说一句："法院封存的箱子，现在也可以打开了。"不是用问话的方式，马衡不置可否。朱家溍就认作可以开了，于是就开了箱，一箱一箱逐件看过，绝大部分都是一望而知的假东西，无须专家鉴定。朱家溍说："大凡本院的工作人员都能辨认出这些东西地地道道是故宫的原藏品，绝不是从外面拿来抵换的。"

这批假古董怎么流入宫中的呢?

朱家溍介绍说："这批大名头假字画、假青铜器都是清代后期历年万寿节各方面送的贡品。大凡贡品不外各地特产，包括衣料、食物、用具、陈设、家具等，或新奇物品及洋货。但贡单上也要点缀风雅，于是不得不有古董字画。别的东西都可以货真价实，唯古董字画在市场上向来假的比真的多。办贡品的人又不是鉴定家，而西太后那样的人根本也不欣赏古玩，在贡品中并不占重要地位，真假都无所谓，收下一入库，经手的太监照常规拴黄条记上年月日交来某某一件编号入账便算了事。"

朱家溍的这番介绍，对观察今天的古玩书画拍卖市场有很大启发。有时我们看到明明是假东西，为什么居然有人去买?这可能和过去一样，买的人并不懂真假，也不是为了收藏，而是买去"进贡"了。一些贪官的赃物中也有许多假古董、假字画，和故宫假画有着同样的道理。

朱家溍从假的中也有新的发现，宋徽宗的《听琴图》、马麟的《层叠冰绡图》，不仅真，而且都是珍品，也被黄宾虹鉴定为假品封存起来了。开箱之后，这两件作品立即在钟粹宫绘画陈列室成为主要展品。

朱家溍的启封开箱验证，其实不只是辨真伪，把珍品从劫难中抢救出来，更重要的是为易培基的历史冤案平了反。对易培基我们不做全面的评价，但这件事情应该还他历史的公证，这一点朱家溍做到了，他自己也成了历史老人。

新中国成立之初，朱家溍仍然在古物所工作，除了日常工作，还做了其他许多突击性的工作，如戏曲史料展览、清代纺织展览，都要为展览选择文物、布置展出。马衡院长还直接交给他一项工作，就是为上级部门提供清政府接待班禅额尔德尼的一切资料。有关这方面的事情，他父亲朱文钧生前就撰写过《故宫所藏明清两代有关西藏的文物》。文中列举了永乐八年（1410）颁赐西藏敕书，永乐十二年（1414）赐给班禅、乾隆四十五年（1737）又由班禅进贡的法器，说明西藏自元以来就作为一级地方政府接受中央政府管理。

1952年，故宫博物院也开展了“三反”运动，每个人交待自己的历史，交待有无“三反”问题。古物馆馆长徐森玉因在上海，马衡曾派朱家溍主持古物馆的工作，所以在运动中他被列为重点斗争对象，后被关进看守所，前后一年又十个月。到1954年1月，管理人员宣布他被释放回家，只发一张证明，可以向派出所报户口，向劳动部门请求分配工作。他就这样不明不白地被故宫博物院除名了。劳动局两次通知他去二机部、航空学院报到，因工作不对路，他没去。直到1956年7月，朱家溍才接到故宫博物院的通知，仍在陈列室工作，职称仍为副研究员。

皇帝的龙椅哪里去了

回到故宫以后，1954年已经任院长的吴仲超找朱家溍长谈了一小时。吴仲超告诉他：“文物分类陈列当然也不可以简单从事，不过还有章可循。我发愁的是大面积宫殿内的状况，中路三大殿空空落落，历史上究竟应当是什么样子，内庭部分乾清宫正殿在‘三反’前已经把南迁北返原有的陈列品按原来遗留下来的位置陈列起来了，这处算是没有问题。坤宁宫呢？尤其是西六宫，现在展示给观众的，是既没有历史意义也没有艺术价值的面貌。最重要的是，观众参观故宫，常常问皇帝坐在哪里？故宫的工作人员必然答复在养心殿，但当时养心殿不开放。当然，养心殿如果不经全面研究、整理是无法开放的。我想养心殿和西六宫的内部陈设能不能展示乾隆时代的面貌，这个任务交给你。”

故宫虽然有负朱家溍，但朱家溍不愿负故宫。

对坤宁宫原状陈列布置，朱家溍也是做了精心研究的。坤宁宫是明清两代皇后的中宫。1644 年李自成领导的农民起义军攻克北京时，崇祯的周皇后就是在坤宁宫自杀的。到了清代，皇帝只是在大婚时才在坤宁宫和皇后住上两天。朱家溍除了查资料档案、看照片，还访问了当年在坤宁宫吃过肉的老人，又对坤宁宫以往的收藏品进行研究之后，才开始着手布置。

朱家溍是讲究实际的人，经过一番研究和考证，他提出：几经改建，建筑格局完全变了，无法按档案恢复乾隆时的原状。如按光绪年间档案陈设布置，和建筑格局条件是完全符合的，也就是溥仪的皇后婉容居住储秀宫，淑妃文秀居住长春宫时期的原状。吴仲超同意朱家溍的意见，按照光绪年间陈设档案进行布置。如果没有朱家溍的求实作风，按照乾隆的格局去布置，我们今天参观的故宫的陈设可能就是假古董了。

太和殿正中设须弥座形式的宝座，宝座上设雕龙髹金大椅，这就是皇帝的御座。但是在 1919 年袁世凯称帝时，把雕龙髹金大椅不知挪到哪里去了。椅后的雕龙髹金屏风保留了下来，在屏风前面安放一个特制的中西结合大椅。这在朱家溍看来简直是不伦不类。1947 年，马衡就提出撤掉袁世凯的宝座、恢复太和殿的建议。但当时藏品很多，试陈列几次，都和后面的雕龙髹金屏风不协调，并且尺寸太小，与太和殿的宏伟气派不相称。太和殿的龙椅到底是什么样式的？原物还存在与否？当时是个疑问。

此时朱家溍已无法把龙椅置之度外。1959 年，他在一张光绪二十六年（1900）的照片上看到了从前太和殿的原状，根据这张照片进一步查找，终于在一处存残破家具的库房中，发现一个残破的髹金雕龙大椅。对明清家具已经研究有素的朱家溍，从髹漆的方法和雕龙的造型来看，此椅堪称明代之最，很可能是嘉靖时重建皇极殿的遗物。清康熙时重修太和殿，这个龙椅经修理后继续使用，一直到袁世凯称帝时才搬走，以致弄得破烂不堪。他向吴仲超提出修龙椅的建议。

吴仲超同意朱家溍的看法，1963年，故宫决定修复这件龙椅。这件龙椅修复后，陈列在太和殿的宝座上，便与雕龙髹金屏风浑然一体。

故宫的精品是怎样制造的？

俗话说盛世收藏。现在收藏热兴起，钟情于古物的痴者不少，但是他们是否知道清朝康、雍、乾三代的瓷器烧制的程序是怎样的？那些描彩漆器碗盅杯盘样式及装饰纹样是谁批准的？悬挂在养心殿西暖阁雍正御笔对联的木框是怎样做出来的？读朱家溍选编的《养心殿造办处史料辑览》之前我是不知道。在朱家溍清理造办处的资料之前，故宫的人知道吗？我想，知道的人必定很少。

2003年冬天，我逛北京琉璃厂，买到《养心殿造办处史料辑览》，携至《文汇报》北京办事处，读至子夜。虽然是资料辑录，但读起来仍然趣味盎然。现摘录几条以飨同好：

（雍正元年）正月二十二日，怡亲王交御笔“为君难”字一张；“惟以一人治天下，岂为天下奉一人”对一副。奉分：匾对俱木格眼一块，不必镶边。钦此。（我把尺寸省去）

（雍正元年）正月十七日懋勤殿首领太监苏培盛交寿山石夔龙钮宝一方，上书“雍正御笔之宝”。奉旨：篆样呈览过再刻。钦此。于正月十九日翰林张照篆样一张，技艺人滕继祖篆样一张，南匠袁景劭篆样一张，刻字人张魁篆样一张，怡亲王呈览。奉旨：张照篆样文，范，但笔画微细，照袁景劭篆书的笔画另篆。

再，滕继祖篆样上“之”字篆法好些，问张照“之”字篆法有何讲究。钦此。于正月二十二日翰林张照篆样二张，技艺人滕继祖篆样三张，南匠袁景劭篆样三张，刻字人张魁篆样三张，怡亲王呈览。奉旨：准张照古篆“雍正御行之宝”，将“之”下横平平，选吉对照样刻。钦此。于月二十九日刻得。怡亲王呈进讫。奉旨：将此宝样好生收着。钦此。

（雍正七年）四月十二日太监刘希文交来成窑五彩磁罐一件，无盖。传旨：着做木样呈览。钦此。于二十日做得画五彩木样一件呈览。奉旨：将此罐交年希尧添盖，照此样烧造几件。原样花纹不甚好，可说与年希尧往细里改画。钦此。于四月二十五日将成罐交年希尧家人郑旺持去。

（雍正十年）九月十三日司库常保、首领萨木哈奉上谕：着寄信与年希尧，将霁红、霁青、均窑、汝窑小花盆、水奁烧造出来。先做木样呈览，看准时再发去烧造。

（雍正十年）十二月二十八日，烧造得娇黄地重黄色龙磁茶元一对，司库常保、首领萨木哈、李久明呈进讫。随奉旨：此颜色、画法俱不好，珐琅亦粗糙。钦此。

（雍正十一年）正月二十一日司库常保奉旨：着照宜兴钵样式交与烧磁器处，仿样将均窑、官窑、霁青、霁红钵各烧造出来，其均窑的要紧。钦此。

（雍正十一年）十二月二十七日……又送来各式菊花式磁盘十二色，内每色一件。奉旨：交与烧造磁器处，照此样式，每色烧造四十件。钦此。

（雍正十一年）十二月二十八日司库常保、首领太监萨木哈奉旨：今日进的御制珐琅表盒，烧造俱好，其表盒墙子上画花卉亦好，但盒底不宜画人物，嗣后不必画。再黑珐琅地画斗方磁碗烧画的俱好！再画时添青花。

《养心殿造办处史料辑览》第一辑所记只是雍正元年（1723）到十一年（1734）的史料，已经可以看出造办处的规模是很大的，瓷器、漆器、砚、皮料、鼻烟壶、银器、木器……可以说应有尽有。其中的技术人员不但有中国人，也有外国人，中国的工艺史向来不记工艺人员的名字，但在这里也都记录在案。造办处的最高层管理人员级别很高，康熙时是皇长子允禔，以后就是怡亲王。

在朱家溍之前，没有人注意造办处的档案资料。朱家溍的记述中有一段是他记忆中难忘的经历：他的父亲朱文钧从荣兴祥古玩店买回一个紫檀木座，圆形的，周围雕了四个姿态不同、神气各异的儿童用力共同抬起这个座，四个儿童相当于座的四足。购买的目的是为家中一件雍正款的石榴尊配个座。但拿回家和石榴尊试一下，发现座大了一点，但还是很好的。一次郭葆昌来到朱家，发现这个紫檀座，立刻露出惊喜的目光，说："哎呀！这个座太好了，不是造办处做不了这样的活来。"同时他也看出紫檀座的口比石榴尊的底略大点。当天晚上他又来了，带着他新买的乾隆款仿古铜彩釉尊，放在四童子紫檀座上一试，竟然严丝合缝。在郭葆昌的请求下，朱文钧把四童子紫檀座送给他了。后来郭葆昌的儿子郭昭俊把家藏瓷器全部卖给故宫，这个四童子紫檀座也随着仿古铜彩釉尊回到了故宫。

日本投降以后，朱家溍由四川回到北京故宫博物院工作，在一次提集文物时到过内务府大堂。因为他是第一次接触这个领域，怀着一种参观的心情，经过果房、水窖旧址，来到了造办处。这里大大小小的房子很多，虽然残破程度比较严重，一重一重的院落地面上都是高与人齐的蓬蒿。朱家溍本来是侧重于书画、碑帖研究的，并没有注意造办处的事。吴仲超执掌故宫博物院时，认为故宫藏品中以明清两代的工艺品占最大的比重，然而这方面藏品只是保管而没有展开研究工作，是个空白区，于是安排朱家溍到工艺美术史部工作。1965 年，有一次朱家溍和档案馆的单士魁谈起造办处，单向他介绍，让他到内务府造办处看有关档册。他看了以后，认为档案册内容丰富，对研究工作多有帮助，就着手整理编辑这部《养心殿造办处史料辑览》。他采用编年体方法，每年先录管理大臣、管理官员及管理情况，依次为各作坊做活情况，所以读起来一目了然。

宫中 12 幅美人画

朱家溍由蜀还京，在延禧宫库房工作时，发现 12 幅美人画，并为之编过目录。当初根据时代特点和题字，朱家溍估计可能是雍正妃。后来用此材料撰文的多从朱氏之说，多年来连“可能”两字都逐渐被人去掉，演变为就是雍正的皇妃。

1958 年，因为研究清代木器家具的制作，朱家溍看到清代内务府档案中的记载，其中有一条为：“雍正十年（1732）八月二十二日，据圆明园来帖，内称司库常保持出由圆明园深柳读书堂围屏上拆下美人绢画十二张，太监沧州传旨：着垫纸衬平，各配做卷杆。钦此。本日做得三尺三寸杉木卷杆十二根。”这条档案材料所记载的和朱家溍当年看到的相接近，这 12 幅是托裱过的，但没有天杆，没安画轴，除画心本幅以外，只是四周有绫边，托裱相当薄软，平整毫无浆性，每幅画有一根杉木卷杆，比一般画轴要细得多。他找到当年自己写的编目笔记，发现记载的尺寸和上述档案完全相符。

根据新发现的这个档案，朱家溍认为这 12 幅美人图不可能是雍正皇妃了。再说按照清宫的惯例，凡托裱妃嫔们的画像，都是记载为“某妃喜容”“某嫔喜容”等，最概括的写法也要称为“主位”，不能写作“美人绢画十二张”。朱家溍经过这样一番再认识，得出结论：这 12 幅画不是雍正皇妃的画像，只是“美人绢画十二张”而已。这 12 幅画中的题字，很明确是尚为雍亲王时期胤禛亲笔，这 12 幅画是当年贴在圆明园深柳读书堂围屏上的。因此，朱家溍建议：应另取一名称，是否可以叫作《雍亲王题书堂深居图》12 幅，或者叫作《深闺静宴图》12 幅。

十二美人图其中两幅

这在朱家溍的一生中，也许是一件不值得一提的小事，但是我还是把它写在这里，足以佐证朱家溍在鉴定工作中所持的科学态度。

故宫是一部大书，能全卷读过的能有几人？能读懂的又有几人？我想只有朱家溍了。他对故宫这部书不但通读了，而且读通了、读懂了，有的篇章也读得很精。恢复宫中的陈列，演讲清代礼俗，识别宫中用品，整理造办处史料，鉴定书法、名画、碑帖、珐琅彩瓷器、古玉、漆器、版本图书等文物古器，只用文物鉴定家或杂家来概括他就够了吗？在故宫，朱家溍是填空白补残缺的人，没有人能干的事或没有人愿意干的事，他都去干，而且干出专门的学问来。全国巡回鉴定，分门别类地进行，别人挑剩下的，他总包揽。编书不是同样如此吗？《中国美术分类全集》400 册，他主编的有 12 册。编纂大型丛书《故宫珍本图书丛刊》和《故宫博物院藏文物珍品全集》60 册，在选文物门类时，他让别人先选，把最后无人选的《清代武备》《明清家具》《清代戏剧服饰》等承揽下来。这种不管“绿肥红瘦”大承揽的工作风格，没有丰富的文物知识，没有深厚的国学基础，是没有这个胆量的。有人在采访中向他提出这样的问题：如果你不是这样杂，你的成就是否会更大些？这种傻瓜式的问题的弦外之音，就是他没有皇皇巨著。朱家溍回答得非常自然：是的，我没有大部头的著作。其实，朱家溍的一些短文或编的资料，有着“以一当十”的分量，是文物工作者手中必备、必读、必用之书。有的提问者还提了这样的傻瓜式问题：你是怎样慧眼识文物的？朱家溍回答得很朴素：光靠慧眼是不够的，还要有一种精神。

对旧宅的眷念和对京城的忧思

“有山、有水、有文物古迹，这是北京特有的优势和条件。要保存北京独特的风貌，首先要保护好这‘三有’。如果不很好地保护它们，‘三有’很可能会部分地变无。”这是朱家溍晚年常说的话，也是他的忧虑。谁又能听他的话？谁又能理解这位老人的忧虑？国家虽然颁布了文物保护法，但破坏文物的风气并未稍减。他感到无力去保护，只能在心中重温昔日的风光，写下对什刹海的梦忆和自己曾经住过的旧宅。

朱家在北京先后有过四处旧宅，第一所旧宅是朱家溍的高祖朱凤标的“赐第”，在朱家溍还未来到人世间时就被外国侵略军烧毁了，和他没有关系。第二所旧宅是他的出生地，是向左宗棠的儿子左孝同租的，前文已经略述。他家第三次搬进的住宅是在南锣鼓巷帽儿胡同。这所房子是宣统皇后郭博勒氏的家，清代称为“后邸”。那本是一所很普通的住宅，在宣统大婚时按对皇室的优待条例，以“皇帝大婚”的格局办理，要特别装修一下，把一所普通的住宅打扮成“府”的气派。皇后的父亲荣源新授内务府大臣，荣源之父做过驻防的将军，由于“册后”，对于后父就要按制度封为“三军承恩公”，所以这所房子也就成了“承恩公府”。

朱家溍九岁时，迁居帽儿胡同。这所房子园内有池沼，山石驳岸，池底是用方砖细墁而成。园的全部地面在造园时都已做好雨水的疏导安

朱家溍儿时在帽儿胡同旧居花园一角

排，使雨水都流入池沼，驳岸叠石也做好水口，在雨天可以出现石上流泉的景色。所以夏季如果阴雨连绵，池中就常水满。朱家溍常在这里持桨泛舟。

朱家溍住的第四所住宅，坐落在南锣鼓巷的炒豆胡同，后门在板厂胡同，是僧格林沁的故宅，也是我去拜望朱先生的地方，小门旁边的墙上还镶有“僧王府”的标志。

这座王府由中、东、西三所房子组成，各有四进，其中东边除正院四进外，尚有东院四进。从这座王府的结构，可以明显地看出中部和西部原是一个建筑群，东部和东部的东院又是一个建筑群。中部正房的柱础约二尺五见方。挑檐石及压面石长约五尺。台阶五层，举架高大，面阔丈余，进深两丈四寸。耳房面阔尚且一丈。正房及耳房内都是砖墁地，地炕，楠木雕万福纹碧纱窗，隔断前后间，上有暗楼。耳房樟木板壁镶红木框，黄杨木冰梅纹嵌紫檀仿古玉卡子花的樱花眉及隔窗。建筑的外貌是殿的气派，内檐装修又是最讲究的居室。两所第三进正房内有戏台装置。这座三间大房，平时不觉得屋内有戏台，两明一暗的格层，两次间有一碧纱橱隔断，如果要演戏，就把碧纱隔断卸下来，上面横眉仍保留，安上戏台栏杆，西山墙的两个门挂起台帘就等于上、下场门，中间挂上台帐，戏台就出现了，一般的戏可以在这里上演。

朱家的家塾，或者叫书房，设在东院第四进的院中北房。书房是家中青少年的课堂，聘请教师每日授课。朱家溍七岁进书房，第一天是他父亲送去的，书房堂屋供桌前，由男仆把红毡铺下，他向圣人牌位叩头，行三跪叩礼，然后向先生叩头，从此每天正式上书房。不同年龄的学生念不同的书。朱家溍念的是《弟子规》；毛姐念的是《史鉴节要》，也写影格；三哥念《论语》，已经开始临帖，写《多宝塔》；二哥念《左传》，临写《九成宫》，还要写小字临智永《千字文》。大哥考入师大附中，不在书房念书了。他在书房里念到十四岁，就离开书房去上中学了。他经常说的“坐拥书城”也就是在这所房子里。

到了晚年，朱家溍仍住在这所房子里，但“六唐人斋”已不复存在，书城自然也就筑不起来了，他把和女儿同住的几间小屋取斋号“蜗居”，由启功题写的匾额还像模像样地挂了起来。就在这蜗牛之居中，做着旧宅的梦，不只是自己的旧宅，也是整个北京的旧宅，想着如何保护它们。有来访者问他：你住得这样狭窄，是对这房子情有独钟，还是对居所无所谓？他说：我也不是无所谓。因为这座房子是我父亲买的，你看这墙基都是用城砖做的，在北京是上等的房子，在北京已经留下不多了，现在还继续在拆。

在他的“蜗居”中，也有来访者和他讨论把家藏书籍、家具捐献的问题，赞扬他高风亮节，他说得很直率：那是没有办法的事情，那样多的家具、那样多的书，往哪里放？只有捐献。来访者又问：你卖几件文物，买一栋大房子，不就有放书和家具的地方了？他说：这房子是我父亲买的，不能卖。再说我也不够勇敢，东西放在这里，弄不好是要惹

朱家溍晚年摄于自己的书房

祸的，所以还是捐了的好。祖宗的遗像是不能捐的，只好委托浙江省博物馆代为保管。一直伴随着他的小女儿朱传荣也说：“在我们朱氏家族里，包括我们这一代人，谁也没有把文物当作财产，它们和土地、房屋不同，要让它们流动，流到产生它们的环境中去。”

不用再多说了，朱家溍，不只是他自己，而是率领子女们仍然守在这块蕴藏着文化的旧宅，尽一份历史责任。

翁万戈：守望六世收藏

状元门第，帝师世家

1918 年，天津大水成灾，翁之熹带领全家离开天津，回江苏常熟翁氏老宅彩衣堂避灾，可是到上海就住了下来。7 月 28 日，夫人胡樨龄生下第三个儿子。在翁家，这个新生儿属“庆”字辈，大哥名开庆，二哥名传庆，小三就叫兴庆，他就是翁万戈，翁同龢的玄孙。不久，水灾退去，他们回到天津的住所——灰砖洋房。翁万戈每当提到自己出生的那一年，都很自豪地说：1918 年是一个很值得纪念的年份，在中国文学史上那年是一个里程碑，在 1 月里，《新青年》杂志开始全部使用白话文，并连续登载新诗；11 月中旬，第一次世界大战终于结束了！

翁同龢虽是状元及第、帝王师表，但未育子女，遂将翁同爵的幼子翁曾翰作为嗣子。但曾翰早逝，所遗一子安孙，体弱多病，也不幸早逝，后又拟将斌孙次子翁之廉过给安孙为后，之廉为翁兴庆的伯父。可是之廉无后，又以之熹的儿子兴庆（翁万戈）承嗣之廉。这样翁万戈就顺理成章地转到翁同龢一支，为其玄孙。翁之廉去世后，天津藏书经之廉的夫人强氏辛勤保管，得以完整无损地保存下来，待翁万戈成人，强氏将翁氏藏书移交给他。翁同龢一支的继嗣是继而折，折而继，使人想到滂喜斋潘祖荫类似的情况，命运如此，令人扼腕叹息。

翁同龢 39 岁画像

此时，翁万戈只有一岁，称翁之廉的夫人强氏为“好娘”。“好娘”同意翁万戈留在亲生父母家中受教育，而她自己大半时间住在常熟祖传的老房子彩衣堂，有时住在天津租的小洋房，有时住到上海。翁万戈只知道有两个母亲，他的生活没有什么变化。这时他还没有意识到他对老祖宗翁同龢收藏的古籍善本、碑帖、书画有着传承守望的历史重任。

由于祖父翁斌孙维护旧礼教，不同意孙子辈进学堂接受新式教育，就请了教师在家教四书五经，翁万戈四岁入塾，同两位哥哥一同接受科举教育。

常熟翁氏藏书是从翁同龢的父亲翁心存开始的。

翁心存（1791—1862），字二铭，号邃庵，家境窘贫，无以度日，但好读书，向常熟藏书家稽瑞楼的主人陈揆“借其藏书而读之”，由此受古籍版本、校勘、鉴赏等藏书文化的熏陶，后在张金吾的爱日精庐等藏书楼校刊书籍。后来，翁心存参加科举考试，取得成功，《清史》有传：“道光进士。咸丰间官至体仁阁大学士，管户部事。以京师钱票狱忤肃顺，乞病去。心存服官四十年，凡所规划，务崇大体，未尝为国家言利。”他曾指导咸丰皇帝读书，同治年间入值弘德殿，授读同治帝。翁心存当时显赫的地位及其与学者间的交往，为其藏书提供了便利条件。道光年间，社会动荡，藏书家的传世珍藏多有散出，翁氏则出价收而聚之，陈揆稽瑞楼藏书多为他所得。翁氏藏书从心存始，中经同书、同爵、同龢及“曾”“孙”“之”三辈，到“庆”字辈的翁万戈，递传六代。由于翁心存、翁同龢两代状元及第，又先后分别担任了咸丰、同治、光绪三个皇帝的老师，拥有“帝师世家”地位，藏书水准是其他藏书家所无法企及的。

作为“状元门第，帝师世家”的翁同龢，因引荐康有为、梁启超，支持维新变法，触怒慈禧，于1898年被革职编管。次年，他的侄孙翁斌孙（翁万戈的祖父）将叔祖寄存京寓的书籍字画、收藏的文件档册、文字手迹等一部分移存天津，一部分装运回常熟。后来，藏在常熟的这部分书籍早已散落为民间收藏，又陆续进入宁沪间的图书馆；藏在天津的分为几部分，有一部分就分到了翁万戈名下。

早在光绪年间，日人岛田翰在中国觅书，在其著录的《皕宋楼藏书源流考》中，即称翁氏藏书不知下落。版本学家徐森玉多方寻找，也难得一些信息，可见近百年来翁氏藏书已经寂然无闻。

翁万戈所以能担起祖上留下的古籍版本、书画碑帖，除了祖上深厚的文化背景，与他父母对他的文化哺育也大有关系。他的父亲毕业于天津英国教会的新书学院，精通英文，喜欢京剧和昆曲，书法宗唐人写经，画则宗虞山派。他的母亲是浙江萧山人，清末新政要人胡燏棻之女，能画花鸟。他们常用珂罗版影印画册，供孩子们临摹。从他祖父翁斌孙晚年起，家里就在北京琉璃厂的古玩店虹光阁投有股份，店里的掌柜经常带着古籍文玩到天津请翁之熹欣赏，看看是否愿意收购。每当这时，翁万戈都随之在侧，做个小书僮，受到耳濡目染，培养了对书画的兴趣。从他所走的道路来看，这段生活很重要，影响着他的一生。

生于上海，家在天津，而翁万戈最为留恋的还是帝都北京的生活。

1933 年，翁万戈 15 岁，他觉得自己长大了，父母也同意他离开天津，到北平读书。他和两个哥哥同时进入汇文中学，而且是同班，住校，开始过独立生活。这使他的视野更为开阔，个性得到进一步发展，而且有了巨大变化。直到晚年，翁万戈回忆起北平三年的中学生活，印象最深的就是学校平静而安宁的生活，那也是他最眷恋的一段岁月。古城的面貌虽然苍白，但城墙、城门、牌楼、胡同、市场、书摊、四合院砖瓦房……这些真实的遗迹仍然透着旧时代的文化，加上拉洋片的呼唱、卖零食的叫卖、深巷的犬吠、高空的鸽哨，混成旧时与现时合一的氛围。汇文中学虽然为美国教会创办，但毫无传教氛围，愿意在星期日做礼拜的学生就去教堂；不愿去的，悉听尊便，无人勉强。

除了在学校读书，翁氏兄弟还常随亲朋去游览西山八大处、厂甸、隆福寺、琉璃厂，这里有书画、古玩及书店。此外就是下馆子吃饭，进戏院看戏，还有堂会，第一流的名角梅兰芳、尚小云、荀慧生、程砚秋、余叔岩、言菊朋、马连良、郝寿臣、杨小楼的戏，他们都看过、听过。

1936 年，翁万戈高中毕业，本想考南京中央大学，那里有很好的建筑系，离常熟老家也比较近，可以时常去看“好娘”，而且他也考上了。后来清华、交通两所大学同时招生，也是为了靠近常熟，他又报考了交通大学，结果交通大学电机系录取了他。其实，翁万戈对理科并无多大兴趣，迷恋的还是绘画和文学，课余时间他就画画，参加学校的文学社团活动。

1937 年 11 月 12 日，上海失守，21 日日军攻下常熟和苏州；12 月 13 日，南京在混乱中沦陷。国民政府迁都重庆，交通大学也计划搬到四川。翁万戈同父母及“好娘”商议，决定念完大学二年级后，到美国普渡大学继续完成学业。1938 年 8 月 7 日，翁万戈与几个同学一起登上加拿大邮轮亚细亚皇后号离开了上海，经西雅图取道芝加哥，于 31 日到普渡大学所在地——印第安纳州西拉法叶市。在普渡学习到 1940

年轻时的翁万戈

年，翁万戈取得电机工程学学士学位，又经半年学习，到夏天取得了硕士学位。

尽管这样，翁万戈仍然钟情于绘画和文学。1940年夏初，他从普渡大学毕业，又入威斯康星大学美术系，学油画和人体写生。学期结束，他和同学驾车游墨西哥湾，然后沿着大西洋海岸北上，抵达纽约，为上海的《西风》杂志写游记，由此开始用“翁万戈”的笔名。他利用在大学学到的机电知识，投入电影拍摄工作，拍摄有关中国绘画的短片，如《美国之中国画》，还拍了在美国的中国画家表演没骨法的技法，作为中国画教学的补充。

翁氏收藏，远出国门

1948年6月6日，翁万戈登上美国西北航空公司的飞机，几经辗转，于12日到达上海，探望“好娘”及其他亲友。此时他已离开中国近10年。6月底，他和夫人程华宝、女儿以思到天津见父母及兄弟。7月中旬到了北平，故地重游，他对古城建筑及市民生活方式大感兴趣，计划制作一系列纪实片来介绍故都景物。有一天，他在亲戚家里遇到一位国民党军官，刚从东北战场退下来，谈东北作战情况，结论是国民党大势已去，看上去华北几个月都守不住。第二天，翁万戈就回到天津，同父母、兄弟商量后，决定整理他名下存放在天津的书画、古籍、文献及杂物带往美国。在装箱前鉴定和选择时，他才初次看到和查明翁同龢分到他名下的文物遗产。他的父亲为他订了开滦矿务局一艘煤船的单独客舱，把所有装箱的文物都搬上了船。离别那天，翁万戈百感交集地拜别了双亲，但没有料到这却是永诀。到了码头，他上船时，守船的卫兵却以刺刀相向，要查看他的身份证。他刚刚回国，只有护照，只好立刻赶回家请父亲找熟人疏通，才没有误了开船的时间。经过几天的颠簸，到了上海。此时正遇到上海发行金圆券，很快就引发经济恶化的风潮。翁万戈知道无法在故国久留，赶快办理了回美国的证件和飞机票，安排妥“好娘”在上海的生活，决定于11月17日离开上海。在上海等飞机的这段时间，他买通码头上的有关人员，将书画古籍重新装箱，除了运费及手续费外，又多付了200美元现钞，将文物装上最早一班启程赴美国的轮船先走。他自己则乘飞机，途中为加油停靠阿留申群岛、安克雷奇、埃得蒙顿、明尼阿波利斯，历时48小时才到达纽约。

广交朋友，进入文化圈

1949年年初，海运的书画古籍到了纽约，经过海关检查后存入曼哈顿贮藏公司。这批书画到美国，引起美国研究者的关注，美国的研究者都想目睹这批翁同龢曾经收藏的书画真面目，翁万戈也因此结交了各博物馆及大学的东方美术研究学者，参加了美洲及欧洲的中国美术展览。从此，翁万戈开始研究中国书画。渐渐地，他被认为是这方面的小圈子里的一员。翁万戈说："这是我一生重要的转折关头。"这也推动了他以电影为媒介介绍中国传统文化的活动。1949 年，他把在国内拍摄的影片编辑成《北京》、《天津》、《杭州》、《南京》、《江畔一小城》(即常熟)。这五部连同以前完成的关于中国绘画、玉雕、舞蹈、皮影戏、鞭炮等影片，由中国电影企业公司公开发行。同年，原中国农业银行及中华书局总经理李叔明要投资制作介绍中国美术的系列片，他应邀选用当时在美国主要的美术品收藏中的中国文物精品，摄制了《中国美术简史》《中国历代雕刻》《中国历代陶瓷》《中国古代青铜器》和《中国历代绘画》五部片子，在许多文化教育机构放映。赛珍珠、胡适、林语堂都予以好评。1952 年 8 月，《中国历代绘画》被选入第六届爱丁堡电影节，《中国美术简史》则在波士顿电影节获奖。

翁万戈奋力推广中国美术，他对中国书画的研究及翁氏六代传承的收藏逐渐闻名国际。20 世纪 50 年代起，美国、欧洲、日本的学者不断对他进行访问，如大都会艺术博物馆的李佩博士、波士顿博物馆的富田幸次郎先生、堪萨斯城纳尔逊美术馆史协和馆长、夏威夷檀香山美术馆馆长艾克及夫人曾幼兰教授、瑞典的中国美术史学者培龙博士，以及日本东京大学东注文化研究所铃木教授。当时还是大学研究生的高居翰、伯恩哈特等，在观赏书画及杯酒言欢中还常常交换见闻。翁万戈由翁同龢的书画收藏进入了书画鉴赏的圈子，成为知名人士，在他环球参观及制片时，他们也都为他提供了许多便利。

1959 年 8 月间，翁万戈全家到了台北，与兄妹相见后又去了香港。无论是在台北还是在香港，翁氏传藏无疑是一张名片，他走到哪里都受到欢迎。翁万戈见到了从内地去香港的书画商人马积祚，此人曾卖过不少东西给中外收藏家。翁万戈为了试试自己的运气和眼力，想从"挑剩下的"书画堆中捡漏拾宝。果不其然，他看到了清叶芳林绘人物肖像、方士庶補景的《九日行庵文宴图》卷，这是他的高祖翁同龢曾看到并有所记载的一张画。他还看到了金农的《梅花》四条屏、王翚仿赵孟頫的《松间明月图》轴等，都颇可赏玩。翁万戈又去拜访了陈仁涛。陈是海上闻名的大收藏家，抗战期间曾因收藏叶恭绰旧藏毛公鼎而闹得沸沸扬扬，也曾因将他自己所藏的宋元明清绘画名迹印行《金匮藏画集》六册而闻名于世。陈仁涛的别墅在香港的淡水湾，安逸幽静，在阳台上就可以看到风帆入画的实景。此时，他年纪已大，想把藏品转化成财富，但要价太高，翁万戈无力购买。于是，陈仁涛请翁代他在美国出手，送以佣金，翁万戈婉言拒绝了。

由香港返回台北，翁万戈想去台北故宫博物院看画，就去拜访了台北故宫博物院和“中央研究院”联合管理处主任委员孔德成。台北的夏天又闷又热，像孔德成这样的人物，其住处竟没有冷气设备。这位孔子的后人穿着背心短裤到楼下会客，寒暄后毫不迟疑地给翁万戈批了观画许可证。

这一年的夏天，台湾暴雨成灾，台中全部被淹，大片房舍倒塌，道路桥梁被冲毁，火车不通，机场可以行船，这就是台湾历史上有名的“八七水灾”。七天后，翁万戈才颇费周折地到了台北故宫博物院所在地雾峰，见到两位主持人庄慕陵和谭旦冏。说明来意后，他们很为难，很多员工因水灾不能上班，人手不够。经翁万戈再三请求，庄、谭两人才找到几名职工，搬箱取宝。这次取得成功，翁万戈认为很大一部分原因是他能说地道的北京话。因为庄慕陵和管库房的张、梁两位职工都是在北京故宫博物院任职多年的老人，到了台湾后在雾峰这样偏僻的异乡，十分想家，出身于名门且乡音未改的翁万戈的到来使他们备感亲切。他们按照翁万戈单子上开列的目录，给他看到了全部书画。翁万戈后来回忆说：“这是我一生难忘的机缘，初次见到范宽的《溪山行旅图》、郭熙的《早春图》等大幅画轴及黄公望《富春山居图》长卷等。到此为止，我对中国画的概念达到了新阶段。”8 月 21 日，翁万戈由台北飞到东京，下榻于有历史意义的帝国饭店，这是美国建筑师弗兰克·劳埃德·赖特的名作之一。此次日本之行，除了去博物馆看书画，他还游览了塔寺名胜，也看了歌舞伎演出，可谓收获丰富。

1960 年，美国忽然掀起一股搜查中国古书画的轩然大波。大约在 11 月，美国财务部两名缉查人员到翁万戈的住处找他，要查他和陈仁涛的关系。碰巧他外出不在，回来后立即联系了一位律师。律师要他准备一份证书，详述家藏书画的来源及认识陈仁涛的经过。翁万戈按照律师的指点，由律师出面请缉查人员到律师事务所面谈，并由律师代他发言和出具证书。缉查人员再找他时，就再到律师事务所面谈。此招居然有效，不再有缉查人员找他。

翁万戈为什么会突然被调查？他从报纸、博物馆、文物商及收藏家多处得到情报，了解到此事的远因近果。1950 年 12 月，杜鲁门对中国政策失败后，与大陆断绝通商，凡从中国运出的物品，不论新旧不准进口，违反者以通敌论罪。陈仁涛为了贩卖古董，千方百计地向世界各地渗透，尤其注重美国。那一年陈仁涛在香港发表讲话，认为美国执法松懈，所以他能不断地任意寄物件到美国。美国驻香港领事馆不得不采取行动，与华盛顿方面实行突击，追踪线索，要搜尽及没收陈仁涛在美国的财产。翁万戈在香港虽然拒绝为陈仁涛做掮客或收藏他的书画，但陈仁涛从 1959 年 11 月到 1960 年 1 月仍用转交及直寄的方式送到翁处四件明清绘画。翁万戈给他写信告知无意染指此事。陈仍让翁万戈将这些画交给在纽约的名画家方召麟。缉查人员去找方召麟时，方一看势头不对，借口说要去一下卫生间，便从后门溜走，直奔机场去了加拿大，然后又去了香港。缉查人员发现中计，遍搜其寓所，没收其杂物，发现了翁万戈曾还回四件画作的记录。结果陈仁涛在美国的藏品，无论已售还是未售，都被美国政府没收。此事虽然表明翁万戈是清白的，但美国对中国的态度，使他运用中国题材制作影片的工作遇到了困难。

保护先人遗藏

1967年，翁万戈发现家藏书画已经有所损坏，需要重新装裱。而装裱字画的好手除中国之外，只有香港。日本虽然也有中国书画装裱手艺，但自成一格，翁万戈并不欢喜。于是4月初，夫人程宝华把要重新装裱的书画52帧送到香港，请麦姓和邓姓两位装裱师进行装裱。然后夫妇二人在罗马会合，开始了欧洲之游，参观博物馆，观赏欧洲名画。他们最为关心的还是中国绘画艺术，只要有可能，遍访中国书画收藏家。

1968年到1969年，为了搞"万博70"这个大项目，翁万戈在台北留居了一段时间，不但游遍了台湾全岛，而且结识了前辈学者叶公超、李济之、台静农、屈万里等。同时他又深入到台北故宫博物院、"中央"研究院等文化机构拍摄稀有的中国书画、陶瓷、青铜、雕刻、丝织等精品。他抓住这个机会，对如何通过影像把中国书画的神韵表现出来进行了深入的研究。如采用三层玻璃影印技术来表现范宽《溪山行旅图》中的近景、中景和远景的构图方式；以半墙高的放大表现怀素《自叙帖》的狂逸雄浑；以背景打光的五彩"陶瓷之墙"显示出100件自商到清的中国瓷器杰作，乍看像灿烂的实物展出；放大而逐渐延伸的唐寅的《溪山渔隐图》卷、字字随音突出的一页古诗——张继《枫桥夜泊》，都是他独出心裁的拍摄手法。为彰显祖先留下的文化遗存，翁万戈真可谓呕心沥血地做出了贡献。

这期间，翁万戈感到极其愉快的收获，就是家藏宋版《施顾注苏东坡诗》的影印出版。在台北，翁万戈遇到了当年在北京汇文中学读书时的国文老师郑骞（字因百），此时郑骞是台湾大学文学院的教授。郑骞和台静农把翁万戈介绍给农学院的教授严一萍。严是艺文印书馆的创办人，对翁家收藏略知一二，特别是《施顾注苏东坡诗》是现在卷数最多的孤本，久想见而未得。同时他也想实现大藏家傅增湘几十年前的旧愿——“取原书精摹印行，不妄增减一字；庶几神明焕然”。为了影印此书，严一萍亲自在台中选定纸张，选用精工线装，使影印本如同原书。郑骞特撰《宋刊〈施顾注苏东坡诗〉提要》，说：“叙述此书的内容，考证一切问题，为这一件二三百年来学术上的公案作一总结。”翁万戈也感到极大欣慰，他说：“这件事的完成，真是流传及研究古籍的一件盛举。”

素以向国外介绍中国文化为己任的翁万戈，始终以华美协进社美术委员会作为一个重要任务，以领导人的身份组织展览及电影的拍摄，光展览就办了30多次，如中国美术中的园林展、美国收藏的中国古籍展、宜兴陶瓷，与王世襄合作的中国竹刻展，与傅熹年合作的中国古代建筑展、美国收藏的中国古籍展等，都是初次在西方举办的中国文化专题展览。华美协进社虽小，但历年不断举办展览，展览目录流行美国和欧洲，在当时有相当的影响。

为了介绍中国佛教，他利用外国资料进行拍摄式写作《中国佛教》电影。片中呈现了大英博物馆的斯坦因自敦煌得到的大量绘画和经卷，巴黎吉美博物馆的伯希和文献收藏，加拿大多伦多皇家安大略博物馆的南北朝陶俑及不同时代的佛像雕塑，美国纽约大都会艺术博物馆的云冈、龙门等地的石刻，以及宋元明清的各种佛教文物，普林斯顿大学葛思德东方图书馆的佛学经典《积砂藏》残本。翁万戈运用各种手法介绍释迦牟尼的教义是怎样传入中国及其在中国的变化——天台、华严、净土、禅及密宗各流派，使佛教成为近代以前中国与外界文化交流的重大事项。不久该片在亚特兰大第六届国际电影节获得金奖。此后，翁万戈又拍摄了《中国历史影片》大系，依照历史发展顺序，内容从史前文化到辛亥革命时期，并请哥伦比亚大学房兆楹教授、耶鲁大学张光直教授、克利夫兰博物馆何惠鉴博士为顾问，取材于世界各国30个城市中的62家博物馆和文化机构及15家私人收藏，耗时三年半才完成。可以说这个电影系列，把全世界所藏中国文物精品做了一次调查和展示。

为表彰翁万戈在美国弘扬中国传统文化及他对中美文化交流所做的贡献，1997 年 5 月，他的母校普渡大学特向他颁赠“艺术荣誉博士”学位。

翁氏藏书的回归

1979 年，翁万戈第二次回国，距他去美国 10 年后第一次回国把名下的翁同龢所藏书画运到纽约，又过去了 30 年。他来到上海博物馆，受到馆长沈之瑜的接待，他看了一些他研究工作所需的陈洪绶的书画。从此，他就成了上海博物馆的朋友。

1949 年，翁万戈将他名下的古籍版本、书画碑帖运到美国，虽然有轰动，但还是在学术圈子里，受众范围很小。1985 年，华美协进社举办中国古籍善本展览，翁万戈将其所藏借出参展。这批为近百年来学人向往、不知其存否的孤本秘籍的出现，不只是中国，也为世界藏书界所瞩目。是年，谢稚柳、徐邦达、杨仁恺、杨新、杨伯达赴美鉴定中国书画。此外，王季迁、黄君实曾应翁万戈之邀，赴翁氏乡间别业莱溪居小住数日，鉴定翁氏所藏古代书画 60 余件，对其藏书略略作观。1987 年，古建筑专家傅熹年受美国亚洲文化协会资助访美，傅熹年为傅增湘之孙，精于版本之学。他在美四个月，除了参观美国近现代建筑，也考察了各图书馆所藏中国古籍善本。以傅氏所言，翁氏莱溪居所藏古籍善本，“其在版本学上的价值，实在包括美国国会图书馆及哈佛燕京图书馆在内的美国各馆所藏中国宋元刊本之上”。对宋元刊本，文物出版社用翁氏提供的复印件并由冀淑英作序影印出版。从此，翁氏莱溪居藏书在国内才为人所知。1998 年夏，翁万戈八十寿诞，纽约大都会艺术博物馆专门开辟专室，举办了“翁万戈收藏书画展览”。这样，翁氏所藏书画和翁氏藏书一样，走出了专业研究的圈子，为广大民众所观赏。翁万戈1986年退休后，便集中精力整理家藏和其先祖所遗文献手札。他又将家藏8种善本精华以《常熟翁氏古籍善本丛书》影印出版。

1997年春天，翁万戈来到北京，悄悄地参观了嘉德公司的春季拍卖会。嘉德公司得到这一信息，主动拜访了翁万戈，问他是否有意参加这里的拍卖，他未置可否。翁万戈离开北京，于4月12日到了上海，去上海博物馆新馆参观。他是否在为翁氏藏书寻找最好的归宿呢？

嘉德公司很注意翁氏此行的内在意义，总经理王雁南即赴上海，向上海博物馆副馆长汪庆正请教翁氏藏书的拍卖是否值得花精力去做。汪庆正认为翁氏藏书是真正代表了中国文化精神，是任何书画瓷器都不可相比的，值得投入全部精力去做。后来王雁南告诉我，汪庆正的一番话使她心中有了底，并铁了心要做好这件事。

这年的10月，王雁南专程赴纽约拜访翁万戈。从纽约到翁氏隐居的新罕布什尔州的莱姆还有很长的一段路。翁氏给王雁南发了电传，周到地介绍了乘什么车、票价多少、路上要走多长时间。此时是北美最好的季节，红枫，黄叶，绿水，蓝天，白云，坐了一天的长途汽车，黄昏时到达目的地，王雁南一下车就看到一位老人等在那里，不用介绍，那人就是翁万戈了。翁氏把她安排在一家旅馆住下，又领她回莱溪居。莱溪居的地下室是翁氏藏书处，王雁南浏览一遍，谈话即切入正题。她代表嘉德公司向翁氏表示，愿意为他做最好的藏书委托拍卖服务。翁氏随即表示现在身体还好，还没有考虑这件事。

和翁氏第一次见面就谈到这里。王雁南也善解人意，不再强人所难，第二天清晨即上路回纽约。告别时，翁夫人为王雁南准备了一个牛皮纸袋，袋内有一份三明治、一瓶可乐，还有一个苹果。她心中一动，有一种孩子离家远行的感觉。此次莱溪居之行，除了和翁氏有着感情的沟通与理解，还有一个重要收获，她带回一部《昌黎先生集》，是翁同书的后人所藏。此书为残卷，宋淳熙元年（1174）锦溪张氏刊巾箱本。锦溪为苕水支流，此本字仿欧体，正是浙刻风范，可以推知是湖州附近的刊本。此本虽不全，但为宋刻宋印，书上有宋人眉批，亦足宝重。这话并非虚妄之语，此书在1998年春季参拍，以善价成交。对此，翁氏甚为满意，并向嘉德发来特快函件，表示可以考虑处理翁氏藏书的事了。

得到这样的回答，王雁南于1999年6月第二次拜访翁氏，又是一天的长途汽车，又是在那家小旅馆住下，又走进莱溪居。双方谈了授权范围，翁万戈提出三个条件：一、整体出让，不能打散；二、要有相当水平的收藏单位，目标范围是中国或亚洲其他国家，但不卖给日本；三、要善价。王雁南答应了翁氏的要求，同时也提出要采用拍卖或转让两种方式进行。有了上次的交流，这次谈得更亲切了。

翁万戈提出翁氏收藏不卖给日本人，表现出中国人的昭然正气，无论走到哪里都不会泯灭。这后面有一个文化心理背景。清末四大藏书家之一的陆心源，收藏了大量宋元珍版，在吴兴故里辟一楼藏书，一半称"皕宋楼"，藏宋本200部，兼藏元本；一半称"十万卷楼"，收藏明以后秘刻及精抄精校本。陆心源谢世后，其子于光绪三十二年（1906）将陆家藏书以十万两银子的价钱售与日本岩崎氏静嘉堂文库，当时朝野哗然，对陆氏后人颇多谴责。当时的学者王仪通作诗称："悉闻白发谈天宝，望赎文姬返汉关！"我想，翁先生在青少年时代的生活圈子里，对此事可能有所耳闻，日本的文化侵略在他心上留下了阴影，所以有着翁氏藏书不卖给日本人的骨气。

既有约定，双方通过电传、信函多次往返讨论，到1999年7月确定以转让的方式解决。9月24日，双方正式签订合同。嘉德随即给文化部及国家文物局写了报告，请求给予指导和支持。

在北京的任继愈、张岱年、季羡林、周一良、启功、王世襄、朱家溍、宿白、金冲及、谢辰生、冀淑英、傅熹年等12位学者、专家听到这一消息，"甚为兴奋，但也颇有隐忧"，于是签名呼吁说："有些书秘藏翁氏150年以上，是学人仰望而不知其存否的有很高学术价值的善本，以国内标准论，应属国宝级重要文物，是包括我国在内的国内外图书馆所无的珍籍。由于翁同龢在中国近代史上的名声和这批书的文物价值，它的重显于世引起国外学术界、图书馆界的重视和一些收藏家的觊觎。”学者和专家们的忧虑是有前车之鉴的。1995年，中国嘉德拍卖公司将《文苑英华》一册从海外征集至北京的拍卖会上，因国人力不能举，无奈以143万元复为海外人士所得。

上海博物馆较早得到这一消息，该馆领导即向上海市委报告了这一消息。从陈毅时代起，上海市政府常拨专款为博物馆收购价格高昂的文化藏品。这次也不例外。市里领导认为翁氏藏书由上海图书馆保藏更为合适。于是上海图书馆向市财政局写申请购书报告。从口头报告、书面报告、开会落实到市长徐匡迪签字批准，前后只用了一个星期。最后嘉德与上海图书馆签订合同，翁氏藏书转让给上海图书馆。翁万戈作了让价，嘉德公司应收的佣金也降低了许多。

2月22日，翁万戈携带翁氏藏书乘飞机到了北京。23日，上海博物馆的专家和图书馆的领导也到了北京，与翁氏夫妇见面。28日，北京的一批专家学者到嘉德公司，一睹翁氏藏书风采，无不激动庆幸。年迈体弱的版本学家冀淑英此时也神采飞扬，她过去为影印本写序，但未看到这些善本孤本的风采，如今看到了真本，真是别有一番滋味在心头。每当戴着白手套的工作人员拿出一部书，冀淑英不是说“拿来”，而是恭恭敬敬地说把某部书“请出来”。

为确保国宝运输途中的安全，4月12日，上海图书馆领导亲自带人到了北京，携带7箱古籍善本，当晚又赶回上海。在火车上，有武装乘警守卫，专门看管7个箱子，那里装的是国宝级的7种宋刻孤本。

翁氏藏书的风采

莱溪居翁氏藏书80种，入藏上海图书馆时，我也得到了先睹的快乐，就我所见略举数种，以窥翁氏藏书之一斑。

一、《集韵》十卷，南宋初刻本。卷中钤有“虞山钱曾遵王藏书”朱印。钱曾，字遵王，为清代早期藏书家，常熟人，是翁氏同乡，其藏书楼为述古堂，著录有《读书敏求记》，并编有《述古堂书目》。《集韵》自钱氏以后踪迹隐秘，同治间为翁同龢收得。康熙后期以来，仅有毛晋汲古阁、钱曾述古堂二影抄本流传于世。述古堂影印本藏上海图书馆，1983 年，又由顾廷龙作序交上海古籍出版社影印行世。顾先生因未见到祖本而遗憾，想不到在他谢世之后，祖本回归图书馆。此本实为《集韵》传世最早、最善之本，也是通行诸本的祖本、孤本。

在翁同龢的日记中，对购买《集韵》一书，多有记载，同治四年（1865）二月初十（3 月 7 日）中记：“得见宋本《集韵》，钱遵王家物，惊人秘集也，酬以三十金不售。”二月十一日（3 月 8 日）又记：“到厂访《集韵》，畀以四十金送来，而贾人转欲不售矣，可恨，可恨。”二月十五日（3 月 12 日）又记：“始定议以三十四金易《集韵》，此怡邸物也，曩尝与三兄极力购求之不可得，今乃落吾手，异日对床话雨，当增一段欣赏耳。”足见翁氏得此书之心切。

二、《邵子观物内篇》二卷、《后录》二卷、《邵子渔樵问对》一卷，宋邵雍撰，南宋刊本。册中钤有怡府藏印，当是同治初怡府败落后流出为翁氏收到。爱新觉罗·允祥，康熙第十三子，康熙六十一年封为怡亲王，去世后封为怡贤亲王，好收藏，由于势力和财力上的优越，所收藏图书无论质量还是数量都颇为可观。怡贤亲王之子弘晓也喜藏书。乾隆年间，开四库馆，征集天下图书，弘晓未进怡府所藏，因此怡府的收藏为天下罕见者甚多。同治皇帝即帝位，怡亲王载垣因擅政被治罪赐死，怡府藏书流落民间，聊城杨绍和（海源阁）、常熟翁同龢（彩衣堂）、吴县潘祖荫（滂喜斋）、杭州朱学勤（结一庐）得之最多。

三、《长短经》九卷，唐赵蕤撰，卷末有“杭州净戒院新印”牌记一行，是南宋绍兴八年以前的刊本。该本书衣有乾隆三十八年进入四库

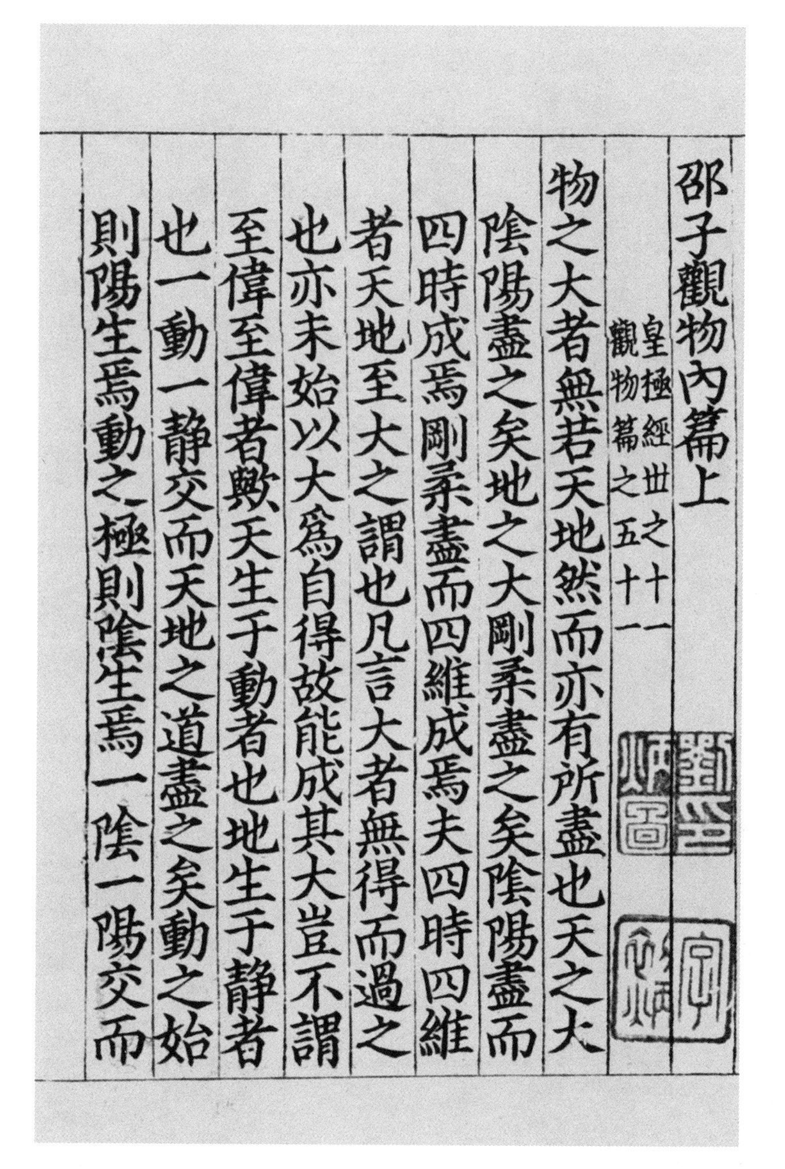
邵子觀物內篇上

皇極經世之十一
觀物篇之五十一

物之大者無若天地然而亦有所盡也天之大陰陽盡之矣地之大剛柔盡之矣陰陽盡而四時成焉剛柔盡而四維成焉夫四時四維者天地至大之謂也凡言大者無得而過之也亦未始以大爲自得故能成其大豈不謂至偉至偉者歟天生于動者也地生于靜者也一動一靜交而天地之道盡之矣動之始則陽生焉動之極則陰生焉一陰一陽交而

宋刊本《邵子观物内篇》之一页

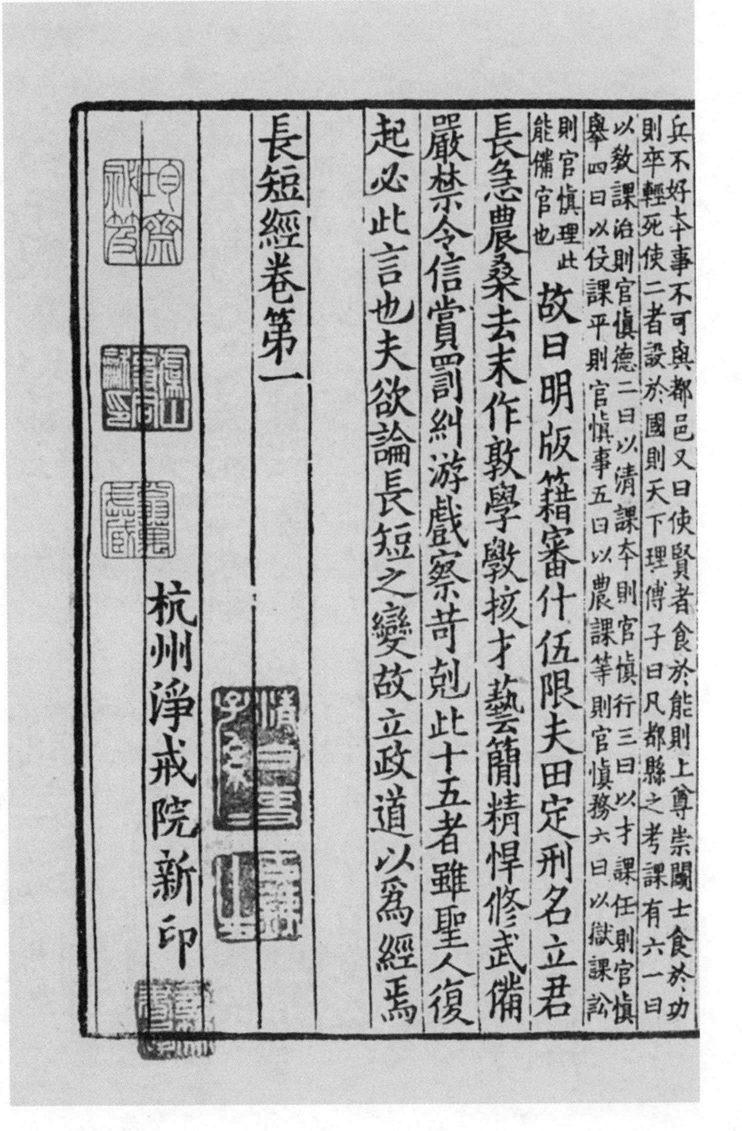
兵不好卒事不可與都邑又曰使賢者食於能則上尊崇鬬士食於功則卒輕死使二者設於國則天下理傅子曰凡都縣之考課有六一曰以教課治則官慎德二曰以清課本則官慎行三曰以才課任則官慎舉四曰以役課平則官慎事五曰以農課等則官慎務六曰以獄課訟則官慎理此能備官也故曰明版籍審什伍限夫田定刑名立君長急農桑去末作敦學斆核才藝簡精悍修武備嚴禁令信賞罰糾游戲察苛剋此十五者雖聖人復起必此言也夫欲論長短之變故立政道以爲經焉

長短經卷第一

杭州淨戒院新印

宋刊本《长短经》之一页

馆朱记，卷前有乾隆题诗，为《四库全书》底本，也是通行诸本的祖本、孤本。乾隆皇帝御题诗于书前，足证珍重与恩宠。

四、《重雕足本鉴诫录》十卷，五代后蜀何光远撰。南宋中期浙江刊本，《百宋一廛赋》中称之为“光远鉴诫”。卷前有项元汴、朱彝尊、王士禛、徐嘉炎、查嗣瑮、曹寅、汪士慎诸家跋记，弥足珍贵，为传世诸本之祖本、孤本。

此书流传过程极为有趣，明项子京得后重新装订，书后跋语云“时明万历元年秋七月既望重装于天籁阁”，清初归朱彝尊。朱氏作长跋，其中有句云：“吾乡墨林项氏藏书也，济南王先生贻上，见而爱之，曾手录一册。”接下来，朱氏携此到真州欲将此书赠送曹寅，曹寅不敢接受，并题曰：“己丑夏五，朱竹垞先生来真州，持以见赐，愧不能藏，复影录一本奉还。”朱氏的学生王士禛也借去抄了一本，“其纸伤损处皆手补缀归之”。贾亭甫亦“假观手录一通”，并“校正讹谬数字”。徐嘉炎亦假观，并题曰：“因时编《全唐诗》取资甚多。”继而又转入大藏书家黄丕烈。黄氏从友人顾广圻处得知此书，逾 20 年未能见，后来得见此书，“索值白镪三十金，余爱之甚切，恐过此机会难以图成，遂易以番钱三十三元，书计五十七叶并题跋一叶，以叶论银当合每叶四钱六分零，宋刻书之贵可云贵甚，而余好宋刻书之痴亦可云痴绝矣！”并赋云：“光远鉴诫，乡为不腆，流丹清而质实，卷云烟之过眼。”足见此书之珍贵。翁同龢得此书，作了题诗：“标题截字真成陋，计叶论钱亦太酸；传与后生增一笑，海涛声里几回看。”此书匿迹 160 余年，如今重现，真可谓“海涛声里几回看”了。

更为有趣的是，曹寅根据朱彝尊藏宋本影抄之后，又在影抄本上作了题跋：“己丑夏五，竹垞来真州，以原本见赐，教影录此一本藏之，愧儿孙辈不能藏也。”果如曹寅所言，此影抄本真的散落世间，为诸城王藩香得于文盛书肆，继归福山王懿荣。后翁同龢被革职回乡，王懿荣为老师送别，以此书相赠，使原刻本与影抄本重归一处，如今又典藏上海图书馆，成为一段藏书佳话。藏书亦如人生聚散，此书的其他几种影抄本，雪泥鸿爪，不知流散何处，实可叹也。

五、《会昌一品集》残本十卷，全书应为二十卷，唐李德裕撰，宋刻本。此书由明李廷相、清黄丕烈递藏，自黄家转入常熟陈揆稽瑞楼。陈氏逝世后，藏书大部分归翁心存，在翁氏家历六世，150多年来，学者未获见原书。此书为传世孤本。

六、《丁卯集》二卷、续集二卷、续补一卷、集外遗诗一卷。唐许浑撰。浑为丹阳人，其曰《丁卯集》者，润州有丁卯桥，浑别墅在焉，因以名集，集中有《夜归丁卯桥村舍》诗。此书为南宋后期临安陈宅书铺刻本，前人称为“书棚本”。此书经明项子协、沈松，清季振宜、宋筠、黄丕烈递藏，为传世孤本。仇英也曾观过此本。

陈揆的夫人为丁卯年生人，故以重金购之以作纪念。此书由陈揆稽瑞楼散出，为翁心存所得，心存在书前题识曰：“稽瑞楼藏书大半已化作云烟，此《丁卯集》及元刻《丽则遗音》，皆子准（陈揆）当日以善价得诸吴门黄氏者，幸未散去。余借观经年，弥深人琴之感。今将入都，聊题数语而归之贤子孙，幸善收藏，勿遗失也。”书后有翁同龢跋语：“先公不忍使书流落俗子手，遂以原价收得之。”

七、《注东坡先生诗》四十二卷，宋人施元之、顾禧注。宋宁宗嘉泰间淮东仓司刊、理宗景定壬戌（1262）修补印本。此刻本用善书者傅穉手书上版，以书写秀美、雕版精工著称，至今仍墨光如漆，为宋刊本中的名品，有翁同龢、汪鸣銮、潘祖荫诸跋。据跋四曰，此书为同治十年（1871）翁氏购于怡亲王府。几年前，我访铁琴铜剑楼时，顺便看了翁氏彩衣堂，在此看到了台湾影印行世的本子。

此本有翁同龢跋语：“曩尝于叶润臣家，得见嘉泰本《施顾注苏诗》，叹为瑰宝，一日坐殿庐中，桂侍郎以怡邸残本见视，忽睹此本，以三十金购之。”“此虽景定补本，然字划清劲，灿若明珠，恐人间无复数本矣。”从此文字中，可知翁同龢是如何收藏珍秘的。

八、《新刊嵩山居士文全集》，宋晁公遡撰。宋乾道四年（1168）四月刻本。卷首钤有明晁瑮，清叶国华、刘喜海藏印。此书自刘喜海家传出后，转入翁氏，故近百年来世人罕见，为仅存宋刊孤本。

翁万戈是旅美华人中重要的中国文化艺术品收藏家，其收藏底蕴之深厚，很少有人能与之相比。翁先生曾很风趣地对我说："人们都说我是收藏家，其实我是藏而不收。因为我基本不买文物。"据翁先生向我介绍，他的藏品大致可以分为这样几大宗：

一、翁同龢著作手迹，包括日记、诗文稿等，是研究晚清政治、文化的重要文献。翁万戈正在陆续整理出版这部分收藏。

二、善本书。有宋版古籍多种，为亚洲以外最大之中国善本书私人收藏，其中部分已影印出版。前面记述的翁氏藏书回归上海图书馆即其中的一部分。翁氏现在还保留着一件曾经清代著名篆刻家、收藏家黄易和他高祖翁同龢收藏过的陈洪绶绘、黄子立刻《博古页子》册页，绘刻俱精，为中国版画艺术史上的一大名迹。

三、书画、碑帖。这部分收藏数量甚众，精品也多。绘画藏品中虽有相当的部分已转让和赠送给了一些博物馆（如董其昌的《青卞图》转让给克利夫兰博物馆，董其昌的《荆溪招隐图》和陈洪绶父子合册赠与纽约大都会艺术博物馆），但翁万戈仍藏有绘画精品多幅。我最早知道的是宋代梁楷的《黄庭经神像》卷，谢稚柳在编《梁楷全集》时，翁万戈为谢氏提供了一套照片。其他还有明代沈周的《仿戴进谢太傅游东山图》轴、王翚的长卷《长江万里图》、王原祁的巨幅山水《杜甫诗意图》等。书法中的唐开元年间精写本《灵飞六甲经》（世称《灵飞经》四十三行本），是翁氏家藏书法中年代最早的精品之一。这一作品在晚明被发现后，被摹刻入石，后在清代又被多次翻刻，对清代小楷书法有很大的影响。而翁氏藏四十三行本则为各种拓本的祖本墨迹，在唐人写经中堪称精美，对研究唐代写经、墨迹拓本之间的关系有重要的价值（此件作品现为纽约大都会艺术博物馆收藏）。

四、印章。共有翁同龢自用印四十余方。书法中给人留下很深印象的是文徵明家书卷，八大山人亲书册和翁方纲手摹《秦篆三种并附华山碑》册页。文徵明为明代中期吴门艺术家中最为重要的书画家之一，其书迹向来以法度谨严、气息醇雅著称。但翁氏所藏的这一卷文徵明写给儿子文彭、文嘉的九通家书，因写给自己的孩子，文徵明放下了通常的矜持，信笔挥洒，写得极为生动活泼。文徵明在一通信尾写道，“看过读与汝母知道”。文徵明夫人可能目力不好，文老夫子专门叮嘱儿子们要把信读与夫人听，想得真周到！八大山人亲书册（共十四开）是其晚年书法的精品，册中有楷书、行书、草书、章草诸体，充分显示了八大山人在书法艺术方面的才华。这一册页有一个很有意思的现象，就是八大常在书后声称他临了某家书法。如在第三开中，八大写道：临王逸少书论？可是，此页的文本却节录于唐张怀瓘的《书断》。王羲之怎么可能去抄写晚于他数百年的书论！这说明，明末清初人临帖，比我们今天所说的临的观念要宽泛和灵活得多。由此，我们也多少可以进一步窥见当时人们对古代经典的态度。翁方纲摹秦篆和华山碑也堪称一绝，他或双勾，或颖拓，连原石拓本上的裂纹都不放过，一一仔细摹下，从中可见这位清代重要的金石家一丝不苟的治学精神。

翁万戈所藏的印章中有不少出自清末著名篆刻家刀下，印石也相当精美。吴昌硕一生曾多次为翁同龢治印，其中有数方收入了《吴昌硕印谱》，而翁先生所藏的几方，吴氏印谱未收，可补吴氏印谱之缺。

《三处士图》和《长江万里图》

在明代的绘画中，翁同龢所藏陈洪绶《三处士图》很值得一提。有关这幅画的收藏，翁万戈在他的巨著《陈洪绶·自序》中说得很清楚：

“余幼时得见悔迟《三友图》，读其题诗，凄厉动魄，因笃好之……”这是我高祖翁同龢（松禅老人）约在一八九〇年题跋草稿开头的几句；这卷书（即陈洪绶一六五一年所作的《三处士图》卷）是松禅老人之父翁心存（卒谥文端）在一八四九年得之故乡常熟沈氏，“喜诵其诗，常以自随”（松禅跋中语），卒后传给长子翁同书（卒谥文勤），后来由兄及弟，到松禅老人手中。一八九〇年，他在卷后长跋时，有步陈章侯韵的五言诗，其中数句显出他对陈氏艺术的笃好及认识：“我于近人画，颇爱陈章侯。衣绦带风色，士女多长头。铁面眼有棱，俨似河朔酋。次者写花鸟，不以院体求。愈拙愈简古，逸气真旁流……”

翁同龢在这首五言诗后又写一跋，云：

此《三友图》道光己酉先公（翁心存）得之吾邑沈氏，喜诵其诗，常以自随。先公卒，吾兄玉甫携之入湘、入鄂，去年余省墓归，又携以北，每一展卷，不知涕泗之横集也。光绪庚寅长至前一日，斋宫侍班，归检视此图，因题一诗，后人能护之否？翁同龢记。

翁万戈不只是对《三处士图》的守护交出了圆满的答卷，而且进行了深入的研究。他说：

这《三处士图》卷传到我，已历六世，几一百五十年。高祖一生又收集了一些悔迟名迹，也使我能朝夕观赏，所以我研究陈洪绶并非偶然的。实际上，观赏与研究是两回事，观赏是愉快而轻松的活动，研究是辛苦而系统的工作。几十年来，有缘在欧美及亚洲各处见到不少陈氏的作品，但开始作研究，却由于朋友的怂恿和鼓励。

翁万戈编著《陈洪绶》三卷，上卷为《文字编》，六个主要章节对陈洪绶的生平、绘画、书法、诗文、陈氏书画的鉴定、艺术影响做了全面、深入、细致的论述。翁万戈的这一著作，把对陈洪绶这一中国艺术史上的重要艺术家的研究推进了一大步。诚如著名的陈洪绶专家黄涌泉先生评价："从清初周亮工、毛奇龄算起，三百多年来研究陈洪绶的学者知多少。前修未周，后贤增补，接力探索，学术日益昌明。就我所知，当今研究最力者，允推美国翁万戈先生。"黄涌泉称赞翁先生"在研究陈洪绶的深度和广度上取得开拓性的成就，具有划时代的意义"（见黄序《陈洪绶》）。

翁氏收获清代画家中的"四王""四僧"和"扬州八怪"的书画，其中以金农的作品最多，可见他的收藏有着文人风范，以情性爱好为尚。其中恽寿平《东园墨戏图》颇得翁氏的喜爱，册中或仿宋元明家，或写江南小景，皆逸笔草草，率性而为，自有一种清新灵气。翁同龢题曰："新作书堂，秋夜篝灯观此画，因以苦茗一杯酹之。明日纷纷，吾亦俗客矣，未足与观此画也。"翁同龢观此图时的那种文人情致，和恽寿平作画时的心灵是一脉相通的。恽氏自题："为东园娱闲游戏之作，……不循畦径，无烦绘采，欲墨章水晕，自备五色，非得象外之赏者，未足与观此画也。"翁同龢退班回家，正是怀着那种得之"象外"的心情来观赏的。

身为帝师、朝廷重臣的翁同龢，对和皇帝沾边的艺术，也是一往情深的。在翁同龢留下来的众多藏品中，最为令他珍重的是王翚的《长江万里图》。他在光绪元年三月二十六日（1875 年 5 月 1 日）日记中记载，在厂肆见到，因为索价千金而未得，后贾人送来，越看越美，于是回到博古斋去议价，出三百，不卖，一共 4 天，留在他手中观赏，最后以四百购得。四月二十三日（5 月 27 日）日记写道："重见长江图……

目前一乐也。”他把预备买房子的钱换了王翚的《长江万里图》。王翚卷后作跋，此图作于“康熙岁次乙卯九月上浣”，此时是他画完《康熙南巡图》之际，得到皇帝的褒奖，心欢意满，“戊寅秋日，长安南迁，蓬窗多暇”，“凡七月而成，颇觉指腕间风规犹在”。此图显然是王翚的得意之作。翁同龢在此卷木匣盖上题了一首诗：“长江之图疑有神，翁子得之忘其贫。典屋买画今几人，约不出门客莫嗔。”

对《长江万里图》，翁同龢视若生命。他在卷尾跋曰：“余藏此画三十年，未敢亵以一字，遇通人逸士辄引同看，黄金横带者虽固请未以示也。今年四月，蒙恩放还，俶装之顷，有贵游欲以重金相易。余曰他物皆可，唯此画与麓台巨幅此生未忍弃也。比归里门，人事纷纭，资用空乏，暑郁虱雷几不可耐，每北窗明处时一展卷，清风拂人，尘虑都净，世间神明固应尔耶。抑劳逸顿殊，身边两不相收，理然也。赵子固云：性命可轻，至宝是保，余尝自知为愚，若余者其愚耶？否耶？既自笑，因书于后。光绪戊戌六月晦快雨初晴，病起手战，松禅居士同龢记。”

翁同龢在《长江万里图》跋语中提到的“麓台巨幅”，即他所藏的那幅王原祁《杜甫诗意图》轴，也与皇帝有关。康熙壬辰年间，王原祁的一位朋友得到康熙所赐的一幅墨迹，写的是杜甫诗句：“雷声忽送千峰雨，花气浑如百和香。”此人请王原祁以此诗意作图。王原祁以仿高克恭、赵孟頫两家笔法，历时两月画成高 321 厘米的大立轴。

《长江万里图》也有着当代趣闻。谢稚柳、徐邦达等到莱溪居鉴赏时，王翚《长江万里图》自然是重头戏。谢稚柳看了王翚的《长江万里图》，连声赞好，徐邦达说拿来我看。徐先生一看就说是假的。翁先生讲完了这则趣闻，转而问我，徐先生鉴定是否在意气用事？我只能莞然无答。此事虽然过去了 30 年，翁先生还没有忘记，仍是耿耿于怀，可见徐先生的话刺痛了翁先生的心。虽然有着这样一个小小的插曲，但雅兴不浅，名家都赋诗抒怀，赞美莱溪居是“辋川别业龙眠画”。

莱溪居看碑帖

还是在翁氏藏书回归的时，我与翁万戈相识，并想为他作传。他回美国后寄来他写的自传早期资料与他的诗集《莱溪诗集》，也通了许多信，并相约有机会细谈。2012年我到纽约探亲，不能不去探望想念中的万戈先生。4月3日，由马成名兄驾车北上，奔向莱溪居。此地正是春寒料峭，纽约的梨花、樱花、玉兰虽已怒放，但沿途尚未着花的丛林杂树，在黛玉色中泛着浅红，那色彩丰富而纯净，深沉而明亮，轻烟淡雾地向远处铺展着，随着起伏的丘陵，张开了一层层屏障，透过那屏障，时见一片清澈的湖水，大自然的点睛之笔，把沉静的景色变活了。

车行6个小时，我们到了美国最北部的小镇莱姆，离开柏油马路，在砂石路上再行驶一程，才到莱溪居。翁先生此时不在，门半掩着，我们推门而入，经过一个拱门，有王季迁先生的题额“莱溪居”，厅内还有启功先生题了同样的匾额。稍等片刻，翁先生驾车回来了，虽然94岁了，我看他仍然和10年前一样，神朗气清，只是双腿蹒跚，不能健步如飞了。首先谈的当然还是为他写传的事，他向我出示了一些文献，都是英文的，给传记写作当然要带来许多麻烦，我们彼此都感到困难重重，无法进行写作。

谈起莱溪居，翁先生不无自豪地说整个建筑是他自己设计的。他于1938年负笈来美国留学，1940年在纽约就业，1944年与程华宝花开连理，到他60岁退休之前，和夫人口诵陶渊明“少无适俗韵，性本爱丘山”句，在莱姆小镇的半山丛林中置地百亩，架椽筑屋，屋旁凿地为潭，又将坡下无名小溪命名为莱溪，以示和常熟老家彩衣堂老莱子的故事一脉相承。他退休之后，“走为上计”，离开喧嚣的纽约，迁居于此已有34年。

一位独居老人，儿女都在远处工作，有时难免会遇到年岁的风险，翁先生带我们去看落马坡，那里确是发生过惊险的一幕。落马坡在水潭

翁万戈与郑重在莱溪居合影

边，与之一岸相隔的是莱溪陡坡。几年前翁先生在岸边失脚落马，从陡坡滚下，幸有树枝相阻，才没有落入溪中，但他仰卧在地，岁月不饶人，再也无法翻身登岸。他居然在那里美美地睡了数小时，醒后只能两肘撑地，以背蠕行，如是32小时，方挪移到路边。一位棋友来找他下棋，把他救起，其两肘及背部已伤痕累累。翁先生生肖属马，故戏称此地为“落马坡”。翁先生虽然独处，但他不孤独，也不寂寞。他那很大的书房分划成几个工作区：一处是研究中国书画，一处是整理翁氏家族文献，一处是他写作传记，还有一个宽敞明亮的房间，是他画画写字的地方，壁上的镜框里有胡适、老舍当年写给他的信。他就像一位战士，在几个战场上轮番作战。《翁同龢日记》再版时，他花了几年时间，在不少地方做了补充。继《陈洪绶》之后，他又编了《美国顾洛阜藏中国历代书画名迹精选》，也是极有见识的前人没有做过的力作。

翁氏收藏，佳仕得拍卖公司书画部经理马成名曾为之做过评估，可谓了如指掌，我们此行的目的，主要是观赏翁氏的碑帖收藏。翁氏藏书已经回归上海图书馆，所藏书画有一部分陆续捐赠或转让给某些博物馆，而所藏碑帖他则比较完整地守望着。此时，翁先生捧出用蓝布包裹的碑帖数种，我们一一进行欣赏。

薛稷《信行禅师碑》。薛稷字嗣通，蒲州（今山西省万荣县）人，薛道衡之曾孙。其外祖魏徵家藏虞世南、褚遂良书法，薛稷锐意临摹，遂以书名天下。翁同龢在帖后题跋曰："右宋拓《信行禅师碑》残本，余于咸丰癸丑（1853）得自京师厂肆，乃东武刘氏旧物也，海内止两本。自道州何氏藏本外，惟此而已。原缺廿四字，与何本同。后为李若农（李文田）、张香涛（张之洞）借观，失去首叶四十六字。"翁同龢跋语中说："此册潢治失次，久欲重装，今年四月费君西蠡过余，力劝不可改，乃仍其旧而以题识别为一册，以附于后。"此题为"光绪癸卯五月"。翁题跋中"何氏"即何绍基。何氏在其藏本中题曰："余道光丁亥（1827）在汴中得薛少保《信行禅师碑》，海内孤本，覃溪（即翁方纲）诸老皆未及见。"何绍基不知道京师东武刘墉尚藏有一本，即此翁同龢藏本，故称孤本。何绍基藏本民国初从何氏后人手中流出，曾经庞芝谷、张石铭收藏，后来张石铭之子张叔驯和蒋谷孙为此帖归属问题闹了一场纠纷，最后此帖流入日本。近百年来，世间不知翁氏有此收藏，只知有何藏本流传于世，故有孤本之说。翁万戈出示祖上遗藏，遂打破薛稷《信行禅师碑》孤本之说。两本《信行禅师碑》皆为宋拓，经马成名鉴定，结论是"两本都是宋拓，从纸墨看何绍基藏本拓墨时间应略早于翁同龢藏本。何本拓墨精湛，装裱剪接整齐。翁本拓墨略重，装裱剪接零乱"。

唐李邕《麓山寺碑》。翁同龢题签："北宋拓《麓山寺碑》，海虞翁氏旧物。光绪庚子，同龢收得重裱记。"册后有翁同龢题跋："曩在京师收得司寇公所藏震泽王氏复刻史记，有公手批数卷而未竟，前后名印与此正同。"又跋："碑末有'别乘乐公名光'六字，当定为宋拓孤本。"

再题："辛丑三月，门人费屺怀太史念慈携示一本，乃孙北海（孙承泽）研山斋物，毡蜡精到，大胜此本。碑尾六字俱在，洵为海内第一，而此则如骖之靳焉。"翁氏另一支后人在东昌，或迁震泽，或务农于乡间，图书散佚。此帖为翁氏另一支后人所藏，翁同龢从市肆购得。

李邕《麓山寺碑》以"阿若搜冥"之"搜"字，及"硕德高闱"之"闱"字未挖，为北宋拓本，而在北宋拓本中又以有无"别乘乐公名光"六字定先后。翁万戈出示的《麓山寺碑》几个条件俱在，故为北宋拓《麓山寺碑》最佳本。

宋拓孤本《大观太清楼帖》第三卷一册。翁同龢在帖后作跋："《太清楼帖》一册，纸墨奇古，庚申八月九门书闭时购得之，最爱杜侍中数行，以为绝妙。在辛（笪重光）、颛庵（王掞）两先生所鉴藏。崔谅一条乃先文端公手迹，敬粘入册。翁同龢记，庚辰七月十八日三鼓。"

《大观太清楼帖》刻于大观三年（1109）。宋徽宗因《淳化阁帖》板已裂开，而王著主刻该帖多有失误，于是诏出墨迹重新更订。凡帖标题及卷首尾款识皆蔡京所书，刊石太清楼下，故称《大观太清楼帖》（一称《大观帖》或《太清楼帖》）。北宋靖康二年（1127），宋徽、钦二宗被金挟持往北，《大观帖》原石滞留北方，帖的标题"晋太尉庾亮书"之"亮"被磨损，"谅"字缺末点，因此认为是金人翻刻本，此说的根据是曹士冕《法帖谱系》中所称"榷场中来者亮字被磨去"之"亮"字。翁同龢在另一则跋语中说："此册余定为金翻金拓本，若榷场则亮字虽磨犹露顶脚，且谅字亦不缺末点。若明后复本，则纸墨断不能如此古雅也。"此次翁万戈先生出示此帖，经用放大镜细审，隐约能见墨色深小方框，而方框内墨色稍淡，此可能即"亮"字被损痕迹，而其顶部首点清晰可见，"谅"字隐约仍能见末点痕迹，马成名断定翁氏守望的此本《大观帖》第三卷确是原石拓本无疑。

这次我们莱溪居之行，万戈先生出示碑帖有八种之多：明拓汉《礼器碑》、明拓汉《孔庙碑》、宋拓唐《信行禅师碑》、宋拓唐《麓山寺碑》、旧拓唐显庆四年《石龛铭》、明拓南城小字《麻姑仙坛记》、旧拓《洛神赋》十三行及宋拓《大观太清楼帖》第三卷。不虚此行，既慰和万戈先生的友情，又一饱眼福。

王世襄：由我得之，由我遣之

2003年11月30日，我敲开俪松居之门，拜访收藏家王世襄先生，愿一识韩荆州，这是我蕴藏在心底已久的愿望。但机缘未到，怎敢贸然登门。这次冲寒北上，实在是得益于朋友传来的两条消息。

一是王世襄先生获得荷兰王国“2003年克劳斯亲王基金会最高荣誉奖”。12月3日，荷兰王国约翰·佛利苏亲王要为他颁奖，奖励他在文化事业上的贡献。他给温家宝总理写信，表示把所得10万欧元捐献给希望工程，由总理指定在某省某乡镇或山村建一所中荷小学。

二是11月26日，中国嘉德拍卖公司举行的“俪松居长物——王世襄、袁荃猷珍藏中国艺术品”拍卖专场，143件艺术珍品全部落槌成交，没有一件流拍。竞拍者频频举牌，不给拍卖师报价的机会，有的珍品成交价高于底价10倍或20倍，总成交价6300多万元，创造了拍卖史上的纪录。遵循国际拍卖行的习惯，中国拍卖师第一次戴上了白手套。

得奖与拍卖，看来似乎是毫不相干的两件事，而且发源地又在地球的西边和东边，同时落在王世襄的身上，这是很耐人寻味的。

我带着这种耐人寻味去敲俪松居之门。

完全如我想象的那样，王世襄先生是个乐哈哈的长者。听到我称他是“大收藏家”，拱手谦让，笑哈哈地说：“实不敢当！实不敢当！古代名家，姑置勿论，近现代收藏家者，如朱翼盦先生之于碑帖，朱桂辛先生之于书画，周叔弢先生之于古籍、学识之外，更雄于资财。以我之家庭背景、个人经历，实不具备收藏条件。”

我对王世襄先生的认识就是从“俪松居长物”拍卖开始的。

拍卖之后说收藏

这次拍卖的“俪松居长物”中，有铜炉、木器、漆器、雕刻、竹刻、古琴、匏器、铜雕几大类。我虽然未能赶上拍卖现场，但对他的藏品还是有所了解的。现在选几类不为人们熟知的略作介绍。

先说铜器。

铜炉虽为小件，但王世襄的收藏甚为精致，多得自赵李卿、庞敦敏，以及购自厂肆。

赵李卿是京华铜炉鉴赏名家，卜居芳嘉园，和王世襄家相距仅数十步。后移居八十胡同，只有一巷之隔。王世襄自谓“儿时常携鸽至丈家门首放飞，入秋更捧蟋蟀盆求教。丈固酷爱秋虫而又精于此道者。赵伯母每抚我头，给果饵。移居后，仍往请益，评蟋蟀外兼及铜炉矣”。赵李卿名沆年，夫人姓庄名岱云。北京沦陷期间，赵李卿为易薪米，经陈剑秋介绍，百十具炉为伪卫生局局长庞敦敏买去。赵李卿夫妇有二女一子，均是共产党员。子及次女在抗日战争中牺牲，夫妇二人遭日寇拷打折磨，坚贞不屈，令王世襄敬仰。

1950年年初，王世襄自美国参观博物馆归来，赵李卿选十炉相赠，王世襄以节约旅美奖金所得为酬。赵李卿叮咛再三，曰：“各炉乃多年性情所寄，皆铭心之物，幸善护持勿失。”

赵李卿所赠十炉为：“大明宣德年制”冲天耳三足炉、“玉堂清玩”大鬲炉、“玉堂清玩”戟耳炉、“玉堂清玩”天鸡炉、“明甫清玩”缶炉、

“室生”冲天耳三足炉、“湛氏之炉”马槽炉、“献贤氏藏”戟耳炉、“眉溪珍玩”蚰耳三足炉、“完初家藏”鬲炉。

除了赵李卿所赠十炉，王世襄的藏炉大部分购自庞敦敏。1951年，王世襄从庞敦敏处购得十余件，皆赵李卿旧藏。他携其二三驰报赵李卿、庄岱云夫妇，此时两位老人均在病中，赵喘咳尤剧，持炉把玩，如见故人，而力有不胜。庄岱云忽取案头“玉堂清玩”戟耳炉相赠，说：“你拿去摆在一起吧。”王世襄向我忆此情景，带着几分伤感说：“此情此景，备感凄恻，竟嗒然久之，不知言谢！”

赵氏所赠及王世襄自购的铜炉，经他43年把玩，到2003年，终于走向拍卖市场，拍出一个好价钱。

看上去王世襄是在玩器物，实际上是在玩学问，任何东西，经他把玩，都能玩出学问来。他玩铜炉也是这样。王世襄藏炉40多具，均配以紫檀、梨木座，对炉的造型、铜质、款识及除锈、清洗都深有研究，并有自己的见地。如“玉堂清玩”大鬲炉，他认为有“玉堂清玩”款者颇多，品格高下大有差异，定有真伪之别。其真者何人所造，邵茗生《宣炉汇释》谓铸者为严分宜，他认为“未能提出确证，难置信”。“深柳书堂”冲天耳三足炉，经王氏研究，他认为以“深柳读书堂”为室名者不下四五人。以“深柳书堂”为室名的有清嘉、道间人王植，时代太晚。制此炉者当于明人中求之。从以上两项来看，王世襄对古器物的研究从可疑处深入下去。王世襄藏炉亦有赝品，如“奕世流芳”冲天耳三足炉。但他没有出手，他说：“宣炉有疑问者甚多，倘有赝品供研究亦佳，故未弃之。”

在海王村，王世襄看到“琴友”蚰耳圈足炉，遍身泥垢。因其夫人袁荃猷从管平湖学琴，喜炉款识而购之。他用赵李卿方法，以杏干水煮之数沸，次日取出，泥垢尽失，粲然如新。有此经验，他想了一种新的方法，把炉放在洋炉子顶面蒸，一夜而得佳色，且肌理光润生辉。他不无得意地说：“此为生平用速成法烧成之第一炉。”受奇迹鼓舞，烧炉渐多，有数烧而成者，有久烧而收效甚微者，有愈烧愈枯槁，弃之而后快者。“成少败多，怀得一二。”为什么会这样？后来，他读吴融《烧炉新语》得知，烧炉之前，须先学辨炉，有可烧者，有不可烧者，主要看清铜质。由此，王世襄写了一篇《漫话铜炉》，写尽了藏炉、烧炉的心得。其实以我所见，其心得有一条最为珍贵，即“炉色必须出自本质，切忌人为敷染”。他同时又提炼了赏炉标准，说：“历来藏炉家欣赏的是简练造型和幽雅铜色，尤以不着纤尘，润泽如处女肌肤，精之内含，静而不嚣为贵。”

在中国嘉德拍卖公司，我看到王世襄藏炉21具，成交价都在百万元以上，高于底价十多倍。虽然未见他的藏炉之全部，也感到是一次极大的精神享受，要不是他拿出来拍卖，恐怕很难看到。王世襄自编的《自珍集》中有一具冲天耳三足炉，炉铭为“爇名香兮读楚辞”，是一枚闲章，旷逸可喜，可以想象，以此炉焚香读《离骚》，一缕缭绕，有助遐想，堪称玩炉之最高境界。但在拍卖品中没有它。如果有的话，我也会举牌竞拍的。

再说古琴。

令我大开眼界的是王世襄的藏琴。它们是唐“大圣遗音”伏羲式琴、宋“梅梢月”宣和式琴、宋“高山流水”仲尼式琴、宋“朱晦翁”仲尼式琴、明凤嗉式琴、明“清梵”仲尼式琴，其中以“大圣遗音”为最。此琴原为北京著名琴家锡宝臣所有，1948年，王世襄、袁荃猷夫妇“鬻书典钗，易此枯桐”，以饰物三件及日本版《唐宋元明名画大观》换得黄金约五两，再加戒三枚，其中最佳一枚为王世襄母亲的遗物。当年经著名古琴家汪孟舒介绍，从锡宝臣之孙章泽川手中购得，至今55年间，除“文革”十年被抄家掠走外，不曾须臾分离，寄托着王世襄、袁荃猷夫妇的情怀。

北京故宫博物院藏有神农氏唐琴，不仅琴名与“大圣遗音”相同，漆色、断纹、池沼、年款也相同，说明两琴制于同时，出于同手。著名古琴鉴定家郑珉中认为此琴属中唐之始，雷氏为宫中所造，应是唐琴的标准器。历经千年，而未曾破腹大修，极为难得。杨宗稷《藏琴录》中“龙门寒玉”一则称：“虞君得鹤鸣九皋与李君伯仁所藏独幽及飞泉，锡君宝臣藏大圣遗音、武英殿陈列长安之年制者五琴，池下皆有印，方二寸，玉振二字，丝毫不爽。西园主人因大圣遗音‘玉振’印上有印方寸‘困学’二字，定为鲜于伯机印，或‘玉振’亦为鲜于印也。……皆鸿宝也。”鲜于枢字伯机，号困学山民，元朝著名书法家、诗人。上述五弦，管平湖都曾亲眼所见，并且有弹抚多年者。管平湖认为九德兼备当推大圣遗音。所谓九德兼备，是指集奇、古、透、润、静、圆、匀、清、芳九种美好声音、韵味于一器，是古琴最为难得者。

其他各琴，不再赘述，只略记王世襄得琴之经过。“梅梢月”琴为著名古琴家黄勉之遗琴。此琴先归清宗室西园贝子溥侗所有，再归张荫农。王世襄用从宝古斋购得的谢时臣山水长卷从张荫农之孙张万里处易得。得此琴的经过，王世襄在《自珍集》中有一段叙述：“‘梅梢月’乃黄逸之先生遗琴，后为溥西园贝子侗所有，辗转归张荫农先生。先生得黄门之传，以一曲七十二滚拂流水享誉京师。哲嗣万里兄工写意花卉，笔法近陈白阳，亦喜藏画，数次往访，见琴悬画室，无弦久矣，曾萌求让之念而未敢启齿。一日告我宝古斋有谢时臣山水长卷，精极，惜居奇而议值难谐。予径往购之，当时实未知是否许以卷相易也。万里兄旋谂吾意，竟携琴枉驾相赠。不惜琼瑶，易我木桃，高谊隆情，永矢不忘。”“金声”蕉叶式和“大圣遗音”原为同一藏主，王世襄记云：“‘金声’主人为民初名琴家锡宝臣先生，以家藏‘大圣遗音’闻于世。1946年春，宝臣先生文孙章君泽川在西单商场设书肆，求人询知家传古琴尚在，蒙汪孟舒丈携我访其家，慨然以‘金声’见与。孟舒丈乃其祖父多年琴友也。”

三说竹刻。

“俪松居长物”中的竹刻有笔筒，有竹根雕、扇骨、臂搁等。其中最引人注目的是明朱小松雕刻的笔筒。笔筒有二：一为《乐舞图》笔筒，一为刻着《归去来辞》的笔筒。《归去来辞》笔筒刻着孤松斜偃，枝干苍古，渊明抚松身，极目远眺，神情闲逸。两坡交处，一童荷酒坛，插菊花一枝，回顾而行，意欲前导。松旁湖石玲珑，露几案一角，陈杯盏数事，案旁置坐墩茗炉，但均属画所应有。唯秋燕一双，颉颃上下，出人意想，信是神来之笔，似喻不为五斗米折腰，乃可徜徉天地间，深得诗人比兴之旨。款识题湖石上，“万历乙亥仲秋，小松朱缨制”，行楷精绝，为王世襄50年代初倾囊购于丹桂商场古玩店。上海市文管会许勇翔在拍卖前，即以120万元为上海博物馆购进。

许勇翔之所以为上海博物馆购进这件笔筒，是因上海博物馆藏有朱小松的《刘阮上天台》香筒，上有朱小松款识。这件香筒是1966年上海宝山县顾村朱守诚夫妇墓出土的，构图之美，刀法之精，叹为观止，是鉴定朱小松作品的标准器。在《刘阮上天台》香筒出土之前，王世襄得笔筒时，只觉刀法、构图均臻佳妙，意境尤为超逸，刻者定是艺术家兼学人。但是否出自朱小松之手，缺乏可资对比的实物，尚不敢遽下定论。后来，他取笔筒与香筒对比，构图虽有繁简之别，但运刀状物，多相同之处。王世襄说：“如面目凹凸之剜剔，衣纹层次之处理，山石光而多穴，松鳞长而非圆，松干节疤显著，松针攒簇成团，可谓完全一致。故可断定《归去来辞》笔筒亦为真迹无疑。”可见，王世襄对此笔筒虽有偏爱，但未有真迹作对比鉴别时，仍不敢判定笔筒是真迹。这正是一个学者所持有的严肃治学态度。

在拍卖市场以264万元成交的明朱三松竹根雕老僧，是20世纪50年代王世襄购自琉璃厂刘成玉店中。老僧席地而坐，额顶眼坳，皱纹累累，齿脱唇瘪，而笑容可掬。胸前肋骨隐起，状写入微，身着禅衣，两肩略耸，袈裟一袭，挽左臂上，更以两手对持，有所操作。足穿草履，编痕经纬，历历分明。底部有“三松制”款。王世襄鉴定意见为：“老僧镌镂精绝，在所见明清圆雕人物中当推第一，故以为乃三松真迹。”但他的舅父、竹雕大家金西厓以为“三松制”三字不及朱小松《归去来辞》笔筒行书款潇洒自如，故未免可疑，告诫王世襄，曰：“真而疑伪事小，伪而作真事大。”

后来，久藏清宫之明代名家竹刻陆续经研究者撰文介绍，在《故宫月刊》上发表，王世襄用荷叶式水盛底部“三松制”之款字相比，判定老僧为三松真迹。还有底价为一万元的清竹根雕蛙，扭其躯而曳一足，股肌弹力内蓄，引而待发，是正禾露瀼瀼，有虫飞坠，匍匐欲前的状态。不似之类，妙在传神，最后拍到成交价十多万元。

王世襄对竹刻情有独钟，他的二舅金东溪、四舅金西厓都是竹刻大家。除了藏有舅父刻竹作品，他还有徐素白、徐秉方、范遥青、朱小华等人的竹刻作品。他特别欣赏范遥青刻钱行健画荷塘清趣图臂搁，说：“画稿简而有章法，翠鸟、蜻蜓皆生动得神，下端留青，似有似无，葭草荷钱，皆生水中，甚妙。倘刮净，索然无味矣。”

我藏有王世襄先生的著作《竹刻》，1991 年由人民美术出版社出版。除了文字是清楚的，其他都模糊不清。在国家文物局前局长张德勤那里，我看到王世襄所赠此书，书中还有一张作者用毛笔书写的打油诗：

交稿长达七载，好话说了万千，
两脚跑出老茧，双眸真个望穿。
竖版改成横版，题辞页页倒颠，
纸暗文如蚁阵，墨迷图似雾山。
印得这般模样，赠君使我汗颜。

他的记忆力很好，我说了这首诗，他还能一句不落地背诵出来，背诵后又哈哈大笑，说：“人在倒霉的时候，一切都跟着倒霉。”

“你现在成了收藏名家，新生收藏家都像追星族一样在追踪你。”我说。

“那不是因为我收藏的东西有什么了不起。他们都是我的读者，读过我写的书，产生了浓厚兴趣，有了一件我收藏过的东西，将来可以去说山门，讲故事，不是正常价格的拍卖。”

京华收藏世家子弟

王世襄青少年时代的许多收藏逸事，真实呈现他出生于书香门第、成长于京城官宦之家的一面。

明代，王世襄先祖从江西迁往福建，王家是福州的望族之一。进入清代，他的高祖王庆云做过陕、晋两省巡抚、两广总督及工部尚书，著有《石渠余记》，此书是研究清代经济的重要史料。祖父王仁东，曾任内阁中书、江宁道台，后举家从福州迁到北京。伯祖王仁堪是光绪三年（1877）状元，为官后是有名的清官，曾上条陈劝阻慈禧太后修颐和园。梁启超是他的门生。父亲王继曾，毕业于南洋公学，1902 年随中国驻法国公使孙宝琦赴法国进修，由此开始外交生涯；民国初年，从国外回来，供职于北洋政府外交部。1914 年，就在王世襄将要出生的时候，王继曾买下了北京东城芳嘉园一座四合院，前后有四个院落。这就是王世襄居住了 80 年的京城老宅。

王世襄爱好艺术，热衷收藏，这个基因应该说来自他母亲金家的血缘系统。王世襄母亲家在浙江南浔，是个名门望族、丹青之家。丝绸巨商、大收藏家庞莱臣、张珩都是南浔人。王世襄曾说：“母亲家有钱。外公在南浔镇，发了财的是他的父亲，做丝绸生意。外公没有出过国，但很有西洋派思想，办电灯厂，投资开西医医院，把几个舅舅和母亲一起送出国，到英国留学，那还是 19 世纪末。”

1900 年，金家兄妹漂洋过海，前后历时五载。1905 年，他们学成回国后各有成就。王世襄的大舅金城，号北楼，是 20 世纪初北方画坛领袖，创办中国书画研究会，工山水、花卉，精于摹古，诗也作得好，传世有《藕庐诗草》《北楼画论》。王世襄善诗，应该说与金家的传统有关。二舅金东溪、四舅金西厓，都是著名的竹刻家。金西厓著有《刻竹小言》，王世襄曾帮助整理出版。母亲金章，号陶陶，兄妹中排行老三，14岁入上海中西女塾读书，此后随兄长赴英国读书，和王继曾结婚，随夫游历法国。金章是著名的鱼藻画家，有《金鱼百影图》卷传世，撰有画鱼专著《濠梁知乐集》四卷。抗战期间，王世襄在川西小镇李庄，在灯下用小楷一笔一笔抄写《濠梁知乐集》四卷，用母亲的雅兴来充实自己。人到晚年，他不忘精心编辑出版母亲的作品集。在《自珍集　俪松居长物志》中，我看到他母亲手书小楷，有晋唐书风，功力深厚，不让须眉。集中还有她作于巴黎的《金鱼》轴，题识："'耘栌粉堵摇鱼影'，此和靖先生咏西湖句也。侨居巴黎偶写此意，令人油然动故国之思。"此外还有她画的《荷花金鱼》轴、《水鸥图》轴、《水滨鸲鸽图》轴。看来她不只是画金鱼，画路还是很广的。

1920年，王世襄6岁，父亲受命出使墨西哥。本来全家要随父亲一起赴任，但此时二哥王世容不幸夭折，他又患猩红热初愈，不宜远行，母亲只好带着他留在上海。四年后，10岁的王世襄重回出生地北京。

1924年，王世襄进了北京干面胡同美国人办的学校读书。王世襄有一段自述：

> 父亲驻墨西哥两年，回国后职称为"待命公使"，随时有可能出使。考虑到要带我们出国，就把我送到干面胡同的外国学校念书。那是一所美侨学校。这样，我就从小学了英语，讲得很流利，用英语演讲没有问题，别人还以为我是在外国长大的。
>
> 父亲后来在北洋政府孙宝琦执政时担任过国务院秘书长，没有再出国。
>
> 父亲不让我进军场，认为没有意思，不如学一门技术。他让我学医。我从小学到大学，全玩了。从小学英语，讲得流利，但

金章 1910 年在法国巴黎时的留影

三岁的王世襄和父亲、哥哥的合影

四岁的王世襄

写不好，名著也读得少，比起专修英文的同学来要差，我不用功呗。但每天从学校回家后，家里给我请最好的古汉语老师，学什么经学、史学、小学、音韵，但我学不进去，只喜欢古诗词，连历史我也没好好学。

一个“玩”字道出了王世襄的“燕市少年”生活。他自述云：“我自幼及壮，从小学到大学，始终是玩物丧志，业荒于嬉。秋斗蟋蟀，冬怀鸣虫，鞲鹰逐兔，挈狗捉獾，皆乐之不疲。”他说这话当然带有自谦成分，但也道出了几分实情。

回顾王世襄成长为学人、收藏家的历程，我感到庆幸的是他没有正襟危坐地读经史子集，而是“玩”。我以为“玩”恰是王世襄先生的治学之道。以学人的眼光来看，把玩的东西，无论玩什么都能钻进去，探求本源，生发新意，形成一种特异的绝学，从而成为通学式的学人，形成别具一格的收藏。捧读王世襄先生的《锦灰堆》，可以看到，他的“玩”就是对传统的、民俗的文化的抢救，否则的话，许多学问就真的绝灭了。有他的书在，我毋须赘述，录几段他的自述，以引导我们走进一个收藏家的内心世界。

养狗獾：我十七八岁时学摔跤，拜善扑营头等布库瑞五爷、乌二衮为师。受他们的影响，开始遛獾狗，架大鹰，并结识了不少位养狗家。为了学习相狗，请荣三口授，把《狗獾谱》重录下来。后又请其他几位背诵，把荣三口授所无的及字句有出入的记了下来。合在一起，在分段上稍作整理。经过记录，我也琅琅上口，能背上几段。

自此，“獾狗有谱自古传，如何挑选听我言”就传了下来。无论从知识性、文学性还是民俗性来看，都是很有趣的。

架大鹰：记得 1932 年前后在美侨学校读书时，校长请来一位美国鸟类专家做演讲，题目是《华北的鸟》，讲到了大鹰。讲后我提问：鹰吃了它不能消化的毛怎么办？养鹰为什么要它吃一些不能消化的东西来代替毛？他因闻所未闻而瞠目不知所对。

王世襄因架鹰而写了《大鹰篇》，讲了他亲身驯养过的大鹰，分为打鹰、相鹰、驯鹰、放鹰、笼鹰五节，也回答了美国鸟类学家无法回答的问题。鹰捉到猎物后毛骨一起吞下，唯独羽毛不能分解吸收，也无法排泄出来，只有在嗉、肠里被紧成一团吐出。吃毛吐轴是鹰本能的、天然的消化过程中不可缺少的。

养蛐蛐：在父执中，我最喜欢赵老伯。因为他爱蛐蛐，并乐于教我如何识别好坏。每因养蛐蛐受到父母责备，我就会说“连赵老伯都养”，好像理由充足。他也会替我讲情，说出一些养蛐蛐

王世襄　1936 年摄于燕京大学附近的王家园子里

的歪理来。我最早相虫，就是他领进门的。赵伯母是我母亲的好友，也很喜欢我，见我去总要塞一些吃的给我。至今我还记得她对赵老伯说的一句话："我要死就死在秋天，那时有蛐蛐，你不至于太难过。"

赵李卿，武进人，久居北京，北洋政府时任职外交部，与王世襄的父亲是老同事。上局报"李"字，所有卖蛐蛐的人都称他"赵李字"。

王世襄的另一位朋友李凤山，字桐华，蛐蛐局报名"山"字。世传中医眼科，善用金针拔治沙眼、白内障，以"金针李"闻名于世。王世襄介绍说：

（李）桐华一生无他好，唯爱蛐蛐入骨髓。年逾八旬，手捧盆罐，犹欢喜如玩童，此亦其养生之道，得享大年。当年军阀求名医，常迎桐华赴外省，三月一期，致银三千元。至秋日，桐华必谢却赠金，辞归养蛐蛐。

1955年，先生（管平湖）同职于中国音乐研究所，每夜听弹《广陵散》。余于灰峪得"大草白"，怀中方作响，连声称"好！好！好！"顺手抚几上琴曰："你听，好蛐蛐跟唐琴一弦散音一样味儿。"时先生已多年不蓄虫而未能忘情，有好是者！

其他还有养鸽、制作鸽哨、种葫芦、在葫芦上烙印的学问，他都不是得于书本，而是从玩中得到的。写到这里，我突然想起比丘尼问学于六祖慧能的故事。有位比丘尼苦读《涅槃经》，不解之处颇多，求教六祖慧能，先是询问文字上的问题，慧能答曰："吾不识字，但字后面的意思咱们可以讨论。"比丘尼不解："你既然不识字，何能会意？"慧能拈花一笑："诸佛妙理，非关文字。"言下之意，对同一件事物，获取信息的渠道有多种，何必拘泥于书本，就看自身的体会了。王世襄治以上诸学，犹如慧能，另辟蹊径，玩而通慧，这也许是他胸中的一点禅机吧。

母亲去世激发起对画论的研究

从王世襄先生的经历中，我感到他最有兴趣的是书画。还是在大学读书时，他就开始研究中国的画论。当时的燕京大学没有美术系，在文学院做这样的题目算是跨学科。他生命中所形成的许多兴趣，都是由绘画开始的，从南北朝画家宗炳的《画山水序》中探索盆景的起源与绘画的关系；宋人赵子厚《花卉禽兽图》细细描绘的兔起鹘落的画面，使他进一步体会到养鹰的刺激。他从绘画中不但勾勒出明代家具的源流，而且研究了文人参与对家具器物品位提升的重要性。

王世襄对绘画的兴趣，也是在偶然间发生的，在他母亲去世之后。他回忆道：

> 1939年母亲去世，对我打击很大，觉得家里这么重视我的学习，我愧对他们。于是我开始研究《画论》。燕京大学没有美术系，我在文学院做的算是跨学科题目，学校同意了，三年级获硕士。我一直到进研究院才开始念书。
>
> 《画论》是一生中最难写的一个题目，涉及哲学、历史、艺术许多学科。研究院毕业时只写到宋代，离开学校后父亲鼓励我把书写完。1941、1942两年靠父亲养着把书写完，但自己总觉得不满意，太幼稚。一直想修改，未能如愿。后来又怕被说成唯心主义，故至今未出版。

《中国画论研究》完成之后，父亲对他说："你已经到了自谋生活

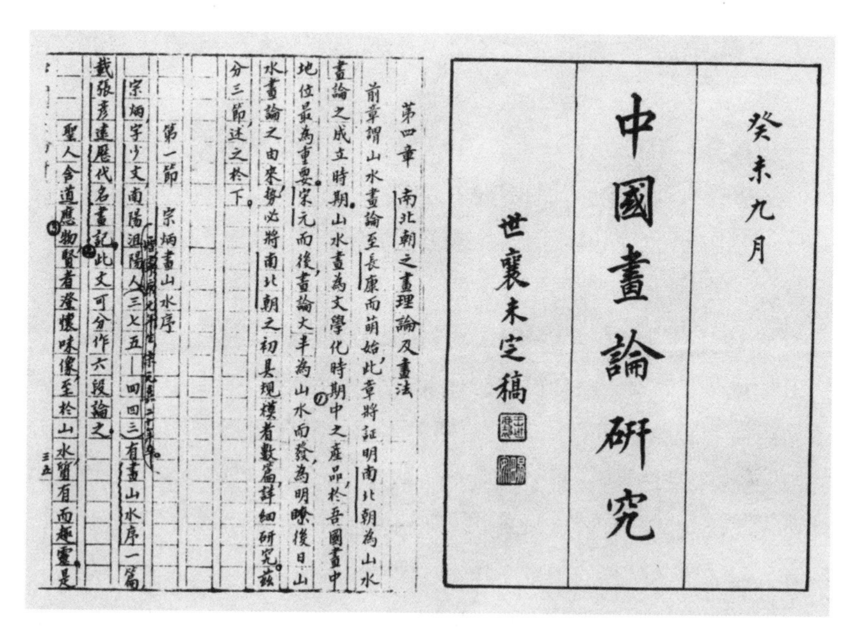
癸未九月

中國畫論研究

世襄未定稿

第四章　南北朝之畫理論及畫法

前章謂山水畫論至長康而萌始，此章將証明南北朝為山水畫論之成立時期，山水畫為文學化時期中之產品，於吾國畫中地位最為重要，宋元而後，畫論大半為山水而發，為明瞭後日山水畫論之由來，勢必將南北朝之初具規模者數篇詳細研究，茲分三節述之於下。

第一節　宗炳畫山水序

宗炳字少文，南陽涅陽人（三七五——四四三）有畫山水序一篇載張彥遠歷代名畫記，此文可分作六段論之。

聖人含道應物，賢者澄懷味像，至於山水，質有而趣靈，是

王世襄立志苦读后，在 1943 年完成的第一部学术力作《中国画论研究》未定稿

的年龄，北平沦陷，自然不能再待下去了。”他于是就“辞家赴西蜀”，辗转到西南大后方去了。

1943 年 11 月，王世襄离开北平，“行程一二个月，找到成都燕京大学分校，校长梅贻琦留我当中国文学助教，我不愿意”。又到重庆南岸海棠溪故宫博物院办事处，向院长马衡求职，马衡只给他个秘书职位，他不愿坐办公室里应酬，就去了中央研究院语言研究所，由梁思成引见，拜见所长傅斯年。傅斯年说：“燕京大学出来的人根本不配进我们的史语所。”傅斯年的这一盆冷水，使王世襄求知的希望落空。梁思成对王世襄说：“你的志愿是搞美术史，如果对古建筑有兴趣，可以到中国营造学社，职位是助理研究员。”面对傅斯年的冷遇，王世襄欣然接受梁思成的安排，进入营造学社。从这里开始，王世襄认识营造学社的创始人朱启钤，以后两人成忘年之交。王世襄在小学时开始学的英

文，这时派上用场，翻译了费正清夫人费慰梅写的有关山东武梁祠的文章，刊登在《中国营造学社会刊》上。

1944年，抗战胜利在即，国民政府教育部在重庆专门成立了清理战时文物损失委员会，简称“清损会”，由教育部次长杭立武担任主任委员。沈兼士任京津区代表，徐森玉任沪宁区代表。由梁思成推荐，王世襄以副代表的身份参加平津区的“清损”工作。

从1945年11月到1946年6月，王世襄在平津地区经手清理的文物主要有以下数项：一、没收德国人杨宁史青铜器240件；二、收购郭葆昌觯斋藏瓷二三百件；三、追回美军德士嘉定少尉非法接受日本人的宋元瓷器一批；四、抢救面临战火威胁的藏在长春的存素堂丝绣200件；五、接收溥仪留在天津张园保险柜中的珍贵文物1800件；六、收回海关移交德孚洋行的一批文物。

1946年秋，王世襄在京津地区追寻国宝的工作告一段落，另一项重要使命又落在他的肩上。这就是向日本交涉赔偿文物。王世襄赴日本的使命概括为三项：一、从东京运回日本侵略军在1941年年底侵占香港时掠去的中央图书馆的一批善本书；二、向日本追查战争期间中国各地损失的公私文物下落；三、与日本进一步交涉，以期达到“以类赔偿”的目的。1946年12月中旬，他飞抵日本东京羽田机场。当时，中国驻日本代表团团长为朱世明，第四组组长是张凤举，同在代表团的还有吴文藻、谢冰心、徐敦璋和吴半农。他们在日本进行了两个月的文物清理工作。经过中国驻日本代表团的查访，顾毓琇发现中央图书馆藏书的下落，随将其转存东京上野公园和驻日本代表团的驻地。王世襄利用中央航空公司专机回国的机会，把被劫的善本书运回上海。1947年2月10日，郑振铎日记中写道：“与森老（徐森玉）通电话，知日本运回之书一百零七箱已到，喜甚！”2月11日又记：“晤森老及世襄。”足见社会上对王世襄日本讨书之行的关注。

1947年3月，王世襄从日本回到北京，参与故宫文物保管及陈列工作，他准备对张伯驹收藏的《平复帖》进行著录方面的试点。作为晚辈，王世襄登门拜访张伯驹，说明来意，张伯驹爽快地答应了。对此，王世襄写了一篇《〈平复帖〉曾在我家——怀念伯驹先生》，云：

> 我和伯驹先生相识颇晚，1945年秋由渝来京，担任清理战时文物损失工作，由于对文物的爱好和工作上的需要才去拜见他。旋因时常和载润、溥雪斋、余嘉锡几位前辈在伯驹家中相聚，很快就熟稔起来。1947年在故宫博物院工作时，我很想在书画著录方面做一些工作。除有照片补前人所缺外，试图将质地、尺寸、装裱、引首、题签、本文、款识、印章、题跋、收藏印、前人著录、有关文献等分栏评列，并记其保存情况，考其流传经过，以期得比较完整的记录。上述设想曾就教于伯驹先生并得他的赞许。并说："你一次次到我家来看《平复帖》太麻烦了，你不如拿回去仔细地看。"

王世襄还详细记述看帖时的情景和心情，他继续写道：

> 到家之后，腾空了一只樟木小箱，放在床头，白棉纸铺垫平整，再用高丽纸把已有锦袱的《平复帖》包好，放入箱中。每次不得已出门，回来都要开锁启箱，看它安然无恙才放心。观看时要等天气晴朗，把桌子搬到贴近南窗，光线好而无日晒处，铺好白毡子和高丽纸，洗净手，戴上白手套，才静心平息地打开手卷。桌旁另设一案，上放纸张，用铅笔作记录。……《平复帖》在我家放了一个多月才毕恭毕敬地捧还给伯驹先生。后来根据著录才得以完成《西晋陆机平复帖流传考略》一文。

20世纪70年代末，我访问张伯驹先生，准备请他写收藏《平复帖》的经过，他提到王世襄，说："京城有两个小天才，王世襄是一个。"那时我还无缘拜访王世襄先生，他也没有因收藏明式家具而声名大震，所以不知他是何许人也。

1948 年 5 月，王世襄受马衡的派遣，到美国去考察博物馆所藏中国书画。他先后考察了波士顿美术馆、哈佛大学福格艺术博物馆、纽约市艺术博物馆、费城大学博物馆、弗利尔艺术馆、纳尔逊博物馆、芝加哥艺术博物馆，后又到加拿大多伦多博物馆，均做了详细记录。1949 年后，他发表了《游美读画记》。1955 年，故宫博物院举办"反对美帝国主义侵略集团阴谋劫夺在台湾文物展"，是针对台北故宫博物院文物赴美展览的专门图片展，全国报纸举行声势浩大的声讨。王世襄写了《记美帝搜刮我国文物的七大中心》，发表在当年《文物参考资料》第七期上。

梦破后的化泪苦学

故宫之梦刚刚开始就破碎了。1952 年"三反"时，王世襄这位抢救文物的功臣以贪污罪被关了 11 个月。理由很简单：国民党还有不贪污的？他是接收大员，经手那么多的文物，难道没贪污？就这样，他毫无理由而又顺理成章地成了"大老虎"。与他一起受到打击的，还有朱家溍等许多文物专家。

虽然事情已经过去几十年了，提到这件事他还是愤愤然，说："我被关押在东岳庙。逼供信，穷追猛打，疲劳轰炸。审查的结果，没有贪污盗窃问题，释放回家。但同时又接到文物局、故宫博物院通知，我被解雇，开除公职，令我去劳动局登记，自谋出路。这岂不是把追查大量国宝，认为是严重罪行。否则怎么会如此处理！就这样我在家养病一年后，勉强地接受民族音乐研究所李元庆、杨荫浏副所长要我参加工作的邀请。失去了视为第二生命的文物工作，离开了曾以终身相许的故宫博物院。”

王世襄还说：“这次变故对我的打击很大，情绪也受到最大影响。我满腔热忱为故宫博物院工作，可是故宫博物院却给我这样的打击，那么不讲情理。从此，我只好自己干自己的。想想从抗战胜利后，我在故宫不搞研究，而去修库房，做柜子，整理卡片和资料分类等基础工作，一心想搞成一个现代的博物馆，没有半点私心。但结果是这个下场，并从此受到不应有的歧视。很丧气，万念俱灰。”

听了王世襄先生这样一段叙述，我说：“你的不公平遭遇令我同情，但我也为我们的民族文化庆幸，逆境使你成为一个大收藏家，许多被视为敝屣、垃圾的文物，经你的手保存下来。你当时即使留在故宫博物院，也肯定不会成为一个阅历丰富的收藏家，学术成就也不见得比现在的成就高。”

王世襄先生听了，说：“你这是在用阿Q精神安慰我。”

我说：“不是安慰你，这是把你和故宫博物院的一些学者相比较而形成的印象。”

逆境中的王世襄获得强有力的精神支柱，是他的夫人袁荃猷给他的温暖与安慰。袁荃猷是王世襄在燕京大学的校友，比他低几级，且是教育系，两人当初并不相识。王世襄在研究院攻读研究生、撰写画论时，袁荃猷准备写一部中国绘画教材作为毕业论文。燕京大学没有美术系，教育系主任介绍袁荃猷去找王世襄，请他指导编写。他们的爱情也就从此开始。王世襄到营造学社后，两年的时间从未停止过给留在北京的袁荃猷写信。虽未收到多少回信，但他下定决心，非袁荃猷不娶。后来证明，他的选择非常正确。他们有着共同的文化兴趣和性情。对于王世襄好收藏，袁荃猷充分理解，哪怕经济拮据，哪怕身处逆境，她也全力支持。袁荃猷善画，爱刻纸，熟谙音乐。我们今天看到王世襄著作中的线描插图，如明清家具、鸽哨，都出自她的手笔。她为王世襄画了一

王世襄、袁荃猷夫妇　摄于 2002 年

袁荃猷创作的剪纸《大树图》

1984 年除夕，袁荃猷的速写《世襄听秋图》

幅速写，真实地描绘了王世襄与时间赛跑、在陋室紧张工作的情景。她还剪了一幅《大树图》，十分形象地概括出王世襄几十年的学术成果。

为此，王世襄写了《大树图歌》，序曰："甲戌五月，余年八十，荃猷以剪纸大树图为寿，久思题长歌而未果。近罹目疾，镇日合睫静坐，始吟成腹稿，得一百三十六韵。辞书韵典，不能检阅，工拙遂全非所计矣。"长歌的最后部分咏他们相濡以沫的深情，录之于下：

兴来制剪纸，裁刻费工夫。物象融俗雅，格调前所无。
我生度八秩，甲戌五月初。老妻以何寿，鄙彼玉与珠。
浏览古纹饰，取舍几踌躇。定稿始游刃，团圞树一株。
片纸奚足贵，珍之如头颅。枝间与叶底，处处见真吾。
为此托歌咏，与树同吸呼。歌成老妻喜，喜谓道不孤。
婆娑欲起舞，相将至庭除。老舞不成步，老眼半模糊。
人老情不老，呵呵笑相扶。

民族音乐对王世襄来说虽然是比较陌生的领域，但他还是编著了《中国古代音乐书目》，并参加编写古琴专著《广陵散》，考证此曲流传的经过。1956年，故宫博物院院长吴仲超爱惜人才，知人善任，想通过文化部把王世襄调回故宫。但王世襄对故宫这个地方心有余悸，加上民族音乐研究所不放，此事未果。1957年4月，吴仲超向王世襄发了聘书，聘请他为故宫博物院历代艺术专门委员。这样的一线转机很快又破灭了，一顶"右派"的帽子戴在头上，他自然不便再去故宫了，所谓委员也就不了了之。

但是，平时比较冷清的芳嘉园却热闹起来。

在民族音乐研究所的王世襄时常到栖凤楼去看盛家伦，他与住在那里的黄苗子、郁风夫妇虽然相识，却无交往。当他听说黄苗子、郁风想搬出栖凤楼时，就主动邀请他们搬到芳嘉园与他同住。这实际上冒一定风险。王世襄回忆说："当时已经开始'反右'了，我的情况已开始不妙，但我没有想到这些，这说明我这个人头脑简单。不过物以类聚，其实没有别的什么。"

黄苗子、郁风搬来不久，黄苗子便被打成"右派分子"，王世襄在民族音乐研究所也成了"右派分子"。同病相怜也好，命运的巧合也好，他们真的成了"同类"。

虽然成了"右派"，但这并没有改变王世襄的收藏性情。他说："我本来就喜欢小文物，离开故宫之后，反而买得更多了，因受经济能力的限制，只能买小的、破烂家具等。"

王世襄有了一片真正属于自己的天地。郁风不会忘记芳嘉园的小院里有两棵海棠树、一架藤萝、一棵核桃树。后来，东边的海棠因太老而枯死，便锯掉留下桌子高的树桩。有一天，王世襄连推带滚弄来一块直径约一米的青石板，放在树桩上，它便成了夏夜朋友们来访时喝茶围坐的圆桌面。那时，经常来往于芳嘉园的有聂绀弩、启功、叶浅予、沈从文、张正宇、黄永玉等。在极为严酷的政治气氛中，他们还能在一起谈文物、谈古诗文、谈画，互相借书，以诗唱和……无法改变的性情，不失文人的本色。

黄苗子在《烟云小记》中对王世襄有这样一段描述："那时世襄荃猷伉俪的俪松居在北屋，老家人还在，琴书椅案，收拾得清洁幽雅，只有主人不修边幅，大布之衣有时束一条蓝腰带，怀里唧唧有声，乃是大褂里秋虫鸣唱。那时还没有暖气这玩意儿，冬天架烟囱，生蜂窝煤炉子，老家人不在后，都是俪松居主人长期劳作，这在世襄是不在话下的。王世襄有一部老脚踏车，后座加一块木板，老先生能够一天来回四五次，把心爱的明式家具、紫檀交椅、唐雕菩萨座像这些稀世文物，沉重地、小心翼翼地捆在车后，自己骑着送到照像馆拍照，使旁观者感到险象环生。"黄苗子还写了一首七言绝句送给王世襄，诗云："尤愆如山负藐躬，逡巡书砚岂途穷。邻窗灯火君家早，惭愧先生早用功。”

这就是收藏家王世襄。

俗语说：“有缘千里来相会，无缘对面不相逢。”王世襄就是这样，无论交友还是收藏都相信一个“缘”字。他和黄苗子有“缘”，相交成知音。他的藏品，有些就是因缘而得。他说：“搜集文玩器物，不论来源为何，价值多少，总有一个经历。经历有的简单平常，有的复杂曲折，有的失之交臂，有的巧如天助。越是曲折，越是奇巧，越使人难忘。前人往往将它说成是‘缘’，颇为神秘，仿佛一切皆由前定。其实天下事本来就多种多样，如将缘和英文 chance 等同起来，我看也就无神秘可言了。”他说“无神秘可言”，看来不相信这个“缘”，其实他的文章的题目就叫《捃古缘》，看来“缘”在他心中还是占有一些地位的。

20 世纪 50 年代初，王世襄在通州一个老太太家看到一对杌凳，非常喜欢。可惜藤编软屉已破裂，但没有伤筋动骨。王世襄要买，老太太说：“我儿子要卖 20 元，打鼓的只给 15 元，所以未卖成。”王世襄掏出 20 元钱，老太太说：“价钱够也得我儿子回来办，不然他会埋怨我。”王世襄等到天黑还不见他儿子进门，只好骑车回北京，准备过两三天再来。不料两天之后在东四牌楼挂货铺门口看见打鼓的王四。王四坐在那对杌凳上。王世襄问他要多少钱，他说“40 元”。王世襄说：“我要了。”恰好那天忘记带钱包。待他取钱返回，杌凳已被红桥经营硬木材料的梁家兄弟买走了。自此以后，王世襄每天去梁家一趟。兄弟二人，每人一具，就是不卖。王世襄问是否等修好再卖。回答说：“不，不修了，就这样拿它当面盆架用了。”王世襄眼看着搪瓷盆放在略具马鞍形的弯枨上，历时一年多，去了 20 次，花了 400 元才买到手，恰好是通州老太太要价的 20 倍。如果王世襄和这个杌凳无缘，怎么会从通州到了北京城，最后还是为他所得呢？

明式遗珍，书成梦觉

对自己的收藏，王世襄评论说：“我没有收藏书画，没有收藏瓷器，没有收藏玉器，更没有收藏青铜器，因经济所迫，对这些不敢问津，只是用几元或十元的价钱，掇拾于摊肆，访寻于旧家，人舍我取，微不足道，自难有重器聚集。在收藏家心目中，不过敝帚耳，而我珍之。”

“人弃我取”的确是王世襄的收藏之道，但说“微不足道”，那就是先生自谦了。他对明清家具的收藏与保护，功莫大焉。

王世襄撰写了《呼吁抢救古代家具》的文章，1957 年 6 月刊发在《文物参考资料》上。1957 年 6 月 10 日，《人民日报》发表了《这是为什么？》，打响向“右派还击的第一炮”。王世襄这篇文章是放的保护明清家具第一炮，其主旨是对家具文化的保护。文章说：“注意新家具，就不能不重视古代家具，因为这是我们祖先的智慧结晶，是我们的文化遗产。”

对古代家具所遭到的破坏现象，王世襄痛心疾首，为古代家具所遭厄运进行控诉。他说：“我们要知道，中国古代木器究竟是有限的，不是永远拆不尽、毁不完的。近几十年来已经摧残得够苦的了，长此下去，就要绝了。我们对这种不合理的现象能熟视无睹，容忍它继续下去吗？”

王世襄的这种以天下为己任的精神，显现了作为有社会良心的知识分子的风采，殊不知这也恰恰是加在他那顶“右派”帽子上的一个罪名。

被戴上“右派”帽子的王世襄沉默了，但他却更加以实际行动来保护古代家具。他经常骑辆破车，叩故家门，逛鬼市摊，不惜工夫，寻找古家具。一次，他在地安门古玩铺曹书田那里看到一具铁力木五足大香几，独木面，特别厚重，颇为稀有，几次想购而未得，又被他碰上了，而且价钱不高，他就买了下来。他将香几搬上三轮车，两手把着牙子，两脚垫在托泥下面，运回家中，一时欢喜无状，脚面被托泥硌出两道沟都没有感觉疼痛，足见其痴情专注了。

在京城收藏明清家具，王世襄有一个搭子，他就是考古研究所的陈梦家。王世襄自认陈梦家的收藏比他的东西好，在他著录的《明式家具珍赏》一书中有 38 幅彩图，就是陈梦家的旧藏。

王世襄和陈梦家在玩明清家具时，就像两个孩子在做游戏。一次，王世襄以廉价购得一对铁力木官帽椅，陈梦家很欢喜，说："你简直是白拣，应该送给我。"说着就端起一把要拿走。王世襄说："白拣也不能送给你。"又抢了回来。陈梦家买到一具明黄花梨五足圆香几，王世襄爱极了，就说："你多少钱买的，加十倍让给我。"抱起来想夺门而出。陈梦家说："加一百倍也不行！"被陈梦家迎门拦住。他有时还故意逗陈梦家，说他的家具买坏了，上当受骗，搞得陈梦家很着急。一件黄花梨透空后背架格是陈梦家的得意之物，他偏说是"捯饬货"，后背经人补配。一件黄花梨马纹透雕靠背椅，陈梦家认为天下雕工第一。王世襄就指出是用大杌凳及镜架拼凑而成的，言之确凿，真使陈梦家着了急。事后，他又向陈梦家"坦白交待"，说自己在说瞎话，"不过存心逗你而已"。王世襄也承认："梦家比我爱惜家具。在我家，家具乱堆乱放，来人可以随便搬随便坐。梦家则十分严肃认真，交椅前拦上红头绳，不许碰，更不许坐，我曾笑他'比博物馆还博物馆'。"的确像王世襄说的那样，我去拜访赵萝蕤时，梦家先生已去世多年，萝蕤先生仍守着陈先生的遗规，坐椅前还拦着红头绳。陈梦家对家具的收藏属于学人的鉴赏，而王世襄已由鉴赏进入研究了。他的研究不是停留在家具的流派风格的演变，而且能拆拆装装，深入到家具的内部结构、材质及制作方法。

看望萝蕤先生时，她告诉我打算把家具捐给上海博物馆，并和马承源馆长表示了这个意思，要我带信给马先生，请博物馆派人联系。她告诉我，世襄先生也有类似的意思。那时，我还不认识王世襄先生。

后来才知道，上海博物馆马承源、汪庆正两位馆长托国家文物局局长张德勤从中说合，上海博物馆以给王世襄庆祝八十寿诞的名义，送上100万元寿礼，让王世襄把家具捐献给上海博物馆。但王世襄没有捐献的意思，上海博物馆想要花钱买，但100万元太少了，没有谈成。我拜访王世襄先生时，他还提到这件事。他说："开始张德勤局长劝我捐献，我问我捐献能给我多少钱？张德勤说最多给你100万。"后来，我从海上著名印人吴子建那里得知，世襄先生对他说，最好能采用外国的办法，有人把他的家具买了捐给上海博物馆最好。张德勤身为文物局局长，不主张把家具献给故宫。因为故宫的家具太多，放在故宫也不会产生影响。

吴子建问："你打算要多少钱？"

王世襄说："按照国际行情，我藏的家具中最好的一件就值500万美元，我现在只要十分之一的价就可以了。但是有一个条件，买者一定要捐献博物馆，而且要集中捐献，不能分散。"

吴子建的确慎重地对待这件事。开始，他在新加坡找了一位姓傅的，劝他买了捐献给上海博物馆，但事情未成。他又找了香港富茂有限公司董事长庄贵伦。庄氏以50万美元买下王世襄79件明清家具，以庄氏家族的名义捐献给上海博物馆。

谈到这些往事，王世襄先生对我说："当时有一个条件，图录上的80件家具，要一件不落地捐献。图录中只有一把椅子，我连同其他三把未入图录的椅子也让出了。图录中有一个小马扎，已经送给老朋友，老朋友看我把家具转让出去，觉得那个马扎太孤单寂寞，又把马扎归还。我还是把它送给上海博物馆了。所以庄氏向上海博物馆捐献的图录中是79件，小马扎不在其中。"谈到这些，王世襄先生很风趣地说："那四把椅子在我家没有地方摆开，现在可伸开腰舒展了。"

张德勤虽然从文物局局长的位子退了下来，但他对王世襄还是很关心的。他说："世襄先生芳嘉园的房子住进了许多人家，院子里又盖了许多小房子，把两位老人挤进三间北屋，屋内的阳光也被那些小房子遮挡了。袁荃猷在明代大案上烙饼、擀面条，他需要钱买房子，可以理解。一个被打入另册，在众目睽睽监督之下生活了几十年的人，即使对老屋有着无尽的眷恋，也还是无法住下去，更何况许多珍藏没有落足之地。”

王世襄告诉我：“卖家具的钱，买了芳草地这个房子。”屋子里的明清家具没有了，只有那具花梨木的大案子还在，在黄昏中幽幽发光。

明式家具“十六品”“八病”的提出

王世襄可谓是著作等身，在这里特别要介绍的是他的两部经典之作——《明式家具珍赏》和《明式家具研究》。

近代编印明式家具图录始于外国人，通过他们，明式家具之美蜚声世界，其倡导传播之功，诚不可没。然而，明式家具的产生和发展，却是在中国特定的历史条件下，继承传统，并受当时的生活习俗、艺术风尚、审美观点所影响。那些著作主要是从形式美和它与现代某些艺术风格近似的角度去欣赏、研究，总是隔了一层，不能不说是一种缺憾。王世襄在其深厚的历史学、文献学、艺术史学、民俗学基础上，全面地研究古代家具，在弥补了这些缺憾的同时，也开拓出了一个全新的学术领域。

傅熹年在评论王世襄的这两部著作时说，《明式家具珍赏》是介绍明至清前期中国古代家具的大型图录。书中精选了国内公私收藏精品160余件，选例精当，文词深入浅出，既可使一般读者在赏心悦目的同时，得到对明式家具全面、形象的知识，书中很多卓越的见解和工艺技术要点，又足供作深入研究的津梁和设计制作的指南。综观全书，可以看出作者的两个意图。其一是不同风格兼收，既有淳朴洗练之品，也有装饰繁缛，不无纤丽，却又在一定程度上反映当时特色之品。其二是在质料上高低并举，既有像宋荦紫檀大画案和黄花梨月洞门架子床这类举世无双的“重器”，也有出自太湖水乡的质朴简洁的普通榉木民间家具。因此，本书不同于前此的著作之处是，它是一部不受个人爱好和目前风尚所左右的，力图历史地、全面地反映此时期家具全貌和发展进程的具有系统性、科学性同时又兼顾欣赏性的学术著作。

在前言和图版解说中，王世襄据其多年研究心得，提出了很多卓越的见解，如：征引文献，说明在明代后期由于经济发展，社会风气转变，出现了极力讲求家具陈设的潮流，而当时较松弛的海禁，又有利于珍贵木材大量进口，对硬木家具在此时期得以盛行并发展到高峰的具体原因做出了可信的分析；在发展源流方面，征引大量实例和图像，证实宋、明以来家具实际上存在着源于壶门床、须弥座的有束腰家具和源于建筑构架的无束腰家具两大类型，找出了家具结构与造型关系的规律；在制作工艺、装饰手法方面，对榫卯及线脚也做了深入的探讨，书中所收线脚多达 72 种，足觇一代风气；最后，还从室内装饰、陈设角度对明代家具布置特点进行介绍，并据他多年研究心得，提出明代家具布置疏朗，宜于多角度欣赏，而清代则偏于密集的差别，和布置家具应尽量使用同一类型，以便于求得和谐一致等意见。

《明式家具研究》是研究专著，全书 25 万言，图 700 余幅，附有名词术语简释 1000 条，根据实物，结合文献，对明式家具的时代背景、地区、种类形式、结构、装饰、用材、年代鉴定诸方面进行深入分析。尤为难得的是，书中所收作者自藏的家具都由夫人袁荃猷对其结合方式和榫卯做精确测量，并绘成精美的图纸，图文对照，大大增强了此书的科学性和实用性。书后附《明式家具的“品”与“病”》一文，从欣赏角度把明式家具的优点概括为“十六品”，把缺憾总结为“八病”，精辟地指出其雅俗、文野之差异，有助于读者深入认识和赏析明式家具之美，以便正确运用书中所提供的技术资料。

收藏自珍，不在据有事物

如果把原来收藏的家具投入到现在的拍卖市场，那该是何等的火爆。但王世襄不是这样的想法，只是淡淡地说，此一时也，彼一时也。此时，他拿出一本油印的《髹饰录解说》，很风趣地说："这本书可以拍卖，现在可拍一千多元。"他把话题转到这本书的出版过程。

《髹饰录》只不过是"关于漆工及漆器的记录"而已。此书的作者为明代黄成，经杨明注释，是我国现存唯一的古代漆器专著，但三四百年来只有一部抄本保存在日本。1927 年朱启钤先生刊刻行世，称之为"丁卯年刻本"。1949 年冬，朱启钤请王世襄对此书作注解，使之推陈出新，为社会服务。从此，王世襄即开始注释。他因"三反"时是"大老虎"，被解雇，自谋出路，断送了观察研究漆器的机会。他拖着患有肺病的身子，到收藏家、古董店、挂货铺、晓市、冷摊去找实物，并没有放下《髹饰录》的研究，到 1958 年完成《髹饰录解说》。

由于"戴帽"，他只好化名王畅安，将手稿送到誊印社，自费刻蜡版油印。但当时要送所在单位审查，所内的中层干部认为他是"右派放毒"，准备批判，但所长李元庆认为《髹饰录解说》是一部有用的著作，同意誊印社为他油印。当时油印 200 部，分赠博物馆、图书馆、漆器厂及朋友。1961 年间，郭沫若见到此书，推荐给科学出版社，因作者是"右派"而作罢。改革开放之后，此书又几经周折，于 1983 年由文物出版社出版。

《大树歌》中有一段讲的就是他注释《髹饰录解说》的过程，诗曰：

> 蠖公授漆经，命笺《髹饰录》。两集分乾坤，字句读往复。
> 为系物与名，古器广求索。为明工与艺，求师示操作。
> 始自捎当灰，迄于洒金箔。款彩陷丹青，犀皮灿斑驳。

更运劄劂刀，分层剔朱绿。十载初稿成，公命幸未辱！

此时，他正在酝酿出一种新的版本，到2004年才编成出版。新版《髹饰录》把日本蒹葭堂藏本及朱氏丁卯年刊本合编为一册，扉页仍旧用朱启钤的题签。扉页上由王世襄手书题记“谨合印蒹葭丁卯两本纪念蠖公朱桂辛先生”，没有署名。卷后有索予明写的后记，评述《髹饰录》之重要，盛赞黄、杨二位对传授漆工工艺之特殊贡献。日本蒹葭堂藏本是索予明通过台北故宫博物院副院长李霖灿的帮助，从日本复印的。

从《髹饰录》的出版来看，世襄先生对友情之珍重，动人肺腑。

由此，我又想到前文提到的《自珍集》来。王世襄先生可谓著作等身，其中有许多书可谓是开山之作，但能展现收藏家的品格的，我以为首推《自珍集》。

这部集子的全称是《俪松居长物志　自珍集》。明人文徵明的曾孙文震亨著《长物志》十二卷，其类目分为：“卷一室庐，卷二花木，卷三水石，卷四禽鱼，卷五书画，卷六几榻，卷七器具杂品之属，卷八位置，卷九衣饰，卷十舟车，卷十一蔬果，卷十二香茗等。”这些内容大体如《四库全书》编者所评，确实“皆闲适游戏之事，纤细毕具”。这林林总总是个人生活环境中的一个组成部分，但又不是生活实用之物，不在日常生活范畴之中，因此以“长物”为名，王世襄先生的“俪松居长物志”也有这方面的意思，展现出他的收藏境界。王世襄先生在《自序》中写道：“1948年自美归来，竟被视同敝帚长达三十年。至于‘三反’冤狱，故宫除名，五七扣帽，不仅敝帚之不如而直弃同敝屣。大凡遭受极不公正待遇者，可能自寻短见，可能铤而走险，罪名同为‘自绝于人民’，故万万不可。我与荃猷相濡以沫，共同决定坚守自珍。自珍者，更加严于律己，规规矩矩，堂堂正正做人，惟仅此虽可独善其身，却无补于世，终将虚度此生。故更当平心静气，不亢不卑，对一己作客观之剖析，以期发现有何对国家、对人民有益之工作而尚能胜任者，全力以赴，不辞十倍之艰苦、辛劳，达到妥善完成之目的。”

序文最后写道：“自去年整理而复还之身外长物，编成此集，不禁又有感焉。其中有曾用以说明传统工艺之制作，有曾用以辨正文物之名称，有曾坐对琴案，随手抚弄以赏其妙音，有曾偶出把玩藉得片刻之清娱。盖皆多年来伴我二人律己自珍者。又因浩劫中目睹辇载而去，当时坦然处之，未尝有动于中。但顿悟人生价值，不在据有事物，而在观察赏析，有所发现，有所会心，使上升成为知识，有助文化研究与发展。这岂不多年来坚守自珍，孜孜以求者。”

王世襄先生的这段自白，可谓是以物遣兴，物我合一，人品与物品浑然一体。

在拍卖之前，嘉德公司为这些藏品专门举办了一个展览，王世襄先生没有参加展览揭幕，但写了一个致谢稿，写得很朴实，读之令人有联翩的浮想，不妨录之：

> 这里展出的器物均见拙作《自珍集》。该集有个副标题——《俪松居长物志》。前三字是我和老伴袁荃猷的斋名，后三字是说不过是些身外长物而已。长物可能很珍贵，也可能是一把破笤帚，我的长物多接近后者。我从来不承认自己是收藏家。钱财对文物收藏十分重要。我的家庭背景和个人经历，说明我根本不具备收藏家的条件。
>
> 尽管我过去只买些人舍我取的长物，几十年来已使夫妇天天过年三十，老伴衣服穿破了总舍不得买新的。吃饭也很简单，不下饭馆，却有时留朋友吃便饭。好在我会烹调，不多花钱也能吃好，比现在吃得有滋味。现在多花钱也吃不好，原料变了，我也不会做了。对不起，我说到题外去了。
>
> 展出的长物，有的或许有研究价值，有的或许有欣赏价值，但未必有经济价值。区区长物，实在不值得来看，而各位却光临

了，说明看得起我；我真是感到万分荣幸，同时又感到十分惭愧，只好向各位拱手道谢了。

这短短数百字，王世襄先生的人生态度、收藏的价值观尽在其中了，不只是对于新一代收藏家，即使对于普通的人，也是值得细细品味的。

王世襄藏品的拍卖，没有一件流拍，出现成交价均高于底价十倍以上的现象，新的藏家与其说是对其藏品的倾慕，不如说是对王世襄先生人品的倾慕。也可以说，这样的拍卖现象，显现了王世襄先生的人格力量。我采访时，拍卖已经过去几天，嘉德拍卖公司总经理王雁南还在兴奋中，她说："拍卖现场抢拍火热，拍得价位之高，我现在还有些惊魂未定。开始弄不懂是怎么一回事，有参拍者第一件拍不到就拍第二件，再拍不到又拍第三件……直到拍到一件才甘心。一只竹刻青蛙正常情况下也不过一万多元，但最后拍到十多万元，他们完全是冲王老的人格与学养来的。"

谈到这次拍卖，张德勤也仍在兴奋中，他分析这次拍卖现象说："王世襄先生坎坷一生，从来没有得到充分的展示。这次拍卖，是他人生的大展示，展示了他的旷世绝学，展示了他的高雅逸趣，展示了他的人格魅力，展示了他天才的智慧。买者追求的不单纯是文物，而是情缘。如果把李白不愿封万户侯，但愿一识韩荆州的话借用过来，可以说，千金万金何足惜，愿得世襄一玩物，何令人羡慕以至于斯啊！"

换了人间：共和国收藏家

对一些人来说，爱好收藏是天性中的一部分，与生俱来，似乎很难改变。这在共和国高级干部收藏群体中表现得尤为明显。无论在革命年代还是共和国时期，他们的收藏兴趣都或明或暗地表现出来，虽然承受着“玩物丧志”的压力，有着“屡教不改”的恶名，但还是顽强地表现出来。他们传承着收藏文脉，其影响虽然微弱，但没有中断。特别是中国历史进入改革开放时期，民间收藏组织出现，拍卖风潮勃然兴起，其背后都有热爱收藏的“老干部”的支持。

邓拓与苏东坡的《潇湘竹石图》

在北京的共和国高级干部收藏群体中，邓拓是很有代表性的人物。

提笔写邓拓的收藏时，真是思绪万千。他是中国新闻界的领袖人物之一，曾任晋察冀民主抗日根据地党委机关报《晋察冀日报》总编辑、中国共产党机关报《人民日报》总编辑，在报界有着一呼百应的地位。毛泽东批评他是“死人办报”后，1959 年 2 月 12 日，他含泪离开《人民日报》，在告别的那天，手写并朗诵了《留别〈人民日报〉诸同志》:

笔走龙蛇二十年，分明非梦亦非烟。
文章满纸书生累，风雨同舟战友贤。
屈指当知功与过，关心最是后争先。
平生赢得豪情在，举国高潮望接天。

福州别名三山，北有屏山，东南有于山，西南有乌石山。1912年2月6日，邓拓生于乌石山下的“第一山房”。他的父亲邓鸥予是清朝举人，曾在广西做知县，给儿子起名邓旭初。由于这样的家庭文化背景，邓拓在幼年时对古书、名画、碑刻和历史有着浓厚的兴趣。参加革命后，他被公认为党内的才子。在担任《晋察冀日报》社长、总编辑期间，虽是战争岁月，他仍然有兴趣访问燕赵古迹。1946年秋，邓拓在农村参加土地改革运动，还在附近的山上发现一些古代器物，带人到山上挖掘，获得许多陶片和古钱。他的兴趣主要在中国古代书画的鉴赏上。1957年，他曾打算写一部《中国美术史》，可见兴趣非同一般。北京画家、收藏家周怀民是邓拓的好友，邓拓经常去周家鉴赏书画，并对其中董其昌、仇英、文徵明、华岩的珍品写题跋或撰文评价。邓拓自己的收藏珍品则有大家所熟知的苏东坡的《潇湘竹石图》。

苏东坡把“匠人画”和“士人画”做了区分，提出“诗画同源”，又说：“观摩诘之画，画中有诗；味摩诘之诗，诗中有画。”他不但是一个大文人，而且是一位大书家、大画家，书与画都达到“无我”的境界。苏轼作画以枯木竹石为主。所作枯木，枝干虬曲，石头的皴法亦很奇特。作墨竹从地一直起到顶，有人问何不逐节分，他回答说：“竹生时何尝逐节生耶！”他曾自题云：“枯肠得酒芒角出，肺肝槎牙生竹石。”可见他画竹石是在表达肺腑的郁结。黄山谷题苏东坡的竹石诗云：“东坡老人翰林公，醉时吐出胸中墨。”

苏东坡的画流传甚少，现存的有《竹石图》《枯木竹石图》卷，还有就是邓拓收藏的《潇湘竹石图》了。

《潇湘竹石图》原题为《竹石图》。1963年初夏，白隆平从重庆把这张画带到上海，请谢稚柳鉴定，其意是要谢为上海博物馆买下。谢稚柳打开画卷一看，题款有“轼为莘老作”字样，卷后有元人叶湜、郑定，明永乐间仓彦肃、嘉靖杨慎等多人题跋，皆认为是苏轼真迹。谢稚柳鉴定为苏东坡真迹。得到谢稚柳的鉴定意见，白隆平提出要在上海出售，但提出两个条件：一是必须认定此画为苏东坡真迹。这一条谢稚柳已经肯定，不成问题了。二是少于8000元价码不必谈。谢稚柳想为上海博物馆收进，但心有犹豫，迟迟未表态。白氏未得到回话，即转赴北京，想送国家文物局请张珩鉴定，但张珩出差在外，后转至故宫博物院，要价1万元。故宫博物院徐邦达鉴定，认为是一张假画，退回。之后辽宁省博物馆杨仁恺鉴定，认为此卷与苏东坡的《枯木竹石图》总的用笔风格是一致的，判定为苏东坡真迹。邓拓以5000元购进。邓拓的5000元购买款中一部分是《燕山夜话》的稿费，又卖其他藏品补足这5000元。

邓拓购得《潇湘竹石图》，在“四清”运动中引起了一场风波。因为故宫博物院专家鉴定为假画，而邓拓以真画购进，他们感到有失面子。于是荣宝斋一位不懂文物名叫王大山的人出面检举邓拓搞文物投机。检举信到了刘少奇那里，刘批示要严肃查处，中央政治局常委都画了圈圈，此时任中共北京市委书记的彭真也不敢出面保邓拓了。检举信最后转到康生那里。康生要王力查办此事。王力到荣宝斋进行调查，责成王大山写了调查报告，康生在上面批了一大段话，说邓拓保护文物不但无错，而且有功，并说有的专家不仅武断，还仗势欺人，企图借“四清”打倒邓拓。刘少奇同意康生的意见，从而使邓拓免遭“四清”之劫。

邓拓得此画，作了《苏东坡潇湘竹石图卷题跋》，云：“展开全图，隽逸之气扑人。画面上一片土坡，两块石头，几丛疏竹，左右烟水云山，渺无涯际，恰似湘江与潇水相会，遥接洞庭，景色苍茫，令人心旷神怡，徘徊凝视，不忍离去。”

接着，邓拓用了不少的篇幅考证苏东坡与潇湘的关系，将此图定名为《潇湘竹石图》。邓拓在题跋中进一步写道：“此画寓意深远，尤为难得。想见东坡当时心境大有屈子《离骚》情调。”旁征博引，当然有许多想象成分，作为欣赏者之言，未尝不可。

邓拓题跋的可贵之处，在于把为该卷题跋的26家的名字全部列出，并摘出几家题跋的内容，对题跋者身世做了简略的考证，这无疑给研究收藏史者提供了真实的资料。邓拓特别看重杨慎的题跋，在文中录了杨慎的题诗，并颇有感慨地写道：“升庵与东坡，相去五百年，彼此身世之感，仿佛如一。当升庵题东坡画卷时，云南巡抚已奉嘉靖密谕，以缇骑追捕升庵，重返戍所。翌年七月，升庵遂死于永昌（今云南保山）。此竹枝词长跋流传至今，可谓升庵稀有之遗墨，岂不可贵！”

另一位令邓拓牵肠挂肚的历史人物是郑板桥。1961年秋，邓拓到扬州，在访问郑板桥故居之后，写了诗，搜集郑板桥的作品和逸事，对“板桥体”尤有研究。邓拓的收藏中还有元方从义的《水墨小卷》，明沈周的青绿山水，清代石涛、八大、华岩的作品。这些收藏的背后也有许多故事。

邓拓1964年家中留影

邓拓1964年全家合影

邓拓收藏字画，曾遭到高层批评“玩物丧志”，但他心胸坦然，说：“我收藏古玩古画是有原则的。第一，凡是国家要收藏的，绝不收藏。第二，凡是属于争论较大的作品，国家文物部门不肯收藏的，尽可能收集保护。第三，凡个人收藏都花自己的钱，绝不用公款。搞个人收藏，只是为了个人爱好、研究，绝不拿它当成财物，到了一定时期自然捐赠给国家。”

邓拓生前实践了他的诺言。1964 年，他把藏品中最好的一批古画 144 件，装裱之后，开列清单，注明年代、作者，无偿地捐赠给中国美术家协会。

田家英：清代学人翰墨收藏第一家

1948 年，毛泽东在西柏坡收拾行装准备移师北平的时候，田家英来到他的身边。毛泽东风趣地说要“进京赶考”了。应该说这话是很符合两人当时的身份的，主人进京赶考，书童挑着书箱伴随。

1959 年庐山会议之后，田家英嘱托梅行为他镌刻了“京兆书生”印章，边款是他那年所写的诗：“十年京兆一书生，爱书爱字不爱名。一饭膏粱颇不薄，惭愧万家百姓心。”虽说是十年的京兆生活，但他书生本色未改，仍然是爱书爱字，关心群众。

田家英进京之后，看到专卖古旧书籍的店铺比比皆是，不但书多，而且便宜，他感到如入琅嬛之境，真是天赐良机。琉璃厂、西单、东单、东安市场、前门、隆福寺书肆，常常成为他流连忘返之所，每次都有所得，要抱着一捆书回家。好几次，毛泽东有事找他，卫士都是在琉璃厂把他找到。每次得书，田家英首先想到的是毛泽东的需要。某次，合作总社的邓洁告诉田家英，他们从没收敌伪的财产中发现一部乾隆武英殿本《二十四史》，问他是否有兴趣。田家英马上想到主席那里还没有，便立即差人取回给毛泽东送去。从此这部最为毛泽东钟爱的书籍，伴随他走完最后的生命历程。线装书局出版的《毛泽东评点二十四史》，便是根据这部经毛泽东评点的本子影印的。以后琉璃厂广松居的老板为田家英搞到一部百衲本《二十四史》，算是圆了田家英的梦。

在已经出版的《毛泽东书信选》中，我们可以读到毛泽东要田家英查找某历史人物或诗词出处的信。1964 年 12 月，毛泽东读《五代史》时，想起早年读过的一首诗《三垂冈》是讲李克用父子的，记不起作者的名字，于是在 29 日写信请田家英查找，并将全诗凭记忆写下附上。田家英立即告诉毛泽东，该诗是清代诗人严遂成所作。原来他的小莽苍苍斋中就收藏有严遂成手书《吟稿》，上有严遂成描写李克用的另一首诗，诗中有“老泪秋洒三垂冈”句。

田家英给毛泽东查找诗词的事例很多。1961 年 11 月 6 日清晨，田家英刚要睡下，在不到三个时辰内连续收到机要员送来的三封信，都是毛泽东让他查找“雪满山中高士卧，月明林下美人来”这两句诗的出处。田家英预感到毛泽东将有新作问世。诗很快就查到了，是明代高启

田家英于 20 世纪 60 年代

毛泽东致田信（1958-4-27）

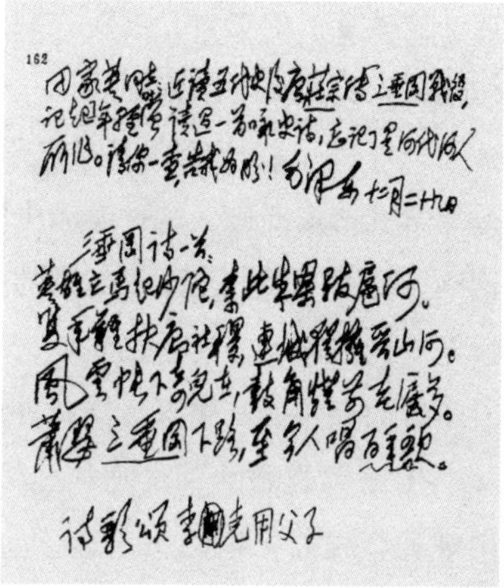
162
田家英同志：近读五代史后唐庄宗传，三垂冈战役，记得年轻时曾读过一首咏史诗，忘记了是何人所作。请你一查告我为盼！毛泽东 十二月二十九日

三垂冈诗一首
英雄立马起沙陀，奈此朱梁跋扈何。
只手难扶唐社稷，连城犹拥晋山河。
风云帐下奇儿在，鼓角灯前老泪多。
萧瑟三垂冈下路，至今人唱百年歌。

诗歌颂李克用父子

毛泽东致田信（1964-12-29）

的《梅》诗九首之一。

在陆游《咏梅》词的触发下，毛泽东“反其意而用之”，写出了《卜算子·咏梅》。

和一般收藏家注重鉴赏情趣不同，田家英的收藏是从实用开始的。还是在延安的时候，他就有志写一部《清代通史》。进京之后，从购书做撰写《清代通史》的准备，在不太长的时间里，他就购进了《四部丛刊》《古今图书集成》《万有文库》《中国近代史丛书》等一批丛书，许多是从各个书店、书摊上一本一本配齐的。此外，田家英还喜欢杂文。他比较喜欢周作人的杂文，聂绀弩的杂文他也买了许多。

田家英喜欢收藏文人书法，特别是清代文人书法，见之必得。他认为文人书法不仅是难得的艺术，还能留下一些难得的史料，可以用来以书证史。古人常说“画是八重天，字是九重天”，田家英的收藏是遵循这个古谚的。

田家英收藏的清代学者墨迹，有条幅、楹联、手卷、册页、手稿、书札等。到1966年上半年，他的小莽苍苍斋已经收藏1500多件，其中有太平天国、甲午战争、义和团等重大历史事件史料，也有文字狱、评

点《红楼梦》的史料，可谓收藏清儒翰墨第一家了。为此，齐燕铭为他镌刻“家英辑藏清儒翰墨之记”印章。

从小莽苍苍斋的藏品可以看出，田家英在收藏上着力最多的是清乾嘉学派诸家墨迹。这一学派中的皖派和吴派的墨迹，他均看重，没有偏颇。乾嘉时期，与汉学对立的是宋明理学。以方苞发其端、姚鼐继其后开创的桐城派，便是鼓吹程朱理学的重要学派。田家英很重视收集这批学者的墨迹。其中以《儒林外史》的作者吴敬梓的墨迹最为难得。

田家英收藏的顾贞观《金缕曲》扇面，是收藏界常谈的话题。顾贞观《金缕曲》扇面书《金缕曲》5首，依次为《丙午生日自寿》《秋暮登雨花台》《和芝翁题影梅轩词》及《书与兆骞》2首。顺治十五年，吴兆骞因科考案充军宁古塔，在关外生活了20年，怀乡思友之情与日俱增，给顾贞观写了一封情文并茂的长信，铺叙了塞外生活的苦难。顾贞观见到老友悲凉、凄恻的书信，不禁悲痛万分，他伫立冰雪之中，遥望北方，填《金缕曲》一阕，以词代书，寄慰吴兆骞。词云：

季子平安否？便归来，生平万事，几堪回首！行路悠悠谁慰藉，母老家贫子幼。记不起，从前杯酒。魑魅搏人应见惯，料输他、覆雨翻云手。冰与雪，周旋久。 泪痕莫滴牛衣透，数天涯、依然骨肉，几家能够？比似红颜多命薄，更不如今还有。只绝塞、苦寒难受。廿载包胥承一诺，盼乌头、马角终相救。置此札，君怀袖。

我亦飘零久。十年来，深恩负尽，死生师友。宿昔齐名非忝窃，试看杜陵消瘦。曾不减，夜郎僝僽。薄命长辞知已别，问人生、到此凄凉否？千万恨，为兄剖。兄生辛未我丁丑。共些时、冰霜摧折，早衰蒲柳。词赋从今须少作，留取心魂相守。但顾得、河清人寿。归日急翻行戍稿，把空名、料理传身后。言不尽，观顿首。

顾贞观（1637—1714），字华峰，号梁汾，江苏无锡人，为明末东林党领袖顾宪成曾孙，与复社成员陈贞慧之子陈维崧、朱彝尊有“江左三凤凰”之称。康熙五年（1666）参加顺天乡试，擢内秘书院典籍，官至内阁中书。康熙十年（1671），因受同僚排挤，落职回乡。康熙十五年（1676），顾贞观再度进京，经徐文元举荐，入明珠府为馆师，与纳兰性德相识，两人虽相差18岁，但一见如故，从此亦师亦友，诗酒往来，成莫逆之交。

正因为有着这样的交谊，顾贞观将吴兆骞的长信及自己的这两首词交给纳兰容若，希望能通过他的父亲、当朝权相明珠的权力拯救吴兆骞。容若读了这般如泣如诉的文字，泪流满面，动情地说：“河梁生别之诗（指李陵《与苏武书》），山阴死友之传（指向秀《思旧赋》），得此而之矣。”并向贞观保证：“此事三千六百日中，我当以身任之。”贞观救友心切，悲痛以对：“人寿几何？请以五载为期。”容若不负友情，四处奔波，终于得到其父及徐乾学等人的协助，康熙二十年（1681）冬天，吴兆骞结束流放生涯，携妻子儿女回到北京。此事引起轰动，“平手加额者盈路，亲绪论者满车，一时足称盛事”。徐乾学、尤侗等纷纷赋诗祝贺。顾贞观以其精湛的词艺和高尚人品享誉京城，亲朋好友向他求索《金缕曲》抄件作珍藏，一时洛阳纸贵。

赵药农得顾贞观书扇的题跋：“顾贞观书词致纳兰成德扇，余于戊子冬得纳兰容若致张见阳手执29通，前后俱有顾梁汾题词，足证梁汾与纳兰为词坛莫逆，嗣于癸巳秋又从陶心老介绍得知梁汾为救吴汉槎事填词书扇赠容若。三百年间鸿爪，保存至今，完整无恙，得以珍藏秘笈，可谓翰墨有缘矣。欣赏何极！此种典章文物，大可为历史上之参考，至宝至宝。夏历丙申冬十一月晦即一九五六年大除夕天欲雪灯下遣兴。武进赵药农观于首都东城竹竿巷有竹居时年七十又四。”在裱背上亦钤有赵药农的“半司留阁”印。顾书扇面上款为“德老世兄”。从年龄上来说，顾贞观比纳兰容若要长一辈，可称之为“世兄”，所以赵药农鉴审认为“德老”即指纳兰成德。

“莽苍”，草碧无际之状。“苍苍”语出《庄子》，“天之苍苍，其正色邪”，碧天无际之色也。“莽苍苍”有天下统一气概，谭嗣同用以为斋名。田家英的夫人董边说，田家英十分敬重这位为理想而牺牲生命的浏阳人，因沿用其斋名。至于在“莽苍苍斋”前挂一“小”字，既是为了区别，也是逊让前贤的意思。田家英说，以小见大，对立统一。

田家英有许多藏友，他们之间也有一些逸事。在共和国的高级干部中，谷牧是一位喜欢收藏的人，藏品以古今书画为主。20 世纪 60 年代的一天，谷牧得到《王士禛行书诗》卷，卷中有王氏七首长诗近千字，是难得一见的高头大卷。谷牧把此卷送给田家英。田家英本藏有朱彝尊《与阎若璩论理古文尚书》卷，是 2400 字的高头大卷，如今两卷并存，真可谓是“姊妹卷”了，是收藏家引为快乐的事情。

方行是上海市文管会副主任、文化局副局长。田家英到上海，方行总要陪他到上海书店淘旧书，或到朵云轩去选购书画。田家英和朵云轩的人很熟悉，朵云轩不仅给他看门市部尚未摆出的东西，还陪他到仓库里去拣选。从堆满架上的卷轴，至尘封的残帙，他都要看个明白，常常弄得满身灰尘两手黑，他仍怡然自得。他还把自己的藏品借给方行，在上海出版。田家英得到重要作品，还特地拿到故宫漱芳斋，请王冶秋、夏衍、李一氓等人观摩欣赏。

李锐送给田家英一幅郑板桥诗轴，两人戏约后入土者有继承权。

在藏友中，陈秉忱是田家英在收藏方面的掌眼人，也是最好的助手。陈秉忱是山东大收藏家陈介祺的后人，善刻印，鉴赏水平高，能写一手绝妙的蝇头小楷，也曾将祖上墨迹送给小莽苍苍斋收藏。陈秉忱和康生常有书信往来，探讨篆刻的问题。

在收藏上对田家英有过帮助的藏友有胡绳、李一氓、萧劲光、梅行、史莽、魏文伯、孙大光、萧华、朱光等。

田家英另一位藏友是梅行。梅行曾任周恩来的兼职秘书，喜篆刻，

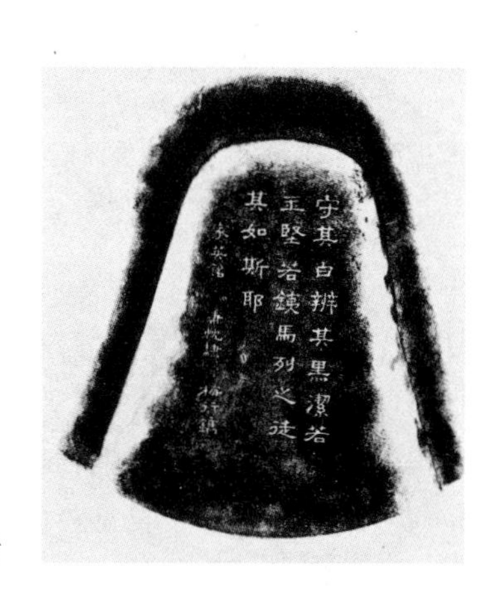

田家英砚铭拓片

藏的印谱相当丰富。田家英的“大辩若讷”“京兆书生”等印都出自他的刀下。有一次他刻了一方闲章“忘我”，拿给田家英。田看过说：“‘忘我’不是目的，还要‘有为’呀，否则我们共产党人干什么？”他又说：“还是刻‘忘我有为’吧，以此作斋号。”田家英收藏有钱坫的一副对联：“文翰之善高于一世，淮海之士傲气不除。”梅行很喜欢“淮海之士傲气不除”句，就给田家英刻了一方随形章。田家英说：“我赞成人要有傲骨，不可有傲气。”但他还是收下了。“文革”中，造反派逼问梅行：“淮海之士，暗指何人？为什么对共产党傲气不除？”

夏衍与《纳兰容若手简》卷

在共和国部长一级的人物中，对夏衍我是拜访过的。那次不是为了采访，而是闲情逸致地去玩。之所以要去拜访他，有两个原因：一是在20世纪60年代他买到《纳兰容若手简》卷，《文汇报》总编辑陈虞孙得到这一消息，要黄裳写文章介绍；另一是我也想看他藏的《纳兰容若手简》卷。

那时他住在朝内北小街，和部长们的房子相比，他的房子并不算大，书房更小，大概只有十多平方米，还兼卧室。他从书房里拿出那个卷子，要我慢慢看，他又和别人谈话去了，不是谈工作，都是青年，话题是文学创作方面的。可是在座的人感到好奇，有的就凑过来看是一卷什么东西，我也只能匆匆看看。其实，在来此之前，我已看过上海博物馆影印的卷本，这次只不过是能亲手触摸一下，领略它的仙气罢了。大家都凑过来看，话题自然转到夏公的收藏上来了。

夏衍说：我原来只喜欢集邮和看球赛，对书画虽然喜欢，但并没有上瘾。解放初来北京，偶尔也买几件齐白石的画，那时很便宜，回到上海就送人了。到了文化部之后，才开始对文物有兴趣，那是受阿英的影响，他拉我跑琉璃厂，他买版本书，我买点字画。在文化部十年，为了缓解工作和政治上的压力，也是苦中寻乐。当时星期天跑琉璃厂的人不少，在荣宝斋、宝古斋这些地方，我认识了邓拓和田家英。邓拓的兴趣在画，田家英的兴趣在字，他们都是行家。可惜，他们在“文革”中都被整死了，我整而未死，还活着。

夏衍 1957 年于北京寓所

谈到收藏《纳兰容若手简》卷，夏衍说：1961年的一天，我在琉璃厂发现纳兰容若的这个卷子，甚是惊喜，真的有些爱不释手。当时店家要价太高，我手中无钱，一时无力购买。过了一些时候，店家又跑来找我，说是有人来看货，愿意出高价，如果我想要的话，仍可照原来谈的价卖给我。这时恰好有一笔稿费收入，所以就把它买下来了。当时，在部长这一级的干部中，喜欢买字画、古物的人还不少，因玩这些东西，经济很拮据。像地质部的孙大光，家中人口多，负担重，他又喜欢玩字画，据说有时揭不开锅，他的夫人把画轴摔在他的床上，说你去吃这些东西吧，你去盖这些东西吧。我比他们要好些，有稿费，有版税，写了剧本还有"上演税"，所以还能买些东西。纳兰容若这件东西就是用一个剧本的钱买的，好像是2000元吧。

《纳兰容若手简》卷轰动京华，当时许多要人都来夏公这里观赏此卷，陈伯达、康生也来过，称赞不已。他们是行家，当然懂得这个卷子的价值。齐燕铭提议，以珂罗版影印复制，文化部代表出国访问时可作为赠送外宾的礼品。夏公欣然同意，由上海市文化局副局长方行操办，请郭绍虞题签，夏承焘撰序，顾廷龙作后记，由上海博物馆文物复制工场承印了百部，同时将上海市文管会所藏纳兰写给顾贞观的信一通，致严绳孙简五通，上海图书馆所藏纳兰致严光敏简一通，以及玉佛寺藏纳兰所书的嵇康与山涛绝交书等汇印为一册，名为《纳兰容若手简》。我看到的正是这个本子。

纳兰容若的手迹不多，现在看来，全国也就是这么几件。特别是那个卷子，是纳兰致张纯修（字子敏，号见阳）的信，有许多不为人知的重要史料。它的"轰动效应"引起上头的注意，1964年文化部整风时夏衍就遭到批评，说他"玩物丧志"。他也做了检讨，承认是"玩物丧志"，"志"丧在什么地方，没有具体内容。他的这篇检讨在中宣部的《宣传动态》上刊登了出来，同时刊登的还有齐燕铭的检讨。

夏衍收藏扬州八怪的东西最多，这八家的作品他都有收藏，所以他颇有些自豪地说：“能把扬州八怪的作品收全的人不多，我算是一位。扬州八怪的画独辟蹊径，不趋时流，每个人都有鲜明的艺术个性和创新精神，画品好，人品也好。”20 世纪 50 年代初期，扬州八怪的东西还很多，并不稀奇，但高翔的画有时却是一幅难求。他说：“我居然藏有 3 幅，可以说是奇遇了。”其中的《行书诗翰》册是他的浙江老乡陈叔通知道他有此好，特地相赠，供他赏玩。他还藏有汪士慎的《墨梅》长卷，他说：“这件东西连徐森老看了也极为称赞，说我的运气好。”他最钟情的是郑板桥的兰竹，他说：“板桥画兰竹，为的是以慰天下之劳，非以供天下之安享也，很有些亲民意识，他的六分半体书也有自己的个性。”

新中国成立之后，在历代画家中，郑板桥是最走红的，其原因就是他那首题画诗：“衙斋卧听萧萧竹，疑是民间疾苦声。些小吾曹州县吏，一枝一叶总关情。”说他的诗画关心人民的疾苦，把他捧为人民艺术家。到了 20 世纪 80 年代初期，他那“六分半”书体“难得糊涂”被制成横幅胸章，风靡一时，书画更是能卖上好价钱。

怕扫夏公的兴，看了他悬挂上壁的那幅郑板桥的《墨兰图》，我也就不作任何评价，更不能批评郑板桥了。

1989 年 9 月，夏衍萌生了把藏品捐献国家的念头，他选择了浙江省博物馆。他给浙江省委宣传部的领导写信，说：我在和你通电话的第二天下午，忽然发昏，几乎倒下，经医诊，是脑部供血不足，是老年人常见病，正在服药中，已见好转。但今秋肯定不能回杭州了。活到 89 岁，已经“够本了”。但我又想起了一件在生前应该办好的事，去年和你讲过的，想将我收藏的那些书画捐给浙江省博物馆的事。我收藏的扬州八怪、齐白石及吴昌硕等人作品不算多，但还有一些珍品，生前不处理掉，作为“遗产”就会引起麻烦。所以还请你和浙江省博物馆联系一下，请他们在国庆后和我商定交接办法——希望有两位比较内行的人和我联系。（今年春中国画院借去展览过一次，而和我联系的人居然连八怪是哪几个人也不知道，这就难办了。）请你告诉浙江省博物馆的同志，一不要发奖金，二不要给奖状，展览一下倒是可以的。反正我希望了却心愿。但是后来，夏衍把《纳兰容若手简》卷捐给了上海博物馆。

纳兰成德，因避讳太子保成而改名纳兰性德，字容若，号楞伽山人，满洲正黄旗人，权相纳兰明珠长子。纳兰成德家族属海西女真，在明代末叶为建州女真吞并，纳兰成德曾祖金台什战死。建州女真的首领努尔哈赤纳金台什的妹妹为妃，生下的儿子就是清太宗皇太极。因此纳兰成德的祖父与康熙的祖父是表兄弟。

纳兰容若的词名震一时，徐乾学介绍他的词学说："好观北宋之词，不喜南渡诸家，而清新秀隽，自然超逸，海内名为词者皆归之。"从他那低沉宛转、抑郁哀伤的词中，可知他生活得并不愉快，只活到31岁就逝世了。六年后，好友张纯修为其刻《饮水词集》于扬州，题跋者六人。

纳兰容若亦工书法，徐乾学说"其书法摹诸河南临本《禊帖》，间出入《黄庭内经》"。他的好友严绳孙亦称道其书法"文敏法华，隐居内景，心摹手追，别出锋颖"。这些都可从《纳兰容若手简》卷中得到一些信息。他作《原书》一篇，说"熟读蒙庄即可悟作书之理"，又有《题米元章题方圆庵碑》，可见他对书学的见解。他还精鉴藏，名所居曰"珊瑚阁"，曰"渌水亭"，曰"绣佛阁"，曰"鸳鸯馆"，曰"蕊香幢"。

夏衍捐献的《纳兰容若手简》卷为致张纯修简28通、诗2首。卷后有查嗣韩、顾贞观、胡献征、秦松龄、沈宗敬、朱彝尊6家题跋。其中胡献徵、查嗣韩（查慎行族兄）、沈宗敬3人并未谋面，只是对纳兰容若有敬仰之情。致张纯修简28通，从事迹考次，似皆为康熙十九年（1680）之前所作。末2通有云"渌水一樽，黯然言别"，作于判袂之初，时为康熙年十八年。又一有云"朝来坐渌水亭，风花乱飞，烟柳如织，则正年时把酒分襟之处也。人生几何，堪此离别，湖草南绿，凄咽同之矣"。张纯修于康熙十八年（1679）去湖南江华县任县令，可能有些不情愿，所以纳兰容若在信中说："古人有践历华要，犹恨不为亲民官得展其志愿者，勉旃旃勿谓枳棘非鸾凤所栖也，蕞尔荒残，料无脂腻，可点清白。"可谓他对朋友的肺腑之言，在另一札中，容若明言："愿足下勿薄一官，他日循吏传中借君姓名，增我光宠，种种自当留意。"这在纳兰容若和张纯修的交往中是很重要的二札。

简中可补纳兰容若传的许多不足。简中署名有"来中""鹅黎"，皆为纳兰容若别号，他处未见。简中还有请刻印、制书笺、拭坛诗条、赠厅联、借看黄子久手卷、借日晷、借倪迂溪山亭子观赏。简中倾诉心情的清寂、对友情的慰藉，无不流露出真情，恰如朱彝尊在题跋中所说："足以见生死之重矣。"其对亡妻的情笃亦可见一斑，简云："亡妇柩决于十二日行矣，生死殊途，一别如雨。此后但以浊酒浇坟土，洒酸泪，以当一面耳。嗟夫，悲矣！"

此卷为满人伊尔根觉罗叔章得于吉林，遂请梁启超、熊希龄、宝熙、陈宝琛、郭宗熙、胡嗣瑗作跋。胡嗣瑗跋云："纳兰容若致张见阳

纳兰容若手简 1

纳兰容若手简 2

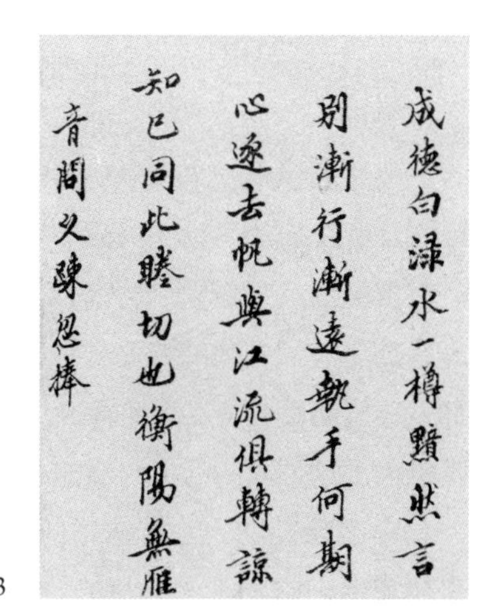
成德白　渌水一樽黯然言别漸行漸遠執手何期心逐去帆與江流俱轉諒知己同此睠切也衡陽無雁音問久疎怨棒

纳兰容若手简 3

二十九札合为长卷，跋识并一时胜流，二百年来竹垞后无更着墨者。”夏衍购藏之前，此卷为赵药农收藏，卷上有“药农平生真赏”和“半司留阁”二印。赵药农得此卷，又请启功、叶恭绰等题跋。

赵药农为清代诗人赵翼后代，收藏甚富，据陈烈《田家英与小莽苍苍斋》一书记载：“田家英除了在古旧书店、地摊儿上寻觅，有时也从收藏者那里得到他所要的藏品。著名收藏家赵药农（赵翼后人）过世了，其家人有意将藏品转让，田家英因而获得了一批高水平的藏品，其中有赵翼、张惠言、伊秉绶、孙星衍、黄景仁、刘逢录、吴咨等几十位著名学者的墨迹。”陈烈在这里没有提到的《顾贞观书金缕曲》扇面也是赵药农的收藏，但他在书中对此幅做了专题介绍。

翰墨之缘常有神秘之感，赵药农既得容若手简卷，复得顾贞观书赠容若扇面，可谓收藏者之幸。夏衍得容若手简卷，而失顾书扇面；田家英得顾书扇面而失容若手简卷，各有遗憾。余得见顾书扇面，复观容若手简卷，并有摩挲半日之乐，既有药农之幸，又无夏、田之憾，难道真的暗有天公助乎！

康生收藏古砚与碑刻

康生爱文物，好收藏。在“文化大革命”之前，他对文物鉴赏的眼力及所发表的意见，为人们所尊重和称道，对中国文物的保护应该也是有贡献的。他自称“今圣叹”，在工作之余跑琉璃厂，赏玩文物，用朱笔批注他所看到的有关文字材料，有的加以考证，不只是笔下的功夫好，还能动手加工，雕刻砚台，制作书套和印盒。据说连他的司机李存生也成了这方面的行家，会拓片，会制作砚台，能做细木工。

康生爱文物，是有宿根的。他的家庭在明清时就是大地主，也有几位读书做官的人，家里有许多收藏。他从小就有临写善本真迹的条件，练就了童子功，真草隶篆都有一番功夫，尤以章草见长。不能因为他在“文革”中犯过严重错误，就否定他在书法上的成就和地位。他参加革命后在上海做地下工作，公开的职业是开艺术照相馆，价钱标得很高，很少有人走进去照相。除了做地下工作，他就闭门写字。他在第三国际当执行委员时，闲暇时也是写字。他写字写了一辈子。在延安时骑马摔了一跤，损伤了脑神经，1949 年后脑疾发作时，就觉得四周都是哗啦啦的延河水声。他在接受苏联专家治疗的同时，以顽强的毅力用蝇头小楷抄写《西厢记》，以便集中精神，有利于治病。一字一句，一连写了十几本，居然治好了脑疾。后来他把这些抄本都进行了装裱，分送朋友。全国人大常委会原副委员长、大收藏家、大书家陈叔通曾把康生、郭沫若、齐燕铭、沈尹默并列为当代中国四大书家，康生曾写真、草、隶、篆四条屏送给陈叔通。

1949 年后，康生拿的是高工资，每月 400 余元，他的夫人曹轶欧的工资 300 多元，夫妇两人工资合起来 700 多元，在高级干部中算是富裕户。他的生活费用不高，很节俭。他从不存钱，多余的钱都用在购买文物上了。康生的收藏主要是两类：砚台和善本书。对自己欢喜而又价钱大贵的古物，他也会讨价还价，如陈簠斋原藏三造像及君车石刻，他称赞“甚好”，挂在钓鱼台他居住的地方，可“题得十分出色”，但是“定价大贵，我还将价压一下”。康生虽位高官，权力在握，还是深思藏品的来路不清不白。陈秉忱要将他曾祖藏砚送给康生，康生给他写了一封信，说：“倾面请你一题，最好说明此砚原为簠斋先生所存，某年由你赠成。”康生写了许多信和陈秉忱探诗古物的优劣真伪，在鉴赏中遇到难题请陈帮助查找资料。在这里应该对此人做一介绍。

后康生写给陈秉忱的信中，可知他善治印。陈秉忱给郭沫若治一印，送给康生看，康生在信中说：“白文印刻得很好，不仅可以拿得出手来，而且真似古墨。”康生毕竟治印交手，他说：“朱文印刻得差一些。据我看似太拘于某种金文拓片，以致结构无神，单划无力”，他建议“朱文磨去”。陈秉忱给康治一印，康生看后写信说：“为了与白文相配合，我稍加改刻，”“此类朱文小印，不宜用汉印的刻法，而宜用战国小玺的铸法。故宜细而挺，劲，有似以铜铸成。”

陈秉忱（1903—1986），原名陈文磷，曾用名陈斌丞，清代著名金石学家陈介祺之曾孙。陈秉忱继承家学，对古文字学、考古学、古籍版本目录学、金石书画都有较高的造诣。1956年，陈秉忱被调到毛泽东办公室工作，与康生、郭沫若、田家英多有书信往来，探讨艺术上的问题。他不收字画，偶尔碰上喜欢而且便宜的才买一些，从不讨价还价。买了之后，多半送给邓拓、田家英或王力。在“文革”之前，康生就把自己收藏的石砚全部交了公，国家文物局局长王冶秋还在红楼为此举办过一个展览。

康生亦能画，曾作《水墨荷花》，题识“一尘不染，老当益壮”，款为“张三洗”。他画荷花时，题款也是“张三洗”。关于“张三洗”的单名，随着时代的不同，他有不同的解释，早年解释为“洗心、洗脑、洗精神”，中年解释为“洗笔、洗砚、洗思想”，到了晚年，解释为“洗脑、洗脚、洗屁股”。量为戏言，看来康生到了晚年，也超脱了。但康生总是把“洗脑”放在重要地位。其堂号也叫“三洗堂”，自署“三洗堂主人”或“三洗堂老人”。

康生到底有些什么收藏？他的收藏都流落何处？我想，作为收藏的历史，应该有所交代。也许是时日未到，不便公开吧。不过，我们从马宝山的《书画碑帖见闻录》一书可以略知一二。马宝山在“书画珍品过目记”一栏中写道：

1990年4月21日上午10时，首都博物馆孙秀卿、叶度二位送来碑帖书画多件，请余鉴定真伪并分出等级类别。这批文物乃康生所藏，内多稀见珍品，兹将经目后难忘之精品略记于下，以备考。

宋拓《云麾碑》，有郭尚先题，金书。

明初拓薛刻《孙过庭书谱》。

明拓未剜本《太公吕望表碑》。

明拓泰山二十九字刻石。

明拓《出师颂帖》。

乾隆初拓《清爱堂帖》。

明拓《口授铭碑》。

宋拓智永《千字文》残本（群玉堂本）。

阙特勤刻石全拓。

初拓隋《董美人墓志》（张叔未跋刻于木面上）。

初拓魏《刁遵墓志》。

南宋拓《麓山寺碑》“黄仙鹤”未损本。

明拓魏《张猛龙碑》“盖魏”不连本。

唐寅墨笔画《思萱图》巨册。有祝允明等明人题跋，共上下两巨册。纸本精洁，为平生所见唐寅画最精者。末页有罗天池及近人题跋多则，可列一等上上品也。

明拓汉《乙瑛碑》一册，乃徐郙旧物，有翁同龢等跋及徐福海藏章。虽有涂墨处，亦汉碑中佳品也。

马宝山又记陈伯达藏品一件：“1992年4月15日，余去首都博物馆鉴定，见黄小松题宋拓《瘗鹤铭》及宋拓《皇甫碑》，目为最佳。《瘗鹤铭》系七十六字本（残字在内），乃陈伯达所藏之物。”

田家英是康生的藏友之一。从陈烈著《田家英与小莽苍苍斋》的插图中，我们可以看到康生写给田家英的两幅字。据陈烈记述，一幅是1959年庐山会议时，田家英在毛泽东那里遇挫后写的，其内容是“高处何如低处好，下来还比上来难”，署“康生”单款。这应该说是康生对老朋友田家英的宽慰，很难看出他有“一副幸灾乐祸的样子”。另一幅字写的是“要从根本求生死，莫向支流分浊清”，上款署“田家英同志属书”，下署“康生”。它没有交代写此幅时的背景，也应是康生对田家英的提醒之言。

《田家英与小莽苍苍斋》有这样一段记载：

20世纪50年代，康生听说田家英乐事于藏书，便将自己校补的一套明代冯梦龙编纂的《醒世恒言》赠予田家英。据专家考证，目前发现的明天启丁卯年（1627）刻本《醒世恒言》，世间只有四部，其中两部（即叶敬池本和叶敬溪本）分别藏于日本内阁文库和日本吉川幸次郎处。另与叶敬溪本相同的一部原藏大连图书馆，今已不见。此部为衍庆堂36卷本，共20册，估计为解放初期的敌伪收藏品，后为康生所得。康生差人仔细将书每页拓裱，内加裱纸，重新装订。有缺页处，一律染纸配补，由他亲自校订。在该书第一册卷尾，康生用习见的“康体”补了118字，因与书中的仿宋木刻体不相匹配，从卷三起，他以笔代刀，尝试写木刻字，找到了感觉。他在卷四前的梓叶作了如下表述：“此卷缺二页，故按《世界文库》本补之，初次仿写宋体木刻字，不成样子，为补书只得如此。”据统计，康生在这部书中共补写70余处，3600余字。这或是康生在共和国成立初期泡病号的几年中留下的有限痕迹。

还有值得一谈的是康生为《宝晋斋法帖》题签之事。

《宝晋斋法帖》10 卷，是一部比较完整的宋刻丛帖。帖内除了米芾藏的谢安《八月五日帖》、王羲之《王略帖》、王献之《十二月帖》三帖外，又增加了晋帖多种，是曹之格在南宋咸淳年间所刻。其内容除少数真迹上石外，绝大部分是翻刻其他法帖，主要是曹士冕的《星凤楼帖》。曹士冕是法帖谱系作者曹彦约之子，是南宋的大收藏家。曹之格是曹士冕的子侄辈。由于《宝晋斋法帖》所出的底本早已失传，因而明代一些集帖都是以《宝晋斋法帖》这 10 卷本为依据。

20 世纪 50 年代，徐森玉主管上海文管会时发现此帖，收进，并影印出版，由魏文伯出面请康生题签。对此知者甚少。2005 年 6 月，魏文伯的公子魏晓台到百里溪堂，携来两本装裱成册的信札，都是当时的中央领导人如刘少奇、董必武等写给魏文伯的，其中一册是康生信札，并有康生题写的“宝晋斋法帖原迹”。展册读后，始知康生为宝晋斋题签的始末。我们不能因人废言，故录数语，以证史实：“宝晋斋法帖已付印，此大好事，以前伯达同志还几次提过。”“自今春到处奔波，不执笔者已将一载，估计国庆前又可能出去，恐不能安心写字，加之多日不写，手疏指拙，笔不成书，写出来也恐有玷法帖，我看还是找上海各书家一题吧！”话虽这样说，康生还是题写了两张签条。我想康生的话不是虚伪自谦，因为他知道《宝晋斋法帖》的分量。魏文伯的字写得也不错，平时也喜欢写写题题，但他不敢为《宝晋斋法帖》题签，要去请康生题。在珍贵文化遗产面前，他们都不敢轻举妄动，还知道掂掂自己的斤两，这表现了他们对传统文化还有着敬畏心态。

还有一例也表现了康生对古物的敬畏爱护精神。一天，他到陈伯达那里，看到他送给陈伯达两方明寿山石章，被陈伯达用刀子在两面划“伯达”“仲梅”字样，他对陈秉忱说：“真是可惜。此章不仅坑老，而且花纹亦为明人所刻。”视陈伯达划上几刀，他有着“焚琴煮鹤，令人伤心，思之颇有‘鸽异’之感”。

2008年，我在匡时拍卖品展览中看到明代女画家汝文淑《山水花卉》册，款识为“万历丙午（1606）七月既望制黎川三娓文淑”，画题有“夜静潮侵岸，天寒月近城”“雨气横秋海，潮声入夜山”“古木寒鸦”“山高月小，水落石出”等。

汝文淑堂号蕙香居，黎川人，嫁与吴江毛以燧为妻，有子毛休文、孙毛康叔。文淑40岁双目失明，扇册成于万历丙午，此时应为30多岁，其生当在万历帝登基（1573）前后。其夫毛以燧为博雅君子，晚明诗人，与叶绍袁有通家之谊。扇页有叶氏题跋言：“鼎革后毛家屡被焚劫，此册独全，确神助。”此册有山水十二片，花鸟六片，各片所用扇面大小一致，而立意表现无雷同。汝氏师承虽无可考，但从风格上看可知出自文徵明一派。

此册1964年由王力收藏。王力有考证文字，康生在册后有长题，题中有这样一段话：“1964年4月1日即八评发出后二日，余与王力同志游王府井荣宝斋，无意中见此画册，匆匆翻阅之下叹为神品，王力同志当即购回珍而存之，有明一代画林女宗之绝唱，得其所矣。1964年5月5日跋于钓鱼台。”册后还有陈伯达的长题，对女画家汝文淑的生平做了考证。王力遭难后，此册由其家散出，新藏家又请徐邦达题跋，跋语有言：“明末玉台画史除赵文俶而外，大都推柳如是、马湘如、顾横波诸人，然率为人捉刀，虽名胜亦难赏也。”言下之意，汝文淑画亦为他人代笔之作。徐氏论画，常有代笔之说，不知其根据何在。

一次，北京开中央会议，罗瑞卿走过来半开玩笑地对陈伯达、胡乔木、田家英说：“三位‘大秀才’在外，一言一行都要注意符合自己的身份喽，旧货摊儿上买东西，不要为一毛、两毛和人家斤斤计较嘛。”看来，他们在购买藏品时，也是讨价还价的。

共和国高官收藏家中，可说者尚有许多，现再简略介绍几位。

李一氓　四川人，早年参加过南昌起义和红军长征。1949年后任驻缅甸大使。当时就有传闻，他在任大使期间，每天都练字抄书，人们称其为“书法大使”。大使馆内布置的都是中国画，其中有谢稚柳的巨幅荷花及山水，他回国时把画带回，交钓鱼台国宾馆。我曾去拍照出版，得以见到。他曾参加古籍整理领导小组工作，发表过《论古籍和古籍整理》《再论古籍和古籍整理》，翻译过英文版《马克思反对凯恩斯》，著有《存在集》，系散文随笔，评点历史及历史人物，还有一本《一氓题跋》，是他的藏书跋题记。

李一氓收藏兴趣很广，除了善本书，就是书画了。他的书画都已交公，但未见藏品目录。从藏书题跋中，可知他藏有宋本《杜工部草堂诗笺》、宋本《草堂先生杜工部集》（残本）、明正德本《放翁律诗钞》、明正德本《集千家注批点杜工部诗集》（残本）、明正德本《杨文敏公集》、明嘉靖本《陈思王集》、明嘉靖本《集千家注批点补遗杜工部

李一氓像

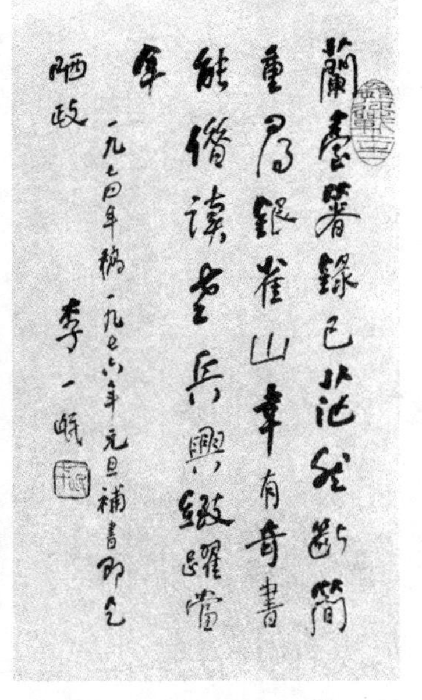

李一氓《孙膑兵法》题诗

诗集》、明隆庆本《杜诗通》、明万历本《唐诗四种》、明崇祯本《张愈光诗文选》、明崇祯本《枯林斋诗文集》、清康熙本《瑶集》、影宋抄本《于湖居士乐府》等。

胡绳 江苏人，1918年生于苏州，曾任中共中央党史研究室主任、中国社会科学院院长等职，致力于历史、哲学、文化学研究，著作甚丰。写作之余，他对书法痴爱入迷，收藏文献、书籍3万余册，其中有历代书家碑帖拓片千余件。

唐《李思训碑》拓本。此碑现藏陕西蒲城县桥陵。胡绳所藏为缪文子藏窦氏本，拓本装成册页，前后封套为实硬本，胡绳旁注为明拓本。

颜真卿《争座位帖》(碑)拓本。《争座位帖》亦称《论座帖》《与郭仆射书》。《争座位帖》真稿传有7纸，宋时曾归长安安师文，安氏以

胡绳 摄于1997年

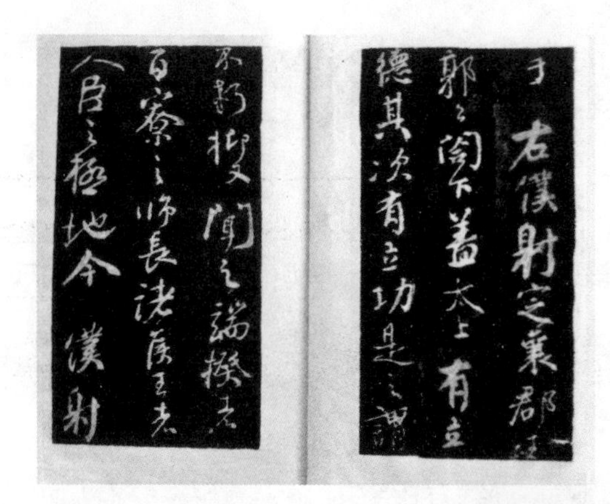

胡绳藏《李思训碑》拓本局部

胡绳藏颜真卿《争座位帖》局部

之上石。刻本有数十种，胡绳所藏为较普通的线装本。

米芾《章吉老碑》。此碑书法为米芾晚期代表作，作于宋徽宗大观元年（1107），米芾时年57岁。

宋《太平州芜湖县新学记》拓本。此碑文为黄裳文，米芾书，真迹明代尚存，《墨池堂帖》依此刻成。现存“芜湖”者为后人摹刻。胡绳所藏此拓片为绢面装裱，已装成册页。收藏鉴赏印有9处，有杨继振藏印一方。杨为清代藏书家，家有石筝馆、雪蕉馆、星凤堂。碑中有胡绳多处题注。

坡公拓本4种。4件拓本依次为《表忠观碑》《游虎跑泉》《超然台记》《观自在菩萨如意轮陀罗尼》。铜山张伯英为封面题签，首页有题注一行，中有近代词人况周颐收藏印一方。张伯英在题语中认为《游虎跑泉》为伪作，拓本扉页题注《表忠观碑》为“小者尤可贵”。

陈英　福建人，北京军区后勤部副政委。少年时喜爱书画，在革命岁月中，南征北战，个人兴趣无法顾及。1960年因健康欠佳休养，以逛展览馆、博物馆、文物商店为乐事，还无意收藏。“文革”中古代书画作品被当作“四旧”扫地出门。某次，在一家书画店，陈英看到地上凌乱堆着书画，他蹲下身来随手翻看，一捆卷轴突兀在眼前，打开一看，是清代石涛12条屏。他咬咬牙，以8个月工资买下这12条屏，后来又请人花了一年多的时间进行装裱。

从此，陈英心中产生了一个愿望：在这些艺术品无人理会的非常

陈英像

时期，何不把流散字画收藏起来，使祖国艺术珍宝得以保护呢？于是，陈英开始走上收藏之路，通过购买、征集、交换、受赠，日积月累，收藏唐宋至近代书画130多件，其中有北宋无款《寒林归牧图》、南宋夏圭《山水》轴、明夏昶《墨兰图》轴、明文徵明《兰竹图》卷、明吕纪《梅花天鹅》轴、明祝允明草书轴、清金农《梅花图》轴等。

“文革”时期是画家受难的日子，不少画家每月只有十几元的生活补助，生活相当艰辛。陈英就在家中腾出一个房间，起了一个很雅致的名字叫“积翠园”，把李可染、李苦禅、吴作人等画家请到家中“改善”生活，谈书论画。画家酒后兴致上来，就提笔作画，李可染的《井冈山图》、李苦禅的《雄鹰图》、吴作人的《大熊猫图》等代表作都是在积翠园中作的。以后又有黄永玉、黄胄及上海画家朱屺瞻、谢稚柳等到积翠园中做客作画。一次，正值积翠园中的葡萄熟了，有5位画家联袂作《葡萄图》卷，启功还在卷上题了诗：“藤蔓曲藏蛇，须尾胜于鼠。秋雨一淋漓，葡萄儿嘟噜。”在积翠园中，像这样画家合作的画卷有45幅，如刘海粟、董寿平、许麟庐合作的《松梅水仙图》卷，关山月与9位画家合作的《红梅图》卷，吴作人、萧淑芳夫妇与赵朴初等诸家合作的《百花图》卷，黎雄才、林散之、朱屺瞻、陈佩秋、谢稚柳、陈秋草、郑乃珖等合作的《十一家花鸟图》卷等。

陈英、金岚夫妇为了讨论藏品归宿问题，开了一个家庭座谈会，陈英对子女们说：“作为一个老共产党员和老兵，对于这批珍品的处理，应当对得起国家，对得起人民，对得起画家们，把来自人民的东西还给人民。这样，我就心安理得了。”陈英的打算得到全家赞同。陈英、金岚夫妇倾其所藏，将605幅书画全部捐给家乡福建。为了表彰他们化私为公的精神，国家文物局向他们颁发了24万元奖金，福建省人民政府向他们颁发了150万元奖金。陈英、金岚夫妇又将这174万元全部奉献出来，用于家乡的文化事业。

在改革开放之前，一般群众虽有收藏爱好，但不具备收藏条件，故收藏多集中于高级干部中。所谓共和国收藏家就是这样一个群体，不只是北京，其他省市尤其是江南，从事收藏的干部亦很活跃。这应该是一个全新的收藏话题，我本想着力去开掘，但老冉冉兮七十又四，大有船坐春水、雾里看花之感，再也没有“上穷碧落下黄泉，迈开双脚找文物”的勇气了，仅就我所知者略记数家，聊表对他们的敬意。

后　记

承蒙生活·读书·新知三联书店唐明星女史的关注，拟将拙作《京华收藏世家》修订出版。

《京华收藏世家》原名《收藏大家》，收入文章16篇，涉及不少收藏家。这次修订把篇目做了调整，删去6篇，新增写7篇，对原书中保留下来的诸篇，修正了讹误，补充了新的材料。把这些收藏家集于此册，可以显现他们所处的那个时代的特色。从纵向看，有两个方面：一是家族收藏的传承性，二是某件青铜器、古籍善本、书画碑帖及瓷器自身流散易主的传承性。从横向看，可以了解收藏家的君子之风，彼此之间并不隔膜，像一张网，有着密切关系，收藏群体的收藏活动才能反映出社会政治、经济、文化的风貌。

郑　重

2023年4月6日